NE**X**OS

MARIA-ELENA BRAVO

FAULKNER EN ESPAÑA

PERSPECTIVAS DE LA NARRATIVA
DE POSTGUERRA

EDICIONES PENÍNSULA

La publicación de este libro se ha realizado
con la cooperación del Research Board
de la Universidad de Illinois en Chicago.

Cubierta de Josep Mir
y Joaquim Nolla.

Primera edición:
junio de 1985.
© María-Elena Bravo, 1985.
Derechos exclusivos de esta edición
(incluido el diseño de la cubierta):
Edicions 62, Provenza 278, 08008-Barcelona.

Impreso en Nova-Gràfik,
Puigcerdà 127, 08014-Barcelona.
Depósito Legal: B. 20.733-1985.
ISBN: 84-297-2329-3.

Dedico este libro a James, Álvaro, Rodrigo, Sebastián y Fiona, mis puntos de referencia.

NOTA PROLOGAL

Un trabajo como el de María Elena Bravo no es frecuente en nuestro país donde los estudios literarios (o al menos los que llegan al público) se desarrollan de acuerdo con patrones tradicionales, casi siempre trazados en torno a un nombre propio o un tipo genérico. Aquí no falta el nombre propio —William Faulkner— ni el tipo genérico —la novela—, pero la singularidad de este libro reside en su propio objetivo: la confesión, no escrita hasta ahora, de una influencia que tardó mucho tiempo en ser reconocida, ya que no en privado sí en público.

La profesora Bravo ha indagado esa influencia desde que nace —se puede decir que al final de la Segunda Guerra Mundial— hasta que se hace notoria, al principio de la década de los años setenta, en buen número de personas de nuestra sociedad, entre literatos y otras gentes. Durante casi un cuarto de siglo apenas se percibe en España la presencia del autor americano, bien porque sea un escritor de difícil lectura, bien porque las corrientes y gustos que dominan en el país presentan pocas coincidencias con la línea trazada por él. ¿Se trata por consiguiente de un retraso, uno de tantos, o de un caso extremo de elitismo? Posiblemente no es ni una cosa ni otra, sino un índice más de la falta de tonalidad de nuestro país en aquella infausta época, cuando los lectores de Faulkner no llegaban seguramente al millar. Todavía hoy en amplios sectores de la sociedad española aficionada a la novela, Faulkner no es unánimemente reconocido como uno de los más grandes nombres del siglo XX, y si eso ocurre hoy es fácil imaginar lo que pasaba hace cuarenta años.

Es ciertamente esa anomalía lo que presta más interés al revelador estudio de la profesora Bravo. De haberse tratado de un hombre con un reconocimiento extenso e intenso tal vez un estudio así no tendría sentido ni configuración. Pero por tratarse de una figura todavía poco leída y conocida, el estudio de su influencia arroja una luz muy particular sobre el momento por el que pasó nuestra cultura, sobre la confusión ideológica que la dominaba, sobre el atraso en que vivían algunos que se consideraban los más avanzados. *Faulkner en España* constituye una radiografía más, y muy precisa, de aquel pecho enfermo.

Juan Benet

NOTA PRELIMINAR

Enfocando hace poco la importancia de William Faulkner para las letras hispánicas, el escritor Luis Marañón opinaba que su influencia «ha sido capital en la novela contemporánea. No se entienden los mundos de Comala y Macondo sin el señor Bill. Tampoco se hubieran producido los atosigantes y descorazonadores espacios de Santa María y Región sin el señor Bill... La huella dejada por Faulkner queda bien marcada, pues su obra es hoy piedra angular de la literatura universal». Resulta notable, no obstante, la ausencia de un estudio de carácter general, sólo iniciado por lo que a Hispanoamérica se refiere por James E. Irby en los años cincuenta. La laguna no deja de ser comprensible dada la magnitud de tal empresa. El presente trabajo se propone cumplir el objetivo más modesto que supone contemplar la recepción de Faulkner en España.

Para llegar a una cabal comprensión de la novela española, desde los años cuarenta hasta mediados los setenta, es preciso prestar atención a las fuentes en las que bebieron los novelistas durante esos años que en tantos sentidos marcaron crisis y desconcierto; Faulkner fue notablemente una de esas fuentes. A la investigación de este problema he dedicado un entusiasmo que apuntaba en los ya lejanos años de estudiante de literatura sureña en la Universidad de Carolina del Norte, y creció a medida que en hemerotecas y bibliotecas iba viendo dibujarse un esquema claro que acabó de perfilarse en conversaciones con gran número de escritores. Estas consultas constituyen, en efecto, parte fundamental de mi investigación, al comprobar que el material que yo iba exhumando de revistas y periódicos no daba un reflejo por completo fiel de lo que a críticos y novelistas oía una y otra vez. Se reconstruye gracias a ellas un ambiente que sin tal documentación parecía estar condenado a desaparecer, aunque dejara, eso sí, una huella más o menos reconocible en las propias novelas.

He seguido en mi trabajo un enfoque cronológico, pues el conocimiento y la apreciación del novelista norteamericano fue evolucionando al compás que la sociedad española cambiaba a través de los años cubiertos en la investigación, y las distintas épocas produjeron nociones diferentes. En todos los casos he procurado ver simultáneamente el juicio que de Faulkner se daba en nuestro país y en el suyo propio, a fin de poder aquilatar con propiedad el grado de originalidad que la recepción del novelista presentó en España. Los frutos de esta acogida, manifestados en la propia novela española, aparecen analizados, tomando una muestra de cada una de las épocas. Como muestras que son representan a otras obras que también se mencionan y cuyo análisis hubiera demostrado de forma similar el vigor de una atracción que no fue pasajera.

A todos los escritores que me recibieron y me acogieron, mi agradecimiento; sin ellos yo nunca hubiera llegado a vislumbrar las corrientes subterráneas del ambiente creador del que salen las tendencias y las obras. Gracias especialmente a Juan Benet que se interesó por mi proyecto cuando éste era sólo un plan de investigación. Gracias a Ricardo Gullón con quien tantas veces hablé de mi trabajo; a Mario Widel que me ayudó a componer el manuscrito en una ordenadora. Finalmente, gracias a mi madre por su constante ayuda material y su apoyo, y a mi marido, James Maharg, sin cuya colaboración el proyecto no hubiera salido adelante. Soy, además, deudora de la Universidad de Illinois en Chicago y del Instituto de Cooperación Iberoamericana por sendas becas que facilitaron mi trabajo.

M. E. B.
Chicago, 1985

ABREVIATURAS

PD	*La familia de Pascual Duarte*, 14.ª edición. Barcelona: Destino, 1963.
LUH	*Las últimas horas*. Barcelona: Destino, 1950.
CVAM	*Cuando voy a morir*. Barcelona: Destino, 1950.
LPS	*Las palmeras salvajes*. Barcelona: Edhasa, 1972.
LC	*La careta*. Barcelona: Destino, 1955.
LA	*Light in August*. Nueva York: Random House, 1972.
GDM	*Go Down, Moses*. Londres: Penguin Books, 1965.
LHM	*Los hijos muertos*. Barcelona: Planeta (Las Mejores Novelas del Siglo xx), 1959.
LCH	*Las ciegas hormigas*. Barcelona: Destino, 1960.
ID	*Intruder in the Dust*. Nueva York: Random House, 1948.
CV	*Cinco variaciones*. Barcelona: Seix Barral, 1963.
LTT	*Libertad, temporalidad y transferencia en el psicoanálisis existencial*. Barcelona: Seix Barral, 1964.
TDS	*Tiempo de silencio*. Barcelona: Seix Barral, 1965.
S	*Santuario*. Madrid: Espasa Calpe, 1965.
LIE	*La inspiración y el estilo*. Madrid: Revista de Occidente, 1966.
VAR	*Volverás a Región*. Barcelona: Seix Barral, 1968.

Capítulo 1
ABRIENDO CAMINO: LOS AÑOS DE LA REPÚBLICA

LA REVISTA DE OCCIDENTE *COMO VEHÍCULO*

En enero de 1933 apareció en el primer artículo escrito en español sobre William Faulkner.[1] Los primeros años de aquel tercer decenio del siglo ofrecían cierta semejanza en España y en Estados Unidos, ya que se trataba en ambos casos de una época de grandes crisis políticas y económicas. El panorama cultural español presentaba un dinamismo singular: los intelectuales ya veteranos de las etapas anteriores y los nombres nuevos que aparecieron ligados a la época de la República enriquecían el nuevo clima de esperanza; la actividad editorial alcanzó precisamente su ápice en 1933, para iniciar un descenso a partir de 1934 y tocar fondo los años de la guerra.[2] Las tensiones políticas que llegarán a detener aquella espectacular apertura contribuían, por su parte, a fomentar el interés por los temas sociales. Ya se había manifestado éste en el campo editorial durante la dictadura de Primo de Rivera, cuando se publicó en ediciones populares una gran parte de la producción literaria de la Rusia marxista.[3] Los Estados Unidos entran en la órbita revolucionaria con el hundimiento de la Bolsa de Nueva York en 1929. En España la instauración de la República inclinó definitivamente el impulso editorial hacia los temas de interés social. En este clima se empieza a tomar un contacto más directo con las producciones literarias de Estados Unidos. Se traducen novelas de John Dos Pas-

1. Lino Novás Calvo, «Dos escritores norteamericanos», *Revista de Occidente*, XXXIX, n.º 115 (enero, 1933), pp. 92-103.
2. *Cf.* José Esteban, «Editoriales y libros de España de los años treinta», *Cuadernos para el diálogo*, XXXII (1972), pp. 58-62.
3. Destacan por su vertiente social las editoriales Cenit, Oriente y Zeus.

sos, Upton Sinclair, Sinclair Lewis, Theodor Dreisser, Sherwood Anderson, Thornton Wilder y las páginas literarias de los diarios muestran interés por los sucesos culturales de Estados Unidos. *The New Yorker, The New Republic, The Literary Digest* son revistas más o menos radicalizadas, respondiendo al ambiente de la época, cuya llegada se anuncia periódicamente en *El Sol.* Las novelas de gangsterismo y lucha social, tan populares en aquella época, son también objeto de una gran curiosidad y difusión en España.

En aquellas circunstancias la publicación del artículo de Lino Novás Calvo sobre William Faulkner en la *Revista de Occidente* fue una muestra más de la dirección de estas corrientes intelectuales. El cambio político de 1930 había afectado el ritmo de la revista, desapareciendo nombres ilustres, Alberti, García Lorca, Rosa Chacel, Antonio Machado, y también nombres eminentemente políticos como Ernesto Giménez Caballero y Onésimo Redondo.[4] Pero la revista no perdió vitalidad, ya que apareció una nueva remesa de jóvenes para confirmar el tono de constante vanguardia. La atención dispensada a los temas norteamericanos había sido ya evidente en el período de la dictadura. Antonio Marichalar, Benjamín Jarnés y Francisco Ayala habían publicado artículos sobre Hart Crane, Sherwood Anderson y John Dos Passos respectivamente. A partir de 1930, el interés por lo meramente literario cede paso a otros aspectos, «la crisis del Estado, la crisis del capitalismo», «la crisis de la sociedad industrial».[5] Coincidiendo con ese momento de inquietud por el aspecto político y social de Estados Unidos, aparece esa primera colaboración dedicada a la obra de William Faulkner.

El autor, Lino Novás Calvo, había llegado a España como corresponsal de *El Diario de la Marina.* Gallego de nacimiento, sus múltiples artículos periodísticos y sus brillantes cuentos le facilitaron la rápida inserción en los círculos literarios madrileños. Al llegar de Cuba traía un conocimiento muy fragmentario, pero incisivo, de la obra de Faulkner. Había aprendido inglés durante una estancia de varios meses en Nueva York en 1926, y pudo leer

4. *Cf.* Evelyn LÓPEZ CAMPILLO, *La Revista de Occidente y la formación de minorías (1923-1936)* (Madrid: Taurus, 1972), p. 75.
5. *Ibid.*, p. 136.

algunos cuentos de Faulkner publicados en revistas norteamericanas entre 1930 y 1931, cuando él trabajaba de dependiente en una librería de La Habana.[6] El incipiente periodista y autor supo reconocer con esta breve muestra el valor de Faulkner. Su admiración espontánea ante una obra tan sorprendente como crucial para el arte narrativo ha de ser tenida en cuenta, ya que con ella se inicia una actitud en la narración en lengua española al repercutir en la obra de Novás; también señala, por otro lado, a la inicial aceptación de Faulkner por parte de los lectores españoles, cuando en Estados Unidos tuvo pobre acogida a pesar de la deslumbrante producción con la que ya entonces contaba. En 1932 había publicado su séptima novela, *Light in August* y aunque entre las anteriores figuraban creaciones del calibre de *The Sound and the Fury* (1929), *As I Lay Dying* (1930), además de *Sanctuary* (1931), el reconocimiento crítico se había oscurecido casi por completo al ser Faulkner considerado autor de obras a las que se denostaba clasificándolas reiteradamente como pesimistas e insertas en la escuela de «Culto a la Crueldad» (Cult of Cruelty School).[7] La crítica del momento reconocía el aspecto innovador de las novelas, pero las rechazaba por lo escabroso de los temas; Granville Hicks contemplaba las creaciones del novelista con un tipo de actitud común en aquella época: «En el mundo de William Faulkner retumba la marcha tenebrosa de la lujuria, las enfermedades, la brutalidad y la muerte.»[8] Fueron los años en los que con algunas excepciones constituidas por los críticos más brillantes, a Faulkner en su país se le leyó poco y mal. Por esta razón la crítica norteamericana ha reconocido la deuda con la

---

6. La información referente a Lino Novás Calvo procede de un cuestionario escrito enviado al novelista por la autora de este estudio. Algunos datos adicionales fueron provistos en conversaciones telefónicas llevadas a cabo durante los meses de marzo y abril de 1973.

7. *Cf.* Robert PENN WARREN, «Faulkner: Past and Future», en *Faulkner, A Collection of Critical Essays*, ed. por Robert Penn Warren (Englewood Cliff, N. J.: Prentice Hall, 1966), pp. 1-22, y Michael MILLGATE, *William Faulkner*, trad. de Miko Lower y Julio Ortega (Barcelona: Barral Editores, 1971), pp. 55-58.

8. «*The World of William Faulkner echoes with hideous trampling march of lust and diseases, brutality and death*», juicio emitido por ese crítico en 1931 y citado por F. J. HOFFMAN en la introducción a *William Faulkner: Three Decades of Criticism*, por F. J. HOFFMAN y Olga VICKERY, (Nueva York: Harcourt, 1963), p. 2.

francesa, que a partir de 1931 comienza a dedicarle una atención constante.

En su comienzo, la crítica española no estaba distante de la francesa en cuanto a reconocimiento del valor del nuevo escritor antes de que el encono político acabara devorando el espíritu receptivo de los españoles. El primer artículo francés apareció en *La Nouvelle Revue Française* en junio de 1931 y fue escrito por Maurice Coindreau, traductor y crítico bien conocido. Una labor parecida a la de Coindreau fue en sus comienzos la de Lino Novás con respecto al público español. A su artículo siguió ese mismo año, en el mes de octubre, la presentación de Faulkner hecha por Antonio Marichalar.[9] Un mes más tarde André Malraux publicará en *La Nouvelle Revue Française* su «Préface à Santuaire» que en Francia, como en España el de Marichalar, constituyó el segundo artículo dedicado a Faulkner, seguido en los dos países por la publicación de *Sanctuary*. A partir de este momento los caminos críticos van a seguir unos derroteros muy diferentes, aunque como se verá más adelante no dejarán de presentar algunas coincidencias.

Los juicios de Novás Calvo [10] nada debían a la crítica de Coindreau como tampoco a la norteamericana del momento. El ensayo, dividido en dos secciones, una dedicada a Faulkner y la otra a Hemingway, revela esa aguda penetración que caracteriza la comprensión de un novelista por otro. Novás Calvo hace hincapié en el aspecto sureño de la obra de Faulkner; es claro que encontraba en este tipo de asunto gran afinidad, a causa de sus experiencias cubanas que tanto resaltan en sus creaciones de aquellos momentos.[11] El conflicto social atrae a Novás Calvo, el orden tradicional frente a un nuevo orden emergente, el avance industrial «y el consiguiente conflicto entre el blanco tradicionalista y el negro emergente» (p. 99). Este aspecto que en un nivel simbólico será analizado mucho más adelante, en 1939 por George Marion O'Donnell, aparece así expuesto a la luz de la exégesis y no de

9. Antonio MARICHALAR, «William Faulkner», *Revista de Occidente*, XLII, n.º 124 (octubre, 1933), pp. 78-86.
10. Las alusiones a este artículo van insertas en el texto.
11. Luis AMADO BLANCO, «Blancos, color contra color», reseña de *Pedro Blanco, negrero*, *Heraldo de Madrid*, 5 de enero de 1934, p. 13, pone de manifiesto este aspecto de Novás Calvo.

la incomprensión.[12] El mestizaje espiritual es un segundo aspecto que destaca el crítico español y que será objeto de numerosos estudios a partir de la concesión del premio Nobel a Faulkner en 1950. Respecto a las técnicas, destaca Novás la tensión que permea toda narración faulkneriana: «Su obra no tiene remanso, carece de exposición y nudo. Es toda desenlace» (p. 100); la armonía de los materiales, «técnica y lenguaje riman absolutamente con el asunto», la tensión a la que somete al lector: «Faulkner no pinta nunca, no expone nada. De ahí parte su oscuridad. Faulkner nos impone una emoción, nos hace presenciar y sentir realmente toda la intensidad dramática cruda y cruel de sus emociones. Pero la explicación queda en suspenso como queda cuando escuchamos una sinfonía» (p. 101); se refieren estas observaciones a los rasgos definitorios de la prosa de Faulkner más valorados por la crítica posterior. La referencia al impulso poético, que genera la palabra de Faulkner, es muy penetrante al relacionar la vocación poética inicial con el tipo de novela que llegará a desarrollar: «la poesía que él mismo ha matado se levanta en espectro, lo impulsa a escribir en prosa y sale después en cada letra. De aquí su forma cortante, oscura y empapada de poesía» (p. 102). Por último otra observación de Novás Calvo, que recibirá una constante atención por parte de la futura crítica, es la referencia a la continuidad de las obras: «No hay nunca una creación única, sino que en torno a la que se supone central se producen otros varios presentes o pretéritos que la interrumpen y aun hacen que el lector la olvide. Pero ninguno de estos otros dramas es un cuerpo acabado. Son rápidos chispazos, notas discordantes acordes tan sólo en el sostenimiento de la tensión dramática» (p. 102). Este juicio es similar al que expondrá mucho más tarde, en 1946, Malcolm Cowley en un estudio que se considera generalmente la inauguración del período de exégesis en la crítica de Faulkner.[13] Se puede concluir que las observaciones de Lino Novás fueron muy acertadas, indican los aspectos más sobresalientes de la prosa de Faulkner y aunque de forma incipiente ya apuntan a la crítica más aguda de períodos venideros.

12. George MARION O'DONNELL, «Faulkner's Mythology», *The Kenyon Review* I, n.º 5 (1939).
13. Se trata de la introducción al libro *The Portable Faulkner* (Nueva York: Viking Press, 1946).

El segundo artículo, debido a Antonio Marichalar, tuvo un eco mucho más amplio, ya que era el prólogo de la traducción de *Sanctuary* que realizó Lino Novás Calvo. El artículo precedió a la aparición de la obra y sirvió en el momento de su publicación para presentar un cuento de Faulkner que aparece en ese mismo número de la *Revista de Occidente*.[14] La traducción del cuento se debe probablemente al propio Marichalar, persona de quien Novás dice que «recibía y leía simultáneamente las publicaciones más importantes francesas, inglesas y americanas... Tenía una rica biblioteca, creo que ésa era la fuente principal sobre literatura angloamericana de la *Revista de Occidente*». La selección de ese cuento es original, «All the Dead Pilots» es uno de los cuentos menos conocidos de Faulkner. Formaba parte de la colección aparecida en 1931 bajo el título de *These Thirteen (Estos trece)*, a la que alude Marichalar al final del artículo.[15] La traducción de *These Thirteen* al francés no se efectuó hasta 1939.

El artículo de Marichalar [16] está más documentado que el de Novás Calvo, pero no por ello carece de juicios originales. Es evidente su carácter de prólogo, aunque el libro apareciese tres o cuatro meses más tarde, ya dentro del año 1934.[17] Marichalar dedica una parte de su artículo a presentar la novela como testimonio de un momento concreto, reflejo de una realidad, pero su análisis enfoca sobre todo la trascendencia estética de esa realidad tal como Faulkner la recrea. En el reconocimiento de las circunstancias socio-históricas en las que aparece el libro: «el fracaso de una ética liberal había fermentado entre los derechos individuales huérfano de un estado —público o privado— de conciencia» (p. 79); así se separa el crítico de las actitudes cerradas estadounidenses que sentían ante la creación de Faulkner una acusación más que la definición de un síntoma. Con fino distanciamiento crítico Marichalar señala que Faulkner se vale del terror,

14. William FAULKNER, «Todos los aviadores muertos», *Revista de Occidente*, t. XLII, n.º 124 (octubre, 1933), pp. 87-117.
15. Según Dorothy D. TUCK, autora de *Handbook of Faulkner* (Nueva York: Thomas and Cromwell, 1964), «All the Dead Pilots» se publicó primero en *These Thirteen* (1931) y más tarde en *Collected Stories* (1950), pero no se señala que el cuento apareciese nunca en revistas.
16. Las alusiones a las páginas van insertas en el texto.
17. William FAULKNER, *Santuario*, trad. de Lino Novás Calvo, prol. de Antonio Marichalar, Col. Hechos Sociales (Madrid: Espasa-Calpe, 1934).

pero el sentimiento no se despierta en función de sí mismo, sino como un medio estético que refleja artísticamente la crisis social por la que atravesaban los Estados Unidos: «Todo resulta en Faulkner tenebroso, siniestro, terrorífico», pero «ni subrayado como está por el sarcasmo, resulta repelente, ya que fue transmutado a tiempo en arte» (p. 79). A Marichalar le interesa mucho menos que la realidad que se presenta en la novela como trasfondo, esta transmutación artística, y en su apreciación difiere del crítico francés Coindreau que ve cierto aspecto melodramático en la intriga de la novela.[18] Al subrayar la relación entre la realidad y su transformación artística Marichalar va mucho más allá de lo que en este aspecto veía la crítica americana que acusaba a Faulkner de «turgidity of style and inner meaninless».[19] Comentando precisamente esta complejidad del estilo de Faulkner, Marichalar se refiere a la traducción: «El traductor ha cuidado de conservar lo "mal" escrito; el traductor puede encontrarse con un texto difícil pero que sale claro, se trata de "autores retóricos de pensamiento simple y forma compleja"»; con Faulkner ocurre todo lo contrario: «otros se traducen fácilmente y quedan oscuros; son los de mente poética y expresión forzosa. Faulkner ve confuso y habla claro» (p. 81). La realidad aparece así velada por su propia naturaleza compleja expresada con claridad poética.

APARICIÓN DE SANTUARIO. LOS LECTORES Y LA CRÍTICA

El 25 de enero de 1933 el periódico El Sol publicó una entrevista hecha al editor don Manuel Aguilar, algunas de cuyas declaraciones conviene recordar ya que iluminan el panorama del momento. Coinciden éstas con el hecho ya señalado más arriba de que el año 1933 marca el ápice de la actividad editorial: «El número de lectores

---

18. Cf. Maurice EDGAR COINDREAU, «William Faulkner», Nouvelle Revue Française (junio, 1931), p. 296.
19. «estilo turgente y vacío ideológico», Alfred KAZIN, «The Stillness of Light in August», Twelve Original Essays on Great American Novels (Detroit: Wayne University Press, 1958), incluido en Faulkner, A Collection, pp. 147-162.

ha crecido considerablemente, pero han cambiado los gustos... Anote usted otro hecho significativo: el rápido descenso, aunque sería más exacto decir la anulación casi definitiva en la venta de libros rusos y la novela en general. Este hecho —y dejó su explicación a los autores de cuestiones psicológicas— ha coincidido de modo absoluto con la instauración de la República. Apenas si se vende una novela en el sentido corriente del vocablo.»[20] Este interés por lo documental y lo social es lo que explica el hecho de que *Santuario* apareciera en una colección denominada «Hechos Sociales», que fue en opinión de Novás Calvo un reclamo para la mayor venta de la novela, dadas las preferencias de la época. La colección, muy breve, agrupa en efecto obras de gran heterogeneidad.[21] Ya se ha visto cómo la crítica de Novás, y en cierto modo la de Marichalar, consideran este aspecto social de la novela, de documental, que según las preferencias populares podía tener *Santuario* y que en cierto modo son un eco del aura de escándalo que la novela había tenido en Estados Unidos, se ve en los anuncios que de ella aparecen en los diarios: «*Santuario* es el más intenso y sombrío documento humano. Un mundo atroz, excepcional y, sin embargo cierto, se nos muestra en sus páginas», se invocan los aspectos más truculentos: «asesinatos, violaciones y linchamientos»[22] que tienden a situar la obra en un nivel popular equiparable a los folletines socializantes del momento o a la novela de gángsters.

Por otra parte, la popularidad del traductor como novelista y cuentista, unida a este tipo de publicidad y al interés por lo norteamericano, debió favorecer la difusión del libro. Arturo del Hoyo, otro futuro traductor de Faulkner, fue uno de esos primeros lectores, atraído por la personalidad de Novás Calvo que aparecía como representante de una cultura que intrigaba en aquellos momentos: «En los años treinta llamaba la atención la persona que hablaba inglés; era entonces lo corriente el

20. «Entrevista con Manuel Aguilar. El libro en España», *El Sol*, 25 de enero de 1933, p. 3.

21. El resto de los componentes es: Ian O'FLAHERTY, *Cómo está Rusia*, Prof. Samuel N. HARPER, *Escuela de bolcheviques*, Conde SFORZA, *Las dictaduras europeas*, Waldo FRANK, *Aurora rusa*. BURNS, *Viaje sin vuelta (Los bandidos de Chicago)*, LAIDLER, *Historia del socialismo*.

22. Anuncio aparecido en *El Sol*, 20 de febrero de 1934, p. 32.

francés o el alemán.»[23] Arturo del Hoyo fue uno de los socios del Ateneo a los que Novás Calvo se refiere al comentar la reacción que provocó su traducción: «Cayó como algo muy extraño entre los lectores que yo encontraba en el Ateneo. Era curiosidad y extrañeza. Aunque ese libro no es de los más audaces de Faulkner, era bien diferente de lo que había leído hasta entonces.»[24] Parece ser que los lectores tendieron a unir *Santuario* y *Pedro Blanco, negrero*, novela de Novás publicada en Madrid en 1933; así las recuerda Luis Rosales,[25] y el mismo Novás refiere que en su primera visita a Unamuno, acompañado por el yerno de éste, José María Quiroga Pla, entregó al rector de la Universidad de Salamanca un ejemplar de cada una de estas novelas.

Al mismo tiempo, el interés de los lectores de la *Revista de Occidente* ya se había fomentado suficientemente. A la revista se refiere también Luis Rosales como presentadora de Faulkner. Ricardo Gullón quien juntamente con Novás Calvo y Marichalar es uno de los primeros críticos del novelista norteamericano en español, fue también uno de aquellos lectores de *Santuario* guiado por la *Revista de Occidente* y sus colaboradores. Fue precisamente Benjamín Jarnés quien le habló de Faulkner por primera vez a Ricardo Gullón y quien le regaló un ejemplar de la versión francesa de *Santuario*. En francés leyó también algún tiempo después *Le bruit et la fureur (The Sound and the Fury)*. Sobre estas dos novelas, antes del comienzo de la guerra había escrito una reseña Ricardo Gullón, pero decidió no publicarla y aprender inglés para poder conocer a este autor directamente. Así comenzará una crítica directa y actual de las novelas anglosajonas que vendrá a aparecer en los años cuarenta.

En *El Sol* apareció una reseña bajo las siglas J. M. A. (José María Alfaro).[26] Se hace en ella un análisis no del mundo presentado, sino de los medios tan excepcionalmente originales de los que el autor se vale para presentarlos. Al crítico le llama la atención la demanda de la

---

23. Estos datos provienen de una entrevista hecha a Arturo del Hoyo por la autora de este trabajo en octubre de 1973.

24. Del cuestionario de Lino Novás Calvo.

25. Entrevista con Luis Rosales realizada por la autora de este trabajo en octubre de 1973.

26. J. M. A., «Ángel de las tinieblas» (reseña de *Santuario*), *El Sol*, 20 de abril de 1934, p. 7.

que es objeto el lector: «queda la angustia oprimiendo por todos los flancos las reacciones del lector», la estructura se define en función de la respuesta del lector-intérprete más que por la objetividad expresada por el texto: «como si se avanzase por un túnel en zig-zag la narración va estrellando una y otra vez la atención tensa del que lee, hasta conducirlo hasta el desasosegado final, sembrado de rotos cristales, de ennegrecidas perspectivas, de aniquiladores panoramas». Elementos técnicos en los que se apoya esta estructura son, según Alfaro, el contraste de los planos en los que avanza la acción y la proyección del subconsciente por medio de la imagen. Este aspecto, aplicado a Temple Drake, recibiría atención en Estados Unidos poco tiempo después en un famoso artículo del que es autor el doctor L. S. Kubie.[27] Otros aspectos de la narración que percibe el reseñador madrileño son igualmente perspicaces, la suspensión de la narración y los movimientos detenidos de los personajes. Un reseñador de *La Vanguardia*[28] reclamaba para Faulkner el título de maestro, poniendo de manifiesto la innovación formal en el arte de la novela: «Lo que hay que apreciar en la obra, y ello lógrase mediante su relectura, es esa habilidad y efectismo para sugerir amplios horizontes emocionales con sólo la realidad escorzada e irónica.» A partir de 1934, las publicaciones sobre Faulkner cesan, en la explicación de este fenómeno por Manuel Andújar: «Era la época de la enajenación política y parecía que no quedaba tiempo para la literatura.»[29] Por medio de Francia se continuarán en cierto modo las lecturas, en el Ateneo de Barcelona podían encontrarse las traducciones francesas hasta 1936: *Tandis que j'agonise* (1934) y *Lumière d'Aout* (1935). Otras novelas del decenio son *Le bruit et la fureur* (1938), *Sartoris* (1937) y *Treize histoires (These Thirteen)* (1939).

La apreciación de los lectores españoles durante 1933 y 1934 arroja un balance muy positivo. La comprensión de los méritos del novelista es superior a la que en aquellos momentos se le dedicaba en Estados Unidos y equiparable a los inicios de la recepción francesa. A este respecto, sería interesante poder constatar si el interés por el autor

27. Lawrence S. KUBIE M.D., «William Faulkner's *Sanctuary*», *Saturday Review of Literature*, XI, 30 de octubre de 1934.
28. Anón. «*Santuario*: Novela por William FAULKNER», *La Vanguardia*, Barcelona, 24 de febrero de 1934, p. 18.
29. Entrevista con Manuel Andújar, octubre 1972.

norteamericano en España fue una reacción al mostrado en Francia. Si bien es cierto que Coindreau escribió el primer artículo en 1931, mientras que Lino Novás lo hace en 1933, la aparición de muestras de interés por el novelista es cualitativa y cuantitativamente comparable. *Sanctuary* aparece con breve antelación en francés (1933), aunque parece que hubo la suficiente como para poder concluir que la novela se tradujo al español como a imitación francesa. Lino Novás no había leído la novela antes de que se encargara la traducción y, por lo tanto, no intervino en esa selección. Su opinión sobre el asunto es que «Marichalar, máxima autoridad en la *Revista de Occidente* sobre literatura angloamericana, no necesitaba de orientación francesa, pues conocía mejor que nadie esa literatura, pero editorialmente todavía los franceses daban pauta». La actitud de la revista con respecto a Francia tenía con frecuencia carácter de rivalidad, pero se seguían con interés las orientaciones literarias de las que era máximo exponente *La Nouvelle Revue Française*,[30] que fue como en España la *Revista de Occidente*, el vehículo de penetración de Faulkner en el país vecino.

Si bien esta muestra de receptividad por parte de crítica y lectores españoles aparece truncada por la evolución política subsiguiente, hay una serie de consecuencias que se manifestaron en España una vez concluida la guerra civil y en Hispanoamérica de una manera más inmediata. En palabras de José Gaos, la *Revista de Occidente* era «la representación suprema en el aspecto intelectual de los países de lengua española».[31] La mitad de la tirada de la revista iba hacia la América hispana; el conocimiento de Faulkner penetra, pues, en esa zona por medio de la *Revista de Occidente*, ya que antes de que Lino Novás escribiese su artículo era desconocido, «antes de salir yo para España, en 1931, nadie salvo yo, y muy poco, conocía a Faulkner: ni siquiera Jorge Mañach, muy conocedor de las cosas del Norte. Y Cuba, en materia de lo norteamericano, estaba a la vanguardia de Hispanoamérica. Pero andando el tiempo, la influencia de Faulkner en Hispanoamérica se fue acentuando hasta llegar a Rulfo y García Márquez». La revista *Sur* recogió, en efec-

30. *Cf.* López Campillo, pp. 187 y ss.
31. Citado por Federico Carlos Sainz de Robles, *El Espíritu y las letras. 100 años de literatura española* (Madrid: Aguilar, 1966), pp. 162-163.

to, el interés por Faulkner y en el número de marzo de 1937 el crítico y traductor francés Maurice Coindreau publicó un artículo sobre el tema.[32] En 1939, apareció en la misma revista un cuento perteneciente a la colección *These Thirteen*, «Septiembre ardido» («Dry September»), y en 1940 Jorge Luis Borges tradujo *The Wild Palms (Las palmeras salvajes)*. Esta versión se leerá mucho en España, así como el resto de las traducciones realizadas en Argentina durante el decenio de los años cuarenta. Hispanoamérica se convertirá, así pues, en mantenedora de la comunicación con Faulkner para los enclaustrados lectores españoles de la posguerra.

32. Maurice EDGAR COINDREAU, «Panorama de la actual literatura joven norteamericana», *Sur* (marzo, 1937), pp. 49-65.

UNA CRÍTICA DIFÍCIL

Los primeros cinco años de posguerra, al coincidir con la guerra mundial, presentaban dentro del forzado aislamiento cierto aire de compás de espera. Algunos sectores intelectuales mantenían un liberalismo que, en su mayor parte, se había desbandado en 1939. Las simpatías por los aliados se manifestaban en estos núcleos, pero más evidente era la inclinación hacia los alemanes. Se puede percibir esto en las revistas universitarias del momento; examinando como muestra *Cisneros*, con colaboradores jóvenes tales como Eugenio G. de Nora, Joaquín Ruiz Jiménez, Alfredo Sánchez Bella, Enrique Azcoaga, se encuentran menos referencias a lo anglosajón que a lo germano o italiano. Es interesante destacar, por otra parte, como un eco del ambiente en el que apareció *Santuario* en la década anterior, un poema de Victoriano Cremer, «Fábula de la persecución y muerte de Dillinger (enemigo público número uno)».[1]

Los esfuerzos de vinculación con el ambiente cultural de la preguerra los llevará a cabo *Escorial*, entre cuyos colaboradores se cuentan Antonio Marichalar, José María Alfaro, Ricardo Gullón y Luis Rosales. El espíritu de reanudación y de concordia era patente en un medio políticamente tan envenenado como el Madrid de aquellos años: «Convocamos aquí bajo la norma segura y generosa de la nueva generación a todos los valores españoles que no hayan dimitido por entero de tal condición.»[2] No obstante las aspiraciones de apertura de Dionisio Ridrue-

1. *Cisneros*, n.º 6 (1943), pp. 106-111.
2. «Manifiesto Editorial», *Escorial*, I, cuaderno 1 (noviembre 1940), p. 7.

jo y los numerosos colaboradores, desde el punto de vista de la novela y su crítica se percibe un enorme retroceso con respecto a los años de la República; se impone por fuerza una tónica de ruptura. A pesar de la profesión editorial la nueva generación parece no tener asideros ni herencia novelística a la que agarrarse. Los fundadores contaban con «traer al ámbito nacional, porque una sola es la cultura universal —creemos— los aires del mundo tan escasamente respirados por los pulmones españoles». Tales aires nunca llegaron a ventilar satisfactoriamente el panorama de la novela; en 1942, un colaborador que firma con la inicia M., y que bien pudiera ser Marichalar, se lamenta de esta penuria: «De tarde en tarde, es decir, prácticamente de año en año, nos llega noticia de alguna nueva novela que está obteniendo una inmensa tirada y gozando de la predilección de los lectores anglosajones.»[3] Otra revista de signo muy distinto no sólo confirma esta política de aislamiento, sino que la promueve; *Cuadernos de Literatura Contemporánea*, dirigida por Joaquín de Entrambasaguas y publicada por el Consejo Superior de Investigaciones Científicas, proclama sus intenciones de «crear una estética literaria nueva y nacional que no pacte cobardemente estéril con la anterior, ya pasada en todos sus aspectos, ni menos finja novedad en un contubernio engañoso con lo extranjero».[4] Estas palabras contrastan con las expresadas por *Escorial* y marcan la tendencia oficial en oposición a otras más liberales y abiertas que, como veremos, no lograron afortunadamente ser del todo amordazadas. Son patentes los esfuerzos tanto de críticos como de editores para mantener el contacto con el mundo literario anglosajón; algunos ejemplos son la reedición de *El puente de San Luis Rey* de Thornton Wilder en 1943, la publicación de *La letra escarlata* de Nathaniel Hawthorne en 1941, la traducción de *Flush* de Virginia Woolf hecha por Rafael Vázquez Zamora para la editorial Destino en 1943 y la de una antología de la literatura negra en Estados Unidos, *Constelación negra*, hecha por Julio Gómez de la Serna en 1942. También continúa el interés por James Joyce (iniciada en los años veinte con la traducción de

3. *Escorial*, IX, cuaderno 24 (octubre, 1942), p. 158.
4. «Editorial», *Cuadernos de Literatura Contemporánea*, n.º 1, (1942), p. 5.

A Portrait of the Artist as a Young Man, hecha por Dámaso Alonso) con «Los muertos», una sección de *Dubliners* aparece en 1941, y en 1942 se publica el libro, *Gente de Dublín*, en la editorial Tartesos de Barcelona. En cuanto a la crítica, la publicación de la novela de Woolf se vio respaldada por un artículo de Ricardo Gullón,[5] quien ese mismo año, 1944, publicó su libro, *Novelistas ingleses contemporáneos*. Las obras comentadas fueron leídas en inglés —la casa Calpe aún los tenía en el original—, en existencias de antes de la guerra, recuerda Gullón,[6] otros estaban en la biblioteca del Instituto Británico, algunos finalmente eran préstamos de la biblioteca de Antonio Marichalar. Este veterano crítico sólo escribió un artículo general sobre la novela inglesa en *Escorial*.[7] González Muela dedicó a Joyce un artículo;[8] en él se pregunta que si «la obra del irlandés constituye una *Summa* en la que toda su grandiosa potencia intelectual saca el jugo postrero a una época que muere y pone los cimientos a un mundo que nace», ¿cuál será ese nuevo mundo?, y relaciona esta futura novela con la norteamericana, pero no menciona el nombre de Faulkner. La única referencia al novelista que se hace en *Escorial* viene en la reseña de Enrique Azcoaga sobre una novela de Lajos Zilahy en la que se sitúa a Faulkner entre los grandes innovadores del género juntamente con Huxley y Mann.[9]

El triunfo de los aliados en 1945 supuso un reavivamiento del interés por lo anglosajón. En un ambiente esperanzado nace en febrero de 1946 la revista *Ínsula* con propósitos de innovación, que no se llevarán a cabo fácilmente dada la etapa de ostracismo y embargo internacional, acordado por las Naciones Unidas en otoño de 1946, que se acercaba para España. En los primeros números de *Ínsula* hay con frecuencia artículos sobre la novela norteamericana, pero el tratamiento que se ofrece de Faulkner en estos artículos es muy poco afortunado. La articulista Leslie Frost, hija del poeta Robert Frost, pertenece a

5. Ricardo GULLÓN, «Virginia Woolf o la novela en crisis», *Escorial*, XV, cuaderno 48 (1944), pp. 291-303.

6. Entrevista con Ricardo Gullón, junio 1977.

7. Antonio MARICHALAR, «La novela inglesa», *Escorial*, t. XVI, cuaderno 49 (1944), pp. 405-414.

8. J. GONZÁLEZ MUELA, «El culto a la palabra en James Joyce», *Escorial*, IX, cuaderno 27 (enero 1943), pp. 125-130.

9. *Escorial*, XI, cuaderno 31 (mayo 1943), p. 308.

un grupo de críticos que en Estados Unidos recibieron el nombre de «humanistas» y que había sido uno de los responsables, juntamente con los socialistas, de la fustigación de la obra de Faulkner y de su encasillamiento en la llamada «escuela del culto a la crueldad», según se ha visto en el primer capítulo.[10] Aquellos autores a los que durante los años de la República se hubo empezado a conocer y a apreciar —Faulkner, Hemingway, Dreisser, Dos Passos, Steinbeck, unidos a Huxley y Joyce— aparecen bajo el rótulo común de «más jóvenes» y son sometidos a un implacable ataque.

A partir de 1941, Ricardo Gullón fijó su residencia en Santander y colaboró en la revista literaria de aquella ciudad, *Proel*. Como consecuencia de su interés por Faulkner, en 1946 aparecieron en esta revista dos cuentos procedentes de *These Thirteen*, con el título «Ese sol de la tarde» y «Primavera ardiente», que juntamente con «Todos los aviadores muertos» constituyeron la totalidad de los cuentos traducidos de la colección hasta aquel momento. En la feria del libro de 1947 figuraban varias casetas de editoriales hispanoamericanas, en las que se podían encontrar algunas novelas de las que se nutrirán varios futuros novelistas que inician su producción a partir de estos años. Resulta curioso señalar, por otra parte, que también durante el año 1947 hay que contar con la segunda aparición de una obra de Faulkner, *Pylon*, que, publicada por Faulkner en 1935, nunca había figurado entre las favoritas y, en general, su aparición pasó sin pena ni gloria. Otro tanto ocurrió en España. Muy pocos de los lectores de Faulkner de los años cuarenta conocieron siquiera la existencia de la novela.[11] Un segundo artículo que pertenece al mismo tipo de crítica negativa fue escrito por Arturo del Hoyo, lector de *Santuario* en 1934, según se ha visto. El pequeño ensayo, importante por ser el primero que *Ínsula* dedica exclusivamente a Faulkner,[12] es un ataque al novelista. Todas las críticas tremendistas del momento español parece volcarlas Del Hoyo en Faulkner con un tono retórico. Es curioso que esta pequeña muestra de crítica adversa aparezca en España con tanto

10. Leslie FROST, «La novela norteamericana», *Ínsula*, n.º 4 (15 de abril de 1946), p. 4.
11. William FAULKNER, *Pylon* (Barcelona: Caralt, 1947).
12. Arturo DEL HOYO, «William Faulkner», *Ínsula*, n.º 10 (1 de octubre de 1946).

retraso con respecto a Estados Unidos donde en aquella época, 1946, se iniciaba el cambio en la actitud hacia el novelista, señalada según se ha visto por la aparición de la edición del *Faulkner de bolsillo (The Portable Faulkner)*, llevada a cabo por Malcolm Cowley.[13] Hasta ese momento Faulkner era un escritor muy poco conocido y a finales de 1945 no había en el mercado ninguna obra suya. El momento elegido por Cowley era especialmente propicio: Faulkner había sobrevivido a las críticas adversas de socialistas y humanistas de los años precedentes. Ahora el aire empezaba a cargarse con una nueva forma de fobia, el «macarthismo», y el novelista continuaba impávido, alejado de toda beligerancia política, según observa Robert Penn Warren, cuya reseña a la edición de Malcolm Cowley marca definitivamente una época en el reconocimiento de Faulkner en su propio país.[14] Con el fin de la guerra mundial apareció un nuevo público. Los soldados que retornaban manifestaron «una repulsa hacia una visión simple, esquemática y bidimensional del mundo. Muchos de ellos habían padecido en propia carne la profundidad y paradoja de la existencia y cualquier visión literaria que no fuera fiel a ella les era ajena».[15] Este tipo de público ya había surgido en Francia y en España antes de la guerra y surge ahora también en Hispanoamérica, Japón e Italia.

En España, una reseña de *Las palmeras salvajes* hecha por Paulino Garagorri volvió a reengancharnos a aquella primera visión de Faulkner ofrecida por la *Revista de Occidente*. Se trataba de la traducción de Jorge Luis Borges en la segunda edición de 1944. Reconoce el crítico español los méritos de Faulkner como novelista excepcional: «En *Las palmeras salvajes* Faulkner ha sabido componer unas páginas admirables que difícilmente superará él mismo, siendo uno de los tres o cuatro novelistas más interesantes que hoy escriben y podemos

13. Malcolm COWLEY, edit., *The Portable Faulkner* (Nueva York: Viking Press, 1946).

14. R. P. WARREN, «William Faulkner», *The New Republic* (12 de agosto de 1946), pp. 176-180.

15. «*A disgust for simple schematic two-dimensional views of the world. Many of them had had first hand a shocking acquaintance with the depths of paradoxes of experience, and now literary renderings that did not honor their experience was not for them*», R. P. WARREN, «Faulkner, Past and Future», Introducción a *Faulkner: A Collection of Critical Essays* (Nueva York: Prentice Hall, 1966), pp. 10-11.

leer.»[16] Se alude además a las otras dos novelas de Faulkner aparecidas en Argentina hasta aquel año, *Luz de agosto* y *Mientras yo agonizo*, ambas publicadas en 1942. Los juicios de Garagorri son valiosos al contemplar la temática elevada por encima de lo regionalista, tal como ya había señalado Novás, también observa la transcendencia de lo social donde el testimonio de la época tiene, no obstante, una presencia clara; esta unión de lo universal y lo circunstancial es el aspecto crítico más original del artículo. El tema del amor, pero no el romántico, sino el de *La Celestina*, es el objeto de la novela. El crítico subraya la ausencia de un guía tradicional: «no cuenta las cosas, más bien las mete por los ojos. Suele acusársele de irracional, de actuar sobre la sensibilidad del lector y no sobre su inteligencia», pero ello se debe a que no se puede separar el cuerpo del espíritu. El lector de Faulkner no podrá asumir un papel pasivo, pues el arte del novelista «consiste en tomar modestamente las cosas como se dan en la vida aisladas y concretas, incluso en el curso mecanizado de nuestros pensamientos explicables sólo por innumerables supuestos de los que jamás se habla y, sólo en ocasiones solemnes, envueltos en un aura de ligera racionalidad». Esta interpretación de la recreación de la experiencia natural mediante el arte que se aleja de la tradición literaria de interpretación fija, es uno de los aspectos que interesan con preferencia a los críticos de última hora, es decir, de finales de los años setenta y comienzos de los ochenta.

Otro acercamiento crítico muy valioso durante el decenio de los años cuarenta lo lleva a cabo Ricardo Gullón y es el fruto de un interés que, como se ha visto, surgió a raíz de la publicación de *Santuario*. Gullón había continuado la lectura de Faulkner, simultaneándola con la de los autores ingleses a los que dedicó su libro en 1944. Las novelas le llegaban en español desde Argentina, enviadas por Guillermo de Torre, quien le mantenía al corriente de las novedades editoriales que iban apareciendo en aquel país; así tiene acceso a *Las palmeras salvajes* en la primera edición de 1940 y *Mientras yo agonizo (As I Lay Dying)*, a raíz de su publicación en 1942. De Estados Unidos, gracias a un familiar, Luis Torres, va consiguien-

---

16. Paulino Garagorri, «*Las palmeras salvajes* de William Faulkner», *Insula* (15 de octubre de 1946), pp. 6-7.

do las reediciones de las obras de Faulkner que aparecían en forma de libro de bolsillo a partir de 1945. Pudo recibir así, *Absalom, Absalom!*, *These Thirteen* y *The Sound and the Fury*, además de *Light in August*. Es de notar el carácter excepcional de la posesión de estas obras, ya que en España existían muy pocos ejemplares de los originales ingleses: «En las librerías no había nada, todo era a base de envíos o de regalos. Sólo recuerdo a Enrique Canito, aparte de Guillermo de Torre o Luis Torres desde el extranjero, que tuviese alguna obra de Faulkner.» Dadas estas circunstancias resulta aún más valiosa la aportación que con su artículo hiciera Gullón a la crítica faulkneriana.[17] Interesa señalar aquí que, como lo hizo Garagorri, Faulkner aparece relacionado con los años de la República y su presentación en la *Revista de Occidente*, además de acercar el concepto de la creación novelística a las teorías de Ortega sobre este punto. Se pone de manifiesto una afinidad que la crítica posterior irá, en efecto, desvelando a medida que se valore con más precisión el alcance del novelista: «Ningún nombre puede escribirse sobre el de este gran inventor de mundos que como Joyce y Kafka se aventuró valerosamente, dicho con palabras de don José Ortega y Gasset, a explorar en las posibilidades difíciles y subterráneas que aún quedan al viejo destino de la novela» (p. 270). Igualmente se demuestra perspicacia al comparar a Faulkner con Hemingway: «Hemingway es un artista menos auténtico y también un novelista de posibilidades infinitamente más reducidas».

El primer aspecto con el que se enfrenta Gullón es el estilo, en la aparente oscuridad se encuentra precisamente el gran hallazgo artístico de Faulkner:

«La oscuridad proviene del designio, esencial a esta obra, de mostrarnos la marea viva de los sentimientos —cuando apenas puede dársele tal nombre, cuando están formándose todavía imprecisos— en los abismos del ser. Lo que está más allá de la conciencia, los reflejos, el conjunto informulado de deseos que en sucesivas oleadas afluyen al pensamiento y no llegan a cristalizar en ideas, par-

---

17. Ricardo GULLÓN, «El misterioso William Faulkner», *Cuadernos de Literatura* II, n.º 5 (sept.-oct. 1947), pp. 250-270. Las referencias a las páginas figuran en el texto.

te por deficiencia del mecanismo mental, y parte por negarse el sujeto a admitirlos en la zona iluminada de su persona; todo ese vasto flujo de sentimientos apenas recognoscibles constituyen la hilaza con que Faulkner va a tejer su trama» (p. 251).

La oscuridad de los personajes procede de la capacidad para recrear la complejidad de la naturaleza humana. Los hombres y las mujeres no aparecen claramente definidos porque ellos mismos son incapaces de expresar sus sentimientos con más exactitud. La nueva técnica logra dar vida adecuadamente a esta materia novelística que no es otra que la inapresable existencia humana: «Cuando en *Santuario* nos desorientan los bruscos cambios de ambiente, las soluciones de continuidad, la falta de explicación de los sucesos, es para exigir el ingreso sin reservas en el caos, obligando a soportar el peso de los hechos según van suscitándose, como ocurre en la vida, aislados e independientes, pues su posterior ligazón y encadenamiento es obra de nuestra inteligencia, que establece las conexiones necesarias para hacérnoslos inteligibles» (p. 252). En este aspecto la obra de Faulkner y de Dostoyewski presentan gran parecido, siendo el novelista ruso «su más neto precedente». También este juicio ha sido corroborado por la crítica posterior.

Un acierto más del artículo es presentar la obra de Faulkner como una totalidad y no como novelas producidas aisladamente, aspecto al que señaló Lino Novás y que fue estudiado en Estados Unidos a partir de la interpretación de Malcolm Cowley a la que ya nos hemos referido. Según Gullón la producción de Faulkner forma una «superior unidad cuyo carácter documental es evidente, aunque en ningún momento anule ni siquiera disminuya su carácter de espléndida obra de arte» (p. 257). El valor testimonial de este arte es muy grande, pero va más allá de lo social, es social porque «toda gran novela es novela social en cuanto reproducción de costumbres, inquietudes y dolores de una época», opinión que ya Garagorri había expresado. Gullón puntualiza que la denuncia no es el objetivo del artista: «Si de sus obras se deduce una lección para el hombre como ser social, esta lección no fue buscada por él, sino que se desprende espontáneamente de aquéllas mediante el examen objetivo de las realidades por él observadas» (p. 260). Se pone de relieve la gran diferencia que hay entre Faulkner y la novela social propiamente dicha; Faulkner no entra en la vertiente representada por Dreisser, «pues si Dreisser busca la protesta, el autor de *Luz de agosto* induce a entender la vida como un conjunto de acaecimientos inevitables» y el fatalismo se señala como aspecto clave de la obra. Así como Jean Paul Sartre afirmó que en el mundo de Faulkner no existía el futuro,[18] Gullón asevera que los personajes carecen de libertad, de responsabilidad y son incapaces de arrepentimiento al no asumir el concepto de pecado: «De esta actitud se deriva inmediatamente la ausencia de arrepentimiento. En cuanto a arrepentirse significa reconocerse culpable, desconocen ese movimiento del alma. Desconociendo la idea de deber a que la responsabilidad va unida, no se creen responsables de nada.» La obra está concebida desde un sentido puritano de la vida, puritanismo que se manifiesta no sólo con respecto al tema de la muerte, sino también con respecto al amor: «Las relaciones entre el hombre y la mujer son presentadas por él sin alegría, desprovistas de verdadera efusión amorosa, constituidas en casi todos los casos por el mero deseo.» Es ésta una crítica del sentido moral de Faulkner, frecuente en aquellos años y también después de la concesión al novelista del premio Nobel. Gullón matiza estas generalizaciones al pasar al análisis de *Light in August* en el que estos criterios se aplican con gran precisión a dos personajes: «Cada hecho tiene una explicación de tal naturaleza que inevitablemente —como antes decíamos generalizando— se recuerda el poder de la fatalidad a quien sirven con voluntaria ceguera tipos como Doc Hines o el granjero Mac Eachern, los inolvidables fanáticos de esta ficción: loco el primero con su morbosa obsesión contra la Mujer y el Pecado, implacables los dos en su concepción de un dios cruel y vengador, al que rinden sombrío homenaje.» En cambio, el héroe Christmas está visto con una luz propia que impide incluirlo en esas líneas gene-

---

18. Sartre escribió dos artículos sobre el arte de Faulkner que tuvieron mucha influencia en la percepción del novelista durante los años cuarenta y cincuenta: «A propos de *Le bruit et la fureur*: la temporalité chez Faulkner», *Nouvelle Revue Française* (junio 1939, p. 1057 y julio 1939, p. 146). Este artículo fue reproducido en *Situations* I (París, 1947), p. 70. El segundo artículo es «*Sartoris* par William Faulkner», *Nouvelle Revue Française* (febrero, 1938), p. 223, también reproducido en *Situations I.*

rales, su complejidad se señala con gran lucidez: «Es un análisis muy a fondo del supuesto dramático en que se debate el protagonista: la duda de si lleva sangre negra, duda que por orgullo resuelve afirmativamente, le convierte en un inadaptado, en un ser adverso a cualquier gesto de benevolencia o de amistad.» El mestizaje tanto físico como espiritual de este personaje ha sido, en efecto, el aspecto que más interés ha despertado en las críticas sucesivas. La novela es una prodigiosa recreación artística de la vida en la que el juicio último y su consecuencia corresponde al lector y no al autor: «Las alteraciones, inversiones y repeticiones del relato sirven para transmitir esa sensación de que el autor no desea imponer un juicio sobre la vida, sino enfrentarnos con la vida misma tal como es: incoherente, dinámica, inacabada...» Este estudio aporta datos muy valiosos y, sobre todo, precoces en la crítica faulkneriana del momento. Las reflexiones sobre el mundo creado en la novela y el impulso artístico con un fondo ético pero lejos de un dogmatismo moral, que se refleja en el estilo como una experimentación inusitada, son percepciones de este artículo que mucho más tarde se han visto desarrolladas por otros críticos.

El trabajo de Gullón, así como el de Garagorri y las alusiones al novelista, que se rastrean en las revistas de los años cuarenta, no caerán en el vacío y son más bien un documento que da patente de existencia a nivel editorial al interés que, de manera subterránea, nunca dejó de despertar la obra de Faulkner en el lector español. Se puede concluir que si bien durante el decenio de los años cuarenta el nombre de Faulkner no desaparece totalmente de la crítica española, es más bien una herencia o un reenganche a la actitud de la época de la República. Se mantuvo la llama de la comprensión y de la exégesis, no se produjo una crítica abundante, pero se evitó la creación de un vacío a nivel crítico y se hizo posible la supervivencia de un talante exigente y riguroso. La importancia de este hecho se hará más clara con el correr de los años. Así, se puede entender la queja de Torrente Ballester en 1948, ya casi al final de la época de total aislamiento: «*Por lo que sea* la literatura permanece cerrada en las fronteras nacionales nutriéndose de sí misma. Los estilos surgentes carecen de eco español. Nuestro conocimiento en el mejor de los casos se remonta hasta fechas anteriores a la guerra.»[19] Ciertamente, como vamos viendo, Torrente describe el fenómeno con justicia, la perspectiva es de un panorama baldío: «los jóvenes novelistas carecen de una tradición nacional ininterrumpida y viva a la que engancharse: una tradición que siendo española esté al día, y como de lo extranjero no saben nada, tienen que buscar su estrella polar donde la encuentren». Como hasta aquí puede comprobarse, la lectura de Faulkner constituyó para muchos futuros novelistas tal «estrella polar».

LA APARENTE FALTA DE TRADICIÓN

Fernando Morán en su libro *Novela y semidesarrollo* aborda este momento de la cultura española, comparando la novela con otros géneros. Mientras que en la poesía se intenta un progresivo reenganche, «solamente la novela ha sabido señalar en la cultura española de posguerra que la contienda y su desenlace había significado una nueva época absolutamente diferente de la anterior».[20] La novela es un género que refleja de una manera más directa la realidad, y la sociedad condiciona el acto creador y el producto creado. El contenido novelístico no puede evadir la inserción en su momento histórico, ya que la novela es, en cuanto a su estructura, homóloga a la sociedad en que se produce; las circunstancias sociales de la creación literaria inciden en su existencia, y puesto que el escritor por su parte participa irremisiblemente en ellas, la novela tiene que indicar necesariamente la ruptura. Fernando Morán explica, así, la posición tomada por gran parte de los críticos que se han ocupado de este problema. El deseo de un nuevo arte por parte del régimen totalitario coincide con estas circunstancias y las acentúa para su propio provecho. No obstante, como señala Ignacio Soldevila:[21] «El adanismo... no fue tan real como se supone... Pero si el mito del adanismo ha sido consistente es porque, más que real, fue impuesto por la

19. Gonzalo Torrente Ballester, «Los problemas de la novela española contemporánea», *Arbor*, marzo 1948, p. 389.
20. Fernando Morán, *Novela y semidesarrollo* (Madrid: Taurus, 1972), p. 315.
21. Ignacio Soldevila Durante, *La novela desde 1936* (Madrid: Alhambra, 1980), p. 107.

noción misma de que la "Nueva España" se importaba en un conjunto de mitos nazis y fascistas, entre los que contaba en lugar importante esa noción milenarista de una nueva era...» Gonzalo Sobejano, por su parte, hace más hincapié en las diferencias de enfoque entre los novelistas de antes y de después de la guerra: «Antes de 1936 los novelistas de España, con raras excepciones, cultivaban un tipo de novela que aspiraba a una autonomía artística absoluta, arraigada desde luego en la esencia humana universal, pero sin conexión suficiente ni marcada con la esencia histórica y comunitaria de los españoles. Esta conexión es precisamente lo que buscan los más y los mejores novelistas después de la guerra civil...»[22] La discontinuidad y ruptura es patente, pero en muchos casos no fue buscada como tal, sino impuesta desde afuera; no la buscaron los escritores que por los años de la República empujaban la creación novelística experimental (Ramón Gómez de la Serna, Rosa Chacel, Benjamín Jarnés), o los de carácter más o menos radicalmente social (Arconada, Sender, Max Aub, Díaz Fernández, Carranque de Ríos, Novás Calvo). Tampoco hubo tal ruptura para los que quedaron con una obra ya casi culminada (Baroja, Concha Espina, Azorín). Para la mayoría de los jóvenes a los que alude Torrente la ruptura fue involuntaria y la ambición de engancharse, de no querer quedar rezagados, de protestar por el forzado «furgón de cola» como lo llamaría Juan Goytisolo, al que tuvieron que subirse, empieza a perfilarse inmediatamente. Pero esto no se ve claramente a nivel oficial ni público, sino que se realiza a título individual. Los novelistas que comienzan a escribir en estos años, o en la década de los años cincuenta, van buscando y encontrando con mayor o menor dificultad una orientación que, como bien dijo Torrente, se remonta al otro lado de la guerra o se procura fuera de las fronteras nacionales. Lo que por decreto les fue prohibido, fue echado en falta, añorado y a veces recuperado.

---

22. Gonzalo SOBEJANO, *Novela española de nuestro tiempo* (Madrid: Editorial Prensa Española, 1975), p. 24.

Paulino Garagorri había mencionado en su artículo las traducciones hispanoamericanas y también a ellas se refería Gullón al narrar las circunstancias de sus primeras producciones críticas. La evaluación real del papel que jugaron estas importaciones de los años cuarenta no se puede medir sólo a nivel de crítica escrita. Al realizar una serie de entrevistas con los intelectuales que en aquellos años comenzaban su carrera, se pone de manifiesto el carácter de lucha por la adquisición de una cultura literaria en la que los libros que llegaban de Argentina tuvieron un importante papel. El recuerdo de la aparición de Faulkner de la mano de la *Revista de Occidente* tampoco se había borrado tan fácilmente, y la popularidad de Faulkner en Francia en la posguerra mundial, así como la concesión del premio Nobel, fueron acicates para que el nombre del novelista permaneciese fielmente como uno de los pilares de la novela moderna a los ojos de un gran número de escritores, como se verá a continuación. Si se compara el escaso número de artículos con la abundancia de testimonios de lectura durante estos años, se saca la impresión de que Faulkner, en efecto, parecía inspirar a una «quinta columna» intelectual, como un signo de rebeldía ante cualquier encasillamiento simplista de la realidad, a la manera de lo que les ocurrió a los ex combatientes norteamericanos. Algo parecido ocurría a la sazón en Francia y, a pesar de la clausura de la frontera, parte de este ambiente logró filtrarse y, en particular, a partir de 1948 cuando el tránsito entre los dos países se hace de nuevo posible. En el panorama que hemos podido componer con los testimonios de los lectores de los años cuarenta, se perciben dos focos de interés, el de Madrid y el de Barcelona. En ambos casos el denominador común es que la curiosidad por Faulkner se inicia a partir de la novela traducida por Lino Novás Calvo. Resulta curioso constatar cómo el auténtico eco, los frutos, podríamos decir de la incipiente acogida al escrito en España, se van a recoger después de la guerra durante estos oscuros años cuarenta. En la práctica totalidad de los lectores, esta obra supuso un incentivo para buscar otras novelas del escritor. Como ya se ha señalado, dejando aparte *Pylon*, estas novelas procedían de Argentina y en algunos casos de Francia.

La atención que se le dedicó a Faulkner en Argentina se manifiesta a partir de 1940 con la publicación de *Las palmeras salvajes*, de la que se harán tres ediciones antes del fin del decenio. Como ya se ha mencionado, en 1942 aparecieron *Luz de agosto* y *Mientras yo agonizo*. La traducción de *These Thirteen* se hace bajo el título *Victoria y otros relatos*, en 1944. El famoso cuento «Una rosa para Emilia» salió en Santiago de Chile en 1944 formando parte de una *Antología de escritores contemporáneos de Estados Unidos*. En 1947, se publicaron en Argentina *El sonido y la furia* y *El villorrio* y estos libros llegaron a España a través de importadores amparados en los acuerdos comerciales con Argentina. Durante los años del más estricto aislamiento, Argentina fue uno de los pocos países que continuaron en contacto con España, contacto muy importante para la difusión de la obra de Faulkner, ya que en aquel país precisamente se le dispensó una notable atención. Así las cosas en aquellos «años del hambre», no sólo de allí llegaron el trigo y la carne, sino también ese sustento intelectual del que tan necesitados se hallaban los jóvenes intelectuales. Por otra parte, hay que destacar que algunas novelas se pudieron leer con relativa facilidad en aquellos años, como *Luz de agosto*, *El sonido y la furia*, pero más tarde, a raíz de la amplia publicación de Faulkner en España, era casi imposible encontrarlas en la península.

La penetración de la obra de Faulkner por vía francesa es un poco más incierta entre 1946 y 1948 a causa de la tirantez de las relaciones políticas. A esta vertiente son más sensibles los lectores catalanes. En el Ateneo de Barcelona se encuentran varias traducciones francesas de los años treinta como ya se vio. De los años cuarenta datan *Le docteur Martino et autres histoires* (1948), *Le bruit et la fureur*, 13 edición de 1949 (la primera se hizo en 1938) y *Sartoris*. Otras novelas de Faulkner traducidas al francés antes de 1950 se pudieron leer con relativa facilidad *(L'invaincu)* en 1949, *Soldiers' Pay (Monnaie de singe)* y *Mosquitoes (Moustiques)* en 1948 y finalmente *These Thirteen (Treize histoires)* en 1939. Respecto a la crítica, honda impresión causaron en España las opiniones de Sartre, André Gide, André Malraux y Claude Edmonde Magny a los lectores que pudieron dar con ellas.[23]

23. Nos referimos a los artículos de Sartre que aparecieron primero

LOS LECTORES DE FAULKNER:
UN FOCO MADRILEÑO

Antes de proseguir con el tema de la respuesta que hubo en España ante estos más que menguados, arduos acicates, hay que recordar que debido al abandono del país de casi todos los novelistas más jóvenes de la época de la República, la parcela de nuevos escritores estaba aún sin estrenar: ninguno de los autores que en esta década de los años cuarenta empezó a interesarse por Faulkner, o se había interesado por él ya antes de la guerra, había empezado aún a escribir. Los que comenzaron la lectura en los años cuarenta siempre se refieren a *Santuario* como punto de partida, de modo que esa novela sirvió en casi todos los casos de punto de enlace con las actividades culturales de la preguerra. Algunos de estos lectores empezaron su producción de manera inmediata: tal es el caso de José Suárez Carreño o Jorge Campos. Otros tardarían aún varios años en producir su gran novela, como Luis Martín Santos o Juan Benet, caso aún más extremo. Todos los novelistas consultados, no obstante, sintieron la atracción de la obra de Faulkner durante los años cuarenta.

Entre los lectores madrileños fue muy importante la admiración hacia Faulkner sentida por un grupo de estudiantes cuya consecuencia literaria fue la producción de José Suárez Carreño. El significado atribuido al novelista por estos jóvenes desbordaba lo puramente literario. Podría decirse sin temor a exagerar, según sus declaraciones, que su estima era similar en cuanto al grado a la que se le tenía en Francia por aquel entonces. El editor del *Portable Faulkner*, Malcolm Cowley atribuye a Sartre esta frase: «Para los jóvenes de Francia, Faulkner es un dios.» [24] La primera noticia que del escritor americano tuvo Suárez Carreño fue a través de la *Revista de Occi-*

en *La Nouvelle Revue Française* y más tarde, en 1947, en *Situations I*. André GIDE escribió sobre Faulkner en «Interview imaginaire», *Fontaine* (27-28 de agosto de 1943). También comenta algunos aspectos de la obra del novelista en su *Journal (1889-1939)*. De MALRAUX fue muy comentado su prólogo a *Sanctuaire* (1933). Claude EDMONDE MAGNY hizo una crítica de Faulkner en su libro *L'âge du roman americain* (París, 1948).

24. «¿Le he contado lo que dijo Jean Paul Sartre sobre su obra...? Lo que dijo sobre usted fue: *Pour les jeunes en France, Faulkner c'est un dieu*.» Citado por Michael MILLGATE, p. 81.

dente y de *Santuario*.[25] La impresión causada por estas lecturas fue condicionada por dos factores: su preparación personal, por un lado, y el ambiente en el que se produce la aparición de la novela de Faulkner, por otro. Respecto al primero hay que tener en cuenta que el joven, aún en Valladolid, se esforzaba por hacerse con una cultura amplia, y toma lo que la actividad editorial de aquella época le ofrecía; sus primeras lecturas las constituyeron todas las obras editadas por Cenit y Zeus de literatura soviética y norteamericana. Se interesaba al mismo tiempo por los experimentos del grupo formado alrededor de la *Revista de Occidente*, Benjamín Jarnés, Antonio Espina, Rosa Chacel. Leía también la literatura socialrealista de Ramón Sender, Arderius, Carranque de Ríos, sin olvidar a Díaz Fernández. A estas lecturas se añaden los favoritos, Goethe, Stendhal, Dostoyewski, además de Proust y Faulkner. Recuerda Suárez Carreño la primera impresión que Faulkner le causara en términos de su respuesta ante la obra como poeta: [26]

«Cuando se recibe a Faulkner, Malraux y él están juntos: usan una temática que aún no existe. Faulkner completa en la novela lo que ya había en la poesía, el surrealismo. Aparece para mí relacionado, pues, con un tipo de poesía como lo será la de Aleixandre o como *Residencia en la tierra*, con la de Cernuda, con la de Eluard; Faulkner supone ya entonces un ámbito literario en libertad, la transcripción de la realidad tal como la vemos. Encontré en *Santuario* una búsqueda de autenticidad para llegar a las cosas, hasta su límite y fin. Faulkner posee una especie de panteísmo, también realiza una traducción de Freud al plano artístico.»

Después, como a la mayoría de los españoles, lo arrastró la política y llegó a ser presidente de la FUE en Valladolid. Durante los años madrileños de la posguerra intentó reavivar, con un grupo de amigos, parte de las actividades intelectuales que quedaron abandonadas en 1936. El decano de este grupo era el pintor Juan Manuel Caneja, gran conocedor y admirador de Faulkner. Otros compa-

25. Todas las referencias a José Suárez Carreño están basadas en una entrevista llevada a cabo por la autora de este trabajo en mayo de 1972.
26. Suárez Carreño recibió el Premio Adonais de poesía en 1943 y el Lope de Vega de teatro en 1952.

ñeros eran Francisco Benet, Manuel Lamana, Fernando Chueca, Carmelo Goitia, Carlos Gurméndez, Nicolás Sánchez Albornoz... «Caneja —dice Suárez Carreño— mantenía un especial culto hacia Faulkner. La primera exposición del pintor fue completamente faulkneriana en el sentido que daba a su concepción de la realidad, pero incluso también en el tema, los coches de caballos, lóbregos paisajes del Sur... Dentro del contexto triunfalista del momento este tipo de actitud resultaba personalísimo.» Como correspondía a aquellos años traumatizados, entre estos jóvenes existían afinidades no sólo culturales, sino también políticas: intentaban recrear una FUE que recogiese un poco el espíritu de la Agrupación al Servicio de la República, eran izquierdistas, pero no comunistas, diferían del Régimen cuyo tono triunfalista les ofendía; también diferían del marxismo, pues se trataba de un pequeño grupo de intelectuales independientes. Faulkner se convirtió para ellos en un mito. Conseguían sus obras importadas de Argentina y leyeron *Luz de agosto*, *Las palmeras salvajes*, *El villorrio*, *Intruso en el polvo*. Algunas otras debieron obtenerse en francés. «Para estos núcleos estudiantiles de pequeña burguesía, el libro tenía un sobrevalor; nos parecía, y era, una vía de respiro, ya que se trataba de una minoría marginada y marginal.» La lectura de Faulkner era, pues, un refugio para encontrarse con su propia realidad, la que ellos querían vivir, pero que la literatura más convencional y las circunstancias políticas en que vivían les escamoteaban. Estas lecturas adquieren connotaciones peculiares, ya que se dan en la clandestinidad y eso pudiera haber supuesto una valoración más sensibilizada del novelista. «Faulkner —resume Suárez Carreño— supera definitivamente el romanticismo. Sus personajes asumen y viven situaciones difíciles por el hecho de serlo y representan una invulnerabilidad frente al dolor, un aguante. Faulkner empalma con lo épico y lo trágico, expresa lo humano y también lo zoológico en lo humano.» Los lectores se sentían fascinados por la dificultad de la lectura que interpretaban como un reto: «esto puede parecer pueril, pero era un gran estímulo, esto era lo que a nuestro juicio lo diferenciaba de los otros escritores». Admiraban además en el novelista su independencia ideológica, el no haberse adscrito a ningún bando, ya que ellos se consideraban políticamente no alineados.

41

Hacia 1946, se realizó un intento de crear una FUE comunista, y en los esfuerzos para presentar cierto frente unido se pensó en establecer un contacto para colaborar, pero resultó un fracaso y parte de los componentes del grupo fue detenida. Figuraba entre éstos Manuel Lamana quien tras la evasión de un campo de concentración en 1948 se refugió primero en Francia, luego en Inglaterra y más tarde en Argentina. Francisco Benet se vio también afectado y residió temporalmente en Francia. A Suárez Carreño se le buscaba y anduvo algún tiempo huido y escondido. En enero de 1950 le concedieron el premio Nadal correspondiente a 1949 y esta circunstancia hizo que lo identificaran y lo detuvieran brevemente, ya que su causa, juzgada por el Tribunal de Represión del Comunismo y la Masonería, fue muy pronto sobreseída. Suárez Carreño completa así lo que a su juicio constituye la aportación de Faulkner a la novela:

«Presenta un lenguaje liberado que no está instalado en lo coloquial de lo diario y muestra la insuficiencia del lenguaje cotidiano. En este sentido presenta cierto parecido con Beckett y la literatura del absurdo:

»1. No acepta que la realidad sea su apariencia, funde lo aparencial con lo temporal; para comprenderlo bien conviene leer a Heidegger.

»2. El problema epistemológico y del lenguaje representa un plano intuitivo en Faulkner. El presentir que la realidad no es suficiente, que están el antes y el después, que las palabras no están en sus estructuras formales. Existe en Faulkner una estructura de la realidad nueva: usa las alegorías gratuitas, por ejemplo la aparición de Popeye, en *Santuario*, a quien vemos por primera vez reflejado en el agua.

»3. No se acepta el lenguaje como elemento usual, dota a las palabras de libertad. Para el grupo que nosotros formábamos esto era lo más importante.

»4. Representa también la neurosis o la anormalidad, ayuda a expresarlas y a significarlas.»

Al producirse la dispersión de este grupo queda el conocimiento y el interés hacia la obra de Faulkner en un hermano joven de Francisco Benet y amigo de Juan Manuel Caneja, Juan Benet. Él y Luis Martín Santos compartirán unas aficiones literarias que, maduradas lentamente, enriquecerán la novela que se escriba en España en los años sesenta y setenta. Varios amigos de Martín Santos testimonian el aprecio que el desaparecido novelista sentía por Faulkner durante este decenio de los años cuarenta: José Suárez Carreño es uno de ellos, otros, José Ruibal, José Vidal Beneyto y Paulino Garagorri, y un testimonio más proviene de Juan Benet quien al hablar de sus primeras lecturas incluye en su grupo de compañeros al autor de *Tiempo de silencio*.

Juan Benet empezó a leer a Faulkner en 1945 o 1946.[27] Leyó *Santuario* ya en la colección Austral. Otras obras de traducción argentina leídas entonces fueron *Las palmeras salvajes* y *Mientras yo agonizo*. Recuerda también las traducciones de Emecé de *Absalom, Absalom!* y *Gambito de caballo*, así como *Intruso en el polvo*, de la editorial Losada, el resto de la obra la compró en Francia y estima que Coindreau es un traductor admirable. El hecho de que su hermano Francisco viviera en París le facilitaba el acceso a los libros que editaba Gallimard. Juan Benet considera que la atracción que sintió por Faulkner era exclusivamente personal, pero menciona que el interés inicial se debió a la presentación que del novelista le hiciera su amigo Juan Manuel Caneja. Otros compañeros que compartieron aquel descubrimiento fueron Luis Martín Santos y José Ruibal. El primero admiró mucho *Luz de agosto* pero no *Sartoris*.

«Nadie en aquellas fechas conocía a Faulkner fuera del pequeño grupo mencionado. Por entonces yo le llevé alguna de sus obras a don Pío Baroja, pero no la leyó. En la tertulia del 48 de Gambrinus se leía mucho a Sartre, también se tomaba un libro de texto y se leía un capítulo para comentarlo. Asistían a esa reunión Sánchez Ferlosio, Alfonso Sastre, Ignacio Aldecoa y también Martín Santos. Había otros jóvenes profesores de la Facultad de Filosofía y Letras. Se reunían los sábados, alguno de estos sábados hablé yo; en una ocasión hablé de Faulkner, pero no fui tomado en serio. Realmente no se conocía nada de la novela exterior.»

27. Toda la información referente a Juan Benet procede de una entrevista concedida por el novelista a la autora de este trabajo en mayo de 1972.

Las lecturas de Benet incluyeron las publicaciones anteriores a la guerra. Juntamente con Ricardo Gullón, José Suárez Carreño y Luis Rosales muestra Benet un conocimiento minucioso de la actividad editorial de la preguerra, pero a diferencia de ellos su iniciación data de la época de la posguerra. La ruptura en su caso no se opera del modo que, dadas las condiciones culturales, era de esperar, pero tampoco pudo asumir la herencia cultural sin tensiones. Estas lecturas incluyeron especialmente las ediciones de novelas norteamericanas de Cenit; a través de ellas conoció a Upton Sinclair, John Dos Passos, Sinclair Lewis, pero, añade Benet: «El interés de las editoriales era revolucionario, no literario; no se publicó nada de Kafka, pero sí de Brecht. La literatura norteamericana era distinta a la inglesa en cuanto al interés editorial, porque no entraba por vías normales de escritores cultos, como ocurría en esta última; el pueblo inglés era el fin de una raza.»

Más adelante, al ocuparnos de la crítica de los años sesenta y setenta, se valorará la interpretación que realiza Benet de la obra de Faulkner; figuran aquí, no obstante, algunos juicios sobre este aspecto:

«Lo que más me ha interesado de Faulkner es el estilo. La discriminación conceptual entre unas cosas y otras en Faulkner empieza a ser un eufemismo. El estilo lo abarca todo, es como tirar de una cereza, lleva consigo el lenguaje en pleno, la metáfora, la imagen. Esto me llama poderosamente la atención: toda la concepción de la novela y su visión del hombre y su ordenación. Veo en Faulkner la herencia de Shakespeare y de la poesía isabelina. El estilo de Faulkner es sintético, frente al concepto corriente de la lengua que es analítico... Su tipo de experimento con la metáfora forma parte de las constantes de las letras inglesas que Faulkner puede haber tomado de Joseph Conrad e incluso de algún punto de *El Quijote*, que según él decía leía todos los años.»

Respecto a la aportación del novelista, y en general la influencia que ha supuesto, es la opinión de Benet que «mal que bien han debido leerle todos los narradores sin la debida intensidad. Es paradójico que un individuo haya leído a Faulkner y siga escribiendo como Baroja o como Galdós; les falta el trabajo o la sensibilidad. El *nouveau*

roman se confiesa hijo de Faulkner, pero la labor de leerle requiere más trabajo que el que la gente ha debido tomarse: es arduo leer a fondo *Light in August* o *The
Sound and the Fury*, que son una lápida que sepulta para
siempre la novela del siglo xix. No obstante, es difícil
sustraerse a la mimética del siglo xix que es tan cotidiana y corresponde de manera tan ortodoxa a la ecuación
lenguaje-existencia». Según Benet, Faulkner es uno de los
novelistas que rompen con ese mimetismo: hace una distinción entre el lenguaje hablado y la capacidad del lenguaje para representar la experiencia:

«En general se sigue la tendencia del siglo xix, pero
Faulkner, Proust y Mann han dificultado las cosas y han
complejizado la literatura, a diferencia de lo que han hecho por ejemplo los pintores. Dentro de lo que vemos,
aparentemente hay un fondo de misterio y de cosa no
resuelta. El novelista ortodoxo sigue con las pinceladas
de la realidad sensorial. Faulkner parte del hecho de que
el artista trata lo excepcional. La frase que dice que el
periodista debe tratar de lo extraordinario, de lo ordinario trata el novelista, no es cierta: el novelista debe tomar lo extraordinario para que en la pugna entre lenguaje y materia, el lenguaje suba. Lo que importa es el
esfuerzo por llevar la palabra más allá que la propia
idea. Si el tema es bajo, la palabra queda también baja:
el tema es una barrera que hay que saltar con la palabra,
cuanto más alto sea, mejor.»

Descubrimientos aislados

Jorge Campos se familiariza con Faulkner a partir de
su interés por la literatura hispanoamericana.[28] Durante
el decenio de los años cuarenta mantuvo el contacto con
la literatura extranjera a través de *Sur* y *Buenos Aires
Literario*. No obstante, su primera lectura fue de raíz
española, *Santuario*, y a continuación leyó todas las traducciones que llegaron de Argentina. Faulkner es, en opinión de Jorge Campos, un autor de suma importancia, de
él nace la nueva novela, «por aquellos años (1948) publi-

28. La información aquí provista sobre Jorge Campos procede de
una conversación de este crítico con la autora en mayo de 1972.

qué yo una novela corta, *En nada de tiempo*, que aún considero muy influida por este novelista».

En el caso de Pedro de Lorenzo tenemos un ejemplo de la vigencia de la tendencia experimentalista de los años veinte y treinta. El escritor extremeño encuentra en esta etapa de la novela española su propia raíz y considera su obra como una continuación del concepto de la novela que tenía Benjamín Jarnés, aunque se siente más cerca de Gide. Respecto a Faulkner, leyó *Santuario* en 1942 o 1943, pero no le atrajo plenamente a causa de la pesadilla que refleja. La técnica le interesó siempre, no obstante, y opina que hay cierta influencia de *Las palmeras salvajes* en *Los álamos de Alfonso Mora*. «Hay un álamo blanco, un álamo negro, etc., siempre en contrapunto. De todas formas hay mucha inspiración de Gide, de los franceses.»[29] Las obras del escritor norteamericano que él leyó venían de Argentina: «Se trataba de pésimas traducciones. Faulkner estuvo en España prohibido a causa de la censura eclesiástica, más que política. Aquí no se encontraba a Gide, ni a Flaubert, ni a Balzac, ni a ninguno de los autores que estaban en el *Índice*. Faulkner usaba temas prohibidos, violencia, sexo, perversión...» Los aspectos más notables del novelista se resumen así:

«Tomó, en cuanto a la forma, de Joyce y en cuanto al mundo que creó, de Dostoyewski. Aquí tenemos los dos grandes polos de Faulkner: la creación de un mundo, de su familia literaria y el culto a la técnica. Es el Dostoyewski americano y tiene, además, un fervor hacia la prosa por sí misma, a pesar de la creación dramática potente, siempre le queda el afán de virtuosismo. Pero no hay que olvidar la instrumentación técnica, la originalidad de la expresión, el uso del punto de vista. Me interesa también el uso del tiempo que es el mismo que a mí, como escritor, me atrae, el uso de la perspectiva... El esfuerzo técnico marca toda la obra, aunque a veces falle.»

Afinidades de su obra con la del novelista norteamericano las ve Pedro de Lorenzo en el talante general de su trilogía «Los descontentos»: «En ella sí que intento crear lo que Faulkner, Joyce y Kafka, un mundo, una familia,

29. Entrevista llevada a cabo en agosto de 1973.

unos ámbitos: la gran ciudad, la ciudad pequeña, el pueblo; busco expresar el gran tema de nuestro tiempo que es la soledad, el aislamiento tremendo del ser humano. Tampoco yo sigo un orden cronológico. Hay en mis narraciones el mismo sentido temporal que en las de Faulkner en el salto hacia adelante y hacia atrás.»

Entre los poetas que componían el grupo Garcilaso contamos con el testimonio de José García Nieto [30] referente a que *Santuario* circuló a base de préstamos. Él es uno de los escasos lectores que mencionan como conocido el libro editado por Caralt, *Pylon*. Luis Rosales es otro ejemplo del eslabón que une las producciones de antes y después de la guerra: «*Santuario* fue un descubrimiento. Marichalar era un buen crítico y Lino Novás muy popular a causa de su *Pedro Blanco, negrero*.» Respecto al papel que en la presentación de Faulkner tuvo la *Revista de Occidente*, estima Rosales que para su generación la revista cumplió la misión de «ventana abierta al mundo»; [31] en ella leyó también las primeras noticias de Borges. El poeta entonces estaba en Granada y por medio de la revista se sentía vinculado al mundo intelectual: «Cuando llegué a Madrid en 1932 existía una novela fuerte que nada tenía que ver con Jarnés, era otra cosa. Jarnés tuvo más prestigio que influencia, ésta fue más bien hacia los mayores, Azorín y los novelistas más hechos; representaba el vanguardismo, era el momento de la prosa inconexa. Faulkner también era inconexo, pero todo lo contrario a Jarnés cuya obra no tiene la fluencia poética y la articulación que posee la de Faulkner.» Luis Rosales recuerda a los novelistas norteamericanos que fueron traducidos antes de la guerra, y la novela socialista que apareció durante aquellos años en las editoriales Cenit y Zeus. De los novelistas norteamericanos leídos entonces recuerda a Dos Passos, Dreisser, Sinclair Lewis, Sherwood Anderson... «Algo de esto quedó en los jóvenes que luego fueron novelistas.» Respecto a la lectura de Faulkner en la época de la posguerra fue muy importante, «porque el interés por él continuó creciendo poco a poco. Hubo algunas novelas muy importantes: recuerdo *Mientras yo agonizo*, que era casi ilegible, luego la traducción de Aguilar estaba mucho mejor. Aquí llegaba el libro

---

30. Conversación con José García Nieto en junio de 1973.
31. Conversación con Luis Rosales en junio de 1973.

47

argentino y el mejicano de Fondo de Cultura. Recuerdo como especialmente buena la traducción de *Las palmeras salvajes* de editorial Sudamericana».

Las novelas «en mal español de procedencia americana» que se recibieron en España en la posguerra también llegaron a Gonzalo Torrente Ballester, quien ya antes de la guerra había leído *Santuario* y la crítica de Marichalar.[32] Estas lecturas no debieron, sin embargo, causar en el futuro novelista gran impresión: «Yo no soy un gran lector de Faulkner, y no porque no me guste o porque lo considere inferior a su fama, sino por una falta de "afinidad" que no me lleva a buscar sus novelas y a meterme en ellas como me pasa con otros escritores, acaso de calidad inferior.» José Luis Castillo Puche leyó *Santuario* durante la guerra, pero le fue difícil y lo dejó. Despertó en él, no obstante, una gran curiosidad, «porque te sumergía en un mundo extraño, porque te quitaba el dominio de la propia personalidad. Te dominaba de una manera sistemática y preocupante. Nunca puedo hacer una lectura completa de Faulkner, me deja demasiado dolorido».[33] Después de 1940 leyó Castillo Puche las traducciones hispanoamericanas, más tarde comienza su amistad con Ernest Hemingway. Castillo Puche tiende a comparar a ambos autores y a equiparar sus respectivas innovaciones en el género:

«La diferencia entre Faulkner y Hemingway está en que éste es más rectilíneo, es de una sencillez difícil de puntos seguidos, el otro es más descoyuntado, más oblicuo; llegan a las mismas consecuencias. Faulkner tiene ahora más impacto y más proyección, es más a la larga como el vehículo de una época. Volverá Hemingway con valores que ahora no se han visto por la aparente sencillez. Faulkner apela más a la sensibilidad del mundo actual. A Hemingway no le gustaba Faulkner, se tenían envidia y como celos. Cuando hablaban uno del otro lo hacían como impulsados por el deseo de destruir el ídolo. Había entre ellos esa malquerencia y ese afán destructor del amigo-enemigo. Se respaldaban pero se lastimaban.»

32. Contestación a un cuestionario enviado a Gonzalo Torrente Ballester y contestado con fecha de agosto de 1973.
33. Entrevista con José Luis Castillo Puche en octubre de 1973.

Castillo Puche, que visitó a Faulkner en su casa de Missisipí en 1958, recurre a él en momentos de sequedad: «Para mí Faulkner ha sido como una receta de enervamiento y siempre me ha despertado.» Su influencia puede, no obstante, ser destructora, por eso en su caso la dosifica. «Faulkner, admitiendo que es difícil, transmite el aroma, ambiente, tono de su obra con tanta fuerza que, aunque el lector no sepa explicar lo que le cautiva o le produzca rabia o despecho, lo siente. No puede explicarlo pero lo siente.»

Antonio Ferres, escritor madrileño del futuro grupo del socialrealismo, empezó también sus lecturas de Faulkner durante los años cuarenta: «En 1946 leí *Santuario*. La edición creo que era de Espasa, colección "Hechos sociales", prólogo de Antonio Marichalar. El libro se había publicado en los años treinta... Después leí *Intruso en el polvo*, *¡Absalón, Absalón!*, *Las palmeras salvajes*, todo antes de 1953, en ediciones sudamericanas. Creo que lo compré todo en una librería de la calle Carretas; el dueño era el señor Llarden, persona conocida en los medios intelectuales. Luego seguí leyendo, siempre en traducciones al español porque yo no sabía inglés, sin orden ninguno.»[34]

Lectores en Barcelona

Un ambiente parecido al que se ve dibujado en el Madrid entre los lectores de Faulkner, es el de Barcelona de aquella época. El descubrimiento del novelista fue un acontecimiento no siempre compartido con otros lectores. Éste es el caso de Ricardo Fernández de la Reguera, uno de los primeros en incorporar parte del estímulo a la novela española: «Conocí a Faulkner muy poco después de terminar nuestra guerra civil. Leí *Santuario* (Espasa-Calpe, Madrid, 1934, con un buen prólogo de Marichalar). Posteriormente conocí muchas otras novelas suyas en ediciones sudamericanas: *Luz de agosto*, *Las palmeras salvajes*, *El ruido y el furor*, *Mientras agonizo*; los cuentos, *Requiem for a Nun* y *Mosquitos*.»[35] Las lecturas

34. Contestación a un cuestionario enviado a Antonio Ferres fechado en junio de 1973.
35. Cuestionario contestado por Ricardo Fernández de la Reguera en 1973.

fueron muy personales, no compartidas. Al llegar el nuevo decenio las cosas cambiaron, había que estar al día. Recuerda Fernández de la Reguera: «Por los años en que yo leía tanto a Faulkner eran pocos los que aquí le conocían. En esa época se traducía mucho a otros autores bastante más insignificantes. Yo leía en francés: *Por quién doblan las campanas, L'espoir* de Malraux, *Le mur* de Sartre. También leía a Joyce (la excelente traducción de *Un adolescente* de Dámaso Alonso), a Camus, Kafka, Virginia Woolf, Huxley en francés o en ediciones sudamericanas.» Las obras, añade el novelista, las conseguían en Francia o en las librerías que importaban de América y luego se vendían bajo cuerda. Lo que más le impresiona de Faulkner es:

«La belleza de su lenguaje poético, la creación de un mundo muy amplio y personal, la sobrecogedora intensidad de muchas de sus escenas (en *Mientras agonizo,* la violación de *Santuario,* la persecución y muerte de Christmas en *Luz de agosto*), la humanidad de algunos personajes (Christmas y su amante en *Luz de agosto,* la mujer Dilsey en *El ruido y la furia,* la magistral novela de amor *Las palmeras salvajes...*). No me gusta su efectismo deliberado: vgr. la explicación de *Santuario* en las últimas páginas, intercalar los capítulos de los dos relatos (ambos formidables) de *Las palmeras salvajes,* ni algunas otras oscuridades y monótonas páginas (no sé si por influencia de Kafka, mucho más profundo y artista en ese aspecto) de *Luz de agosto.* Noto en lo dicho esa deliberación excesiva, pues otras obras suyas, *Las palmeras,* son lineales.»

También en Barcelona un grupo de lectores, tal como había ocurrido en Madrid con Suárez Carreño y sus compañeros, tuvo a Faulkner como modelo literario. El pequeño grupo contribuirá sustancialmente a la ampliación del radio influencial de Faulkner, efecto que se consigue de dos maneras: en primer lugar, porque se trataba de futuros novelistas a través de las propias obras; en segundo, a través de las traducciones que ellos mismos realizarán para la publicación de Faulkner en España durante los años cincuenta. Se trata de Ramón Folch, traductor bajo el seudónimo Ramón Hernández de *The Town (En la ciudad),* para Plaza y Janés y de *As I Lay Dying* al catalán. Andrés Bosch, traductor de *The Wishing Tree, El árbol de los deseos*, para la editorial Lumen y de Jorge Ferrer Vidal-Turull, traductor de *The Reivers* y *The Mansion* (*Los rateros* y *La mansión*) para Plaza y Janés. Estos jóvenes y algún otro (Antonio Espina) estudiaban Derecho y su conocimiento crítico de la obra de Faulkner se debe al interés que para ellos tenía la lengua inglesa. Andrés Bosch la hablaba desde su infancia y recuerda así sus primeras lecturas serias: «De 1945 a 1946 estuve suscrito a una revista que se titulaba *Books of the Month*. Era una revista inglesa y a través de ella llegué a conocer no sólo a Faulkner, sino también a Kafka, Joyce y Proust.»[36] Como lugar para adquirir tales libros recurría a la «Librería Francesa», que recibía libros anglosajones y franceses. Cuando alguno le interesaba, lo encargaba sin más dificultades y se lo traían «sin necesitar permisos»; únicamente cobraban un 20 por ciento sobre el precio marcado; éste era un tipo de importación, libro por libro, que no presentaba problemas. Sus compañeros de lecturas utilizaban los servicios de la misma librería, pero también se prestaban libros entre sí. Mientras seguían con sus estudios de Derecho, Jorge Ferrer y Andrés Bosch comenzaron a estudiar para opositar al ingreso en la Escuela Diplomática. Estudiaban inglés con el encargado de negocios del Consulado de Estados Unidos de Barcelona, quien había permanecido en España al cierre de las embajadas. Este improvisado profesor, míster Charles T. Lewis, era un entusiasta de Faulkner y las clases se convirtieron en auténticas tertulias literarias en las que recuerdan haber leído y comentado *To Have and to Have Not* de Hemingway y *As I Lay Dying* y *The Wild Palms*. «La amistad con Lewis —recuerda Ferrer Vidal—[37] surgió debida a una afinidad de gustos que tenía por base a Faulkner, ya que previamente todos habíamos leído *Santuario*.» Andrés Bosch leyó esta novela en inglés, a diferencia del resto de los escritores a los que hasta aquí nos hemos referido. Después siguió leyendo otras novelas en ediciones de bolsillo norteamericanas: «Leí *Absalom, Absalom!, The Unvanquished*, más tarde *The Wild Palms*, luego *The Hamlet*. No leí nada en español.» Jorge

<hr />

36. Información provista por Andrés Bosch en una entrevista efectuada en octubre de 1973.
37. Entrevista concedida por Jorge Ferrer Vidal-Turull en junio de 1973 a la autora de este trabajo.

Ferrer Vidal sitúa su lectura de *Santuario* en la edición de Espasa aproximadamente hacia 1944: «Me produjo tal impacto que decidí aprender inglés para leer a Faulkner.» Cuando más tarde, una vez acabada la carrera en 1950, fue a Londres, compró todo lo que allí pudo encontrar del escritor. La opinión de Ferrer Vidal sobre Faulkner se resume así:

«Es el primer y verdadero ensayo serio de la novela ontológica. La novela del siglo xx no sería igual sin Faulkner. A mí me interesa su manera integral de ver la vida, su estilo que es un hallazgo prodigioso como vehículo de expresión de este mundo que, a la vez, es superequilibrado y caótico. Me interesa la distorsión y contorsión a la que somete el idioma inglés y sería irritante leerlo en cualquier otro novelista. El mundo de Faulkner es un mundo propio, como el de Kafka, pero me atrae más porque es más profundo y más humano que el de éste. Crea universos, hombres, mujeres, situaciones, crea incluso un idioma.»

Como traductor, lo que le atrae de Faulkner es «su musicalidad extraña, rítmica; la prosa es un poema rítmico, con sus pies, su cesura incluso. Faulkner sacrifica la sintaxis inglesa que le tiene sin cuidado, porque quiere lograr su fin que es la expresión de un mundo a través de una prosa tremendamente colorista y evocadora. No abusa de la metáfora, todo en él es metáfora».

Como en el caso de Ferrer, Andrés Bosch revela el fino conocimiento del traductor al juzgar la obra del novelista, admira en él

«la vivísima sensualidad del alcohólico, que se evidencia en varias escenas de *Santuario* (el pájaro que oye cantar Horace, la carne que fríe Ruby...). Es una cosa vivencial que él sabe transmitir. Es una lógica que muchas veces es lógica inversa y también se da en Kafka y que incluye la pesadilla, otro aspecto cuya presentación también admiro. Respecto a la sensualidad en las imágenes, estimula los cinco sentidos; a veces hay concomitancias, es la vista y el oído lo que más destaca, pero no admito el tratamiento de la sexualidad, donde Faulkner extravaga. Faulkner no usa la metáfora; él mismo está dentro de la metáfora. El que la utiliza está afuera, pero él no; él es un auténtico creador. Faulkner era inconsciente de su técnica, somos nosotros quienes la hemos inventado. En algunos autores el estilo es más una máscara, en Faulkner el estilo y la técnica eran su cara: escribe así, sin aliento. Respecto a la moral su posición resulta desveladora porque él profundiza en las complejidades de la naturaleza humana».

En comparación con otros grandes novelistas, es la opinión de Bosch que Faulkner es universal y la novela de hoy está más influida por él que por otros escritores de su misma generación; Fitzgerald y los demás permanecen más fijados en su época, pero Faulkner ocupa un puesto al lado de los cuatro o cinco que quedarán: Joyce, Kafka, Proust, Virginia Woolf, Herman Hesse; los otros son secundarios.

Una visión de conjunto

Las opiniones expuestas por los lectores consultados constituyen una expresión prácticamente sin mediatizar de sus primeras reacciones personales ante la obra de Faulkner. Si bien es cierto que los testimonios datan de 1972 y 1973, cuando la reputación del novelista estaba firmemente definida, se percibe en ellas una indudable espontaneidad y frescura; parecen un eco de las reflexiones sugeridas en la lejana época de las primeras lecturas, ya que en palabras de José María Alfaro, «Faulkner es como un primer amor, no se le olvida nunca». Aquellos descubrimientos parecen formar un sedimento ya permanente en la formación de estos novelistas. Las lecturas hechas de manera casi clandestina en libros de difícil procedencia, en traducciones que la mayor parte de los lectores encontraban penosas, lecturas que en algunos casos remitían a los tiempos de la República, fueron especialmente memorables; se llevaban a cabo en el aislamiento, carecían de un explayamiento natural; las novelas aparecían casi suspensas en el vacío al carecer de respaldo crítico asequible; sólo la respuesta de la propia exacerbada sensibilidad las proveía de una interpretación que adecuara los textos a la situación de cada lector. Se observa, como es normal en cualquier reacción ante Faulkner, una sensación de conquista y de identificación con su autor. Este fenómeno se venía produciendo también en Estados Unidos y en otros países, particularmente en Francia. No obstante, las circunstancias tan peculiares del caso español imprimieron un sello en estas interpretaciones que se podría definir como intuitivo, vivaz y absolutamente personal. A pesar de todo, las opiniones no difieren de las expuestas en aquellos países donde la actividad crítica y las lecturas se producían sin presiones políticas ni culturales del tipo de las que condicionaron a nuestros novelistas. Las grandes aportaciones de los primeros ocho años de la década de los años cuarenta son, según se ha visto más arriba, las indicadas por Malcolm Cowley, creación de un mundo, aspecto muy apreciado por Pedro de Lorenzo. La trascendencia del mito sureño a un plano universal, observada por Suárez Carreño, Castillo Puche y Andrés Bosch, coincide con las apreciaciones críticas iniciadas por Robert Penn Warren. La atracción por la actitud ante el lenguaje y los recursos expresivos observados por Benet, Ferrer Vidal, Castillo Puche, unidos a cierta ambivalencia que produce reacciones de rechazo en Pedro de Lorenzo ante la violencia, en Torrente Ballester o Fernández de la Reguera ante la verbosidad, en Castillo Puche ante la coacción a que el texto somete a sus lectores, es también un eco de la variedad de actitudes críticas que surgieron en otros sectores culturales ante la obra de Faulkner.

Se puede concluir que aunque la forma en la que se realizan las respuestas a la lectura es circunstancialmente española, la respuesta en sí es equiparable a la de otros sectores. Los lectores españoles dieron muestras de gran tenacidad y resistencia. Se hace patente cómo las circunstancias oficiales empañaron el ámbito cultural, pero no pudieron impedir su expansión. La situación producida en España por la actitud cultural de la posguerra redujo a servidumbre a estos lectores, pero no consiguió dominarlos por completo.

Así las cosas de entre los elementos que contribuyeron a mantener la antorcha de la creación literaria encendida, se podría asegurar que la novela *Santuario* en la traducción de Novás Calvo y la penetrante introducción de Marichalar, ocuparon un puesto digno de mención. De no haber mediado esta presentación asentada en un ámbito cultural tan respetado como lo fue la *Revista de Occidente*, la recepción de las novelas que llegaron en los oscuros años cuarenta hubiese sido muy distinta. De pasada se desprende que esta novela no fue la única de las publicadas en los años treinta que saltó el barranco, que entre las dos décadas representó la guerra civil, ya que existía una corriente cultural que a nivel subterráneo unía los dos ámbitos. Desde esta perspectiva los años cuarenta tal como han venido siendo catalogados por la crítica aparecen modificados. Soldevila señala la continuada producción de los novelistas exiliados,[38] a medida que la censura en España se fue suavizando, pero sobre todo a partir de la instauración de la democracia se produce una reincorporación de aquellos nombres perdidos para dar cuerpo y coherencia a unos años que parecían tan empobrecidos y desintegrados. Hay que tener en cuenta a los novelistas que sin marcharse continuaron creando con unas características parecidas a las que tenían antes de la guerra (Baroja, Azorín, Concha Espina). En este panorama se insertan también los jóvenes a los que se les asignó una nueva actitud pero que, en realidad, empalmaban en cuanto a la ejecución técnica con la novela realista del siglo XIX, Zunzunegui, Agustí, Gironella, el primer Delibes. Por su parte Cela, Carmen Laforet, Ana María Matute, Elena Quiroga intentaban abrir brecha con unos medios técnicos más innovadores.[39] En esta tendencia se inserta la mirada a lo que era accesible a los años de la República, especialmente con referencia a la novela americana. Los años cuarenta, a diferencia de los cincuenta ofrecen una Europa destrozada, mas la novela en Estados Unidos ofrecía un estímulo superior.[40] La aparición en los años cincuenta del nuevo grupo de novelistas, preocupados por la denuncia social y la gran atención editorial y crítica de

38. *Cf.* SOLDEVILA, pp. 91 y ss.
39. Gonzalo SOBEJANO señala la orientación filosófica en la actitud de la llamada «novela existencial» y menciona los nombres de Kierkegaard, Unamuno, Kafka, Heidegger, Jaspers, Malraux, Beckett, Sartre, Camus o Faulkner. *Novela Española de Nuestro Tiempo* (Madrid: Editorial Prensa Española, 1975), p. 278. Si se separan los nombres de los filósofos de los propiamente novelistas (tal como es el caso de Faulkner, Malraux o Kafka, ya que Beckett llega más tarde), se podría delimitar más, como pretende hacer el presente trabajo, el parentesco de la novela de los años cuarenta española con el resto de la novela occidental.
40. Así lo ha vista Antonio IGLESIAS LAGUNA: «La literatura estadounidense gana adeptos, ejerce un magnetismo que sólo después de la guerra podía ser contrapesado por los nuevos valores continentales.» *Treinta años de novela española, 1938-1968* (Madrid: Prensa Española, 1969), p. 145.

55

que fueron objeto, contribuyó a eclipsar la imagen de los escritores aquí mencionados. No obstante, su obra, que fue una maduración del proceso iniciado en los años cuarenta, rindió frutos importantes que han venido a dar forma a la novela de los años setenta y ochenta.

LA HUELLA DE FAULKNER EN LA NOVELA DE LOS AÑOS CUARENTA: LOS PARIENTES FAULKNERIANOS DE PASCUAL DUARTE

«El noble aliento de Faulkner bien descubierto está, mal que le pese a tirios y troyanos...»

(Camilo José CELA)

A pesar de que *La familia de Pascual Duarte* (1942) ha recibido la copiosa atención que merece dentro de la trayectoria de la novela española del siglo XX, su estudio no ha sido tan frecuente en la perspectiva de la novela occidental.[41] A la luz de la situación expuesta en este trabajo, vamos a acercar la primera novela de Camilo José Cela a *Sanctuary* con el fin no tanto de señalar una verosímil inspiración, como la similaridad de las circunstancias en que ambas novelas aparecieron y las confluencias que presentan en varios aspectos temáticos y estructurales.[42] Considerar el texto de Cela desde este ángulo enriquece la posibilidad de sus interpretaciones. El lenguaje de las novelas se hace polivalente para así ahondar más en sus registros.[43] El mutuo reflejo de ambos textos los ilumina momentáneamente y permite comprender mejor, tanto la similaridad de las circunstancias de su creación y su re-

41. José DOMINGO en *La novela española del siglo XX* II (Barcelona: Labor, 1973) menciona de pasada que la novela de Cela constituía una «ruptura inesperada de la tradición cuyas afinidades habría que buscar no sólo en nuestra literatura, sino también en campos más distantes», p. 39.
42. No ha sido posible constatar el comienzo de la lectura de Faulkner hecha por Cela, ni si para cuando escribió su primera novela había llegado a sus manos un ejemplar de *Santuario*.
43. Polivalencia empleada en el sentido descrito por Tzvetan TODOROV, *Poética* (Buenos Aires: Losada, 1975), pp. 49 y ss.

percusión en la crítica como el proceso mismo de creación estética.

El acercamiento de dos mundos

Las dos novelas comparten un tono pesimista, presentan mundos en crisis, valores que se desmoronan y seres humanos arrastrados por esa hecatombe, tal como observara Lino Novás con respecto a *Santuario*. Esta novela sale a la luz en 1931, en el difícil período de la Depresión norteamericana. Una consecuencia del hundimiento de la Bolsa en Estados Unidos, en 1929, es la inminente apariencia de fracaso que ofrecen el capitalismo y la industrialización como sistemas viables para aquella sociedad. El ambiente que reflejan las novelas de Faulkner, sobre todo a partir de *Mientras agonizo* (1930), es de gran amargura y pesimismo. Se capta el tono pero no se señalan las causas del problema ni su solución. Como se ha visto anteriormente Robert Penn Warren relacionó la obra de Faulkner con esta época que «acentuó los aspectos de tiempo y cambio que Faulkner ya había localizado como vitales en su producción novelística».[44] Pero el hecho de que no tomara posiciones políticas ni hiciera denuncias explícitas supuso, como sabemos, que su obra se viera sistemáticamente rechazada por las corrientes críticas del momento, es decir, de la «crítica humanista» de raíces principalmente sureñas, que se oponía a cualquier atentado contra una concepción ética y estética de la existencia. Según Santayana rechazaba lo feo «porque lo feo, lo trivial o lo bárbaro ofendía sus gustos refinados».[45] La obra de Faulkner entraba de lleno en esta inquietante categoría. La vertiente crítica de filiación marxista abandonó las causas del arte para entregarse a la tarea de buscar una solución a las apremiantes urgencias sociales del momento. La novela de Faulkner no podía ser aceptada ni por uno ni por otro bando. Por otra parte, la crudeza de los temas, el feísmo al que aludía Santayana, dará lugar a una moda pasajera, como ya se dijo más arriba, que

---

44. R. P. WARREN, «The Depression accentuated the issue of time and change which Faulkner had already located as seminal for him», p. 6.

45. George SANTAYANA, «Because everything ugly, or trivial, or barbaric offended their cultivated taste», *The Genteel Tradition at Bay* (Nueva York: Charles Scribner's Sons, 1931), p. 15.

recibió el nombre de «Escuela de culto a la crueldad» a cuya cabeza figuraba Faulkner, compuesta por novelistas que se deleitan en «idiotas, retrasados mentales, pervertidos y ninfomaníacas, carne novelística cruda».[46] Algunos detractores de Faulkner mantendrán esta posición incluso después de serle concedido el premio Nobel, acusándole de pintar una visión depravada del mundo. En muchos sentidos esta escuela del «culto a la crueldad» presenta intenso parecido con el tremendismo español, tanto en su esencia como en las reacciones críticas suscitadas. Por otra parte, el rechazo de Faulkner en su país en aquella primera época contrastaba, según se ha visto, con la calurosa recepción en Francia y España.

La familia de Pascual Duarte aparece once años después que Santuario. Las circunstancias históricas españolas eran aún más oscuras que las norteamericanas de la Depresión, pero hay un parecido desconcierto en la determinación del papel que le corresponde asumir a la actividad literaria; el futuro era incierto y las condiciones opresivas; no sólo hay mediatización crítica, existe una severa censura principalmente eclesiástica que, esgrimiendo razones muy parecidas a las de la «crítica humanista» de Estados Unidos no logra, sin embargo, detener el éxito de La familia de Pascual Duarte. La crítica recibió calurosamente la novela, y aunque con frecuencia se pusieran reparos a algunos aspectos del contenido, la belleza y el calibre del conjunto superaban estos inconvenientes. No obstante, la hostilidad de algunos sectores fue también patente desde el principio: «En el duro y desconsolador ambiente y en el moroso detalle superan el horror y la repugnancia.»[47] Generalmente, se señaló esta novela como punto de arranque e inspiración del «tremendismo», moda de idéntico contenido emocional y estético que el asignado a la «cult of cruelty school». Vemos aquí que si bien esta manera pesimista de concebir la existencia tiene amplia tradición española, no era en aquellos momentos exclusiva de España. En 1951, un airado artículo contra la proliferación tremendista señaló, quizá de manera casual pero sumamente acertada, este parentesco: «El premio Nobel en manos de William Faulkner es

46. Alan REYNOLDS THOMPSON, «The Cult of Cruelty», The Bookman LXXIV (enero y febrero), 1932, p. 477.

47. Ecclesia, Madrid, n.º 140, citado por J. M. MARTÍNEZ CACHERO, pp. 99-100.

suficientemente sintomático.» [48] Tanto Cela como Faulkner desdeñaron siempre la interpretación crítica que los situaba en una escuela rápidamente rebasada en sus respectivas obras. No obstante, se observa en los comentarios que los dos hicieron con respecto al contenido de las novelas cierta actitud de desafío tanto a la crítica como al público lector, al admitir un recurso consciente al sensacionalismo. De *Santuario* dijo Faulkner que era «una idea chabacana concebida deliberadamente para hacer dinero».[49] De *La familia de Pascual Duarte* dijo Cela: «Empecé a sumar acción sobre acción y sangre sobre sangre y aquello me quedó como un petardo.» [50]

Es innegable que tanto los lectores europeos de Faulkner durante los años de la depresión económica y la guerra mundial, como más tarde los ex combatientes norteamericanos, y los españoles de la posguerra, reconocieron en los aspectos de dureza y desafío ante lo convencional literario que tanto había asustado a otro tipo de lectores, una realidad palpable y congruente con sus circunstancias vitales. Las novelas expresaban de manera indirecta, pero profundamente significativa, la crisis que sacudía a la sociedad. En palabras de Lucien Goldman se podría explicar esta identificación: «la creación cultural compensa el compromiso y la mezcla impuesta a los sujetos por la realidad y facilita su inserción en el mundo real, lo cual es posiblemente la fundamentación psicológica de la catarsis».[51] El alcance de las dos novelas, no obstante, va mucho más allá de la expresión de una época o una crisis fácilmente localizable en la historia. Un análisis de los aspectos que componen ambas creaciones muestra por un lado la continua vigencia de su atractivo, por otro el parecido en su concepción artística.

48. Jorge BLAJOT, S. J., «Basta, por Dios», *Razón y Fe*, n.º 649 (noviembre, 1951), p. 393.
49. «A cheap idea deliberately conceived to make money». Citado por Robert COUGHLAN en *The Private World of William Faulkner* (Nueva York: Harper and Brothers, 1953), p. 58.
50. Camilo José CELA, «Algunas palabras al que lo leyere», *Mrs. Caldwell habla con su hijo*, 4.ª edición (Barcelona: Destino, 1969), p. 10.
51. Lucien GOLDMAN, «Genetic-Structuralist Method in History of Literature», *Marxism and Art*, editado por Berel Lang y Forrest Williams (Nueva York: David McKay, 1972), p. 106.

El primer aspecto que empareja a las dos novelas es el escatológico violento, que choca contra la actitud estética y la ética tradicional. En este sentido se encuentra una afinidad en la creación de personajes tales como Popeye y Mario. El primero, físicamente repelente, posee un nivel significativo aproximado al de Mario, particularmente en lo que se refiere a los años infantiles de ambos, años de abandono y tragedia tiranizados por el alcoholismo de la madre y la brutal irresponsabilidad del padre. Los tipos de personaje representados por Red y El Estirao tienen también características comunes, planos, sin personalidad definida, hampones, explotadores del sexo que imponen sobre las mujeres que se someten a ellos un dominio ciego e irracional. Por otro lado, las descripciones repulsivas narradas con moroso detalle de los encuentros entre Temple y Red y del parricidio cometido por Pascual, están alternadas con otras de asunto igualmente violento, pero narradas con impresionismo: violación de Lola; o con absoluta oblicuidad: violación de Temple. Lo macabro puede pertenecer también a ese grupo de afinidades: el funeral de Red y su entierro reviste caracteres grotescos no lejanos a un humor negro. En la novela de Cela todo lo relativo a las muertes del padre y de Mario participa de lo macabro, pero difícilmente lo grotesco de las situaciones empapadas en horror siniestro pueden hacer sonreír al lector, como ocurre en el caso de Faulkner. Al mismo tiempo, contrapesando esos personajes y situaciones negativas, hay personajes salvíficos caracterizados por irradiar un tono de ternura y honestidad. Como contraste con Temple o Lola, mujeres lascivas o egoístas que generan violencia, aparecen Ruby en *Santuario* y Rosario y Esperanza en *La familia de Pascual Duarte*, cuyos esfuerzos por salvar a personajes condenados resultarán irremediablemente estériles.

En otro plano, un elemento que pone en relación las dos novelas es el uso de recursos técnicos. En primer lugar, para crear el espacio novelesco en el momento psicológico de los personajes, se hace una relación metonímica, por ejemplo, entre Pascual y el cuarto en el que pasa su luna de miel, idéntica a la que se percibe entre Temple y la habitación del prostíbulo. La descripción de estos ambientes refleja no tanto las habitaciones en sí, como el significado que entrañan en esos momentos para ambos personajes. Pascual describe así indirectamente su propia felicidad. La voz narradora de *Santuario* pinta de igual forma la angustia de Temple: hay en los dos textos un encadenamiento metonímico por medio del cual se estructuran los relatos. Pascual describe el armario «con una amplia luna de espejo del mejor»;[52] espejo que reflejará sus horas de felicidad, horas luminosas en la «Posada del Mirlo». En el prostíbulo de Memphis otro espejo refleja otro estado de ánimo y una situación bien distinta: «en el espejo de un tocador barato y desvaído, como en una poceta estancada, parecían demorar espectros disipados de gestos voluptuosos y lujurias muertas».[53] La luz abundante en el ambiente de la posada se manifiesta en «dos esbeltos candelabros..., uno a cada lado para alumbrar bien la figura»; en el caso de *Santuario* una Temple aniquilada y prisionera observa la oscurecida habitación: «La luz pendía del centro del cielorraso bajo una pantalla rizada de papel rosado, tostado el lugar donde se combaba la bombilla» (S 109). Los lavabos sugieren el mismo tipo de asociación. En *Pascual Duarte* la limpieza del ambiente se recoge en el placer visual que producen los enseres: «Hasta el aguamanil —que suele ser siempre de lo peor— era vistoso en aquella habitación; sus curvadas y livianas patas de bambú y su aljofaina de loza blanca, que tenía unos pajarillos pintados en el borde, le daban una gracia que lo hacían simpático» (PD 85). Para Temple, en cambio, ya no va a haber limpieza posible a partir de su estancia en la siniestra habitación: «En el rincón sobre una tira de hule descolorido y marcado de cicatrices, clavado sobre la alfombra, descansaba un lavabo con una palangana floreada, un jarro y una hilera de toallas; en el rincón de detrás del lavabo había una tinaja de agua sucia» (S 109). De manera parecida funciona la naturaleza, interpretada con una innegable cualidad lírica por ambos autores, alcanzando en ocasiones un valor simbólico que enriquece la coherencia temática de las narraciones. Señalemos aquí el valor con

52. Camilo José CELA, *La familia de Pascual Duarte*, 14.ª edición (Barcelona: Destino, 1963), p. 85. En lo sucesivo, las referencias a este libro van insertas en el texto.
53. William FAULKNER, *Santuario*. Traducción de Lino Novás Calvo, 3.ª edición (Madrid: Espasa-Calpe, 1965), p. 109. En lo sucesivo, las referencias a este libro van insertas en el texto.

frecuencia premonitorio del canto de los pájaros. Los primeros momentos de *Santuario*, angustiosos para Benbow que se siente prisionero de Popeye, están marcados por el canto de un pájaro ante el que Popeye se aterroriza. En *La familia de Pascual Duarte* se ve una descripción que también marca un compás de espera y miedo en el momento psicológico del personaje, que como en el caso de *Santuario* se expresa por medio de la lechuza y el entorno natural, la noche en que Pascual regresa de la prisión a su casa. Ambas descripciones aluden a la angustia de los personajes y el peso que el tiempo proyecta sobre ellos. Se advierte también el uso premonitorio del canto de la lechuza; en *Santuario* con referencia a la tragedia que va a ocurrir en Frenchman Place y en *La familia de Pascual Duarte* el asesinato de la madre, que se aproxima. La naturaleza es también espejo de las características humanas: una actitud positiva hacia ella revela un valor y la negatividad o agresión un desvalor en los personajes o en el momento por el que atraviesan; tal es el sentido de las margaritas con las que se cubren los recién casados en la novela de Cela durante su viaje y de la actitud de Benbow en la fuente de la que bebe agua, mientras Popeye escupe en ella. Asimismo, Pascual equipara la dureza de su madre con la naturaleza degradada: «La mujer que no llora es como fuente que no mana...» (PD 62).

El punto de contacto más estrecho entre las dos novelas se presenta en su estructura. En ambas se observa un acontecimiento central que genera el resto de los episodios narrativos. En *Santuario* es la violación de Temple, los acontecimientos subsidiarios son el asesinato de Tommy, el rapto de Temple y el proceso, juicio y linchamiento de Goodwin. La muerte de Popeye tiene un valor conclusivo pero también tangencial. La presentación de Horace, de Gowan con Temple en la universidad, de Frenchman Place y sus habitantes son una preparación y un antecedente.[54] En *La familia de Pascual Duarte* el epi-

54. Olga VICKERY, «Crime and Punishment: *Sanctuary*», en *Faulkner: A Collection of Critical Essays* enfoca el tema de la novela como una búsqueda de justicia, centrada en torno a Horace Benbow, los hechos a partir de los cuales se organiza la novela, *«an act of murder signals an exploration of crime and punishment in its social, moral, and legal aspects»* («Un asesinato indica una exploración de crimen y castigo en sus aspectos morales y legales»), p. 127.

sodio culminante es el parricidio cometido por Pascual. Como antecedentes se encuentran todos los episodios que conducen al hecho central mismo, su ejecución en el pasado y a su confesión-narración en el presente.[55] En el primer plano encontramos la muerte de la perra, la de la yegua, la de Lola y la del Estirao. Como conclusión del hecho central tenemos en segundo plano el manuscrito mismo y su dedicatoria, el arrepentimiento de Pascual y su propia muerte.

La organización temporal de *Santuario* tiene la apariencia de linealidad cronológica. En *La familia de Pascual Duarte* la narración escrita, es decir, la reorganización de los hechos realizada por Pascual en prisión, tiende a dar a éstos un orden que dista mucho de ser lineal, convirtiéndose en un relato de cronología alterada que responde a un orden subjetivo de Pascual. Por otra parte, en el caso de *Santuario* el orden temporal sigue una línea lógica de causa-efecto. En realidad, si bien el suceso culminante aparece relativamente temprano en la obra (capítulo XIII), y las páginas anteriores han sido preparatorias, este suceso se da solamente de manera alusiva, forzando al lector a luchar por entender qué es lo que en realidad ha sucedido. En el capítulo XXIII aparece la versión de Temple, pero quedan aún oscuros los hechos. Para comprender plenamente lo ocurrido hay que llegar al capítulo XXVIII, de los treinta que tiene el libro. Por lo que se refiere a *La familia de Pascual Duarte* nos encontramos desde la primera página ante una serie de hechos consumados que desconocemos. El primer capítulo, con la muerte de la perra, es ya un anuncio decisivo del suceso central. Los escritos sobre el tiempo pasado en la cárcel (capítulos 6 y 13) son también un anuncio repetido de los acontecimientos que se sucederán. La premo-

---

55. David W. FORSTER, *Forms of the Novel: the Works of Camilo José Cela* (Columbia: University of Missouri Press, 1967), p. 24, indica que en el montaje de la novela habría que buscar el motivo central en la muerte de la madre; en cambio, Gonzalo Sobejano difiere de esta interpretación: «En rigor, el crimen culminante de Pascual no es el que tiene por víctima a su madre, aunque así lo parezca, sino el que tiene por víctima al conde, crimen solamente aludido en la obra, pero que es el que lleva al protagonista sin remisión al patíbulo», p. 95. Se puede puntualizar que no está claro que sea el asesinato de Torremegía exclusivamente el que lleva a Pascual a la muerte y sí, por el contrario, que el tono narrativo está organizado con una tensión creciente que se desborda al ocurrir el parricidio.

nición se reitera de nuevo en forma de la matanza de la yegua y en la referencia, oscurecida, a la muerte de la madre en el capítulo 12. Es ésta una descripción elíptica e incompleta (a la manera de la violación de Temple en la primera versión) de lo que pasará en el capítulo 19. En los dos casos el orden está estudiado para conseguir una participación emocional del lector; nos encontramos en las dos novelas ante hechos consumados, pero aún desconocidos; existe una ocultación y una explicación deliberadamente incompleta de esa parte vital de la narración que va a ir desvelándose gradualmente a medida que progresan las novelas. Las etapas mediante las cuales llegamos a una comprensión total de la violación de Temple, tienen también un equivalente en las pantallas que se anteponen a la lectura del manuscrito de Pascual, la nota del transcriptor y documentos preliminares; por estos medios conocemos en primer lugar su condena, su muerte y los crímenes no descritos sino aludidos. Al iniciarse la narración en primera persona existen ya hechos consumados y ominosos que aún desconocemos. Esta circunstancia refuerza los elementos de premonición a los que ya se ha aludido. En ambos casos el hecho de encontrarnos con la consecuencia de una acción ya consumada da a la narración una carga de fatalismo que aplasta a los personajes. La construcción de las dos novelas conduce a resultados parecidos: creación de un ambiente de intriga, y estímulo a la participación del lector en la dilucidación de los hechos.

Finalmente, los protagonistas de las dos obras ofrecen ciertos puntos de contacto en lo que aparentemente no son sino diferencias. Está, por un lado, una muchacha, producto de una sociedad decadente o en crisis y prototipo del falseamiento social. Temple representa el convencionalismo mitad inocente, mitad corrupto, de una jovencita burguesa. Pascual, por su parte, es la personificación de un campesino violento, pobre e ignorante. Temple tiene en la novela un papel primordialmente pasivo, aunque con frecuencia quisiera asumir uno inútilmente activo que se proyecta en su vano afanarse físicamente; durante su estancia en Frenchman Place está en constante movimiento, llamando así la atención de los hombres que la rodean; alivia su terror cerrando una puerta sin cerradura, se acoraza físicamente poniéndose un impermeable, como una niña pequeña cierra los ojos para que desaparezca la realidad...; lo único que no hace es lo que hubiera podido salvarla: huir.[56] Cuando el peligro parecía haber pasado ya, es de día y está defendida por Tommy, sucede lo temido, pero inconscientemente deseado, la violencia sexual de la que es objeto. Ante un enfrentamiento brutal con la realidad, cuando ni los formulismos sociales ni el ambiente burgués la protegen, Temple instintivamente comprende la crudeza y, al mismo tiempo, la justificación de la relación espontánea macho-hembra, aunque en su caso la realidad va a torcer y a pervertir tal relación.

Pascual como narrador es esencialmente pasivo, se limita a contar su vida permaneciendo al margen de los hechos pretéritos. Ahora bien, en el plano referencial más profundo, es decir, en el contenido del manuscrito, él es el protagonista que lleva a cabo una serie de actuaciones que lo colocan en la categoría opuesta. Pero en realidad a Pascual como a Temple «le pasan cosas», cosas con las que ellos mismos nunca se propusieron enfrentarse conscientemente, pero cuyas consecuencias no tienen más remedio que aceptar. Pascual puede haber manipulado, desde la perspectiva de la prisión, los datos para provocar en el lector del manuscrito un sentimiento de conmiseración; puede haber distorsionado los hechos enfocándolos con una luz falsa, pero puede igualmente narrar los hechos con la candidez que pretende hacer patente en su relación. Este aspecto está corroborado fuera del manuscrito por el dato que proporciona el capellán de la cárcel con el que Pascual se confesó y que también fue testigo de su ejecución. Según este excepcional testimonio, Pascual es un «pobre corderillo» acosado por la vida. Contra ese acoso se defiende destruyendo la vida que le rodea en progresión de trascendencia, matando a la perra, a la yegua, a Lola y al Estirao, a su propia madre, lo cual no le impide, sino que lo fuerza, a continuar sus matanzas y a tener que ofrecerse él mismo como víctima de ese acoso, con su propia muerte.

Poseen, pues, ambos personajes, personalidades conflictivas, divididas entre lo que realmente son y lo que

56. Melvin Bacman, *Faulkner: The Major Years, A Critical Study* (Bloomington: Indiana University Press, 1966), p. 47, nota este aspecto del personaje. Ésta es también una observación de Mariano Baquero Goyanes, «La caracterización de los personajes en Dickens y Faulkner», *Ateneo* (15 de diciembre de 1954), pp. 78-79.

desearían ser. Entre el abandono pasivo pero inconscientemente deseado de Temple a las circunstancias y la aparente actividad a la cual es inconscientemente forzado Pascual, existe una relación que empareja a estos personajes como víctimas y verdugos de sus propios destinos. Ambos carecen de libre opción, condicionados por una compleja red de circunstancias sociales y personales; Temple se comporta de acuerdo con las coordenadas que le han sido impuestas, pero que en las circunstancias en que se encuentra resultan inoperantes, revelándose así como falsas: el código social de la burguesía sureña no está equilibrado con la realidad social común. La reacción defensiva de violencia por violencia de Pascual es impulsada por el entorno social, pero no es tolerada por él. Sobre los dos personajes actúan fuerzas equiparables, los dos llevan a cabo sus papeles o cumplen su destino respondiendo a presiones que actúan en ellos como ejes cuyos polos poseen tendencias opuestas. Siguiendo una pauta de análisis en la línea de Levi-Strauss, en un extremo del polo se encuentra su propia naturaleza, es decir, sus propias inclinaciones que los impulsan hacia una vertiente oscura de su ser, la lujuria en Temple, el instinto sanguinario en Pascual; el otro polo del eje sería la cultura que rechaza y castiga las actuaciones mencionadas, no se aceptan ni el crimen ni la promiscuidad.[57] No obstante, la tendencia a romper las normas culturales está en forma latente en los mismos personajes. Hay dos culpables, la sociedad que corrompe las leyes impuestas por la cultura y la innata vertiente hacia la transgresión de los dos personajes. Esto hace que la clasificación de las novelas en un plano de crítica social o de pura denuncia explícita no sea viable. De ahí la perplejidad con la que se recibieron desde posturas de militancia política o social.

En resumen, es dado ver en estas novelas unos elementos de afinidad que podrían parecer sorprendentes; las coincidencias no obedecen sin embargo a razones puramente casuales. Hay una serie de circunstancias tanto de orden social como derivadas de una actitud humana y artística muy parecida entre Faulkner y Cela que se pone de manifiesto al situar las dos novelas bajo un mismo

57. Estos aspectos psicológicos de los personajes han sido estudiados por sendos psiquiatras en el ya aludido estudio de Lawrence S. KUBIE M.D. y en Juan José LÓPEZ IBOR, «Psicopatología y literatura», *La Estafeta Literaria*, n.º 6 (31 de mayo de 1944).

punto de mira. Ninguna de las dos está necesariamente considerada como la obra cumbre de sus respectivos autores, pero ambas aparecen en momentos importantes de sus vidas como novelistas; en Faulkner cuando atravesados los años de aprendizaje e incluso de grandeza creadora, reinicia en cierto modo su quehacer novelesco; en Cela es una primera novela que causó viva reacción en el panorama literario español. La recepción crítica de ambas tuvo un signo muy parecido tanto de escándalo como de entusiasta acogida. Aunque profundamente hijas de su momento, reflejan problemas humanos que trascienden la etapa histórica en la que aparecen. Son precisamente estas características, que se filtran en lo misterioso del ser humano expresadas en un armazón estético admirable, las que dan a las novelas una continuada vigencia y un inextinguible interés.

En este mismo contexto de coincidencia e identificación con los valores que Faulkner expresa en su arte, se pueden interpretar las palabras que Camilo José Cela le dedicó con motivo de su muerte en 1962: «El noble aliento de Faulkner bien descubierto está, mal que le pese a tirios y troyanos, por tirios y troyanos. Importa no olvidarlo ni permitir que sobre él caiga la losa de pringado algodón del conformismo.» [58]

LAS REDES DEL TIEMPO EN LAS ÚLTIMAS HORAS

«Faulkner supone un ámbito literario en libertad...»

(José Suárez Carreño)

Las últimas horas, premio Nadal de 1949,[59] es una de las aportaciones del decenio que merece la pena reconsiderar. Centra Suárez Carreño su primera novela en un tema muy importante en la obra de Faulkner que es el tiempo. El título de la novela refleja esta actitud; la premura implicada en sus palabras es el pórtico de un mun-

58. Camilo José Cela, «Faulkner», Papeles de Son Armadans, número LXXVII (agosto, 1962), p. 118.
59. José Suárez Carreño, Las últimas horas (Barcelona: Destino, 1950). Las referencias a la novela van insertas en el texto.

do vertiginoso en el que el tiempo, a la manera de *Mientras agonizo*, se presenta en un momento de aceleración crítica. Los personajes, como ocurre en la novela de Faulkner, aparecen arrastrados por el fluir del tiempo para terminar en una muerte, de la misma manera que en *Mientras agonizo* se parte de ella. A propósito de las observaciones sobre Faulkner hechas por Suárez Carreño podemos recordar que el aspecto que más le interesó fue precisamente «presentir que la realidad no es suficiente, que están el antes y el después». La época de Faulkner de la que Suárez Carreño muestra una comprensión tan matizada corresponde a la que Gary Lee Stonum considera la época referencial, que abarca tres de las obras más notables del novelista, *The Sound and the Fury*, *Sanctuary* y *As I Lay Dying*.[60] En la misma categoría, en cuanto a proyecto narrativo, se encuentra *Las últimas horas*. Según Stonum, la novela referencial plantea la representación de su contenido, pero no el acto de la representación, es decir, se plantea la creación artística de un hecho, pero no la modalidad de su existencia; narra unos hechos, investiga las ramificaciones y posibilidades de esos hechos, pero no se investiga a sí misma. Lo que interesa a Suárez Carreño es la creación de una situación humana por medio del arte que se puede encarnar en la narración. La inserción de los seres humanos en el tiempo, y la fluidez temporal que encuentra para Suárez Carreño respuesta filosófica articulada en Heidegger y artística en Faulkner, vino expresada por el escritor norteamericano en términos muy sencillos como método: «Hay siempre un momento en la experiencia, un pensamiento, un incidente que está ahí. Así que lo que yo hago es aproximarme a ese momento. Me imagino lo que ha debido de suceder antes para que la gente se vea en esa situación y luego continúo la acción investigando cómo actúa la gente a partir de ese momento.»[61] En *Ser y tiempo* Heidegger expone que toda interpretación deliberada sucede teniendo

60. *Cf*. Gary LEE STONUM, *Faulkner's Career: An Internal Literary History* (Ithaca: Cornell University Press, 1979), pp. 94-122.
61. «*There is alwais a moment in experience — a thought — that's there. Then all I do is work up to that moment, I figure what must have happened before to lead people to that particular moment, and I work away from in finding out how people act after that moment*», en James MERIWETHER y Michael MILLGATE (eds.), *Lion in the Garden: Interviews with William Faulkner, 1926-1962* (Nueva York: Random House, 1968), p. 220.

como base la historicidad de Dasein, es decir, un entendimiento prerreflexivo desde una situación concreta que
tiene una relación intrínseca con el pasado y el futuro del
intérprete. Tanto las obras de Faulkner como *Las últimas
horas* responden a ese presupuesto; los personajes de
Suárez Carreño pasan a examen sus existencias relacio-
nando el pasado con el futuro hacia el cual dirigen sus
vidas.

Tres acercamientos

Hay en primer lugar un hombre que ante el dilema
vital se siente desbordado, que no es capaz de insertarse
en el tiempo porque carece de designio propio, ya que su
plan vital es heredado, sin vida. Aguado es un personaje
estático a quien el flujo vital produce vértigo en su incapacidad para adaptarse a él de una manera activa. La
tradición en su caso no es un proyecto vivo, sino un peso
muerto como le ocurre a Horace Benbow en *Santuario* o
a Quentin Compson en *El ruido y la furia*. Manolo, el golfo madrileño segundo personaje de la novela, es un ejemplo de total inserción en el flujo temporal a un ritmo vertiginoso que no permite el planteamiento moral. Como
antítesis de Aguado, Manolo tiene un plan vital de actividad elemental que corre parejo a la fluidez temporal. Al
lado de estos dos personajes hay uno, presente directamente en la novela, el de Carmen y otro implícito, el
de Carlos. Carmen, como Manolo, tiene un plan de supervivencia en el cual no hay sitio para la moral; hay un
plano moral en perspectiva, pero al que no le es dado
aspirar dada su condición de mujer, según la voz narradora «es muy difícil que una mujer pueda comprender lo
que son ideas» (LUH 193). Al no ser capaz de penetrar en
el proyecto vital, Carmen permanece en una actitud marginal pero productiva, procura insertarse en el ritmo temporal y buscar una argumentación pseudomoral que la
aleje de las consecuencias de sus acciones: considera su
cuerpo como extraño a ella, presenta una dicotomía que
le permite no responsabilizarse frente al mal. Carlos
como personaje tiene una mínima explicación funcional;
es, por un lado, el camino abierto hacia una inserción
creadora y dinámica en el flujo temporal y, por otro, uno
de los factores que han influido en la inhibición moral de

Carmen. No obstante, es un fantasma, una aspiración de Suárez Carreño para dar a toda la novela una estructura ideológica y es también el punto más débil.

La presentación de cada uno de los tres personajes principales posee parecido con el planteamiento de Faulkner aludido al principio, elaborar la novela a partir de un momento preciso moviendo el punto de mira hacia adelante en el desarrollo de la novela y hacia atrás por medio de retrospecciones. Ángel Aguado aparece por primera vez con el teléfono en la mano expresando la forzada inserción en una sociedad activa y su incapacidad para incorporarse plenamente a ella, su afán de comunicación y diálogo consigo mismo, con los demás y con el mundo, y su impotencia para llevarla a cabo. Impotencia que, por otra parte, viene reflejada también en sus anomalías sexuales. Aguado es el más locuaz de los personajes y, al mismo tiempo, el que encuentra en la lengua una barrera; representa un nivel social inserto en un sistema del que vive parasitariamente y es en sus propias palabras el representante de «una crisis de civilización», de un «cansancio hereditario». Este cansancio lo aproxima a Míster Compson de *El ruido y la furia*, pero al mismo tiempo la sensación de desarraigo y vértigo lo acercan a Quentin en la misma novela o a Horace Benbow en *Santuario*. Aguado ha buscado inútilmente remedio para su mal en el psiquiatra. La religión no le ofrece otro amparo que «las manifestaciones de histeria», la incapacidad sexual representa otro camino cegado para el personaje. Este aspecto recuerda el problema del impotente gángster Popeye en *Santuario*. La corrupción de Temple, que en esa novela se presenta en un grado tan abrumadoramente extremo que raya en la pesadilla, aparece como una sombra de posibilidad por el cerebro de Aguado embotado por el alcohol al contemplar el interés mutuo entre Carmen y Manolo. El alcohol y la ilusión de compenetración que implica es otro camino que Aguado recorre con idéntico fracaso: «Puedo estimarte esta noche aunque, como es natural, luego ya ni te conozca» (LUH 259). En el momento de la muerte «el duro vértigo del choque» es absorbido por Aguado con mayor aceptación que por sus compañeros, ya que el auténtico vértigo lo ha sentido él constantemente a lo largo de su atormentada existencia. Carmen es presentada con un gesto que posee función indical, una imagen casi pictórica que resume la actitud moral de la muchacha: «Ahora contemplaba una de sus piernas larga y esbelta y carnosa en el aire y recordó el deseo que solía producir» (LUH 8). Esa sensación de alejamiento de su propio cuerpo es el rasgo característico de Carmen que se observa a sí misma como si se tratara de una extraña y como tal permanece también ante el resto de los personajes y ante el lector. Carmen es el compendio de dos mundos, el burgués y el hampa prostituida. Esa combinación es la que prestó tanta curiosidad al mundo creado por William Faulkner en *Santuario*. Entre Temple Drake y Carmen existen varios puntos de convergencia. Temple es un personaje oscuro, muy alejado del lector y de la voz narradora, conocemos únicamente ciertas reacciones suyas a nivel sensorial e incluso psíquico, pero nunca recibimos de ella un juicio moral o una posición que implique compromiso moral de carácter positivo. Si permanece en casa de miss Reba es porque este hecho tiene gran atractivo para ella a pesar del miedo que también es evidente. Carmen es una muchacha calculadora, para Manolo es una completa esfinge que le fascina, también Aguado supone en ella cualidades que incitan su curiosidad: «Eres humana, muy humana ... me gustaría que alguna vez me hablaras de tus cosas íntimas» (LUH 95). Las razones que tiene Carmen para pertenecer a esa profesión, sin alejarse de los aspectos globales que la incorporan a la clase media, son en gran medida desconocidos para el lector. Se sabe, no obstante, que a partir del momento en que Carlos se aleja de ella, su vida pierde sustancia y se convierte en un ser marginado: «La vida será para mí una apariencia —pensó—, viviré lo que el tiempo vaya siendo, como algo que carece de sentido.» El papel que le es dado desempeñar es el de hembra, renuncia a comprender y vive de su sexo. Estas dos características le vienen dadas específicamente por el autor, aunque el personaje se escape con frecuencia de ese molde. Su moral íntima, que no se llega a desvelar, la impulsa a considerar su cuerpo como «un instrumento de trabajo» (LUH 8), pero la desazón que acompaña a este desdoblamiento se insinúa. Una exigencia personal, que también se refleja en las múltiples ocasiones que demuestran la superioridad intelectual de Carmen, hace que este personaje resulte por sus propios medios, por la fuerza artística que la proyecta y casi contra la voluntad razonadora del autor, vivo y complejo. Su negativo proyecto vital es

71

superar la alienación total que la amenaza mediante el sacrificio de su cuerpo. Lo que permanece en la oscuridad es precisamente esa «intimidad» que quería descubrir Aguado.

El tercer personaje, Manolo, pertenece de lleno al bajo Madrid en el que con invencible esperanza y optimismo busca la supervivencia. En una sociedad que pone tan de manifiesto la separación de clases este personaje es, no obstante, el rico. Manolo se presenta, como Carmen y Aguado, a partir de una imagen emblemática: «El muchacho fumaba arrojando humo como quien tira alegremente una gran riqueza» (LUH 16). El proyecto vital de Manolo está constituido esencialmente por el movimiento, en su caso la tradición es un peso, pero al mismo tiempo un impulso del que quiere aprovecharse; es un ser capaz de generosidad y de ternura, pero también de crueldad y de explotación. Él es un desfavorecido desde el punto de vista social, pero no guarda rencor, no es materialista. «Manolo desde su adolescencia luchaba contra la amargura por una clarividencia de su carácter» (LUH 254). A lo largo del camino recorrido durante la noche que constituye el nivel temporal más inmediato de la novela, la brecha que existe al comienzo entre los personajes que tienen y los que no tienen («nunca conocí a un pobre que hablara así, nuestros dolores son diferentes») (LUH 253) se altera («son como nosotros. Igualito que nosotros») (LUH 241), para al final hacer que las diferencias casuales desaparezcan y sólo las existenciales cobren relieve. Es precisamente la capacidad de dinamismo interno y adecuación creadora ante la vida, lo que da valor al ser humano, y es la incapacidad de acción creadora la que anula a otros y los hace parásitos de una tradición que ellos estatizan y destruyen. Por eso el final de la novela da una victoria a Manolo: «El chico tuvo la impresión de que él ahora era enormemente poderoso. El estar así de pie le parecía la mayor riqueza» (LUH 286). En el desenlace comete una transgresión ética, no denuncia el accidente, pero es que la tradición está dañada tal como él la percibe con su agudo sentido de supervivencia: si denuncia, él saldrá perjudicado en su calidad de intruso aparente en el nivel social de las víctimas; será un sospechoso, ya que la justicia no refleja para Manolo otro contenido que la corrupción de los que la imponen. Pero es que además comete un acto inmoral en sí, ya que roba. No obstante la iniquidad de una tradición que favorece la opulencia de unos pocos, y la indigencia de muchos, es también evidente para el personaje y para el lector. Los principios inconmovibles de verdad y honradez que sostienen la tradición carecen, así, de validez y el muchacho se aleja negando esos principios que potencian una situación contaminada. Como en el caso de Goodwin o Ruby, a Manolo no le es posible vencer con la verdad. Este final que sugiere y no denuncia es una de las características de la manera de hacer faulkneriana que posee la novela de Suárez Carreño.

Nuevas actitudes

La utilización del tiempo como tema y como recurso formal presenta también lazos con las novelas de Faulkner. De la sensación de tiempo acosando pende el armazón de la obra que muestra dos vertientes; por un lado, un ritmo rápido y episódico de reminiscencia picaresca y barojiana, que comprende el mundo de Manolo; por otro, un ritmo lento y de ahondamiento psicológico en los personajes burgueses que son Aguado y Carmen. Los dos ritmos están utilizados en contrapunto y la ordenación de los capítulos es en su mayor parte alternada. Hay en los tres primeros capítulos una presentación consecutiva de los tres personajes aislados para luego, a medida que el ritmo narrativo se establece y adquiere fuerza, convertir este contrapunto inicial en una convergencia de los personajes que, en su momento de mayor tensión emocional, se desintegra al estrellarse el automóvil en el que viajaban. El tiempo cronológico en que transcurre la noche de la carrera es, por otra parte, un reflejo relativamente fiel del tiempo que el lector tarda en leer esa parte fundamental de la novela, alcanzando así el ritmo del tiempo real de la lectura una convergencia que en parte implica el propio tema, el dinamismo vital. La huella de *Mientras agonizo* es inmediatamente perceptible en este aspecto de planteamiento existencial temporal de la obra. La correlación del tiempo subjetivo de los personajes y del tiempo objetivo de la lectura que, en la terminología de Ingarden recibe el nombre de tiempo representado (totalidad de las fases temporales presentadas en una obra literaria en sus diversas perspectivas),[62] es parecido en las dos obras. En *Mientras agonizo*, Faulkner reconstruye toda una etapa temporal en la vida de sus personajes a partir de un momento culminante en su existencia. Este momento referencial en el que se inicia la novela puede considerarse como punto cero al que se vuelve constantemente en los sucesivos presentes que constituyen su núcleo. Son pasados o futuros con relación a ese episodio central o tiempo cero, que es en la novela de Faulkner la agonía y muerte de Addie, y los episodios van captando las consecuencias en correspondientes fases temporales que se consideran presentes en cada momento de la lectura y que son, en realidad, consecuencias o futuros con relación a ese punto cero que es la muerte de la madre. Al mismo tiempo un acontecimiento se percibe desde diversas perspectivas adquiriendo así matices no perceptibles en el tiempo real dado. Esta representación del tiempo, sólo posible de expresar por medios artísticos, es uno de los grandes logros de Faulkner. *Las últimas horas* crea un tiempo que es afín al de *Mientras agonizo*. En lugar de partir de un acontecimiento que marca un punto cero del presente, muerte de Addie, arranca de un momento que aunque no revista características de acción concreta, promete por medio de los emblemas una proyección a la acción novelesca: Carmen contemplando sus piernas, Aguado hablando por teléfono, Manolo fumando. Por lo que respecta al pasado con relación a este punto central o punto cero de la narración, la novela de Faulkner va presentando diversos planos que son efectivamente pasados, pero que aparecen como presente en forma de monólogos interiores. En este punto, Suárez Carreño recurre a procedimientos más tradicionales. El plano del pasado viene dado por medio de rememoraciones rápidas, monólogos de los personajes o recapitulaciones en tercera persona, permaneciendo ese nivel siempre en su estado de tiempo pasado. Esta solución resta eficacia estética a la representación del problema temporal-existencial de la obra. En esta línea de exploración técnica de medios expresivos que no corresponden a la narración tradicional, Suárez Carreño presenta, no obstante, logros muy importantes en algunas secciones de la

62. *Cf.* Eugene H. FALK, *The Poetics of Roman Ingarden* (Chapel Hill: University of North Carolina Press, 1981), pp. 83-87.

novela. Gran interés ofrecen los ejemplos de manipulación de la narración en tercera persona para narrar de manera esquemática y directa, pero sin incursión psicológica interpretativa, los momentos de gran tensión en los personajes. Este efecto se logra sobre todo en la descripción del accidente, cuya eficacia en el orden de composición de la novela ya se ha mencionado: «La rica dureza de la roca, que había permanecido como separada por la propia trayectoria del coche, llegó instantánea e informemente de pronto.» La habilidad de Suárez Carreño en este pasaje reside en la fuerza plástica y economía de medios. A partir de aquí la voz narradora se desliza a una perspectiva interior de los personajes que se aproxima a la interpretación del flujo de conciencia en tercera persona que se halla con frecuencia en Faulkner y con más profusión en *Las palmeras salvajes*. La representación del flujo de la conciencia no llega en la novela, a pesar de todo, a pasar de estos contados ejemplos. Dentro de la misma secuencia del accidente y refiriéndose a Carmen hay un pasaje que ofrece interés, pero que no es más que una muestra del intento de esa construcción. Las experiencias a nivel sensorial-psicológico se expresan ya de manera rutinaria en las narraciones por medio del flujo psíquico; logra captar esta técnica la corriente perceptiva del ser humano en un plano en el que todavía no se ha verbalizado la experiencia. La novela es un fenómeno verbal que tiene que recurrir a las palabras para expresar situaciones que no están completamente constituidas por palabras. Aquí se requería un tipo de dominio artístico al que Faulkner llegará esencialmente como poeta. Suárez Carreño, también poeta, no confía tan plenamente como Faulkner en la experimentación con ese tipo de palabra, y así el estado mental de Carmen se refleja en la novela sin una descripción tradicional, pero de forma pobre y aún no totalmente expresiva: «Perder el cuerpo aquí... es como un agujero... no está en ninguna parte... pero no es el sueño... algo duele» (LUH 287).

Respecto a otros elementos técnicos que constituyeron en su momento una novedad, las perspectivas narrativas ofrecen interés. Si bien la narración se proyecta desde una tercera persona que va definiendo a los tres personajes, se pueden ver varios matices en los que unas veces esta voz se acerca a la sencillez de una cámara presentadora de objetos; «en la habitación aquella con la dura y como árida luz eléctrica de un aparato con tres bombillas pendiendo del techo blanco de cal al igual que las paredes, se oía la voz de Aguado y todos los demás, mientras en el resto del local existía como un nocturno y cansado silencio» (LUH 215). Esta voz narradora a veces se convierte en interpretación subjetiva desde la perspectiva de alguno de los personajes; su valor artístico está claro en la utilización de esta perspectiva para descripciones de unos personajes hechos por otros, sin abandonarse nunca la voz autorial: «El muchacho la miró sin moverse. En el resplandor de la puerta como creada por la luminosidad de la luz eléctrica aparece por un momento su figura entera [Carmen]. Era muy bella, brillaba la juventud de su piel, la larga mancha de oro de su pelo parecía como una fuerza alegre y rutilante que atraía irresistiblemente. Sin poderlo evitar el golfo avanzó hacia ella» (LUH 16). Se describe aquí la apariencia de Carmen a nivel consciente de Manolo y, en un plano subconsciente, la atracción que lo arrastra. Esta técnica a veces se utiliza de forma más explícita: «Carmen pensó que la expresión de los ojos de este hombre cambiaba constantemente» (LUH 120). Otros aciertos técnicos son la descripción del tiempo momentáneamente detenido, con el resultado de lo que Stonum llama «tableau vivant», cuadro plástico,[63] muy utilizado por Faulkner desde sus primeras fases narrativas. Suárez Carreño detiene el movimiento de alguno de sus personajes combinándolo con la técnica de observación recíproca que acaba de describirse; «Manolo la vio girar lentamente en su cuello esbelto y delicado hasta perder por completo sus ojos mientras el perfil quedaba silencioso en el aire del cuarto» (LUH 223). A veces este movimiento detenido pone de relieve la tensión entre el mundo externo y el interno de los personajes planteado en términos de cosificación; «Tengo que levantarme en este mismo momento. Sintió cómo la voluntad se transmitía por su cuerpo y los músculos se preparaban para entrar en acción. Pero no se movió» (LUH 226).

Las últimas horas refleja claramente el momento literario en el que aparece. Es un ejemplo del tipo de novela que, dadas las circunstancias del país, se podía producir en el mejor de los casos, como esfuerzo consciente de inserción de la novela en las corrientes más estimadas fue-

---

63. *Cf.* Gary Lee Stonum, pp. 73-77 y ss.

ra de España. La impresión que causó fue grande y su importancia muy considerable, pues indicaba unos horizontes en la narración que siendo nuevos no dejaban de tener relación con la tradición novelística española. Este aspecto se manifiesta en la reseña que de la novela hiciera Antonio Vilanova: «Resulta extremadamente curioso, dados los elementos exóticos procedentes de *Santuario* de Faulkner y de *Brighton Rock* de Graham Greene, que han influido en la génesis de esta obra, y la técnica narrativa que ha inyectado una retardada morosidad al ritmo de la acción novelesca, darse cuenta de que su aportación innovadora entronca con los más insignes modelos de nuestra novela tradicional y que su naturalismo poético e introspectivo no es más que un retorno a la novela picaresca humanizada por el sentimiento de la piedad.»[64] También menciona este crítico a Baroja *(La busca)*, y bien pudiera haber mencionado a Azorín *(Doña Inés)* o Pérez de Ayala *(Tigre Juan)*. Los problemas siguen siendo los mismos, los esfuerzos por darles una representación artística, equiparables; pero los medios de los que se vale Suárez Carreño van afinando su potencia y el influjo de Faulkner en este sentido es evidente. Otra reseña dedicada al libro tiene carácter negativo y concentra sus comentarios más en los balbuceos del libro que en sus logros. Anclado en una apreciación de la novela extranjera que le lleva a rechazar la nacional, como veremos, José María Castellet comparando el premio Goncourt 1949 con *Las últimas horas* como Nadal de ese mismo año, no favorece a Suárez Carreño. Ambas novelas, dice Castellet «suponen un esfuerzo técnico considerable que si bien [Robert] Merle lo ha coronado con éxito, Suárez Carreño no lo ha podido superar. Por ello estas novelas resultan representativas de la novelística de sus patrias».[65] No obstante, la recepción en general fue muy positiva, y al hacer el balance de la novela de mediados de siglo, hay que contar con *Las últimas horas* como exponente de una voluntad de renovación.

64. Antonio VILANOVA, «Suárez Carreño y *Las últimas horas*», *Destino*, n.º 751 (29 de diciembre de 1951), p. 19.
65. José María CASTELLET, «Dos premios y dos momentos literarios», *Laye*, n.º 5 (julio-agosto, 1950).

«La belleza de su lenguaje poético... la sobrecogedora intensidad de muchas de sus escenas...»

(Ricardo FERNÁNDEZ DE LA REGUERA)

La novela de Ricardo Fernández de la Reguera, *Cuando voy a morir*, recibió el premio Ciudad de Barcelona
1951. Sin representar un papel pionero como el atribuido
a Suárez Carreño, la novela tuvo una recepción favora-
ble. Críticos de primera hora, como Eugenio de Nora,
reconocieron en ella al par de un «virtuosismo casi ana-
crónico», una «virtud de remozamiento» y un «contenido
problemático». Este crítico y Dámaso Santos ven la novela como realista.[66] Para Iglesias Laguna se trata de una
«novela de amor intensamente restrallante y con momentos de carga pasional no muy frecuentes en la narrativa
de hoy»,[67] que mostraba un eco de Faulkner en la «capacidad expositiva del lenguaje». Como ya se ha visto, Fernández de la Reguera fue un atento lector de Faulkner
durante los años cuarenta y admiraba ante todo «la belleza de su lenguaje poético, la creación de un mundo muy
amplio y personal, la sobrecogedora intensidad de muchas de sus escenas». El título de la novela es casi una
repetición de *Mientras agonizo*, aunque *Cuando voy a morir* está relacionada con *Las palmeras salvajes*, «magistral novela de amor» en la opinión de Fernández de la
Reguera y en la cual se inspiran los aspectos más interesantes de su propia creación. Dentro del itinerario artístico de Faulkner corresponde *The Wild Palms* a una fase
en la que el objetivo es la búsqueda de la finalidad del
arte, su papel en la existencia humana.[68] Mediante esta
postura el artista se ve a sí mismo involucrado en su propia investigación, ya que el sujeto de la acción de escribir
se convierte al mismo tiempo en el objeto de la escritura; se escribe sobre el escribir. Al mismo tiempo los personajes se preguntan, como en la fase anterior, por el

---

66. Eugenio G. de NORA, *La novela española contemporánea, III* (Madrid: Gredos, 1970), p. 147. Dámaso SANTOS, *Generaciones juntas* (Madrid: Bullón, 1962), p. 116.

67. Antonio IGLESIAS LAGUNA, *Treinta años de novela española, 1938-
1968*, p. 283.

68. *Cf.* Gary LEE STONUM, pp. 123-152.

sentido del universo, pero al formar parte de ese mismo universo, sus relativas conquistas se ven arrastradas por la misma fuerza vital ciega. Ésta es la postura de *The Wild Palms* y también de *Cuando voy a morir*.

El tiempo en la palabra

El esquema de ambas novelas cuenta con situaciones parecidas; presenta como conflicto una historia de amor, su gestación, su desarrollo y desenlace, cuyos impulsos vitales se ven influidos o reflejados por antecedentes literarios y por patrones sociales (tradición) y condicionados por la vida en marcha, por el sentimiento de tiempo y cambio y por la muerte. *Las palmeras salvajes* crean la tragedia de Charlotte Rittenmeyer y Harry Wilbourne, amantes que con la sombra del marido, Francis Rittenmeyer, al fondo intentan vivir un amor no sólo más fuerte que la muerte, sino muy principalmente más fuerte que la vida. Objetivo imposible de realizar, ya que la vida al avanzar impone su juego que conduce a la destrucción de la inmovilidad imposible del tiempo y del amor. Charlotte, embarazada, obliga a Harry a que realice un aborto que fracasa y acaba en la muerte de la mujer. El hombre en su derrota lucha contra la total aniquilación del amor, el olvido, y de manera trágica, pero humilde y penosa, elige vivir para mantener vivo el recuerdo. *Cuando voy a morir* [69] plantea el sufrimiento de un hombre, Alejandro Gutiérrez (Alexis), que de testigo y víctima de situaciones vitales que forjan su carácter solitario, se ve arrastrado a la necesidad de salir de ese encarnizado aislamiento al enamorarse obsesivamente de una mujer que no le corresponde. Su vida, guiada por los libros de texto, en su rechazo a la propia vida y su desafío a la sociedad, se ve de repente desafiada y acosada a su vez. Los libros, incluso los de literatura, no pueden darle una respuesta a su problema. La lucha de Alexis va entonces contra la propia vida, representada por la mujer, Clara, a la que quiere dominar y avasallar, contra la sociedad que no admite otro patrón que el literario y contra el reflejo en-

69. Ricardo FERNÁNDEZ DE LA REGUERA, *Cuando voy a morir* (Barcelona: Destino, 1950). Las referencias van insertas en el texto.

gañoso de la realidad que presta la literatura. El desenlace ofrece un Alexis agonizante que intenta supervivir al olvido, principalmente al olvido de Clara, por medio de la literatura, es decir, por medio de la propia narración de los hechos que constituye la novela.

En la novela de Faulkner la mente literaria de Charlotte es la que incita a Wilbourne, cuya existencia había transcurrido hasta el encuentro de ambos en un mundo hermético sustraído por completo a la vida. Su único objetivo es la finalización de sus estudios; con la posesión del título de médico, va a tener Harry oportunidad de controlar la vida y finalmente de disfrutar de ella. La carrera, los libros, son un medio de liberación contra la servidumbre de la vida tal como los concibe el primer Harry; a ese fin sacrifica toda su juventud, «bajo la aparente serenidad de su vida monástica libraba una continua batalla tan despiadada como cualquiera en un rascacielos de Wall Street, al equilibrar su menguante cuenta corriente con las leídas páginas de un libro de texto» (LPS 42). Algo muy similar, pero mucho más prolijamente narrado, le ocurre a Alexis que lucha para conseguir medios con los que dominar la vida, pero sobre todo la avaricia y crueldad de los seres que le rodean; el objetivo para los dos personajes se materializa en terminar la carrera de medicina. Alexis comenta: «Enflaquecí hasta el extremo de no llevar sobre los huesos más que una piel macilenta. La escasez de tiempo era una verdadera tortura que mi ansia de estudiar multiplicaba» (CVAM 68-69). Harry es también un muchacho huérfano cuyo padre había impuesto en su hijo un designio vital fijo, hacerse médico, y a ese fin le deja una herencia de dos mil dólares. La cantidad va a constituir por su insuficiencia el motivo de la lucha cruel de Harry. Con la menguada ayuda de su hermana logra ir dando cima a este objetivo que él no ha elegido, acabar la carrera, conseguir el título, empezar el internado. En la batalla gasta toda posible energía, todo posible céntimo, «maldito pobretón» es casi estribillo en boca de Charlotte antes de que su amante en ciernes encuentre una cantidad mínimamente adecuada para embarcarse con ella en la aventura. Tiene entonces veintisiete años y está a punto de conseguir su meta: «Se despertó y miró su cuerpo tendido hacia el escorzo de los pies y le pareció ver los veintisiete irrevocables años como disminuidos y escorzados detrás, como si su vida flotara sin esfuerzo y sin voluntad por un río que no vuelve repudiado el dinero y por consiguiente el amor» (LPS 43). Es un espectador de la vida que parece haber triunfado sobre ella, con su designio, elegido por otro y basado en los libros de texto. Hay una actitud de contemplación de la vida como objeto al que se puede estudiar y vencer si bien respondiendo siempre a sus incitaciones para vencerlas (conseguir el título), o ignorarlas (sus propias necesidades y el amor). En el caso de Alexis, su primera etapa carece de designio libre. Hay un condicionamiento de tipo naturalista; la tradición en su caso es la herencia de la sangre y el condicionamiento social.

El recorrido vital de Alexis hasta los veintiséis años, edad en la que termina la carrera, presenta dos etapas, una que transcurre antes de conocer, reveladoramente, el poder de los libros y otra después. En la primera, el objetivo es supervivencia a la manera picaresca; Alexis se plantea su inserción en la sociedad como lucha por un bocado que lo sustente; no se ve como testigo de la vida sino en competición con otros. El designio que le ha legado su padre, al igual que su abuelo, es una actitud vital que tiene como centro la pasión amorosa y como solución a los obstáculos planteados por la sociedad o la vida, la propia muerte. El abuelo no encuentra otro medio de poseer a la mujer que ama y triunfar sobre la sociedad que se opone a estos amores, que matar a su amada; su padre responde con el suicidio a la muerte de su esposa. Alexis, condicionado por estos antecedentes de su naturaleza, va a elegir simultáneamente las dos soluciones de sus antepasados. El crimen pasional del abuelo materno y el suicidio paterno tienen, en efecto, visos novelescos trágicos, pero el narrador los relaciona con las circunstancias vitales más que con la literatura: «Mis padres se amaron como el primer día los nueve años que estuvieron casados. En este tiempo no sé si estarían juntos más de siete u ocho meses..., puede que haya que buscar aquí el origen de una ternura tan permanentemente insólita» (CVAM 21). La madre con su educación es un modelo que Alexis, de forma consciente o inconsciente, tiende a imitar como modelo vital. La segunda fase se ve transmutada por la aparición de los libros de medicina. Son un medio para dominar las circunstancias adversas: «los cines, los cafés, los automóviles, la gente bien vestida, se me antojaba que pertenecían a un mundo remoto inaccesible para mí» (CVAM 63). El medio para penetrar ese mundo prohibido va a convertirse en el código de la conducta de Alexis, el mundo de los libros: «Entre los cajones que se hacinaban en la trastienda descubrí un montón de libros apolillados y mohosos. Eran varios tratados antiguos de medicina» (CVAM 64). A partir de este momento, con un objetivo fijo como el de Harry Wilburn, ambos personajes van a seguir un itinerario parecido de sacrificio y privaciones hasta acabar la carrera. «A los veintiséis años terminé la licenciatura con muy buenas notas. No sé exactamente cómo pasé aquella época de mi vida. Tan atareado andaba siempre, tan tenso y preocupado y sin embargo, ahora lo comprendo... ¡tan vacío! Veo mi vida llena de baches, oscura como si hubiera caminado bajo tierra, por un agujero» (CVAM 106). A esta edad comienza la crisis; ya no les va a ser dado contemplar la lucha, la de los demás y la propia consigo mismos. La vida va a arrastrarles privándoles de toda capacidad de juicio objetivo. En ambos casos es la presencia de una mujer que en *Las palmeras salvajes* corre paralela a la inundación del Mississipí como fondo explícito en la narración «El viejo». Los ojos amarillos de Charlotte anegan, arrastran y enloquecen a Harry, como el desbordamiento de las aguas amarillas del río al penado alto.[70] También la primera visión que tiene Alejandro de Clara viene a descoyuntar el equilibrio en el que se ha mantenido su vida: «cuando amé por primera vez, el fuego que había dentro de mí debió romper la costra de mi indiferencia y sacudirme con la fuerza de un fenómeno sísmico» (CVAM 108). Desconcertados por el amor, no encuentran su imagen verdadera en ningún otro sitio que no sea la propia existencia, y la literatura se empequeñece y disminuye al lado de sus sentimientos; piensa Harry: «así es la cosa. Todo sucede al revés. Deberían ser los libros, debería ser la gente de los libros la que nos inventara y leyera: los fulanos y menganos y Wilbourne y Smith, machos y hembras pero sin sexo» (LPS 57). Alexis, de una actitud que antes de conocer a Clara le lleva a rechazar la autenticidad de la literatura: «rechazaba con ironía toda la faramalla sentimental y novelesca con

---

70. Juan BENET, en el prólogo a *Las palmeras salvajes* que aquí se utiliza, trata este aspecto de la novela.

que se ha adornado una función para mí puramente fisiológica» (CVAM 108), pasa, una vez conocida la existencia del amor como pasión humana, a acusarla de insuficiencia: «Nada sé de historias de literatura, de arte... Esas veleidades quedan para vosotros los vacíos, los yermos. Yo me estoy sembrando en el surco de la existencia» (CVAM 163). Pero es, no obstante, la literatura el único medio para ver claro en un momento de enajenación vital, y así lo define Charlotte, «la segunda vez que te vi supe que era verdad lo que había leído en los libros y lo que nunca creí; que el amor y el dolor son una sola cosa y que el valor del amor es la suma de lo que se paga por él y cada vez que se consigue barato uno se está engañando» (LPS 54). Alexis empieza a aceptar de igual manera la mediación del arte como instrumento para conocer las profundidades de los sentimientos humanos: «Me resistía a creer que tuviera algo de ese otro amor, el de los libros, el de los versos, el mismo del que tantas veces me había burlado» (CVAM 150). La literatura puede ayudar a ver claro o a deformar la visión; este planteamiento cervantino aparece en *Las palmeras salvajes* cuando Harry siente como una prostitución de su amor por Charlotte el dedicarse a escribir cuentos pornográficos *(pulp fiction)*, como medio de supervivencia. En este menester descubre «los abismos de depravación de que la invención humana es capaz» (LPS 122), que esos cuentos que sustentan su vida y la de Charlotte son ficciones «rudimentarias», «para imbéciles, su pastilla de goma sexual» (LPS 114). Al mismo tiempo, el presidiario alto se halla en la cárcel por haber creído a pies juntillas las aventuras de los bandidos salteadores de trenes y haber intentado llevar a la práctica esas historias.[71] La literatura como corruptora aparece también en la novela de Fernández de la Reguera; en la primera parte es uno de los motivos de la tortura de Alejandro: «muchas noches la chilena me obligaba a leerle en voz alta uno de aquellos engendros "rosa" que empecé a odiar aun antes de que estuviera en condiciones de juzgarlos como género literario» (CVAM 62-63). La palabra escrita, si es artística, es mensajera de valores positivos espirituales y empuja hacia la vida para su mejor conocimiento, pero si es corrupta lleva a la mentira y pone de relieve lo subhumano. La

71. *Cf.* Juan Benet, «Prólogo», pp. 10-13.

literatura como expresión de los anhelos de la existencia puede conducir a un tipo de vencimiento de la muerte, al detener el tiempo y generar la capacidad de revivirlo, lleva a un reconocimiento más hondo de la temporalidad. En estos temas se plantea, a su vez, la función de ambas novelas como producto literario que son ellas mismas. En el mismo acto en que los autores están sacándolas a la luz, se convierten ellos mismos en objeto de reflexión para el lector, ya que la novela que se lee, lejos de ser el sujeto que juzga, es el objeto que a su vez contemplan los lectores. ¿Para qué vale la literatura? ¿Cuál es, en definitiva, su función frente a la existencia humana? Una de las respuestas de Faulkner es la afirmación de la potencia de la realidad vivida, del aguantar la crujida de la temporalidad y la finitud que encadenan al ser humano, auténtico presidiario, que prefiere hacer de la existencia una efímera inmortalidad, que abandonar la lucha, «entre la pena y la nada elijo la pena». Pero todo esto es lo que ha escrito Faulkner, la resistencia ante la vida, el reconocimiento del dolor como un sello de garantía de la existencia laten en su obra que es, en definitiva, una obra literaria.

Por su parte, Fernández de la Reguera se plantea el problema de una manera más explícita, ya que la novela trata de la escritura de la historia. Hay un personaje que escribe lo que lee el lector; el acto de escribir visto en este contexto le está ya dando a la obra la función de lo que en la novela de Faulkner queda planteado de manera implícita. *Cuando voy a morir* define una de las funciones de la literatura, «es placentero rememorar, recrear la vida al lento correr de la pluma» (CVAM 50); otra, queda en la finalidad del manuscrito, «sólo hay una cosa que me angustia y me llena de zozobra: tu olvido. Deseo vivir en tu mente aunque sea como un remordimiento. Y por eso prefiero que me odies, Clara. ¡Lo prefiero mil veces!» (CVAM 15), ofreciendo de esa manera una definición muy unamuniana de la obra literaria como batalla presentada por los humanos contra el olvido y el tiempo.

Las novelas, por su parte, se plantean el tema del paso del tiempo como parte de su contenido. En el caso de *Las palmeras salvajes* éste supone la inserción en la corriente vital de forma casi fisiológica y, por lo tanto, mortal. El tiempo vencerá al amor, lo hará caer en esa degeneración gris que no sólo Charlotte teme, también

Harry teme «el gusano ciego a toda pasión», la rutina que impone a los humanos el paso del tiempo, la degeneración y la muerte. Charlotte percibe así la batalla: «Dicen que el amor muere entre las personas. Eso no es cierto. No muere. Lo deja a uno, se va si uno no es digno...» (LPS 83). El amor entre los padres de Alexis es de este calibre, pero el que él y Clara observan a su alrededor es como el descrito por Harry Wilbourne en las líneas anteriores: «Su mundo [el de las mujeres] se reducía al precio de los comestibles, las travesuras, los donaires y las dolencias de los hijos, el clima, los trapos. Si existió alguna vez otro estaba ya soterrado en el recuerdo de los férvidos años juveniles, el encanto de los versos, la quimera del amor» (CVAM 158). La pasión de Alejandro se concibe como la de Charlotte en términos de cielo e infierno, «o cielo o infierno: nada del cómodo o pacífico purgatorio intermedio para que nos alcance la buena conducta o el arrepentimiento» (LPS 83). De la misma manera Alejandro expresa su pasión por Clara: «He querido a Clara con todo mi ser, con dolor. Con todo lo que hay en mí de sórdido y elevado. A ras de tierra y altamente» (CVAM 155). La ansiedad de Alejandro por conservar el momento supremo y apasionado en un tiempo detenido, que venza la rutina y la decadencia, se muestra paralela a la de los amantes de *Las palmeras salvajes*. Compara sus sentimientos con el amor burgués del rival, Hinojosa: «Jamás perdonaré a Hinojosa el haber convertido la existencia de Clara en una cosa triste y vulgar. ¡Dios!, se puede mutilar el Partenón en un rapto de locura o incendiar el templo de Diana en un ansia de inmortalidad, pero no se puede convertirlos en una casa de vecinos» (CVAM 198). La alusión al tiempo detenido en la belleza de la arquitectura clásica, tema de constante inspiración literaria, expresa el afán de fijar e inmortalizar la belleza de Clara. Esta mujer, como objeto de la pasión, queda al margen de ella, y aunque la inspire, su impasibilidad corre a veces pareja a la patética figura de Francis Rittenmeyer en la novela de Faulkner; ese don de intemporalidad, de testigo de los avatares de otros, de alejamiento emocional de una situación, aparece representado por una estatua: «Rittenmeyer calló. Estaba inmóvil, la cara serena como una escultura, con algo de las caras esculpidas de las catedrales góticas, los pálidos ojos con algo igual a la vaciedad de los mármoles, sin pupilas» (LPS 279). Esa distancia la expresa también Alexis en una de las primeras descripciones de Clara, «mirándola de lejos sus ojos parecían blancos, vacíos. Dejaba en el ánimo una invencible sensación de angustia, como esos rostros que esculpió Scopas» (CVAM 138). La aproximación de Clara al mundo mitológico grecorromano es insistente en la primera etapa de sus relaciones.

La palabra literaria

En *Las palmeras salvajes* como en *Cuando voy a morir* se expresa este mismo afán de detener el tiempo y la misma derrota; en la novela de Faulkner la vida arrolla a los amantes por medio de un embarazo imprevisto y el aborto conducirá a la aniquilación de los dos amantes. Wilbourne sólo sigue viviendo para recordar «con la mitad de la carne». Alejandro en su ansiosa impotencia para conquistar a Clara la viola arrojándola, así, de manera involuntaria e imprevista por él a «una existencia triste y vulgar». Las mujeres son examinadas en ambas novelas a cierta distancia. En la de Faulkner se sigue constantemente la perspectiva de Wilbourne de las circunstancias y de las reacciones propias y de Charlotte ante ellas. Cuando Harry como agente transmisor del mundo y pensamiento de Charlotte no está presente (por ejemplo, en la última entrevista de los esposos), se da una versión imaginada por él de tal circunstancia, figurando la provisionalidad de esa intervención de Wilbourne en el texto en letra bastardilla. Alejandro interpreta constantemente la presencia y las palabras de Clara, su efecto en los demás, pero nunca como en el caso de la heroína americana sabemos nada directamente de ella. La idea que el lector puede hacerse de estos personajes femeninos puede entonces variar. Faulkner ha sido repetidas veces catalogado como misógino, apelativo que también se podría aplicar a Fernández de la Reguera, pero hay más que eso en ambas novelas. El juicio con respecto a la dureza de esas mujeres aparece de forma muy matizada y es el lector quien debe dictaminar y no el personaje cegado, como está por su propia subjetividad e inmersión en la tragedia en ambos casos.

El principio femenino es regulación universal que da la medida del tiempo, como es el caso de Wilbourne cuando por medio de un cálculo del ciclo de Charlotte viene a aclarar los días que la pareja puede aún permanecer en Wisconsin, o es el embarazo el que viene a aclarar los días que pueden aún disfrutar del amor separado de la vida tal como lo soñaron. Clara, en otro extremo, aparece como ánfora de la vida misma: «Me pasmaba la sencillez, la facilidad con que llevaba sus ojos, su boca, sus pechos, la curva tibia del vientre, las piernas. Como si fueran carne, sangre o huesos solamente, como si no arrastrara en pos de sí el paisaje, la tierra toda, el firmamento, la vida, la muerte. Como si todo cuanto es no naciera de su cuerpo y sólo en él pudiera apaciguarse y reposar» (CVAM 189). Es importante el reconocimiento de la fuerza de la naturaleza y el tiempo, lo que perdura y el hombre no podrá nunca dominar, el río desbordado de «El viejo», las palmeras entrechocando sus ramas, el tiempo del embarazo avanzando, el de la sangre infectada —septicemia—, el de la muerte, el de la nieve de Wisconsin y el frío aniquilador de Utah, el calor de la costa del Mississipí, Charlotte es, a la vez, naturaleza dominante y evasiva, «es mejor hombre que yo» repite Harry, cuya voluntad ha sido aniquilada. Al mismo tiempo Charlotte, la destructora, la aniquiladora, la dominante, será destruida y aniquilada y sólo supervivirá en el recuerdo de Harry. En *Cuando voy a morir* la naturaleza aparece también como trasfondo imponiendo, en las estaciones que se suceden durante la estancia de Alejandro en el pueblo, un dominio férreo con el calor, el frío y finalmente la apoteosis báquica, estridente y sexual de la primavera. El cielo y la noche, más que otros aspectos, representan el estado de ánimo del protagonista. Clara es al mismo tiempo destructora («el látigo») y seductora («el azúcar»), domando y dominando a Alexis que consumará finalmente en su cuerpo con una posesión violenta, la pérdida definitiva del amor, que sólo podrá ser reconquistado mediante la problemática lectura del manuscrito.

La palabra poética, el uso que hacen de ella ambos escritores es muy similar; hay una lucha consciente por convertirla en vehículo expresivo de los avatares humanos. Alexis manifiesta frustración: «No puedo explicarlo mejor. La palabra es mezquina, indomable» (CVAM 148). El fondo poético le da coherencia y profundidad a *Las palmeras salvajes* y otro tanto ocurre con la novela de Fernández de la Reguera. Hay que añadir, no obstante, que el poder de la palabra poética se disuelve en gran manera en esta obra a causa de su estructura mucho menos concentrada que la de Faulkner. La belleza plástica del lenguaje es más patente en la segunda parte que es la que presenta la deuda con *Las palmeras salvajes*. La presencia de la naturaleza como fuerza poética sólo se verifica también en esta segunda parte. Algunos usos metafóricos se relacionan. Tomemos como muestra un ejemplo referido a la luz: «El oscuro río de la noche arrastraba un caudal deslumbrante de estrellas. De algunos balcones colgaba un halo de luz mugrienta» (CVAM 174). El contraste entre la luz de las estrellas deslumbrantes contra el cielo oscuro y con la luz eléctrica de la ventana viene marcado por el atributo «mugrienta», sugiriendo una realidad acorde al estado de ánimo del personaje. La desolación trágica, el abandono, la soledad de Harry en los últimos momentos de la novela de Faulkner, viene expresada de igual manera por medio de una imagen que se refiere a la luz que sale de la casa del médico: «En el viento negro la casa (la casilla) era invisible; la vaga luz no estaba enmarcada por puerta o ventana alguna; como una tira de vaga y desolada lanilla sucia y rígidamente inmóvil en el viento» (LPS 18). La luz no es agitada por el viento, pero sí lo sería la lanilla y este contraste de peso aplicado a un elemento incorpóreo como es la luz es tan sorprendente como cuando a este mismo elemento incorpóreo, luz, se le aplica además el concepto de mancha. Este uso de la metáfora, comentado por Benet en su estudio de *Las palmeras salvajes* [72] parece aflorar en los experimentos narrativos de Fernández de la Reguera.

Otro elemento de origen faulkneriano es el uso del flujo de consciencia perfectamente encajado en la textura de la expresión del personaje; se da el paso del soliloquio descriptivo tradicional al flujo mental del narrador de una manera mucho más lograda y completa que en la primera novela de Suárez Carreño, pero siguiendo el mismo camino. Hay un paso desde la explicación verbalizada al balbuceo sincopado preverbal, que apunta hacia una incursión en el desconcertado razonar del personaje; es un recurso parecido al que utiliza Faulkner en su novela. Se desliza la percepción a los sentimientos más profundos e inexpresables: «Gálvez me ponía en el hombro

72. *Cf.* BENET, Prólogo a *Las palmeras salvajes*, pp. 13-14.

su mano grávida de afecto. "Alejandro, Alejandro." No decía más. Yo le apartaba huraño. Basta de frenos, ¡basta! "Él la besa, ¿comprendes? ¡La besa!" No se lo decía, pero estaba en mis ojos. Como un rejón de angustia, de muerte todavía no. No: para mí, para los demás. ¿Y para Gálvez? Acaso únicamente para él: sí. Como siempre. Y su mano en mi hombro. Y su voz, a la vez profética y apaciguadora: "Alejandro, Alejandro"» (CVAM 225). Estamos ante las primicias del uso consciente del flujo psíquico como instrumento narrativo en España.

La importancia de esta novela se debe al ambicioso planteamiento estético que supuso en su momento y también por las cuestiones existenciales que sugiere. Ricardo Fernández de la Reguera refleja en ella su amplia formación literaria, un amplio espectro en el que se observa su sensibilidad ante Cervantes, con la sombra de Unamuno. Hay también una huella de Baroja en la primera parte que es también la que frustra el proyecto narrativo original y vigoroso constituido por la segunda parte. Se preludian dos futuras novelas, *Los bravos* y *Tiempo de silencio*, no sólo en cuanto al asunto de reminiscencias barojianas, sino también en cuanto al esfuerzo formal que las dos representaron. Se trata de una novela que marca el progreso de la narración en español, aunque su aportación se haya olvidado. El vigor expresivo de la fuerza poética, la problemática existencial que refleja y la novedad de los recursos técnicos deben mucho a la lectura de Faulkner, a la comprensión profunda de sus aspectos más notables. Suárez Carreño y Fernández de la Reguera se adelantaron en la comprensión del novelista porque poseían una afinidad previa en su percepción de la existencia y del arte y porque, en palabras de Fernández de la Reguera, «los grandes valores de Faulkner pueden apreciarlos mejor los novelistas».

OTRAS NOVELAS

Como conclusión se puede afirmar que la respuesta a la lectura de Faulkner en los años cuarenta fue vigorosa y original. Original por la inmediata comprensión con que la obra se recibió en nuestro país por parte de grupos o individuos que, manteniéndose al margen de una cultura muy mediatizada desde estamentos políticos, lograron conseguir, estimulados por los rastros de la época anterior, unos conocimientos y una curiosidad intelectual que mantuvo su vitalidad creadora. Se observa una agilización de las técnicas y también una actitud ante la existencia que hallaba eco en aquellas lecturas difíciles. Las obras que aquí se han comentado son sólo una muestra, pero es una muestra importante. *La familia de Pascual Duarte* es una obra capital; en su caso se ha pretendido poner de manifiesto, más que influencias, una manera común de reflejar el ambiente de la época y la visión del mundo. *Las últimas horas* y *Cuando voy a morir* contribuyeron a paliar la marginación y el provincianismo. Hubo otros ejemplos, Jorge Campos y su novelita *En nada de tiempo* (1948, con una segunda edición en 1949) representó también un emparejamiento con las técnicas más modernas en algunos usos técnicos poco conocidos entonces, tal como la acción detenida, el enfoque sucesivo de un mismo suceso desde diversas perspectivas, el tema del acoso de tiempo tal como se refleja en *Mientras agonizo*. La disciplina narrativa implícita en esta novela tuvo su efecto en aquellos momentos, y algo parecido puede decirse de Suárez Carreño y de Fernández de la Reguera. Entonces fueron promesas de una categoría superior en tanto que promesas a lo que hoy o ayer fueron o son realidades, ofrecían una obra más madura, menos balbuceante: el estímulo que supusieron ahí quedó. Mercedes Fórmica, en un artículo sobre la novela del momento, corrobora la importancia de aquellas aspiraciones y aboga por la difusión de una novela más exigente: «No hay duda de que la novela de hoy tiene que mirarse en Joyce; su técnica se impone y encontramos su eco en el último premio Nobel, en Faulkner. Entre nosotros también han comenzado sus seguidores, lo que explica el desconcierto producido por recientes novelas donde la construcción y la estructura destacan como verdadero prodigio. Hemos aludido a *Las últimas horas*.» [73] La perspectiva de los años cuarenta muestra un panorama conflictivo pero no inerte; una gran parte del dinamismo que posee la novela de la época hay que relacionarla con aquellas difíciles lecturas de Faulkner.

73. Mercedes FÓRMICA, «Reflexiones sobre la novela», *Cuadernos de Literatura* VII, n.ºˢ 19, 20 y 21 (enero-junio, 1950), pp. 249-266.

REANUDACIÓN EDITORIAL

1950 fue un año de gran importancia para la gradual salida del túnel que representó la década anterior. Desde el punto de vista de política exterior comenzó una distensión; en noviembre las Naciones Unidas revocaron las recomendaciones de 1946. Hubo consecuencias políticas inmediatas; regreso de embajadores, participación de España en algunas agencias (la FAO); proyectos de acuerdos comerciales con el exterior, particularmente en relación con Estados Unidos; se inició la tramitación de préstamos de los Fondos de Recuperación Europea.[1] Estas primicias de integración en el mundo se ampliarían en años sucesivos; los acuerdos militares y de cooperación económica se firmaron en 1953 y España entró en las Naciones Unidas en 1955. De momento, las fronteras abiertas, los embajadores reinstalados, y en general, la reanudación del contacto con el exterior, influyeron en la vida cultural española.

Paralelamente acaece la concesión del premio Nobel, el correspondiente a 1949, a William Faulkner. La coincidencia, aunque fortuita, debió favorecer el interés por él. Se hizo común hablar de su novelas que en gran parte continuaban leyéndose en las ediciones hispanoamericanas o francesas, aunque de forma más asequible y abierta. En este decenio se comenzará la difusión de las novelas de Faulkner por parte de las editoriales españolas. Caralt continuó con el interés ya mostrado publicando en 1951 *Los invictos (The Unvanquished)*, en 1953 *El Villorrio (The Hamlet)*, en 1954 *La paga de los soldados (Soldiers'*

---

1. *Cf.* Alberto Martín Artajo, *La política de aislamiento de España seguida por las Naciones Aliadas durante el quinquenio 1945-1950.* Discurso pronunciado ante las Cortes (Madrid: Oficina de Información Diplomática, 1950), pp. 34 y 50-51.

Pay), en 1955 *Desciende, Moisés (Go Down, Moses)* y en 1959 *Mosquitos (Mosquitoes)*. En Aguilar apareció en 1954 una novela que ha dejado profunda huella en España, *Mientras agonizo (As I Lay Dying)* y «El oso», en una antología de *Grandes Cuentistas* de 1955. En 1957 la misma editorial, Aguilar, produce el primer volumen de obras escogidas *(Mientras agonizo, Pylon, El villorrio, Los invictos)*, reediciones de las mismas novelas que habían aparecido en la editorial Caralt, por lo que los lectores se veían obligados a recurrir a traducciones argentinas y francesas del decenio anterior. Dentro de lo que se podía leer en España, todavía no existía el libro popular de bolsillo. Las dos únicas modalidades que pudieran aproximarse a ese concepto eran la colección Austral de Espasa-Calpe y la Crisol de Aguilar que publicaron *Santuario* y *Mientras agonizo*, respectivamente. Habría que esperar al próximo decenio para que Plaza y Janés pusiera una amplia gama de novedades al alcance de una mayoría de lectores.

Al mismo tiempo que esta inicial apertura editorial, se produjo un movimiento de interés hacia la cultura norteamericana en general, que se vio en gran medida potenciado por entidades oficiales: La Casa Americana, dependiente de la Embajada en Madrid, ampliaría su biblioteca y organizaría cursillos y conferencias dedicados a temas literarios. Otro tanto ocurrió en los Institutos de Estudios Norteamericanos en Barcelona, Sevilla y Bilbao. La Universidad de Salamanca inició, en 1952, la Licenciatura en Filología inglesa. Madrid siguió inmediatamente. Las conferencias sobre temas norteamericanos (Yndurain, Castellet...) se hicieron frecuentes en Ateneos y centros culturales. Se estrenaron obras de O'Neil, Tennessee Williams, Arthur Miller, Thorton Wilder. En enero de 1958 se puso en el Teatro Español la adaptación escénica de *Requiem for a Nun* de Camus, traducida por José Luis López Rubio. La crítica concedió al novelista americano una considerable atención.

UN PREMIO NOBEL ANTE LA CRITICA

A partir de 1950 empieza a resultar frecuente encontrar referencias a Faulkner en revistas literarias y en diarios. Constrasta esta circunstancia con la anterior de crítica escasa y lectura intensa, por esta causa se le suele apreciar como autor ya conocido. La primera respuesta a este interés más amplio la constituye un artículo de Ricardo Gullón publicado en *Ínsula* en diciembre de 1950.[2] Incorpora este crítico, para discutirlas, las opiniones de Sartre que se refieren al concepto del tiempo en las obras de Faulkner. Sartre hacía hincapié en la importancia del pasado y el peso que imponía sobre el presente hasta el punto de cegar cualquier posibilidad de futuro. La crítica de Estados Unidos, recogiendo estas apreciaciones, las relacionó con tradición sudista en la totalidad de las obras. La interpretación de Ricardo Gullón se desvía de estas opiniones que encasillaban al autor en una perspectiva regionalista. Faulkner no pretende hacer prevalecer el pasado solamente, sino enfatizar «la insatisfacción por lo actual», ya que «el tiempo borra o atenúa al menos la memoria de los defectos del sistema y en la nostalgia aumenta los prestigios de sus ventajas». De Malcolm Cowley se toma el concepto de «reino mítico», aunque la idea ya había apuntado en la primera crítica española. Para Gullón las novelas constituyen un trozo de realidad habitado por gentes que una vez creadas siguen existiendo; la realidad creada es propia y el lector, mediante esa fuerza que debe producir para recrear el texto, «olvida lo anormal de tal universo». Condensa este juicio el concepto de la obra como totalidad y el de la crudeza de los temas, este último, que tanto había molestado y seguirá molestando a los críticos norteamericanos, se justifica al formar parte del universo narrativo que conquista el lector.

En este artículo, como en el de 1947, se hace mención del fatalismo como elemento generador del mundo faulkneriano. Un análisis de *Mientras agonizo* expone la maestría lograda en el empleo del monólogo interior; otro de *Absalom, Absalom!* estudia el diálogo como instrumento narrativo; la conversación que constituye la estructura de la novela se acerca a la realidad de la experiencia, provee una «versión completa o casi completa, pues no salva las lagunas normales de la información y del conocimiento». Es ésta una ampliación de las valiosas percepciones de

2. Ricardo Gullón, «William Faulkner», *Ínsula*, n.º 60 (diciembre, 1950), p. 3.

1947. Otro artículo publicado en 1951,[3] comenta las ideas de Claude-Edmonde Magny sobre este mismo tema. Se muestra en general acorde Gullón con las apreciaciones de la escritora francesa, pero corrige ciertos aspectos: el estilo es tal con el fin de «forzar la atención del lector para obligarle a concentrarse en la lectura y... a retener lo leído», según afirma Magny, pero Gullón añade que la dificultad se integra dentro del tema de la novela, «esta dificultad es tanto querida como impuesta por el deseo de reflejar las cosas según son y según las vemos: la sociedad en su incoherencia y las acciones humanas en su ambigüedad». El concepto de la ambigüedad como parte estructural de la obra de Faulkner se desarrolla con posterioridad en Estados Unidos en sus dos vertientes: la negativa representada especialmente por Walter Slatoff,[4] y la positiva representada por Olga Vickery y una gran mayoría de críticos.[5] Escribe Gullón que «los actos humanos son ambiguos, susceptibles de ser entendidos de diversas maneras y [que] con frecuencia cabrá controvertir acerca de su significación». La capacidad de la palabra para reproducir experiencias vitales en su misma raíz tardaría aún en incorporarse de una manera meditada a la novela, por eso las observaciones revisten la importancia de una predicción en los caminos de la palabra narradora.

Inmediatamente después de la concesión del premio Nobel a Faulkner, Antonio Vilanova le dedicó tres artículos en un intervalo de seis semanas.[6] El primero, relaciona el nombre del novelista con su aparición en los años treinta en la *Revista de Occidente*, y pone de relieve la pobre recepción crítica dispensada a Faulkner en su país a causa de la crudeza de los temas. En el siguiente, expone Vilanova las razones de sus reservas entreveradas

3. Ricardo GULLÓN, «La invasión de la literatura norteamericana», *Insula*, n.º 69 (15 de septiembre de 1951), pp. 1 y 6.

4. El primer artículo sobre este aspecto de Faulkner que Slatoff denuncia es «The Edge of Order: The Pattern of Faulkner's Rhetoric», *Twentieth Century Literature* (octubre, 1957), pp. 107-127.

5. *Cf.* Olga VICKERY, *The Novels of William Faulkner* (Lousiana State University Press, 1959).

6. A. VILANOVA, «William Faulkner, Premio Nobel 1949», *Destino*, n.º 693 (18 de noviembre de 1950), p. 14; «La novela de William Faulkner», *Destino*, n.º 694 (25 de noviembre de 1950), pp. 16-17; «William Faulkner y la epopeya del Sur», *Destino*, n.º 698 (23 de diciembre de 1950), pp. 31-32.

de admiración por las innovaciones técnicas que relaciona con Joyce:

«El crudo realismo de William Faulkner, su método de introspección, de buceo interior; el audaz contrapunto de realidad y fantasía que contraponen el pensamiento y la acción y el mundo real al pensamiento imaginario, proceden manifiestamente de Joyce y la técnica audaz con la que intenta captar la simultaneidad de actos en el tiempo, la confusión del pasado y el presente en la alquimia mental del recuerdo o del sueño, así como la mezcla extrema de sensibilidad morbosa y de regresión salvaje al mundo de los instintos no constituyen desde el punto de vista técnico ninguna novedad para un conocedor de *Ulysses*.»

El reconocimiento del calibre de Faulkner viene mezclado con una denuncia de temas morbosos aunque formen parte de una interpretación artística de la existencia, «el hecho de que esta visión del mundo parcial, deformada y sombría se encuentre aquejada por el vicio... no hace más que poner de relieve el prodigioso genio de su autor». El efecto es lo que Vilanova llama superrealismo de Faulkner, que se nutre de la incorporación «del mundo del subconsciente a través de la percepción de los sentidos». Se refieren muy principalmente sus observaciones a la primera época de Faulkner en las alusiones a *Mientras agonizo*, *Santuario* y *Luz de agosto*. La maldad del ser humano, «el mundo infierno que es la tierra» es el espejo de la realidad. Su tercer ensayo es afín a la crítica de la exégesis y se refiere a las novelas más recientes, *Absalom, Absalom!* y *The Hamlet* «de belleza alucinante y poética, pero impregnada de un hálito bíblico de eternidad fatal e inexorable». Los juicios de Antonio Vilanova difundieron, ante todo, una actitud de valoración estética, pero acusan la sorpresa de lo inusitado de los temas.

Durante los primeros años cincuenta Francisco Yndurain dedicó una atención sostenida a la novela norteamericana y a Faulkner. Su interés contribuyó a difundir el nombre del escritor y produjo una crítica que observaremos en su generalidad y que se manifestó en diversos artículos y conferencias. La contribución más conocida es un librito con el título *La obra de William Faulkner*, que se publicó en 1953.[7] Yndurain destaca, como ya había hecho Ricardo Gullón, la oscuridad en la narración, «contar y no narrar» que consigue por medio de sugerencias antes que por descripciones.[8] El uso del tiempo se relaciona con Bergson, «Faulkner articula ese suceder en un flujo temporal sometido a la vivencia de sus personajes» (p. 28). Se fractura la secuencia temporal, «para sustituirla por repetidos asaltos a fases distintas». La preocupación por el tiempo se relaciona también con el origen sureño del escritor. Otras características son el estilo poético. Para una traducción acertada de esta palabra narrativa «sería menester una recreación como en las versiones del género lírico, para conservar las singulares calidades de la prosa faulkneriana». Respecto a los temas, Yndurain señala la fatalidad y matiza esta apreciación con una observación original, al decir refiriéndose a *Las palmeras salvajes*: «Quizá podríamos entender que en esta obra, como incidentalmente en otras novelas de Faulkner, ha querido exponer la miseria de la condición humana como consecuencia de la estupidez de los propios hombres, no sólo como consecuencia de la fatalidad» (p. 25).

La crítica de Yndurain responde a las vertientes del momento en los propios Estados Unidos, donde tanta importancia se dio al origen regional del novelista: un mundo mítico y una coherencia interna son los materiales con los que se construyen las novelas, de aquí arranca el realismo, «esta geografía inventada sobre un terreno real e identificable nos pone en la pista de un realismo potenciado adrede para que viva en el plano de la ficción sin, al mismo tiempo, perder el contacto con la tierra» (p. 12). Aspectos originales de sus observaciones son los que se refieren al conflicto racial en *Intruso en el polvo* y en *Luz de agosto*, que Yndurain interpreta como parte de una amplia problemática humana más que como exponente de un tema sudista; la correlación de la historia y

7. Esta publicación surgió de una conferencia en el Ateneo de Madrid en enero de 1953 y apareció en la colección «O crece o muere» (Madrid, 1953). Yndurain pronunció otra conferencia en «Los coloquios de El Escorial» organizados por la Casa Americana: «Tendencias literarias de veinticinco años», *Coloquios íntimos de Estudios Norteamericanos* (Madrid: Casa Americana, 1954), pp. 72-83.

8. *La obra de William Faulkner*, p. 30. Las referencias a las páginas van insertas en el texto.

la vida tal como aparece en *Absalom, Absalom!*, «el extricable nudo de sucesos ha de ser ayudado por una genealogía y una cronología que figuran en el apéndice: la materia cruda o verdad histórica que Faulkner ha transformado en verdad poética dentro de la novela» (p. 23).

Al lado de estas observaciones Yndurain inserta un severo juicio moral sobre el mundo de Faulkner. Se sugiere la preferencia por lo menos noble, «los trances más atroces o repelentes, contándolos una y otra vez, desde diversos puntos de vista» (p. 27), actitud que viene del uso que ha hecho el escritor de los instrumentos de la psicología freudiana, «sus novelas pululan de locos, de asesinos... y ni una gota de humor aunque seco o burlesco, distiende la agria ferocidad con una mueca de alivio» (p. 40). La lectura de Yndurain, amplia y con frecuencia documentada, no captó este aspecto. Su labor, al lado de aciertos críticos innegables, fue más bien la de dar a conocer la novela norteamericana.

José María Castellet desempeñó también este papel entre otros. Sus opiniones guiaron a un gran número de novelistas jóvenes que buscaban la revitalización de la novela en España. El estímulo que este crítico proporcionó tuvo con frecuencia carácter de reto. Como ya se ha observado al analizar la obra de Suárez Carreño, Castellet mostró una abierta preferencia por la literatura extranjera eligiendo ignorar los logros de la novela española para afirmar: «El escritor español no está preparado para escribir. El bajo nivel de la cultura literaria del país se refleja en el escritor, en sus obras.»[9] La novela francesa y la norteamericana son las que dan una medida de altura, los juicios se hacen a partir de los criterios de la crítica francesa, en particular de los de Claude Edmonde Magny en *L'âge du roman américain*. Desde esta lectura inicia Castellet un estudio de los problemas de la novela moderna, en cuyos esquemas ocupa un lugar preferente la obra de Faulkner. Las opiniones del crítico catalán se divulgaron por medio de abundantes conferencias y artículos; también en el prólogo de su traducción de la historia de la novela de Frederick Hoffman.[10] *La*

9. J. M. CASTELLET, «Notas sobre la situación actual del escritor en España», *Laye*, n.º 20 (agosto 1952), p. 10.

10. José María CASTELLET, «Prólogo para lectores europeos», en *La novela moderna en Norteamérica, 1900-1950*, por Frederick J. HOFFMAN (Barcelona: Seix Barral, 1955), pp. 5-14.

hora del lector constituye una síntesis de sus ideas,[11] pero una parte de la fundamentación aparece en ese prólogo. Se destaca en él a Faulkner como sintetizador de las dos tendencias clásicas de la novela americana: la de conciencia crítica de Dreisser, Lewis, Anderson que culmina en Dos Passos y Hemingway con una novela «depurada del naturalismo y enriquecida por las inquietudes formales propiamente estéticas» (p. 9). La otra vertiente es la rama tradicional e idealista representada por Irving y Cooper, Hawthorne y Melville. La novela sureña, según dice Castellet, «trataba de integrar la tendencia del realismo crítico moderno con la norma clásica de responsabilidad social y moral» (p. 10). En este intento nace la obra de Faulkner, «la figura más importante de la historia literaria norteamericana y una de las más considerables de nuestro tiempo»; en opinión de Castellet la obra del novelista «resume y recrea toda la historia de Estados Unidos, puesta al día en unas novelas de prodigiosa densidad narrativa, psicológica y moral» (p. 10). Las aportaciones de Faulkner a la novela aparecen estudiadas en artículos dispersos. Gran importancia se concede a las innovaciones técnicas, «el empleo de monólogo interior obliga al lector a un esfuerzo considerable, hasta el punto de que en los autores que logran la máxima perfección técnica —Joyce y Faulkner— interviene el lector de manera decisiva en la interpretación del texto».[12] La lectura es así enriquecida mediante la participación a que obliga «el progresivo oscurecimiento de la expresión y de la complejidad narrativa».[13] Las novelas constituyen la resolución de un «intrincado problema estético», aparece la idea de *puzzle* o rompecabezas, «lo que llevará a tener que releer páginas enteras... avanzando por ellas hasta que una frase, unas palabras le permitan [al lector] atisbar el sentido de lo que se había leído treinta páginas atrás o quién sabe si —como ocurre en el mundo de los libros de Faulkner— encontrar el significado de otra obra del mismo autor».[14] Esta idea de la necesidad de una atención profunda a la lectura venía de Claude Edmonde Magny y

11. José María CASTELLET, *La hora del lector* (Barcelona: Seix Barral, 1955).

12. J. M. CASTELLET, «Las técnicas de la literatura sin autor», *Laye*, n.º 12, pp. 40-43.

13. J. M. CASTELLET, «El tiempo del lector», *Laye*, n.º 23.

14. *La hora del lector*, p. 43.

la capacidad del arte para «reproducir la total complejidad del mundo», había sido analizada por Ricardo Gullón en su primer artículo sobre Faulkner. Castellet explica este aspecto porque la novela norteamericana busca convertirse en términos sartreanos en un «arte de la totalidad de la vida humana, que intentaría reproducir de un modo análogo a como se formulan las simultaneidades estéticas en la música o en la pintura». La sociedad así revelada se purificará en un proceso de catarsis que produce la lectura.[15] La novela de Faulkner aparece ligada a la corriente de realismo crítico, como ya se había visto en un primer momento en la crítica de Lino Novás: «En su obra la vieja aristocracia lucha a muerte con la masa del pueblo en ascenso y la población blanca es rodeada e inundada por la creciente marea de la población negra»,[16] pero no se queda en esa etapa ya que «en las obras de Faulkner, de Camus, de Eliot, de Priestley, de Sartre, etc., el realismo a ultranza ... permite la infiltración de una dimensión nueva de tipo religioso, irracional, misterioso».[17] Conllevan, pues, las novelas un fondo de transcendentalismo. Castellet también se ocupa del aspecto escatológico con relación a *Mientras agonizo* como un valor fundamentalmente positivo, «esas primeras obras contribuyen a abolir la falsa moral y los códigos de conducta moribunda para darnos de una manera completa e inexorable las condiciones sobre las que puede construirse en el futuro, que es claro, presente, una nueva moral social».[18] A medida que el realismo crítico se inclina hacia el objetivismo, las novelas de Faulkner pierden interés para el grupo encabezado por Castellet.

Mariano Baquero Goyanes escribió, entre 1954 y 1957, tres artículos sobre las técnicas de la novela que tratan con frecuencia de las aportaciones de Faulkner al género.[19] Esta atención continuó en los años sesenta para am-

15. «Cuatro características...», p. 6.
16. «La novela norteamericana después de William Faulkner», páginas 86-89.
17. «La literatura que llega», *Correo Literario* (octubre, 1954).
18. «Una buena iniciación a Faulkner», *Correo Literario* (diciembre, 1954).
19. Mariano BAQUERO GOYANES, «La caracterización de los personajes en Dickens y Faulkner», *Ateneo* (15 de diciembre de 1954), pp. 78-79; «Trayectoria de la novela actual», *Ínsula*, n.º 117 (17 de septiembre de 1955), p. 5; «Novela autobiográfica y monólogo interior», *Índice* (15 de enero de 1957), p. 10.

pliar algunos aspectos ya tratados en esta década de los años cincuenta.[20] La interpretación que ofrece Baquero Goyanes tiende a ilustrar e interpretar las teorías de la novela expuestas por Sartre, que señalan a Faulkner como ejemplo de las posibilidades y aspiraciones de la novela contemporánea. De manera original acerca el crítico español este tipo de novela a las opiniones de Ortega sobre este tema y, realiza, por último, algunos análisis de las obras de Faulkner, unas veces con juicios propios, otras haciendo referencias a críticos conocidos. En conjunto, la labor de Baquero Goyanes resulta muy valiosa, ya que introdujo en la palestra de nuestras letras nombres muy estimados en Europa y en Estados Unidos y situó la valoración de Faulkner en una perspectiva internacional.

En el primer artículo analiza el uso del *leit motiv* con valor estructurador en *Santuario* a partir de una muestra provista por los cigarrillos de Popeye y el sombrero de Temple. En el primer caso, «el sacar un pitillo y la manera de fumarlo se repiten... con una reiteración calificable de trágica»; en el segundo, el sombrero de Temple siempre en peligro de caída, pero siempre en equilibrio, da al personaje una dimensión de sugerencia y profundidad que no se lograría con juicios directos. Popeye es un ser «alucinante», el sombrero de Temple «más que expresar algo de ésta, alude a otras personas, a otros hechos. Su inestabilidad, su fragilidad grotesca, están cargadas de vibraciones emocionales». Esta idea aplicada a la generalidad de la obra se expone en uno de los artículos posteriores, «los objetos y actitudes se cargan en ocasiones de intenso poder alusivo, se convierten en símbolos que expresan de modo oblicuo lo apenas nombrado directamente»;[21] se apunta hacia *A Fable* como novela en la que el uso de símbolos es más explícito que en ninguna otra; cobra así lo escrito una dimensión que no es fácil de captar, «para no pocos lectores apresurados las novelas de Faulkner son casi un paradigma de crudeza y excesos de tipo naturalista, en cambio otros lectores experimentarán la sensación opuesta de encontrarse ante

20. Mariano BAQUERO GOYANES, «Situación de la novela actual», *La Estafeta Literaria* n.º 223 (15 de agosto de 1961), pp. 1, 3-5. *Proceso de la novela actual* (Madrid: Rialp, 1963) y *Estructuras de la novela contemporánea* (Barcelona: Planeta, 1970).
21. «Situación de la novela...», p. 4.

símbolos y mitos apoyados, eso sí, en la realidad de un paisaje, de unas experiencias históricas...».

En el segundo artículo de los escritos durante los años cincuenta, se realiza la valoración de la novela a partir de las reflexiones de Sartre, tal como aparecieron en *Situations I*. Características de Faulkner son la construcción oscura, el uso original del tiempo y la creación de un mundo propio. Como ya había hecho Gullón, Baquero Goyanes pone de manifiesto la correlación entre las obras de Faulkner y la vida, uniendo esta visión del arte con las ideas de Ortega a propósito del hermetismo. La justicia de las relaciones, establecidas por Baquero Goyanes, se percibe con más claridad si se tiene en cuenta la actitud del propio Ortega ante novelas de Faulkner. Según Baquero Goyanes el arte de Faulkner es de tal manera hermético que cualquier novela suya «trata de ser tan intensa, caótica y viva como si el propio lector fuera haciéndola, configurándola, extrayéndola de un material que se diría sin elaborar..., tan incomprensible como la misma vida puede serlo»; el lector será «un personaje más», la materia novelística será un continuo *fieri* que deberá ser realizado en cada lectura. El estilo presentativo que describió Ortega y que también favorece Sartre, se verifica en el *presentar ocultando*. «Sartre estima que la novela de hoy ha de estar poblada de conciencias semilúcidas y semioscuras que quizá puedan merecer antipatía o simpatía al autor, pero a los que no ha de concederse privilegio alguno. Es preciso sembrarlo todo de dudas, de esperas, de tensiones, con falta de desenlace para así obligar al lector a hacer conjeturas, inspirándose en la sensación de que sus puntos de vista sobre la intriga y los personajes son solamente una opinión entre otras muchas...»[22] Baquero Goyanes pone *Absalom, Absalom!* y *Light in August* como ejemplos de desorden cronológico en el que la interpretación de cada lector es imprescindible ya que «[se] rompen o escamotean los nexos lógicos y los temporales y ofrecen como resultado la acción novelesca en toda su fluidez vital, caótica y oscura a veces, excitadora de la atención del lector». Otro ejemplo de lectura laboriosa es *Santuario*, por su técnica más bien de ocultación que de presentación. El concepto de la difícil lectura y el hermetismo que acercan a Ortega y

22. «Trayectoria de la novela actual», p. 5.

a Faulkner se expone también en el libro *Proceso de la novela actual*, que amplía la relación al mundo de Kafka; «en Kafka la tensión a la que es sometido el lector es el resultado de la misma índole de los temas. En Faulkner lo es sobre todo de la especial forma de narrarlo, más que de su intrínseco contenido. Esto nos hace recordar la certera opinión de Ortega acerca de cómo el porvenir de la novela en nuestro siglo habría de apoyarse en la técnica, en los valores formales».[23] Al peso de la influencia de Kafka, tanto como de la de Faulkner en la novela contemporánea alude en el artículo «Situación de la novela actual», se colocan estos dos escritores «entre los más difícilmente imitables y a la vez entre los de más contagiosa influencia».[24] Así como Kafka es «un nuevo acuñador de mitos» no por los personajes en sí, sino por el simbolismo de las situaciones, «con alcance distinto y en otro plano; algo semejante ocurre en las novelas de Faulkner, creador de una geografía real y mítica a la vez, ese condado de Yoknapatawpha, emblema y símbolo de la vida sudista tal como el escritor la siente y la interpreta».

En su libro *Estructuras de la novela actual* se analiza el tema del tiempo con relación a *The Sound and the Fury*; dentro del capítulo «Personas, modos y tiempos en la estructura novelesca» observa el uso de los tiempos verbales para la creación de un estilo confuso; la dificultad interpretativa se incrementa por el desorden cronológico, a la manera de rompecabezas incompleto, y relaciona la novela con la vida desde un ángulo shakespeariano «ruido y furia, carente de congruencia, de orden».[25] *Absalom, Absalom!* aparece también en este estudio del desorden cronológico; aunque en la novela se den incluso las tablas de la cronología «el orden y ajuste que pueden establecerse entre los intercruzados planos de la novela es muchas veces relativo y precario» (p. 133).

En su tercer artículo de los años cincuenta, Baquero Goyanes analiza las técnicas de interiorización. Se trata de un estudio de *Mientras agonizo*, novela a la que los monólogos confieren un lenguaje nuevo, «posee una cierta construcción musical —áspera pero intensa y a la vez

23. *Proceso de la novela actual*, p. 58.
24. «Situación de la novela actual», p. 4.
25. *Estructuras de la novela...*, p. 134. Otras referencias van insertas en el texto.

llena de poesía, la música de Faulkner— debido a ese
sucederse de interiores voces, cada cual con su acento
como si de un concierto —trágico— se tratara, en el que
los diferentes instrumentos van contando rotativamente
sus partes». Esta idea volverá a aparecer en *Estructuras
de la novela actual* con referencia al uso del *leit motiv*
en *Santuario,* como elemento estructurador de orden musical (pp. 94-99). También se subrayan los elementos trágicos de *Requiem for a Nun* «el diálogo antes que un
recurso objetivador —de necesitar alguno Faulkner suele
manejar otros más actuales— es, sobre todo, en mi opinión, el excipiente adecuado para un antiguo y noble género literario: la tragedia» (p. 45). Se realiza, por último,
un breve análisis de *Las palmeras salvajes* como novela
organizada con un criterio de «espacio y visualidad», a
causa de la separación de espacios en la que se desarrollan las dos narraciones; compone la novela lo que el crítico llama «estructura en tríptico» (pp. 217-218). Del conjunto de la crítica de Baquero Goyanes, con respecto a
Faulkner, destaca la continuidad con la que siempre lo
tuvo en cuenta como uno de los puntales de la novela
moderna. Joyce, Kafka y Faulkner son las cimas de una
nueva forma de novelar. La relación del novelista americano con las preferencias de Sartre, que fue tan influyente entre los intelectuales españoles de los años cincuenta y sesenta, tuvo que pesar en la formación de los
novelistas más jóvenes. Al mismo tiempo, sus observaciones sobre las concomitancias entre la novela de Faulkner y la que percibía Ortega deben tenerse en cuenta
para revalorar el enriquecimiento que las ideas de Ortega
han supuesto para la crítica literaria escrita en español.
Los análisis de Baquero Goyanes revelan constante eru-
dición y lucidez, sus ideas estuvieron siempre a la altura
de la crítica general de Faulkner.

Las referencias a la novela norteamericana que hiciera Juan Luis Alborg en su artículo preliminar del libro
Hora actual de la novela española, «La novela y su ser;
asedio en tres jornadas»,[26] aparecen más centradas en la
novela norteamericana en un estudio dedicado a este
tema.[27] Se atribuye en él un papel de primer orden a

26. Juan Luis ALBORG, *Hora actual de la novela española* (Madrid:
Taurus, 1958), pp. 11-53.
27. J. L. ALBORG, «Proyección social y personalidad de la novela
americana», *La Estafeta Literaria,* n.º 188 (marzo 1960), pp. 1, 9-10, 23.

Faulkner, cuya creación se separa del resto de los novelistas que muestran una conciencia social, «ha elegido como tema esencial de sus libros la pintura de las gentes decadentes del viejo Sur, herencia en descomposición de una cultura aristocrática, barrida por la irrupción de nuevas formas de vida. Su mundo no dista mucho del de Caldwell y la diferencia radica en la técnica y modos expresivos» (p. 9). Respecto al análisis de estilo muestra originalidad la comparación del método del novelista con el de un pintor: «que sin palabras con "realidades" puras, por su modo particular de captar la luz, de sombrear el color, escoger o colorear los objetos, puede revelarnos un mundo inconfundible, personalísimo, preñado del más profundo sentido, incluso filosófico, de la vida. Es así como podemos hablar del mismo modo del mundo de Faulkner o de Proust que del de Goya, del Greco, de Van Gogh o de Picasso» (p. 9). El concepto de la creación de un mundo expresivo, sin recurso a las palabras sino a «realidades puras», es parecido al de algún sector de la crítica americana que sugería que Faulkner no utilizaba palabras ni frases, sino «patrones sintácticos».[28]

José María Valverde se ha ocupado de la obra de Faulkner en repetidas ocasiones. Como ocurre en el caso de Arturo del Hoyo, también traductor, su crítica muestra una evolución y se inicia con un severo rechazo del novelista. Las primeras apreciaciones están cerca de la humanista de Estados Unidos, que quería encasillar a Faulkner en la escuela del culto a la crueldad. En un artículo dedicado a Hemingway[29] acusa de pasada a nuestro novelista, por su estilo oscuro que «va en beneficio de la crueldad, de una crueldad sin sentido, innecesaria... Cuando se terminan de leer o cuando se dejan a la mitad por puro cansancio obras como *Luz de agosto* o *Santuario*, se comprende que Faulkner más aun que heredero de Proust y de Joyce es heredero de su compatriota Edgar Poe, el artista del horror por el horror». La atracción de la técnica y la pobreza del tema es la objeción fun-

---

28. *Cf.* Karl E. ZINK, «William Faulkner: Form as Experience», *South Atlantic Quarterly* (julio 1954), pp. 384-403.

29. José María VALVERDE, «El último libro de Hemingway», *Índice*, n.º 65 (julio-agosto, 1963), pp. 3-4.

damental de este tipo de crítica.[30] La falta de claridad forma parte de la acusación en otro de sus ensayos, «La nueva objetividad del arte»;[31] «el novelista de hoy se olvida de sí mismo arrastrado por su entrega a la observación, su propia persona no cuenta para nada más que un instrumento a punto de estorbar» (p. 224). El autor llega incluso a ignorar el sentido de lo que pasa en sus obras, «parece como si se considerase archisabido todo lo que puede pasar y en lugar de manifestarlo y explicarlo, tratase de olvidarlo» (p. 243). No hay aquí una crítica que acepte y valore la oscuridad de Faulkner como ya lo habían hecho Marichalar, Gullón, Castellet y Baquero Goyanes; por el contrario, la acusación es de oscuridad gratuita, el lector parece anestesiado por el autor, «la realidad abordada rebasa el saber y el entender del autor mismo». Esta frase, que encierra una gran verdad respecto a la visión del mundo que proyecta la obra de Faulkner, fue formulada en su momento sólo como acusación. Una vez más se detiene Valverde en este aspecto al hacer la reseña de A Fable.[32] Pero en esta ocasión el crítico no duda en calificar a Faulkner como «el mejor novelista de nuestros años». Hay una explicación de este cambio de actitud que, por lo demás, fue frecuente también en Estados Unidos a partir de la concesión del premio Nobel y como reacción a una voluntad del propio Faulkner para mostrar una actitud más esperanzadora. En las novelas anteriores a Una fábula, dice Valverde, se percibe «un evidente desequilibrio entre el tema de la narración y la riqueza sugestiva con la que se desarrolla momento por momento... la maestría poética con que se nos imponen ciertas escenas de una acción total relativamente baladí» (p. 435). Valverde pone como ejemplo típico para subrayar esta acusación Santuario o Intruso en el polvo, novelas en las que se encuentra un «genuino *pathos* trágico sin llegar a transfigurar el argumento» (p. 436). A pesar de la habilidad narrativa, Faulkner seguirá siendo, por lo

30. *Cf.* Alfred KAZIN, «The stillness of *Light in August*», en *Twelve Original Essays on Great American Novels*, edit. por Charles Shapiro (Detroit: Wayne University Press, 1958).

31. J. M. VALVERDE, «La nueva objetividad del arte (en Rilque, Faulkner, Picasso, Le Corbusier y L. Armstrong)», *Arbor* (noviembre, 1954), pp. 233-255.

32. J. M. VALVERDE, «La novela de 1954: A Fable (Una leyenda), *Cuadernos Hispanoamericanos*, n.º 63 (marzo, 1955), pp. 435-440.

que toca a su mundo y sus argumentos, un novelista análogo a Balzac o a Galdós, «un novelista de costumbres locales o regionales». La crítica no es positiva, la obra «quedará probablemente a la vez como un fracaso y como uno de los hitos capitales de la novelística de este siglo». El hito lo supone el hecho de que Faulkner haya exhumado en *A Fable* un tema nuevo; «Faulkner ha querido hacer una novela grande por extensión y por tema, con alcance simbólico y profundidad total, representativa de algo que importa para toda la humanidad» (p. 435). No obstante, la obra es un fracaso, en primer lugar por el tema en sí, «una falsilla demasiado poderosa para admitir traslaciones y reencarnaciones literarias»; en segundo lugar, por el mismo estilo de Faulkner que es un arma de doble filo, «la primera idea de un simbolismo cristiano, después de poner en marcha la fantasía de Faulkner, ha quedado casi desplazada, y a veces contradicha, por la tendencia característica del escritor a sumergirse ciegamente en la entrega a la realidad de los meandros de la acción» (p. 438). Años más tarde, 1959 y 1968, su crítica toma un giro más positivo, siempre dentro de una exigencia y unas coordenadas muy personales.[33] Los temas morbosos no son ya objeto de acusación, y la oscuridad del estilo no es la característica más acusada de Faulkner. En cambio, hay unos juicios muy valiosos en lo que se refiere al valor poético de la prosa faulkneriana, la oscuridad del estilo aparece como uno de los elementos poéticos de las novelas. El novelista no relata la acción, «el lector tiene que ir leyendo a ciegas... sólo posteriormente engarzan la cadena los hechos en bruto» (p. 552). De aquí que las novelas deban leerse como si de poesía se tratara «porque la novela faulkneriana se lee como la poesía, andando de espaldas y recomponiendo con elementos la unidad creciente del poema» (p. 552); encontramos aquí una variación de la imagen compuesta por Sartre para aclarar el uso del tiempo en Faulkner: la visión primero confusa y luego clara que se tiene del paisaje inmediato cuando se viaja en un coche descapotable y de espaldas. Valverde concluye, «como el poema sólo madura en el último verso, así las obras de Faulkner».

33. J. M. Valverde y Martín de Riquer, *Histora de la Literatura Universal* (Barcelona: Noguer, 1959) y J. M. Valverde, *Historia de la Literatura Universal* (Barcelona: Planeta, 1968).

La acusación del desajuste entre el tema y el estilo aparece de nuevo, pero de una manera más matizada. Como esencialmente poética, Valverde reclama para la lectura de Faulkner «la renuncia a uno mismo y la inmersión en lo otro, lo que Keats llamó capacidad negativa» (p. 553). A pesar de la resistencia con que comenzó sus lecturas, el poeta catalán se convertirá con el tiempo en un conocedor constante de Faulkner a causa de la traducción de *Collected Stories* aparecida en 1980.

Un signo parecido tiene la crítica de Concha Zardoya[34] cuyas acusaciones arrancan de la sección más hostil de la crítica norteamericana. El vano goticismo dentro de un estilo culterano y retorcido «gongorismo del Sur» (eco de la acusación famosa de Clifton Fadiman «Dixie Gongorism»);[35] el lenguaje casi incomprensible, el «odio al negro emancipado, al que considera destructor de la verdadera civilización» y «un profundo desprecio hacia la mujer moderna y la mujer del Norte» en la línea iniciada por Maxwell Geismar.[36] Carece también Faulkner de sentido del futuro; esta vez la crítica se hace eco del aspecto menos positivo de las opiniones de Sartre. No obstante, todas estas afirmaciones se desvanecen cuando la autora, confiada en su propia lectura, nos da un juicio más personal. Con respecto a *The Sound and the Fury* se hace un análisis partiendo de dos supuestos, el simbolismo y el virtuosismo técnico, «la novela es una especie de alegoría de la caída del hombre, que se verifica en cierta medida en cada generación y con cada individuo», hay interpretaciones de gran lucidez como la que se refiere al tema del incesto relacionado con esa caída original, «el incestuoso amor de Quentin por su hermana, y que es incestuoso simplemente porque las emociones infantiles han sido colocadas en personas adultas, es la corporización de la inocencia, convirtiéndose en tejido de su propia destrucción» (p. 279). La fuerza del personaje Benjy aparece mediante un asombroso virtuosismo y de una honda percepción del ser humano y sus limitaciones, «este vago modo de revivir el pasado llama la atención,

34. Concha ZARDOYA, *Historia de la literatura norteamericana* (Barcelona: Labor, 1956), pp. 276-285.

35. Clifton FADIMAN, «Faulkner, Extra-Special, Double-Distilled», *The New Yorker* (31 de octubre de 1936), en R. P. WARREN, pp. 289-290.

36. Maxwell GEISMAR, «The Negro and the Female», en *Writers in Crisis* (1942), pp. 167-183.

no ya por los misterios que vislumbramos en todos ellos, sino también por su profundo sentido de pérdida y angustia» (p. 279). Tema y vehículo aparecen mutuamente generados, «la obra da una sensación argumental perfecta porque los detalles pirotécnicos quedan subordinados a sus intenciones: la historia de los degenerados Compson, el nuevo comercialismo del Sur, la avaricia, los prejuicios, y dentro de este armazón social, el magnífico estudio de un drama de inocencia» (p. 280).

El padre Feliciano Delgado dedicó, en 1959, un artículo al tema de la presencia del mal en las novelas de Faulkner.[37] Como ocurre en la crítica americana durante la misma época, el articulista apoya en principio su argumento en ciertos párrafos del discurso de la ceremonia de recepción del premio Nobel. Se trata de un análisis de *Requiem for a Nun* y de *A Fable*. Las novelas «abordan lo religioso desde lo estético, desde la desesperanza, como tantos otros escritores de estos últimos años». El mal que se presenta es distinto al mal que todos conocían y soportaban en el mundo; especialmente en los años de la depresión y de la guerra mundial, cuando «el papel de Faulkner es el de despertar al mundo de su sueño técnico. Decirle que debajo de ese bienestar aparente el mal profundo vive en sus raíces» (p. 324). Las novelas tienen un ambiente de fatalidad que mueve a los hombres como en las tragedias de Esquilo, «sólo que aquí no tiene la fatalidad cara de diosa, sino de subconsciente, asesinato, degradación, incesto, violencia sin sentido» (p. 324). La novela de Faulkner es una explicitación del Sur, pero un Sur desrealizado y simbólico, «si escoge el Sur es porque representa el pasado». A su irreal condado lo ha dotado de historia y *tempo* hasta hacerlo llegar a su punto culminante, «la pérdida de su individualidad». Lo que narra el novelista es un mito, su mundo es un símbolo. También se acerca la creación faulkneriana en su totalidad a la épica medieval en la interrelación de los personajes y la perspectiva interior basada en el conocimiento del subconsciente, «como término de comparación habría que recurrir a los ciclos de la epopeya francesa... *La Chançon de Guillelme* o de Raoult de Cambrai», pero «habría que desentrañar los hilos de la acción externa de

37. Feliciano Delgado S. I., *Razón y Fe*, n.º 742 (noviembre 1959), pp. 323-334.

esos cantares de gesta buscándole las motivaciones internas de los hechos» (p. 325). La red complicada y viva que informa este mundo no tiene parangón, pues el padre Delgado llama «tercera dimensión» a la profundidad que así adquieren las novelas.

En el orden moral el calvinismo, como ya había señalado Gullón, fundamenta la obra; hay un rechazo de lo carnal y negación del amor, el mundo de Faulkner sufre porque «el odio a toda forma de amor concreto es lo que lleva a los hombres al pillaje, al crimen, a la violencia» (p. 329). De esta visión se desprende la misoginia de la que se ha acusado al novelista con tanta frecuencia. Además del puritanismo destaca este crítico jesuita otros rasgos patentes en Faulkner, el agrarianismo: los negros aguantan porque son más primitivos; el concepto del tiempo: «el Sur no existe sino después de haber sido vencido por el Norte» (p. 330), el presente no existe sino como un contenido del pasado, «ahora se puede comprender lo agobiante del mal. Los hombres son su pasado, sin que puedan huir de él» (pp. 320-321). En *Requiem for a Nun* el articulista señala la exposición de un problema de fe, sin una creencia religiosa eficaz; Stevens y Temple condicionan «la creencia a la existencia de Dios y a la existencia del alma», mientras que la negra posee una creencia eficaz pero irracional. Según el crítico, la cuestión tiene «una raíz esencialmente calvinista. Un problema clave es ver si el hombre puede, de alguna manera, escaparse del mal. No lo puede enmascarar. No queda más camino que aceptarlo, y por el mal ni asumido ni aceptado llegar a una fe irracional como la de los negros o como la de los primitivos» (p. 332). En cuanto al simbolismo de *A Fable*, representa una potenciación de la novela, «el símbolo excluye la exacta correspondencia entre el plano real y el imaginativo» y el calco de los Evangelios le presta relieve, pero nunca ha de tomarse la obra como una de «esos hechos con trajes de nuestra época» (p. 333). Las opiniones del padre Delgado por su originalidad y la ayuda que proveen a la comprensión del mundo del novelista en un orden moral, pero cimentado en una expresión artística, deben tenerse en cuenta a la hora de valorar la aportación española a la crítica faulkneriana.[38]

38. Un breve artículo más relaciona la novela faulkneriana con una ampliación de lo que supuso la obra de Joyce. Carlos OTERO PEREGRÍN,

La reacción crítica a nivel de reseñas fue escasa; sólo parece haber una de las obras publicadas por Caralt, de *El villorrio* (1953), ninguna de *Pylon* (1947 y 1956), de *Los invictos* (1951), *Mosquitos* (1959), ni siquiera de las reediciones de Plaza y Janés en años subsiguientes. De *La paga de los soldados* (1954) únicamente se leen algunas líneas en *Ateneo*.[39] Por lo que respecta a *Desciende, Moisés* (1955), el prólogo de la traductora Ana María Foronda define la obra en términos musicales «una maravillosa sinfonía que elevará tu espíritu a alturas insospechadas», el ritmo de la frase corresponde al ritmo de la idea y la novela es unos «*spirituals*» que rompen todos los cánones y rebasan todos los cauces». José María Valverde hizo una reseña muy positiva de *El villorrio* para la edición de Caralt en 1953.[40] Sobre *Las palmeras salvajes* apareció un breve artículo en *Insula* que glosa la introducción de Coindreau a la traducción francesa.[41] *Mientras agonizo* (Aguilar, 1954) recibió más crítica, además de la ya mencionada por parte de Castellet. El jesuita padre Hornedo vio en la novela un pesimismo fatalista «mezcla de inexorable puritanismo calvinista y de angustioso existencialismo».[42] Son los personajes «embrutecidos, tercos, violentos, raídos por la codicia... y transformados no por amor, sino por una especie de respeto supersticioso a la palabra empeñada» (p. 546). La técnica refleja estos seres, «el relato lo vamos leyendo en las mentes mudas de los personaje, con razonar alicorto, entrecortado, tozudo, que vuelve una y otra vez machaconamente con las mismas palabras sobre la misma idea» (p. 547). Hay una condena moral al mundo presentado aunque se reconozca el mérito en la manera de ejecutarlo.

El prólogo de *Mientras agonizo* de Arturo del Hoyo y Agustín Caballero contrasta con el artículo escrito años atrás, en la década de los años cuarenta, por el primero.

«El veredicto final de William Faulkner», *Papeles de Son Armadans*, n.º XIV (mayo, 1957), p. 229.

39. R. M., «La paga de los soldados», *Ateneo* (1 de abril de 1955).

40. J. M. VALVERDE, «El villorio», *Revista*, n.º 84 (1954).

41. Anón., «Una interpretación crítica», *Insula*, n.º 74 (febrero, 1952), p. 2.

42. R. M. de HORNEDO S. I., «William Faulkner, *Mientras agonizo*», *Razón y Fe*, n.º 686 (mayo, 1954), pp. 546-547.

Hay en este prólogo una definición del tema central basado en la soledad, «la agonía de Addie Bundren, su muerte y su viaje final —asunto de tan atrevida concepción— son como una piedra de toque que Faulkner utiliza para mostrarnos la incomunicabilidad y la terquedad ciega de los seres humanos; su constante gravitación personal, individual por encima, incluso, de los más fuertes lazos». Son seres capaces de unos sacrificios incalculables para cumplir con su palabra, pero «cuyas vidas giran sólo sobre sí mismas y a lo más que llegan es a tocar tangencialmente las vidas de los demás sin adentrarse nunca en ellas» (p. 12). Como traductores, opinan que la prosa es «un potro salvaje... entre cuyos cascos se hace trizas la ortodoxia gramatical». La lengua del novelista es «proteica» y «utiliza todos los registros desde el madrigal y la oración hasta la escatología y la blasfemia», equiparándose también esta potencia verbal a la música. Otras reseñas nada añaden a los conceptos hasta aquí expresados.

Cuadernos Hispanoamericanos publicó un artículo de Mariano Tudela sobre *A Fable* a raíz de su aparición en Estados Unidos.[43] Se puntualiza en él la diferencia que dentro de la obra total de Faulkner suponía la novela, opinión muy común entre los críticos norteamericanos del momento y que también recogería José María Valverde. Se realiza con ella un rechazo de los temas morbosos y crueles de la primera época. Tudela explica la obra como enmarcada en la Pasión de Cristo, señalando los puntos de simbolismo más transparente y sin hacer referencia a los que suponen una contradicción o una ambigüedad. No hay comentarios sobre la dificultad del estilo, «todo el libro está lleno de acuerdos y aunque a veces las imágenes se presten a peligrosa confusión, su lectura, medida y lenta, hará desembocar en una diáfana belleza que envuelve... todas las páginas de la novela» (p. 119). También antes de su publicación en español, *Revista* publicó una nota en la que la obra aparece definida como un exponente de «conflictos fundamentales: el de la guerra y la paz, de lo militar y lo civil, del bien y el mal».[44] Respecto al estilo el reseñador opina que en mu-

43. Mariano TUDELA, «El Apólogo, última novela de William Faulkner», *Cuadernos Hispanoamericanos* (enero, 1953).
44. Norman SMITH, «Un nuevo Faulkner alegorista», *Revista*, n.º 129 (30 de septiembre de 1954).

chos casos se requerirán tres y hasta cuatro lecturas para poder calar en «este ejemplar de prosa faulkneriana». Después de la traducción de *A Fable* se publicaron varias reseñas entre las cuales ya se ha comentado la de José María Valverde. Destaca también la de José Luis Tafur en *Estudios Americanos*,[45] en la que se puntualiza que la novela no es una alegoría de la Pasión, pero que utiliza algunos rasgos para hacer notar la tragedia y «sin duda el Nuevo Testamento ha inspirado esta obra, pero hay avisos de que no es lo mismo» (p. 158), y añade que decir lo contrario es simplificar la cuestión. La construcción de la novela es, según esta interpretación, un recurso adecuado y ligado al propio tema, como ocurre en el resto de las novelas de Faulkner. Antes de traducirse al español, José María Souviron reseñó *The Town* con un tono de reproche por el aspecto de Faulkner que consideraba más negativo, «en la mayor parte de su obra —espléndida de calidad humana, violenta y desgarrada— no hace sino plantear los problemas sin atisbar siquiera la esperanza de que otro (no digamos el propio escritor) trate de resolverlos».[46] Souviron no ve dentro de los temas de esta novela otra cosa que morbosidad, crueldad, que el autor cultiva «con delectación, obsesivamente».

Otros novelistas han dejado constancia de su reacción a la lectura de Faulkner en los años cincuenta. Elena Soriano comenta la fuerza narrativa del escritor y en un artículo aparecido en 1953 se muestra desconcertada por el estilo, «con interminables rodeos, con escamoteo de la clave argumental hasta el fin, con verdaderos *puzzles* de acción de pensamiento, recuerdo y adivinación (que el lector ha de reconstruir), y con un estilo cargadísimo, lleno de incisos, de repeticiones, de meandros expresivos que asemejan al reverso, un poco buido del refinado, preciosísimo tapiz de Proust».[47] Ignacio Aldecoa, por su parte, dejó un brevísimo testimonio de sus lecturas de Faulkner

45. José Luis Tafur, «Una fábula», *Estudios Americanos* XII (agosto-septiembre 1956), pp. 153-159. Otras reseñas son: R. Claramunt, «Una fábula», *Revista*, n.º 194 (1955), y Anón., «William Faulkner, Premio Pulitzer», *Revista*, n.º 161 (1955), p. 11.

46. José María Souviron, «The Town», *Blanco y Negro*, n.º 2357 (16 de julio de 1957), p. 426.

47. Elena Soriano, «La angustia en la novela moderna», *Índice*, n.º 64 (junio, 1953), pp. 7-8.

y Hemingway rindiendo homenaje a estos dos «grandes de la novela norteamericana».[48]

EL ESTRENO DE REQUIEM FOR A NUN

Traducida por Josefina Sánchez Pedreño para su representación por el grupo «Dido, pequeño teatro», *Requiem for a Nun* se puso en escena en la Casa Americana en 1957. Para esta primera versión escribieron algunas palabras Alfredo Marqueríe y Alfonso Sastre. Afirma el primero que *Requiem para una monja* es una de las obras más importantes del teatro contemporáneo; Sastre relaciona la obra con la tragedia, «es una cuestión de "sustancia". La historia de Temple Drake y de Nancy Manigoe está hecha sin duda de la sustancia de la propia tragedia».[49] Se plantea, además, el dramaturgo español la cuestión de si la obra debe ser adaptada para su representación o ya presenta de antemano una estructura dramática.

La versión de Albert Camus fue muy comentada. Se estrenó el 18 de enero de 1958 en el Teatro Español de Madrid con gran éxito de público y ovaciones a Faulkner. Esta representación, a nivel comercial, fue la segunda que se realizó, después de la francesa ocurrida en 1957 y anterior a su estreno en Estados Unidos (1959). Los críticos demostraron conocer bien la obra del novelista y aportaron juicios interesantes. Ramón Nieto [50] ve en ella la expresión del sufrimiento humano sin esperanza, «el Requiem refleja el trance de la expiación inmediata por una culpa inconsciente», cometida no sólo por el impulso de la fatalidad, sino por «la falta de creencia en una voluntad rectificadora». Nieto analiza la obra desde el personaje Temple, y el de Nancy vale sólo «para comprender que se sufre sin culpa», interpretación existencialista, ya que «el Requiem no se entona por una negra condenada a muerte, sino por una blanca condenada a vivir».

48. I. ALDECOA, «Los novelistas jóvenes americanos», *Cuadernos Hispanoamericanos*, n.º 53 (mayo, 1954), pp. 235-236.

49. Comentario extraído de un programa sin fecha [1957] preparado para dicha representación.

50. Ramón NIETO, «William Faulkner y el Requiem», *La Estafeta Literaria* (16 de enero de 1958), p. 6-7.

Francisco y Ángel Fernández Santos analizan la obra a partir del mal visto en los personajes,[51] Gowan «en quien el mal aparece en su dimensión vital o existencial» aparece como masoquista precipitado libremente en el mal; Temple vive el mal pasivamente cumpliendo un «destino ciego»; Nancy es vista desde un plano religioso, «cómo vencer, cómo escapar al mal», religión sin esperanza, realzada, según los reseñadores, por Camus. Vázquez Zamora[52] apoya los comentarios de Camus respecto a la novela moderna, «cómo se ha podido lograr una tragedia con un lenguaje tan poco solemne». Otra reseña más en Madrid[53] rechaza la obra y la combinación de los dos autores, Camus y Faulkner: «Se han juntado dos mentes mañosas en la vaguedad y el embrollo intelectual.» Este comentarista no está solo en sus afirmaciones de que la obra promete y no da, es complicada y no resuelve nada, puesto que son conceptos que con cierta frecuencia se observaban en la crítica americana.

Del estreno en Barcelona informa una reseña de Martí Ferreras;[54] se lee en ella que también allí se había representado ya la obra en una sesión de teatro de cámara, con una traducción de Jorge Vigo, dos años atrás. El crítico no aprobó la versión francesa y la traducción de López Rubio que en su opinión despojaron a la obra de hondura y tragedia: «La lectura del *Requiem* es algo que no puede olvidarse, que impresiona vivamente. "La intrusión de la tragedia en la novela policíaca", ha dicho Malraux en una tentativa de sintetizar la problemática de este autor alucinante. La brutalidad del tema, el mesianismo difuso que le confiere una innegable grandeza y a ráfagas toda la fuerza y autenticidad de la tragedia, incluso el mismo estilo jadeante, sincopado, arbitrario y arrebatador se confabulan para dar a las páginas del libro una rotundidad conceptual y formal sobrecogedora.» El arreglo de Camus resta fuerza a la acción, ya que presenta sólo de forma esquemática una gran parte de la

51. Francisco y Ángel FERNÁNDEZ SANTOS, «Teatro», *Índice*, n.º 110 (marzo 1958), p. 15.
52. Rafael VÁZQUEZ ZAMORA, «Requiem por una mujer, de Faulkner-Camus», *Ínsula*, n.º 134 (15 de enero de 1958), p. 15.
53. E. G. L. (Eusebio GARCÍA LUENGO), «Requiem por una mujer», *Índice*, n.º 110 (marzo, 1958), p. 15.
54. Martí FERRERAS, «Requiem por una mujer», *Destino*, n.º 1079 (12 de abril de 1958), p. 41.

totalidad de la palabra de Faulkner. El resultado llega a compararlo a un «*strip-tease* psicológico y moral» en cuanto que la violencia de la lengua y de los conceptos aparecen separados del tronco que los hace existir.

ALGUNOS DESACUERDOS

Por otra parte, las polémicas suscitadas en torno a la obra de Faulkner no son raras en estos años; en 1951, escribe Carmen Laforet en su sección de *Destino*: «Admiro más profundamente a muchos grandes novelistas de nuestra época que a Faulkner, a pesar de que su inteligencia brille con hermosos destellos entre la fatigosa marcha de sus novelas queridamente confusas, forzadamente horribles.»[55] Vázquez Zamora, sintiéndose aludido contesta en la misma revista: «A mí me *gusta* infinitamente más "La ninfa constante" de Margaret Kennedy o cualquier libro de Virginia Woolf que el mundo sombrío de Faulkner o el nauseabundo de Celine, Sartre o Kafka. Pero... los hombres o mujeres que han sido capaces de servirnos en prodigiosa condensación del espíritu de nuestro tiempo, son maravillosos.»[56]

Otra muestra de desacuerdo la proporciona la protesta suscitada por el artículo de Castellet, «Tiempo del lector». Fernández Figueroa acusa a Faulkner de la ya conocida falta de claridad, de que detrás del estilo difícil no había nada. El hermetismo resulta sospechoso, Faulkner es un autor difícil porque sus ideas son confusas, su dificultad es hija de la indigencia ideológica. Autores como Kafka y Faulkner tienen ideas escasas y débiles, «el paisaje que ellos ofrecen confuso lo ven turbio sus ojos».[57] Sólo los talentos positivos —Cervantes, Dostoyewski...— pueden captar la realidad de las pasiones humanas.

Desde las mismas páginas de *Índice* Manuel Sánchez de Celis defiende a Faulkner: la dificultad del estilo está

55. Carmen Laforet, *Destino*, n.º 706 (17 de febrero de 1951).
56. Rafael Vázquez Zamora, *Destino*, n.º 708 (3 de marzo de 1951), p. 15.
57. Fernández Figueroa, «¿Faulkner, claro o confuso?», *Índice*, n.º 67 (30 de septiembre de 1953). Otro artículo, más breve con el mismo contenido también de Fernández Figueroa apareció en ese año «Cáscaras de nuez», *Ateneo*, n.º 41 (1953).

justificada por la búsqueda de un lenguaje nuevo que saque al lector del mundo rutinario en el que vive para llegar directamente a su corazón.[58] Respecto a la falta de ideas opone Sánchez de Celis que no es justo atribuir al novelista una particularidad que es propia de la sociedad en que vivimos, «siendo nuestro más acuciante afán el afán de escudriñarlo todo, de analizar hasta las últimas partículas de vida y vida es lo que nos muestra la novela moderna con la revelación de los caracteres, las pasiones y las incidencias de esta hora histórica de decrecimiento, de materialismo e incertidumbre espiritual». Además, los que hoy consideramos grandes genios, no siempre parecieron tan claros a sus contemporáneos: «¿Por qué ha de sorprendernos la oscuridad de un Faulkner, escritor a un tiempo asaz confuso y revelador del drama del hombre en situaciones extremas, de máxima tensión vital?» Se percibe en esta defensa el peso de las opiniones de Sartre con respecto al papel de la novela moderna, en general, y a la obra de Faulkner en particular.

El mismo tipo de discusión se dio en otros lugares, *Correo Literario* fue el vehículo de una disputa en torno a «la novela yanqui» iniciada por un artículo de Ismael Moreno Páramo.[59] Las ideas muy opuestas al reconocimiento de la calidad de la novela norteamericana fueron rebatidas por Edmundo Meonchi,[60] según el cual se arremetía contra los novelistas yanquis porque sí, sin conocer sus méritos. Los escritores norteamericanos, opone el artículo, son herederos de Europa y han llevado la técnica mucho más allá que los propios europeos. De la misma índole es el reproche de Rafael Pérez Delgado, quien desde las páginas de *Índice* acusa al escritor de ligereza[61] en un comentario de sus respuestas a la entrevista de la *Paris Review*: «Nosotros sabemos, cosa que ignora Faulkner, que existe una lógica, una sociología y hasta una técnica de la cultura...» El novelista y traductor de Faulkner, Domingo Manfredi, intenta dar la medida de esta

58. Manuel Sánchez de Celis, «Faulkner, ¿claro o confuso? Notas sobre la novela moderna», *Índice*, n.º 67 (30 de septiembre de 1953), páginas 7 y 8.

59. Ismael Moreno Páramo «Norteamérica no ocupa el centro de la novela», *Correo Literario*, n.º 73 (1 de noviembre de 1953), p. 12.

60. Edmundo Meonchi, «La novela yanqui en España», *Correo Literario*, n.º 14 (15 de noviembre de 1953), p. 12.

61. Rafael Pérez Delgado, «William Faulkner habla de lo que no sabe», *Índice*, n.º 91 (agosto, 1956), p. 25.

actitud, para él irritante, de suficiencia dado que «lo que pasa es que en el café y en la tertulia se suele hablar de Faulkner sin haberlo leído».[62] Manfredi predice, para la creación de futuras novelas, temas auténticos de vida española, pero siguiendo el ejemplo marcado por los novelistas norteamericanos. Ramón Nieto establece una conexión entre Ortega y Faulkner para poner de relieve la comprensión de la novela mostrada por el filósofo: «Cuando Ortega y Gasset vaticinó que el único camino de la novela sería el psicológico, su profecía podía prestarse a discusión. No así en estos tiempos»,[63] y agrega que la psicología en el sentido individual (Freud), o colectivo (Wundt), tienen aplicación artística en la obra de Faulkner y de Brecht, respectivamente: «Faulkner nos ha descubierto la ilimitación del mundo anímico siguiendo el camino marcado por Kafka», mientras la vertiente de la ciencia del psicoanálisis en el sentido colectivo origina la literatura social especialmente representada por Brecht.

Menos comprensión de las opiniones de Ortega en el campo de la novela mostró Juan Goytisolo en un artículo aparecido en 1959,[64] culpando al pensador del desfase que padecía la novela en el país. El artículo provocó una respuesta por parte de Guillermo de Torre quien pone de manifiesto el «lamentable hiato cultural originado por las consecuencias de la guerra de España»,[65] cuyos efectos se manifiestan en una desorientación: «el ataque del joven novelista se singulariza por su extremo simplismo conceptual y su riguroso anacronismo». En la discusión que siguió, intervinieron otras personas, entre ellas Paulino Garagorri,[66] quien también reveló por medio de una carta abierta al director de *Ínsula* «el gran interés que luego sintió [Ortega] por la obra de William Faulkner».[67]

62. Domingo MANFREDI, «Los novelistas norteamericanos», *Punta Europa*, n.º 40 (abril, 1959), pp. 34-37.
63. «Nuevos derroteros de la imaginación creadora», *Arriba* (Madrid), 8 de agosto de 1957.
64. Juan GOYTISOLO, «Para una literatura nacional-popular», *Ínsula*, n.º 148 (enero, 1959), pp. 6 y 11.
65. Guillermo DE TORRE, «Los puntos sobre algunas "íes" novelísticas», *Ínsula*, n.º 150 (marzo, 1959), pp. 1 y 2.
66. Paulino GARAGORRI, «Disputaciones orteguianas», *Ínsula*, n.ºˢ 152-153 (julio-agosto, 1959), pp. 26-27.
67. *Ínsula*, n.º 117 (febrero, 1961), p. 16.

Al ser la *Revista de Occidente* la puerta por la que el novelista penetró en el país, es de presumir que a la sazón Ortega le hubiera concedido cierta atención, pero este extremo no ha podido ser comprobado. El testimonio de Garagorri sólo se refiere a la última época del pensador. Resulta dudoso que de este interés haya quedado constancia escrita, aunque no sería imposible que apareciese algo, ya que según doña Rosa Spotorno,[68] Ortega tomaba multitud de notas y escribía constantemente al leer, y muchas de estas anotaciones no están aún catalogadas. Es posible que tuviera oportunidad de leer en Argentina lo que allí se tradujera, pero, según su esposa, fue durante los años pasados en Lisboa cuando se dedicó más a la lectura de novelas. Leía las obras que se encontraban en la biblioteca, copiosísima, de sus amigos los señores de Moura e Sá. En Portugal se podían conseguir fácilmente las obras traducidas al francés. No sabemos las que pudo leer Ortega, pero una de ellas debió ser *The Sound and the Fury*, ya que a esta novela en particular aludirá Garagorri. En la biblioteca de su último domicilio madrileño se hallan dos traducciones francesas, *Sartoris*, en la edición de 1949 y *Absalom, Absalom!*, en la edición de 1953. Estas obras constituyen otro testimonio del interés continuado después de su regreso a España.[69]

Según Garagorri el novelista le interesó a Ortega, «ya que estimaba mucho los ensayos de Faulkner por renovar y continuar el género novela».[70] Los juicios sobre este tipo de novela se expusieron en el curso de las conversaciones que, después de la guerra, prolongaban en alguna medida las antiguas tertulias: «Se habló de Faulkner un par de días», recuerda Garagorri, «y más que la extensión de tiempo dedicado al comentario del novelista, fue notable la intensidad con la que se trató». A Ortega le parecía que este novelista «recreaba el mundo», compa-

---

68. Dato obtenido en conversación con la señora viuda de Ortega y Gasset (junio, 1973).

69. *Sartoris* aparece abierta parcialmente y *Absalom, Absalom!* tiene abiertas las páginas que describen la genealogía y la cronología de los Sutpen y el mapa de Yoknapatawpha.

70. Carta escrita a esta investigadora por don Paulino Garagorri, Madrid, 10 de diciembre de 1969. Otros datos proceden de una conversación mantenida en mayo de 1972.

raba la técnica a los «dibujos expresivos e intensivos hechos por un niño». La novela más admirada por él fue *El ruido y la furia*, ya que observaba en ella que «a pesar de la indeterminación descriptiva de los personajes, éstos encarnaban en la conciencia del lector como muñecos goyescos trazados con brocha gruesa. Esta reconstrucción intuitiva por parte del lector, a través de la maraña confundente de su deliberado desorden, es un factor que recuerdo de la charla», concluye Garagorri. Reconocía Ortega en estos comentarios el aspecto fundamental de la aportación faulkneriana, la reconstrucción de los hechos elaborada por el lector. De esta actitud va a derivarse un enriquecimiento de la novela española de la última época, en particular, pero no exclusivamente, de la de Juan Benet.

LOS LECTORES DE FAULKNER EN LOS AÑOS CINCUENTA; UNA REACCIÓN CENTRÍFUGA

El ambiente de vitalidad que se observa, a partir de las discusiones provocadas por la novela norteamericana, se manifiesta en otros aspectos de la vida cultural, caracterizada por un afán de crear y juzgar. Aumentan los premios hasta producir incluso una sensación de molestia en los intelectuales más exigentes,[71] pero lo cierto es que muchos autores noveles, unos sólo promesas, otros que llegarán a producir una obra estimable, sintieron el estímulo de un premio ganado para seguir adelante. A nivel editorial se percibe un dinamismo muy esperanzador que contrasta con la gran dureza del decenio precedente. Los escritores que comienzan a aparecer lucharán por poner en la calle una novela renovada; son los novelistas de «la nueva oleada» según Corrales Egea, quien también los clasifica como «Generación del medio siglo».[72] Los numerosos estudios dedicados a este período de la novela en España han dado nombres diversos a estos escritores

71. *Cf.* Isaac MONTERO, «Los premios o treinta años de falsa fecundidad», *Cuadernos para el Diálogo*, n.º XIV extraordinario (mayo, 1969), pp. 151 y ss.
72. José CORRALES EGEA, *La novela española actual* (Madrid: Editorial Cuadernos para el Diálogo, 1971), cap. IV, pp. 57 y ss.

preocupados por la situación del país y de la novela de una manera tan ostensible, tales como «realismo crítico»,[73] «socialrealismo»,[74] «behavioruistas»,[75] «objetivistas»,[76] «novela social»,[77] «realismo histórico».[78] En general, la crítica escrita con una mayor perspectiva de tiempo prefiere señalar el momento de los años cincuenta con menos dogmatismo, poniendo de relieve las diversas tendencias que, en realidad, les daban un núcleo vigoroso pero no tan homogéneo como parecía en su momento.[79] Si bien la tradición de las tertulias nunca se perdió, ahora parecen revitalizadas con el aluvión, en términos relativos, de la información del exterior.[80]

Como hemos visto por las pequeñas polémicas periodísticas aludidas, la novela norteamericana fue un punto de referencia; Faulkner, a quien hemos seguido la pista como antiguo conocido de la generación que participó en la guerra, aparece ahora para muchos como una novedad. La estima que le profesan estos nuevos lectores viene, como también ya se ha visto, de la mano de la crítica francesa y así lo recuerda José María Castellet: «Hacia 1948 leí *L'âge du roman américain* de Claude Edmonde Magny, que era uno de los pocos libros que entraban; gracias a él me interesé por la novela americana y empecé a leerla en traducciones argentinas. No había mu-

---

73. *Cf.* José DOMINGO, *La novela española del siglo XX, II: De la postguerra a nuestros días* (Barcelona: Labor, 1973), p. 103, y Pablo GIL CASADO, *Novela social española (1942-1968)* (Barcelona: Seix Barral, 1968), pp. 103-105 y ss.

74. *Cf.* entrevista con José María Castellet. También en Gonzalo TORRENTE BALLESTER, *Panorama de la literatura española contemporánea* (Madrid: Guadarrama, 1964), pp. 532 y ss.

75. *Cf.* Ramón BUCKLEY, *Problemas formales de la novela* (Barcelona: Península, 1968).

76. *Cf.* Ricardo DOMENECH, «Una reflexión sobre el objetivismo», *Insula*, n.º 180 (noviembre, 1961).

77. *Cf.* Juan Ignacio FERRERAS, *Tendencias de la novela española actual, 1931-1969* (París: Ediciones Hispanoamericanas, 1970). Éste es el nombre general que también define y utiliza Pablo Gil Casado en su libro sobre la novela social.

78. *Cf.* J. M. CASTELLET, «La joven generación española y los problemas de la patria», *Revista Nacional de Cultura* (Caracas), n.º 5 (1961), pp. 149-164.

79. Tal es el criterio de J. M. MARTÍNEZ CACHERO, *Historia de la novela española entre 1936 y 1975*, y de Ignacio SOLDEVILA DURANTE, *La novela desde 1936*, que denomina esta época «la generación de 1950 o de los niños en la guerra», pp. 200 y ss.

80. Fernando MORÁN, en *Novela y semidesarrollo*, alude a esta cuestión, pp. 313 y ss.

chas, pero tampoco era un caso desesperado; se encontraban algunas, llegaban en general las de la "generación perdida", un poco más adelante leíamos las traducciones hechas aquí.»[81] Sartre y Camus son, no obstante, los dos grandes nombres que avalan a Faulkner. Juan Benet mencionaba, en efecto, la tertulia de Gambrinus de 1948 como un lugar donde se hablaba mucho de Sartre. Carlos Soldevila, al hacer un recuento de las influencias en la novela hasta 1950, se refiere a la norteamericana, «con Hemingway, Dos Passos, y a última hora con Steinbeck y Faulkner, se ha definido una escuela en la que el cinismo y la brutalidad y el descontento contrastan con la riqueza y el optimismo que parecen el séquito de la hegemonía. Toda la literatura europea ha acusado con más o menos intensidad la influencia de esta novísima constelación».[82] A otras «negruras europeas» Soldevilla antepone la de Sartre. «Su fortuna literaria ha sido rápida e inmensa, durante unos años sólo se ha hablado de él y de sus obras; en el mundo sólo ha existido el existencialismo».

La publicación en Francia de *Situations*[83] repercutió hondamente en nuestro país. En el primer volumen exponía Sartre su teoría de la situación extrema ante la que el escritor se ve obligado a actuar, promoviendo así el término y el concepto de literatura comprometida. Un ejemplo de creación literaria para la situación extrema —una ficción abierta a múltiples interpretaciones, viva, que rechace visión fija del mundo— es precisamente William Faulkner; se reproducen en el volumen sus artículos de 1939, como ya se ha dicho. Camus con su adaptación escénica del *Requiem* fue el segundo gran padrino. Italia es otro país que provee inspiración con el cine. José María Castellet recuerda también la infancia italiana de Sánchez Ferlosio como factor influyente para la difusión de la novela de aquel país. Pavese figura como uno de los favoritos de aquella época y Vittorini era también conocido. «Pavese y Vittorini», comenta Castellet, «conocían bien a Faulkner; hay un libro montado por

81. Conversación con José María Castellet.
82. Carlos Soldevila, «Firmamento literario de los primeros cincuenta años», *Destino*, n.º 687 (7 de octubre de 1950), pp. 12 y 13.
83. En Francia se publicaron los tres volúmenes entre 1947 y 1949; otra obra que influiría entre los intelectuales españoles, *L'Existentialisme est un humanisme*, apareció en 1946.

Vittorini y publicado posteriormente que introduce a este autor en Italia».[84] Los impulsos iniciales hacia la renovación estética, en la que Faulkner es un elemento tan importante, se ven en cierto modo ligados a la ideología marxista de estos introductores extranjeros; tensión ideológica que dejará gran huella en España. Al fijar la mirada en la realidad para sacar el material de su creación, los escritores se encuentran con una «situación extrema» en términos de Sartre. Hay una reacción de rebeldía manifiesta en esa literatura de protesta, comprometida, en la que se embarcan muchas veces sin norte político concreto, llevados esencialmente por el afán de mejorar la situación. Para muchos escritores de ese momento, a pesar del aval que los escritores de vertiente socialista extranjeros le había prestado, Faulkner pierde relieve. Lo que de magisterio técnico pudiera ofrecer sí se aceptaba, pero se rechazaba en gran medida su visión del mundo; así lo ve Antonio Ferres: «Si recuperamos ahora a Faulkner será de una manera funcional y no solamente como una adherencia formal, como podía ser en aquellos momentos [años cincuenta].»[85] En palabras de Castellet, por lo que a la novela con inquietud social se refería, «más que Faulkner fueron importantes otros autores, otras obras, *Las uvas de la ira* por ejemplo. En la novela social-realista influyó menos que los otros porque Faulkner carece de la problemática social de Steinbeck, o la histórico-contemporánea de Dos Passos. Pero, no obstante, fue muy leído y algo debió quedar, si bien no en lo más obvio. Técnicamente sí quizás ahí dejara más huella, pero no en sus temas ni en la actitud frente a la novela».[86] Esta urgencia parecía tan realmente acosar a los escritores que incluso llega, al menos a nivel de opinión o de proyecto, a compensar con la creación novelística la desventaja de una prensa falsa, de una total carencia informativa. Así lo expresa Juan Goytisolo: «Todos los escritores

84. Elio VITTORINI publicó en 1950 un artículo sobre Faulkner, «Faulkner come Picasso», *La Stampa* (8 de diciembre de 1950), que apareció reimpreso en un libro editado por él más tarde, *William Faulkner, venti anni di critica* (Parma: Guanda, 1958), se trata sin duda del libro al que alude Castellet y que era traducción al italiano del editado por Frederik HOFFMAN y Olga VICKERY en Estados Unidos, *William Faulkner, Two Decades of Criticism*.

85. Respuesta de un formulario enviado a Antonio Ferres por esta investigadora en mayo y junio de 1973.

86. Conversación con Castellet.

españoles sentíamos una necesidad de responder al apetito informativo del público dando una visión de la realidad que escamoteaba la prensa.»[87] La búsqueda de una expresión libre tan obstaculizada por la censura fomenta la literatura de denuncia y contribuye a una creciente polarización ideológica, para oponerse a la del régimen; se da así la militancia marxista o al menos la simpatía por esta actitud en escritores que por temperamento no se hubieran, en principio, adherido a ella, como el tiempo ha venido a puntualizar. Antonio Ferres comenta aquella dura pelea con el sistema, afirmando: «La censura española fue absolutamente traumática. Otras censuras han podido tener en la historia algún dinamismo positivo, pero no la española. Realmente no fue una censura traumática, sino el puro trauma, el puro puritito trauma».[88] La actitud de rechazo y desafío, la convicción de la responsabilidad del escritor impulsada por las lecturas de Sartre, un humanista marxista en plena época estaliniana, promueve una actitud ante la creación literaria que no es distante ni de la francesa ni de la italiana. Al hablar de las influencias de la novela social dice Pablo Gil Casado que «la joven generación descubre, aunque tardíamente, que su concepción de la obra de arte y de la misión del escritor coincide con los postulados de Bertold Brecht y de Gyorgy Lukács».[89] José Domingo señala como temprana vía de penetración de las teorías marxistas sobre el realismo, la ponencia que el Primer Coloquio Internacional de Formentor (26 al 28 de mayo de 1959), presentó Elio Vittorini.[90] Hablaba en ella el escritor de las tesis de la época preestaliniana de Lukács, la coincidencia con aquellos criterios por parte de los españoles se explica por las lecturas de Sartre; precisamente con la etapa de *Historicidad y conciencia de clase*, se ha asociado el pensamiento de Sartre al del crítico húngaro:

«Sin la reevaluación de Hegel y la visión del proceso histórico desarrollado en *Historicidad y conciencia de clase*, el existencialismo francés es difícil de concebir. El concepto del compromiso sartreano, la responsabilidad del arte y del individuo a las exigencias de los conflictos polí-

87. Citado por Pablo Gil Casado, p. XX.
88. Cuestionario de Antonio Ferres.
89. *Cf.* P. G. Casado, p. XXIII.
90. José Domingo, *La novela española del siglo XX*, 2, p. 103.

ticos y sociales, la toma de conciencia individual a través de situaciones históricas concretas, se deriva en gran medida de Lukács. Son las tenaces y sutiles insinuaciones del radicalismo filosófico de Lukács las que han dado al movimiento comunista italiano algo de su generosidad humana y la astucia para resistir la mano muerta del estalinismo.»[91]

Se ven en este juicio aunadas dos fuentes de los intelectuales españoles, la francesa y la italiana que, a su vez, habían mostrado también gran apreciación por Faulkner. Esta preferencia fue frecuente en Europa aunque la crítica socialista de los años de la recesión económica en Estados Unidos rechazara al novelista. También en España, según veremos, Enrique Tierno Galván se interesó por el novelista.

Aldecoa y amigos

Todos los incipientes escritores de los años cincuenta leyeron a Faulkner. Él fue uno de los autores favoritos de Ignacio Aldecoa y su grupo de amigos, según recuerda Josefina Rodríguez. En los años que van desde 1950 a 1959 leyeron «todo el gran momento americano».[92] Jesús Fernández Santos recuerda que la esposa de Aldecoa tenía una cinta magnetofónica con el discurso de recepción del premio Nobel que había impresionado muchísimo al malogrado novelista. «Ignacio —dice su esposa— colocaba a Faulkner entre los grandes con Dostoyewski; hablábamos mil veces de ellos...» Las características que más le atraían eran su filosofía de la existencia y su capacidad

91. «*Without the reevaluation of Hegel and the vision of historical process developed in* History and Class Consciousness *French existentialism is hardly conceivable. Sartre's concept of engagement — the commitment of art and the individual to the exigences of political and social conflict, the realization of individual consciousness through the concrete historical situations derives largely from Lukacs. It is the subtle, tenacious insinuation of Lukacs' prilosophic radicalism that has given the Italian communist movement something of its humane generosity and cunning to resist the dead hand of Stalinism*». George STEINER, prefacio a *Realism in Our Time, Literature and the Class Struggle* de Georgy LUKÁCS (Nueva York: Harper & Row Publishers, 1964), p. 8.

92. Toda la información referente a Ignacio Aldecoa y a Jesús Fernández Santos procede de sendas entrevistas mantenidas con Josefina Rodríguez y con el novelista Fernández Santos en octubre de 1972.

lírica. «Como afinidad con Faulkner puede presentar el concepto de la vida, la solidaridad humana, la fatalidad, la misión del novelista que es un *animal de fondo* que no se deja arrastrar por las corrientes; incluso hay un eco de los temas, el cosmos humano, las pasiones, las necesidades, etc., también cierto aparente pintoresquismo.» Casi todos estos rasgos alejan a Aldecoa del creciente dogmatismo en el que se va a ver sumergida la novela que producirán sus compañeros. Gil Casado no considera su obra dentro de la novela social, ya que *Gran Sol* tiene como objetivo «ofrecer un documento novelescamente, la lucha épica del hombre contra las fuerzas de la Naturaleza, su triunfo o derrota final dejando aparte toda intención de crítica».[93] Corrales Egea insiste en lo sorprendente del tema de *El fulgor y la sangre*, «no porque sea falso en sí, sino porque a ningún otro escritor de la generación de Aldecoa se le ocurrió tratarlo desde el ángulo en que éste lo hace».[94] La libertad, el huir de dogmatismos y encasillamientos en la novela como en la vida («era su característica esencial, desde los diecisiete años, aquel desprecio por la cultura oficial, por los estilos vigentes»), recuerda Carmen Martín Gaite.[95] Las características, en efecto, son comunes a Faulkner y a Aldecoa y *Light in August*, su novela favorita, resuena en cierto modo en *Con el viento solano*.

Otros compañeros de lecturas fueron Marcelo Arroitia Jaúregui y Jaime Ferrán. Por su parte, Jesús Fernández Santos menciona ante todo un interés hacia la novela norteamericana, en general, y no por autores concretos, «las causas son que cuando un país protagoniza la historia, impone su cultura. El cine hizo mucho por la difusión de la literatura norteamericana. Otro ejemplo de este tipo es que el neorrealismo italiano trae la literatura italiana». Fernández Santos leyó las traducciones hispanoamericanas, «como todos los novelistas de ambiente rural en las traducciones no perdía tanto, existe una afinidad de modismos, Faulkner quedaba incluso bien». Respecto al fruto que pudieron sacar los novelistas de aquellas lecturas, consistió en que su obra se acercaba como ninguna al tipo de literatura que se podía escribir en España, ya

93. P. Gil Casado, p. XIII.
94. J. Corrales Egea, p. 129.
95. Carmen Martín Gaite, «Un aviso», en *22 narradores españoles de hoy*, edit. Félix Grande (Caracas: Monte Ávila Editores, 1970). p. 246.

que se trataba de novela rural que tenía aquí tradición: «El tipo de novela de Faulkner se puede trasponer en España, Hemingway es él mismo, se le puede imitar más que trasponer. El mundo de Faulkner sí se puede adaptar, es un problema que se puede dar en cualquier parte.» Los libros que leían aún estaban sometidos a censura, «por causas morales, no políticas, y quien quisiera leerlos tenía que conseguirlos de tapadillo».

Ramón Nieto, otro contertulio del grupo, recuerda las lecturas de Faulkner entre las de Pratolini, Pavese, Vittorini, Camus y Sartre. «En casa de Aldecoa hablábamos con frecuencia de Faulkner y de Hemingway, que eran los favoritos entre los norteamericanos. Faulkner no estaba prohibido, eran sólo los autores antifascistas y socialistas los que tenían dificultades. Faulkner tenía el inconveniente de su técnica, resultaba muy difícil de leer. Era una época en la que todo era descubrimiento, pero no necesariamente a causa de la censura. Había una gran falta de interés a nivel editorial, ya que el ambiente no estaba para eso. Los jóvenes novelistas estábamos al día a pesar de la situación. Nos costaba gran trabajo.» Carmen Martín Gaite no opinaba lo mismo en lo referente al interés suscitado por Faulkner. A final de los años cuarenta había comprado en Salamanca y abandonado, un ejemplar de *Santuario*: «El libro no me gustó. Creo que ni siquiera lo terminé, no estaba preparada para aquel tipo de lectura.» [96] De los años cincuenta recuerda, «allá por 1955 leí *¡Absalón, Absalón!*; me pareció una traducción muy mala, no me interesó. Sánchez Ferlosio y Fernández Santos leían por entonces mucho a Faulkner, también Aldecoa. Más adelante, ya en los años sesenta, leí la traducción francesa de *Luz de agosto*, prestada por Juan Benet; me pareció sensacional, luego no leí más de ese autor...».

Algunos novelistas contestatarios

Otros grupos siguen de cerca la novela norteamericana. Antonio Ferres inicia las lecturas hacia 1946 y las recuerda así: «En los tempranos años cincuenta nos reuníamos un grupo de amigos en un café desaparecido, "Café de la Estación", en la Glorieta de Quevedo. Entre

96. Conversación con Carmen Martín Gaite en octubre de 1972.

ellos destacaba López Pacheco que nos leía fragmentos de lo que iba a ser su larga novela *Central Eléctrica*; todos notábamos influencias de Faulkner.» Alfonso Grosso refiere así sus primeras lecturas de Faulkner, ocurridas hacia 1954,[97] «fue en primer lugar "El oso", en la antología de Aguilar y *Absalom, Absalom!*, leídos en la Casa Americana de Sevilla, y para entonces Faulkner producía una gran curiosidad en los círculos intelectuales. En cuanto a la censura sí que le afectó. Así ocurría entonces con todo lo que en aquellos años oliera a libertad, y para los jóvenes novelistas Faulkner era un líder de la libertad. Había en España entonces una fobia contra lo extranjero. Ciertos grupos llegaron incluso a apedrear el cine donde se proyectaba "Lo que el viento se llevó" en sesión privada. Faulkner estaba prohibido porque formaba parte de una generación *engagée*, que suscitaba recelo, como en el caso de Hemingway que participó en la guerra civil».[98] Faulkner era el favorito de las tertulias, al lado de los italianos, de Sartre y de Camus, cuya obra tanto parecía tener en común con la ideología emergente de estos grupos, aunque, puntualiza Ramón Nieto: «Cuando se estrenó *Réquiem por una mujer* no se hizo por Camus, sino por Faulkner a quien ya conocíamos todos bien.» En el caso de Grosso el descubrimiento fue una revelación: «Con Faulkner tengo una gran afinidad a causa del ambiente y el clima: el mundo de Gavin Stevens o de Emily podía ser la provincia de Cádiz o Sevilla.» Añade que a pesar de las apariencias Faulkner cautivó en general porque trata los problemas desde un nivel humano, aunque no social, es decir, no considera los problemas desde un ángulo político. Aunque Grosso apareciera integrado, según la crítica, en la novela social dentro de la línea más ortodoxa, él confiesa que nunca abandonó a Faulkner a quien leía probablemente más que cualquier otro novelista: «Me siento cerca de Faulkner, al ser ambos del Sur nos une un ambiente y un clima, nos une el barroquismo, nos unió siempre, ya que yo nunca me dejé engañar por la llamada urgencia. Ya se ve en la novela de 1958, *Un cielo difícilmente azul*, que entonces se rechazó. Barroco ha sido todo lo que me ha rodeado desde mi infancia.»

97. Opiniones expresadas por el novelista en una entrevista concedida a la autora de este trabajo en junio de 1973.
98. Datos procedentes de una entrevista con el novelista llevada a cabo por la autora de este trabajo en octubre de 1972.

Con estos escritores se suele situar a Martínez Menchén, aunque su obra no aparecerá hasta el decenio de los años sesenta.[99] Su avidez intelectual le llevó a encontrar los restos de otros tiempos, como durante los años cuarenta hiciera Benet. «En 1951, encontré en la Biblioteca Municipal de Segovia algunos libros de antes de la guerra: *Manhattan Transfer* de John Dos Passos y algo de Steinbeck, cuando entonces los libreros no sabían ni siquiera quiénes eran estos autores.» El primer libro de Faulkner que leyó fue *Santuario* en la edición original de la «Colección hechos sociales», que conserva, luego todo lo que pudo encontrar de Argentina y lo que fue saliendo en España. «Me deslumbró el mundo cerrado con existencia propia, mundo unitario que Faulkner nos descubre por partes, en una concepción totalmente personal; episodios que insinúa en una novela, en una posterior los va desarrollando. Faulkner es el cronista de algo que ha sucedido y que él nos cuenta.» Según Martínez Menchén, influyó mucho en la novela que se escribió en España a partir de 1955, «se puede ver en los premios Planeta, en algunos aparece bien asimilado, en otros es pura copia».

Las lecturas de Jorge Cela Trulock se remontan a 1952 y 1953.[100] Como la práctica totalidad de sus compañeros de generación lo leyó en ediciones hispanoamericanas, ya que a pesar del origen inglés de la madre, no hablaban esa lengua en casa. «La lectura de Faulkner —recuerda Jorge Cela— dejó mucho peso; todos escribían en cierto modo así. Se hablaba de él hasta ridículamente, sin conocerlo. Con frecuencia se tomaba el rábano por las hojas.» El conocimiento serio de Faulkner en los años cincuenta era muy minoritario, «pero en esa década que coincide con el afán de renovar la novela, su obra adquiere una gran valoración». Jorge Cela se incluye en la línea de renovación que no pertenece a la tendencia socializante, y la apreciación de la obra de Faulkner tiene para él un valor puramente literario: «Faulkner era el mejor de su generación, el más universal. También me gustaba Steinbeck, *Las uvas de la ira*, pero Faulkner era más fuerte. De Hemingway yo eligiría *El viejo y el mar*, pero en general su obra es un poco novela de aventuras; él era

99. Entrevista concedida por el novelista a la autora de este trabajo en mayo de 1972.
100. Entrevista concedida por el novelista a la autora de este trabajo en junio de 1973.

más importante como persona que como escritor. Faulkner es un novelista misterioso pero diáfano. Sus personajes son naturalmente buenos pero también naturalmente malos, gentes de campo que muestran más agriamente vicios y virtudes. La oleada de influencia se asimiló y ahora ya está en la novela como están Joyce y Dostoyewski.»

Lecturas catalanas

Barcelona se va convirtiendo en el centro preferido de difusión de la novela con las editoriales Destino y Planeta y sus respectivos premios. La crítica de Castellet y la actividad editorial de Seix y Barral pondrán un sello específico en la producción de estos años. En la colección Biblioteca Breve aparecieron *La hora del lector* y la traducción de Castellet de la historia de la novela norteamericana, y el dogmático libro de Juan Goytisolo *Problemas de la novela.* Los novelistas catalanes de esta promoción suelen fijar el comienzo de sus lecturas hacia el fin de los años cuarenta, como ya se ha visto en el caso de Castellet. A raíz de la llegada a España de la traducción de *Las palmeras salvajes* hecha por Borges, comenzó a interesarse por el novelista norteamericano Mario Lacruz.[101] Aquellas primeras lecturas fueron compartidas con Juan Goytisolo, Carlos Barral y Luis Carandell; «luego nos enteramos de que *Santuario* se vendía en los mercados de libros de lance. Los lectores que entonces nos interesábamos por Faulkner, ya que sus obras eran difíciles de conseguir, nos las pasábamos unos a otros. Luego leímos *Tandis que j'agonise* y *Le bruit et la fureur* en las ediciones de Gallimard». Mario Lacruz añade que la censura era entonces muy rigurosa y que la obra de Faulkner se consideraba muy escabrosa, «no sólo a causa de *Santuario, Las palmeras salvajes* también era muy dura». De William Faulkner le interesaba más que nada «la tensión anímica de los personajes y la adecuación que existe entre esa tensión y la forma de expresarla. Hay un equilibrio entre lo tradicionalmente conocido como fondo y forma, entre la tensión anímica y su literatura, mensaje y manera de transmitirlo». Respecto a lecturas de otros

101. Entrevista concedida por el novelista a la autora de este trabajo en octubre de 1973.

autores en comparación con la de Faulkner, Lacruz opina: «hoy Faulkner tiene mucha más vigencia que cualquiera de los autores de su generación, porque Hemingway no innovó tanto en el problema de formas y hoy los críticos y los novelistas están dominados por la idea de las formas..., de Joyce todo el mundo habla, pero en realidad pocos lo conocen... La mayor diferencia entre Faulkner y Joyce es que el análisis de la situación que hace Joyce es de gran minuciosidad, implica todo el proceso; Faulkner es mucho más esquemático».

Carlos Barral en su libro de memorias *Años de penitencia* recuerda aquellos años de universidad, «de actitud de despego, de cínico desinterés, de petulancia de autoridades» y menciona su «ilustración a la francesa» sin mencionar el nombre de Faulkner.[102] Según Barral, entonces Castellet y Sacristán «parecían ya conscientes de su misión de levadura ético-política de una generación de intelectuales desorientados» (pp. 206-207). No alude directamente a la novela americana, «Castellet hablaba de palabra y por escrito en las primeras revistillas universitarias, de Simone de Beauvoir y de Claude Edmonde Magny. Sus opiniones literarias se basaban ya en un don que ha desarrollado a lo largo de los años: el de relacionar las singularidades estéticas con las circunstancias de la vida humana que las condicionan. No en vano se había de convertir en el más agudo sociólogo de la literatura de posguerra» (p. 209). Comenta Barral el papel de la «inolvidable *Laye*», revista que les abrió los brazos y en torno a la cual organizaban tertulias. Como fuente de lecturas durante los últimos años cuarenta, Barral alude a la biblioteca del Ateneo, que como ya sabemos poseía una buena colección de las obras de Faulkner en francés. Allí «leía libros que no encontraba en otra parte, porque la biblioteca de aquella casa había estado probablemente al día hasta la guerra civil, y conservaba, a pesar del continuo saqueo, un fondo sobre todo francés, todavía notable, y en aquellos desolados tiempos, extraordinario» (p. 212).

Un lector muy precoz de la novela norteamericana, en aquellos grupos catalanes, fue Luis Goytisolo, cuyo interés se debió sin duda a la influencia de su hermano Juan.

102. Carlos BARRAL, *Años de penitencia* (Madrid: Alianza Editorial, 1975), p. 198.

Sus lecturas de Faulkner son anteriores a la entrada masiva de la novela norteamericana [103] y eran para él aún años de bachillerato, «leí primero la traducción de Lino Novás de *Santuario* en la edición de Espasa-Calpe. Lo fui a comprar a la misma editorial, ya que allí lo vendían. También en el mercado de libros de San Antonio se compraba, bajo cuerda, cualquier tipo de libro; se vendían sin sello de importación; allí compré *Luz de agosto* y *¡Absalón, Absalón!* Después leí *Le bruit et la fureur*; lo busqué en francés porque las traducciones eran mejores que las sudamericanas». Aparte de sus hermanos con quienes intercambiaba los libros, Luis Goytisolo menciona a Jorge Herralde como compañero de aquellos descubrimientos. Buscaban la novela americana como reacción a la novela española del momento, «era algo que se sentía, la necesidad de leer otra literatura y la encontraba porque la buscaba. En esta época, era como una reacción a la alergia que sentía por la literatura española. Acabé cogiendo horror a esta literatura y me negaba a leerla. Quizá quedaba únicamente Baroja, que en sus mejores obras estaba también prohibido; no se encontraba *Aurora roja* ni *La busca*, sólo se podía leer lo que quedaba de la Biblioteca Nueva de antes de la guerra». Leyeron así casi la totalidad de los escritores norteamericanos, con un espíritu compartido de voluntad de renovación de la novela.

Lecturas al margen

Hay un considerable número de novelistas cuya producción pasó más o menos desapercibida durante estos años, ya que la crítica en general prestó una atención más concentrada a los grupos de escritores que compartían un ideal político y literario. Elena Soriano, Elena Quiroga, Ramiro Pinilla, Fernando Morán se interesan muy seriamente por Faulkner, pero no toman partido ostensiblemente en la tarea renovadora por medio de grupos literarios. Elena Soriano sitúa su primera lectura de Faulkner alrededor de 1948,[104] «por entonces me regalaron

103. Entrevista concedida por el novelista a la autora de este trabajo en octubre de 1973.
104. Entrevista concedida por Elena Soriano a la autora de este trabajo en octubre de 1973.

Las palmeras salvajes que me impresionó notablemente, luego procuré encontrar todo lo que había de ese autor. Leí *Santuario* en la colección Austral, después otras novelas en ediciones argentinas». Las obras de Faulkner en general «queman», en algunas puede más lo que Elena Soriano llama «el fuerte voltaje» que la originalidad de la estructuración novelística. «Hay novelas sencillas, *El villorrio, Gambito de caballo, La paga de los soldados, Santuario, Requiem for a Nun*, pero hay otras en las que el voltaje es más poderoso y presentan elementos de expresión más difíciles: *Las palmeras salvajes, ¡Absalón, Absalón!, Una fábula, Desciende, Moisés, El sonido y la furia, Mientras agonizo*.» El descubrimiento de Faulkner fue personal, no compartido, «casi como un instrumento profesional utilizado un poco secretamente». *Las palmeras salvajes* y *Santuario* fueron, por ser las primeras novelas leídas, las que más le impresionaron, es probable que «la huella de estas lecturas esté en la trilogía "Mujer-hombre"». De *Las palmeras salvajes* le atrajo la gran fuerza creadora de Faulkner; «el paralelo que va haciendo entre el río "Old Man" y la pareja son dos manifestaciones de una misma fuerza telúrica, la pasión femenina, simbolismo que pugna por expresarse claramente, es como un dique que no llega a romperse; la tensión sexual poética ahí y tremenda aún en impotentes, como es el caso de Popeye en *Santuario*, coloca al lector en situaciones límite, el río, la pasión, el momento de nacer...». Respecto al uso del tiempo, encuentra Elena Soriano que Faulkner está precedido por Bergson y Proust. La gran diferencia entre el novelista francés y el norteamericano «es que éste es el envés, la trama más burda, a la americana, del tapiz finísimo y precioso de Proust. En Faulkner todo es más elemental, en Proust, más refinado». La novelista también compara la obra de Kafka con la de Faulkner, ya que fueron lecturas simultáneas en sus años de formación. «Kafka llega más al individuo aislado; tocando resortes de gran sensibilidad, Faulkner presenta un panorama más vasto, una visión telúrica y sociológica»; esta proyección lo sitúa, en la opinión de la novelista, por encima de Virginia Woolf y de Joyce.

Ramiro Pinilla, novelista vasco que recrea en sus obras el mundo de los caseríos y los pescadores con un brío que recuerda el ambiente del condado de Yoknapatawpha, fue ganador del premio Nadal de 1960 con *Las ciegas hormigas.* Sus lecturas se incluyen también en los años cincuenta.[105] «Recuerdo que tomé contacto con William Faulkner alrededor de 1952, gracias a la biblioteca de la Casa Americana en Bilbao. La primera obra que leí fue *El villorrio*; eran ediciones sudamericanas. Creo que hasta entonces yo nunca había oído hablar de él, ni siquiera en revistas especializadas, aunque esto no significaba que no lo hicieran. Debo advertirle que no soy universitario y que yo siempre me he movido en un mundo que nada ha tenido que ver con las letras. Creo que elegí *El villorrio* como pude elegir cualquier otro libro. Hasta qué punto era Faulkner desconocido entre mis amigos lo puede señalar el hecho de que son aún pocos los que saben que existe.» No es el hecho de no haber pasado por las aulas universitarias, sino de escribir sobre temas rurales o del mar sin ánimo de denuncia lo que aleja a Ramiro Pinilla de sus coetáneos. El no ser universitario no es insólito entre los escritores que se forman por aquellos años —recordemos a Félix Grande, a Eladio Cabañero, a Juan Marsé—, pero sí lo es que en esas circunstancias se adopte una actitud básicamente humanista y alejada de toda política, aunque el novelista sintiera plenamente la privación de la época: «Los de mi generación, los que con nuestra guerra teníamos quince años, hemos padecido una inhumana represión cultural de posguerra. Junto al hecho de que a muchos las circunstancias nos impidieron cursar una carrera importante (con la secuela de no poder acceder en modo natural a la cultura, a un criterio riguroso, profundo y abierto en la selección de lecturas), la censura nos aisló de la gran literatura que se hacía por entonces en el mundo: la lectura en nuestros años de formación fue pobre y desordenada.» Pinilla añade que la fascinación que produjo Faulkner «se explica por la épica, por el extremismo, la violencia, esa desesperación densa, interna auténtica, hecha de carne; trajo el valor, el idealismo de los pobres hombres sobre la tierra junto a las mayores miserias de los pobres hombres sobre la tierra; trajo la acción novelesca».

En cambio, para Fernando Morán, gran conocedor de la novela del siglo xx, el acceso a la literatura extranjera no constituyó ningún problema. La labor de Faulkner le

105. La información referente a la lectura de este novelista proviene de un cuestionario completado por él en agosto de 1973.

parece original a este novelista y crítico,[106] «ya que con los medios literarios de una sociedad desarrollada escribe en una sociedad semidesarrollada; Faulkner es ante todo sudista. En él está la superestructura de los mitos, pero tiene una cosmogonía; vuelve al comienzo de los tiempos. Faulkner se niega a contaminarse con la sociedad industrial; Scott Fitzgerald nada en ella, Hemingway la busca para renovarse; en Thomas Wolfe el tiempo es una recreación de su intensidad, se parece más a Benet». Al narrar un tiempo de naturaleza telúrica, ha podido ofrecer inspiración al «gusto de algún autor por la comunidad del campo». Las mujeres que escribieron en los años cincuenta debieron tomar parte de la creación faulkneriana, «ya que les interesaba lo vital». Morán, como Andrés Bosch, leyó a Faulkner en inglés desde el principio y también comenzó casualmente con *Sanctuary*, comprado en Bucholds en 1950. El profesor Tierno Galván, indica Morán, estaba muy interesado entre 1950 y 1952 por Faulkner, también por Dostoyewski y Graham Greene; él fue quien le orientó hacia el escritor norteamericano a quien leyó casi en su totalidad antes de salir destinado hacia Sudáfrica. Encontró en ese país un eco del mundo sudista que Faulkner creaba. Las lecturas de Morán nunca estuvieron mediatizadas por la censura, ya que «el acceder directamente al inglés le facilitaba mucho las cosas», por eso su impresión de Faulkner tiene un carácter más objetivo y crítico; no constituyó un símbolo de rebeldía o una conquista. Su lectura se aproxima a la que hicieron los novelistas que empezaron su formación literaria en los años sesenta, cuando al suavizarse la censura, se había hecho natural y hasta obligado el acceso a los maestros de la novela contemporánea.

Elena Quiroga leyó la traducción de *Sanctuary* [107] en 1951, «encontré en esta novela un mundo cerrado y lleno de melodía. Una manera nueva de escribir que ha quedado ya para siempre». Su caso, como el de Ana María Matute o el de Delibes, es de afinidad vital. Faulkner ofrece muchas de las preferencias temáticas existenciales de estos novelistas que incorporan la lectura de Faulkner a su manera de narrar. Se produce una reavivación, un

106. Información procedente de una entrevista con Fernando Morán llevada a cabo en septiembre de 1973.
107. Datos procedentes de una entrevista concedida por Elena Quiroga a la autora de este trabajo en octubre de 1973.

brío nuevo en la revelación del mundo que ya antes se había expresado, pero ahora se hace con unos instrumentos técnicos más poderosos: «Era la búsqueda y el hallazgo de Faulkner una tarea vital, como el que va a buscar el pan y el vino. No se trataba exactamente de influencias, sino de escribir después de él. Ahora no se puede salir a la calle en una bicicleta de tres ruedas, o algo arcaico; se usa el coche, se usa lo que ya está descubierto como útil.» Esta afirmación por lo rotunda y convencida recuerda a las similares hechas por Jorge Ferrer Vidal o Juan Benet. La lectura de Elena Quiroga es también muy personal; su novela no buscó adherirse a la narrativa de la problemática social, una circunstancia que aleja momentáneamente su obra del interés de la mayor parte de sus compañeros de letras y de algunos críticos. La novelista subraya el carácter de aislado de sus lecturas: «El descubrimiento lo hice sola y fue un hallazgo personal porque durante muchos años viví en soledad. Encontré en Faulkner una voz poderosa, es otra manera de enfocar las vidas. Leí por esta época también todo lo que publicaba Margueritte Duras, Alain Robbe-Grillet, Carson McCullers, Camus, Sartre. La literatura española de entonces me parecía que estaba en un túnel oscuro.» Leyó traducciones hispanoamericanas de la obra de Faulkner, pero también varias de las francesas. A esta novelista le interesa el tiempo: «Faulkner detiene el tiempo, detiene a los personajes y habla de ellos y es como si los enfocara bajo una luz poderosísima: hasta los más vulgares cobran relieve. Todo adquiere significación, volumen, los movimientos, los gestos. Los detiene como Josué quiso detener el sol.» También habla de la vida que se despliega en las novelas, «no importan los temas, sino la vida humana que revelan. Es más bien querer saber qué hay detrás de los temas. Los personajes no obran de manera inmotivada, sí tienen motivaciones, pero Faulkner no las señala, ahí están». La técnica constituye a juicio de Elena Quiroga un aspecto de las influencias superficial y poco digerido en la época, pero fácilmente discernible: «La técnica en Faulkner es verdad, no es artificio.»

Fernando Ainsa leyó en Palma de Mallorca, en 1953 o 1954, *Mientras agonizo*, y a partir de esta novela comenzó una afición que se continuaría después de su emigración a Uruguay. Ana María Matute es también lectora de Faulkner a partir de 1954, ya que antes de esa fecha no menciona su nombre en entrevistas. A partir de ese año es frecuente encontrar declaraciones como, «me siento atraída en primer lugar por todo Faulkner».[108] Su caso, como el de Delibes, es de una actitud vital bastante similar a la del novelista americano, que encuentra en primer lugar una comunión con muchos de sus principios existenciales y, en segundo, una manera de novelar rica en sugerencias técnicas que comienzan a aparecer en sus respectivas obras a raíz de sus primeras lecturas de Faulkner.[109]

Al concluir el decenio de los años cincuenta contamos, pues, con un amplio panorama de lectores que dispensaron al novelista norteamericano un recibimiento generoso, si bien el acceso a la mayor parte de las obras era todavía difícil. En 1961, una encuesta periodística hace un resumen de las preferencias de los novelistas hasta aquel momento, bajo el título «Cuáles son las diez mejores novelas del siglo xx»; el autor Luis Sastre concluye: «Los autores más citados son Faulkner, Mann, Huxley y Bernanos.»[110] Los escritores que inician su carrera en esta década unen a un afán de renovación el deseo de observar con atención la realidad que les rodea e interpretarla en muy variadas maneras, de acuerdo con sus respectivas sensibilidades. El estímulo y la influencia para llevar a cabo la renovación le llega más del exterior que de la literatura nacional, que realmente entre tantos de ellos despertaba recelo, cuando no franca hostilidad. La novela francesa, la italiana, la americana suelen ser conocidas y apreciada por encima de las demás; esta última tiene como favorito a William Faulkner por cuestiones de afinidad temática, ambiental y temperamental, aunque la ideología de muchos de los lectores rechazara teóricamente su aparente falta de compromiso con una denuncia social.

108. Antonio Núñez, «Encuesta con Ana María Matute», *Ínsula* (15 de septiembre de 1965), p. 7.
109. Aunque no nos ha sido posible establecer con claridad el comienzo de las lecturas de Faulkner hechas por Delibes, a partir de la aparición de *Las ratas* (1962), se observa un cambio en su manera de tratar el material novelístico que puede estar emparentado con esas primeras lecturas.
110. Luis Sastre, «¿Cuáles son las diez mejores novelas del siglo xx?», *La Estafeta Literaria*, n.os 222-223 (agosto-diciembre, 1971), p. 2.

LA INCIDENCIA DE FAULKNER EN LA NOVELA DE LOS AÑOS CINCUENTA. UN CASO DE ATRICIÓN: LA CARETA COMO EXAMEN DE CONCIENCIA NACIONAL

> «Era la búsqueda y el hallazgo de Faulkner una
> tarea vital, como el que va a buscar el pan y el
> vino.»
>
> (Elena QUIROGA)

El espíritu independiente de Elena Quiroga, alejándola de capillas y consignas, impulsa una obra que significa un paso adelante en la trayectoria de la novela de posguerra. Iglesias Laguna la describe como «escritora de andadura lenta pero firme».[111] Calificar de lenta a una mujer que en el decenio que nos ocupa escribió ocho novelas es inexacto. Más acertado admitir, con la propia autora, que a pesar del temprano premio Nadal recibido (*Viento del norte*, 1950), la crítica fue remisa para reconocer unos méritos, una tenacidad y un sentido de las exigencias de la narración que encuentra difícil paralelo en las novelas del decenio.[112] Con palabras de la propia novelista, se puede decir que «la crítica va siempre kilómetros detrás de la producción».[113] Si bien Dámaso Santos enumera las virtudes de la novelista, «orden, lucidez, confrontación y superposición de planos de acción que nos descubren zonas oscuras de los humanos, recuerdos de una extraordinaria fuerza poética, caracteres difíciles y complicados» y los defectos son mucho menos numerosos, «rigidez», «estudiada exhibición», «excesivo apresto».[114] Alborg declara que «el exceso de virtuosismo [de *La careta*] fatiga y no satisface».[115] José Corrales Egea no es riguroso al calificar a la novelista de «más seguido-

---

111. Antonio IGLESIAS LAGUNA, p. 270.
112. Las obras publicadas por Elena QUIROGA durante estos diez u once años son *Viento del Norte* (Premio Nadal 1950), *La sangre* (1952), *Algo pasa en la calle* (1954), *La careta* (1955), *La enferma* (1955), *Plácida la joven* (1956), *La última corrida* (1958), *Tristura* (1960).
113. *Cf.* las opiniones de Phyllis Z. BORING en su artículo «Faulkner en España, el caso de Elena Quiroga», *Comparative Literature Studies*, 14, 2 (1977), pp. 166-176.
114. Dámaso SANTOS, *Generaciones juntas* (Madrid: Bullón, 1962), pp. 261-262.
115. Juan Luis ALBORG, *Hora actual de la novela española* (Madrid: Taurus, 1958), p. 210.

ra que promotora... un caso de escritor que sigue, que se incorpora a los movimientos literarios ya en marcha o simplemente anteriores, pero que de por sí no innova ni llega a adquirir un sello plenamente distintivo y personal».[116] Eugenio de Nora le reconoce méritos, pero para él la obra posee «una casi feliz inconcreción como de adolescencia espiritual»,[117] las innovaciones son poco menos que una rémora; refiriéndose a *La careta* hay casi una acusación de falta de originalidad al detectar en ella una «técnica visible y deliberadamente faulkneriana». Gonzalo Sobejano sitúa a esta escritora en la línea de «novela existencial», cerca de Fernández de la Reguera y no tan alejada de Suárez Carreño, parentesco claro, ya que los tres escritores participan del impulso hacia una renovación de técnicas y temas, y los tres buscan y encuentran en William Faulkner espejo e inspiración. La coincidencia temperamental en los mundos creados por la escritora gallega-madrileña y el escritor sureño se advierte en el ambiente como espacio físico y temporal y en la utilización de unas modalidades técnicas derivadas de Faulkner y rápidamente reconocidas como imprescindibles por Elena Quiroga. Recordemos la declaración citada más arriba: «Para mí el descubrimiento de Faulkner fue un enriquecimiento de la fórmula novelística. No se trataba exactamente de influencias, sino de escribir después...» Quiroga niega que la influencia fuera, como sugiere Eugenio G. de Nora, paralizante. Las características que más le interesan esa manera de novelar son: «El ritmo de su narración total, la voz musical potente que crea el mundo, el uso del tiempo, el papel de la infancia en la realidad del hombre adulto, la relación entre el subconsciente y lo real de la vida, su poesía oscura y su misterio, la técnica y las estructuras, el montaje de la novela porque es real y no artificioso y, finalmente, las imágenes bíblicas y el uso que hace de la mitología.» Estas observaciones ponen de relieve una lectura penetrante a partir de la cual profundizará en sus propios recursos.

116. José CORRALES EGEA, p. 119.
117. Eugenio G. DE NORA, *La novela española contemporánea*, *III* (Madrid: Gredos, 1962), p. 121.

La careta (1955), es una obra de gran interés en la carrera de su autora y lo es también en el itinerario de la novela española de los años cincuenta. Supone una madurez narrativa al servicio de un planteamiento moral existencial que tiene como telón de fondo la guerra civil. La confrontación y la continuidad del mundo infantil y el mundo adulto recuerdan un enfoque frecuente en las obras de Faulkner, cuyo resultado evoca el conflicto ético de la conducta humana. La infancia y la edad madura no son más que los extremos del eje en el que se mantiene el equilibrio inocencia-culpa y autenticidad-convencionalismo cuya solución final queda reducida a la ecuación verdad-mentira. Este planteamiento del mal, la responsabilidad, la verdad y la autoaceptación o la mentira y el autorrechazo presenta un gran parecido con *Requiem for a Nun*.

El hecho de que el problema de *La careta* trate de abarcar la raíz del mal, remonta la existencia del mal a la infancia para fijar el momento de la pérdida de la inocencia; este aspecto acerca la novela a *The Sound and the Fury*.

Hay también un enlace con *Santuario*; el mismo título de la obra de Quiroga recuerda el insoluble problema de la de Faulkner: la reacción de la sociedad y del individuo ante el mal; basta cubrir las apariencias de respetabilidad, para que la inocencia, *Southern womanhood outraged* (la ultrajada feminidad sureña), renazca y se restituya. Pero en ese mismo acto de casi heroica, en apariencia, restitución se encuentra la mayor degradación y envilecimiento: la respetada y sufriente víctima es precisamente en ese momento y en ese acto (el juicio), la representación más viva de su corrupción moral. La Temple Drake, cuyo perjurio, que va a costar la vida a Goodwin, es el colmo del sarcasmo debido a la apariencia de víctima secuestrada, adopta una máscara cuya descripción inolvidable quedará como símbolo de la existencia que llevará de ahora en adelante: «Su rostro estaba completamente pálido, las dos manchas rojas como discos de papel pegadas a sus pómulos, la boca pintada violentamente en forma de un arco perfecto, semejante también a una cosa a la vez misteriosa y simbólica, cortada cuidadosamente de un papel purpurino y pegada allí.»[118] Esta máscara constituirá ya la personalidad de Temple hasta que asistamos a su crisis de salvación, ocho años más tarde en *Requiem por una mujer*. En *La careta* se produce un episodio que es paralelo, por su sarcasmo y su funcionalidad en la obra, a esta escena de *Santuario*; es el momento en el que Moisés se da cuenta que lleva una máscara, momento que coincide con el ápice de su exaltación por parte de sus primos, ante los que aparece como una víctima, un mártir y un héroe. La admiración que suscita va en razón directa con los sentimientos de horror, vergüenza y propia execración por parte del niño. Todos se disfrazan; los disfraces manifiestan sus personalidades de niños y su futura vida de adultos: Flavia con «un mantón negro bordado con pájaros de paraíso de diversos colores», Ignacia «con los labios y las pestañas pintadas y un lunar junto al ojo y el pelo, espeso y largo, recogido en un moño opulento sobre la nuca», y Nieves, «tambaleándose sobre zapatos de empinado tacón, con una piel medio apolillada enroscada al cuello».[119] A lo largo de la narración volverá la escena comparando a las mujeres del momento presente con las niñas que fueron, como promesa entonces y realidad ahora. Moisés, que no se ha puesto disfraz, pero que ya guarda su secreto, lleva una máscara invisible, sabe que su secreto será desde entonces su disfraz: «Premio para Moisés.»

Niños y adultos como unidad temporal

La novela presenta dos bloques de material que están divididos por el pasado y el presente o por la infancia y la edad adulta, es decir, por el estado de inocencia o la pérdida de ese estado, particularmente en el protagonista, Moisés. Este enfoque recuerda *El ruido y la furia* más que a otras novelas; la imagen de Caddy subida al árbol para contemplar desde él la escena del velorio de su abuela, se repite en la novela de Faulkner como un emblema

---

118. William FAULKNER, *Santuario*, traducción de Lino Novás Calvo (Madrid: Austral, 1965), p. 193. Todas las referencias a esta novela irán insertas en el texto.

119. Elena QUIROGA, *La careta* (Barcelona: Destino, 1955), p. 34. Todas las referencias a esta novela irán de aquí en adelante insertas en el texto.

del tormento de Quentin. La sexualidad, insinuada en las bragas embarradas de la niña, así como la muerte, serán el futuro inevitable del mundo de la infancia. El símbolo del árbol al que suben los niños de *La careta* y su posible relación con una futura sexualidad es muy explícito y presenta, sin lugar a dudas, parentesco con el de Faulkner. Moisés percibirá a la mujer desdoblada en una triple imagen, Flavia, la muchacha que «subía como un ágil mono y enseñaba los muslos delgados al subir. Pero nadie los miraba, o si miraban era algo puro y liso que no hacía pensar ni sonrojaba, ni oprimía, quizá porque era el viento limpio el que le alzaba las faldas» (LC 19). Flavia será el personaje que, a juicio de Moisés, no perderá nunca la inocencia. El personaje aparece, como el de sus dos hermanas, esbozado pero investido de una importancia imprecisa. ¿Estaba Flavia enamorada de Moisés? ¿Representaba para Moisés un ideal ajeno por completo a la sexualidad, a la manera de urna griega, como con frecuencia el símbolo de pureza aparece en la obra de Faulkner? La crítica norteamericana más reciente tiende a contemplar esta imagen como casi un patrón en la novela de Faulkner, así, por ejemplo, Lena Grove en *Luz de agosto* en quien se detiene el flujo temporal que acosa al resto de los personajes, evocando así el mundo pastoral de Keats en «Oda a una urna griega». El mundo al que pertenece Lena es el de los campesinos por cuyos azarosos y polvorientos caminos el personaje peregrina, no obstante, sus implicaciones son más amplias, «como si se moviera eternamente y sin progreso a través de una urna».[120] Flavia posee también esta serenidad, como Lena, ella no se mancha. «No estabas sucia cuando te vi después ni se había empañado tu gravedad» (LC 20). El concepto de templo o consagración de la vida con el que Faulkner dota a Lena también aparece en Flavia, en contraste con el ambiente agitado, veloz, dominado por la violencia o una sexualidad de tintes perversos. «Él no la miraba a la cara cuando la hallaba así, sino al nacimiento del pelo o a otro lado, porque temía que su mirada se escapase como un perro suelto hacia aquel vientre abombado, bóveda, templo, Flavia, y entonces sería como si gritase

120. David MINTER, *William Faulkner, His Life and Work* (Baltimore: The Johns Hopkins University Press, 1980), p. 130.

con los nervios, con las venas, con su raíz primera y última ¿cómo le dejas?» (LC 76).

A lo largo de la obra, juntamente con el *leit motiv* simbólico de la careta o el disfraz, aparece el del juego del escondite que es paralelo y complementario al tema general de la novela. En el juego Flavia conserva la misma tranquilidad o sabiduría innata que ante el pecado, el mal o el tiempo; siempre sabía dónde se escondían los hermanos y el primo, ella lo sabía como sabía que protegía a Moisés cuando eran pequeños, «está mintiendo para defenderme», y de mayor sabía con qué medios lograba ganarse la vida, cuando para los demás esto era un enigma. Hacia el final de la novela, Flavia de nuevo defiende a Moisés; lo hace en el contexto de la guerra, cuya víctima más manifiesta, a los ojos de toda la familia, es él: «Nos ha tocado no hablar que la vida es difícil, sino vivir que la vida es difícil» (LC 165). Si Flavia lo sabía, si de verdad supiera siempre todo, hubiera podido ser la salvación de Moisés, pero no es así; Moisés frente a Flavia vuelve una y otra vez al sueño de soledad y luto: «Debajo de los árboles paseando con un abrigo negro. El camino no se acababa nunca» (LC 20). Cuando al final de la cena familiar, Moisés pasea su desesperación y borrachera nocturna por unas calles que tampoco parecen acabares nunca, la imagen de Flavia vuelve a acompañarle; Flavia con su vestido rojo entregándose a su marido, tal como él la quisiera imaginar sin lograrlo, pero a su mente acude «no el rostro turbado que viera esta noche durante la fracción de un segundo, sino la imagen pura y distante de Flavia niña, intacta». Este personaje es el camino abierto, la mano tendida que Moisés rechaza.

Ignacia representó desde niña el papel turbador y alienante de la sexualidad degradada. «Le daban asco aquellos quince años de muchacha clamando por la vida» (LC 96). La imagen del árbol, por lo que se refiere a Ignacia, responde claramente a esta falta de inocencia, «sube antes tú, que desde abajo puedes verme» (LC 19). Los dos ejemplos traídos a colación en el caso de Ignacia recuerdan actitudes presentadas en el mundo de Faulkner con respecto a la sexualidad; la primera se acerca a la reacción de Joe Christmas en *Light in August*, ante su iniciación sexual,[121] ante la menstruación; la segunda, a

121. *Cf.* D. MINTER, p. 131.

Caddy Compson en *The Sound and the Fury*, subida en el árbol. La sexualidad expresada asaltando a Moisés en su infancia está también representada por Ignacia en el juego del escondite; la muchacha siempre buscaba y encontraba a su primo, lo perseguía con cierta malicia, «los primos no pueden casarse, Moisés, tienen hijos anormales» (LC 18). Con ella llega a entablar una encarnizada pelea simbólica en la que la provocación sexual de Ignacia y su propia conciencia culpable la convierten en válvula de escape para su frustración y odio de Moisés. «Sintió como un disparo en la sien, un trallazo rojo en los ojos y se encontró rodando con ella sobre las losas de la glorieta.» La escena se superpone en la mente de Moisés a la de la muerte de su madre, la violencia sexual o el mal infligido a los demás se constituyen por primera vez, de manera inconsciente para él aún, en las únicas expansiones de su conciencia torturada: «y golpeaba sin mirar, a puñadas, y supo que hacía una infinidad de tiempo, no sabía cuánto, estaba deseando pegar así, descansar así» (LC 44). También esta característica de Moisés lo aproxima a Joe Christmas, aunque la raíz de la frustración de ambos personajes varíe claramente, como veremos más adelante. Ignacia, de adulta, tampoco ha cambiado, permanece en ella la misma agresividad sexual: «E Ignacia, esta noche, había adivinado sus ojos como ventosas sobre su carne y tuvo miedo» (LC 117). La presencia femenina representada por Ignacia, como opuesta a Flavia, conduce a la soledad.

La tercera niña de los juegos representa directamente la inocencia de la infancia, aunque con la premonición, en el disfraz, de su futuro como mujer. Nieves recuerda con mucha frecuencia el papel de la feminidad en lo que ésta tiene de sugerente y acogedor en la infancia. La infancia de Caddy, en *El ruido y la furia*, posee esta característica. Nieves en el juego del escondite sabía dónde estaba Moisés porque existía entre los primos una compenetración limpia y secreta, más acá de toda culpa: «Atravesaba el césped como un anfiteatro de luna, mientras a Moisés, sin saber por qué, le golpeaba fuertemente el corazón» (LC 42). La niña aparece una y otra vez en su memoria como recuerdo de su propia inocencia perdida: «Nieves fue la única que preguntó, pero era tan pequeña que no dolía. Podía mentirse a Nieves o podía decírsele la verdad, todo sonaría igualmente monstruoso»

(LC 57). La imagen de la niña, unida siempre a la naturaleza limpia, se repite una y otra vez en la novela, el árbol al que se sube: «No puedo, cógeme tú, llévame tú» anuncia como en los casos anteriores su actuación futura: «Creía que los hombres habían nacido para asistirla, que estaban allí solamente para desearla» (LC 15). La niña cuyos cabellos le huelen a Moisés a madreselva recuerda inevitablemente a Caddy Compson y su inocencia perdida; Nieves la pierde cuando en ella se realizan las promesas de la mujer adulta que hay en la niña. Moisés, como Quentin en la novela de Faulkner, siente la separación y la pérdida de uno de los escasos refugios de la memoria atormentada: «Sintió que se le pudrían dentro los gestos indecisos de Nieves, la pequeña, la memoria de su boca suave y tibia, de su mano apoyada en el tronco de la palmera» (LC 125). Nieves, refugio en su atormentado mundo infantil para Moisés, aparece en el mundo adulto de la cena, cortante y fría apoyada en una sexualidad arisca, no muy distante a la maliciosa Ignacia: «Miró despacio a Nieves, ya no era Nieves, la había perdido» (LC 125).

Las tres posibilidades de la alianza del protagonista de *La careta* con la mujer llegan en el presente para evidenciar el fracaso de su existencia: en la persona de Flavia, la respetada por la culpa, la vidente, la sabia, cuyo curso vital ha permanecido inalterado, Moisés siente que otra vez, como en sus años infantiles, se le escurre entre los dedos; en Ignacia, con su falta de inocencia, para confirmar su soledad y su miedo; llega en Nieves el único, auténtico refugio de su pasado que ahora se le escapa. A lo largo de las escasas horas en las que transcurre la acción temporal presente de la novela, realiza un recorrido espiritual por su vida, que le llevará a la huida, a la soledad y al crimen en el mismo lugar de su inocencia perdida, de su nacimiento al mal. Hay en este recorrido y acoso simbólico cierto paralelo con Joe Christmas en *Light in August*.[122]

Moisés por su parte tiene dos existencias, antes y después de los doce años, como consecuencia de su participación activa en el mal, en lo que él considera el asesinato. El convencionalismo social y su propio miedo y co-

---

122. Para Phyllis Boring, éste es un aspecto fundamental de semejanza entre las dos novelas, *cf*. p. 169.

bardía le dan la apariencia de víctima y la esencia de verdugo, tal como ocurre en la novela *Santuario*. Moisés desde los doce años se esconde y lleva una careta, el paraíso del mundo de sus padres, combinado con los veranos compartidos con sus primos, se esfuma cuando regresa a la casa de Galicia después de la guerra. Comienza entonces su vida atormentada de aislamiento espiritual. También sus primos lo tratan de otra manera y el silencio comienza a ahogarlo: «No hay que hablar de eso, no remover» (LC 61). La tía Germana envuelve al niño en un silencio bien intencionado que acabará por sofocarlo. La angustia de Moisés, equiparable a la del niño Joe Christmas en su incidente con la dietista de orfanato, va creciendo en él al par que su sentido de culpabilidad; cuando necesite hablar, ya no podrá, nadie va a venir ya a preguntarle: «Si quieres puedes preguntarme, si quieres... llegó a desear, después de mucho tiempo, sofocado por el silencio. Pero a tía Germana se le había pasado el momento de hablar» (LC 56). Moisés intenta liberarse de su culpa hablando, sabiendo, como admite Temple en *Requiem por una mujer* que sólo con la confesión de toda la penosa verdad podrá comprar el derecho a volver a dormir de noche: «*So how much will I have to tell, say, speak outloud so that anybody with ears can hear it, about Temple Drake, that I never thought that anything on earth, least of all the murder of my child and the execution of a nigger dope-fiend whore, would ever make me tell?*»[123] De la misma manera que a Temple la sociedad la libera de su carga y acepta su disfraz, a Moisés le resulta imposible encontrar unos oídos que lo escuchen. Después del silencio de su tía, recurre a dos confesiones: la primera, con un doble objetivo religioso, búsqueda de perdón por su pecado, y psicológico, búsqueda de perdón ante sí mismo. No logra sino fracasar y ahondar más en su propia soledad. Temple en el *Requiem* no sólo es empujada hacia una confesión; Gavin Stevens, Nancy y el Gobernador la fuerzan a ella, la obligan a arrojar la careta. Nancy, en sus esfuerzos para salvar a Temple y a uno de los niños, sacrifica a la otra criatura

123. «Así que ¿cuánto tendré que contar, decir, hablar en alto para que quien tenga oídos pueda oír lo de Temple Drake, lo que nunca creí que nada en el mundo y menos el asesinato de mi hija y la ejecución de una puta toxicómana negra me haría decir?», William FAULKNER, *Requiem for a Nun* (Londres: Penguin Books, 1965), p. 108.

y ofrece su propia vida. El papel de Nancy pasa así de *dope-fiend whore,* puta toxicómana, a *nun,* monja, y el de Temple de víctima a verdugo que, finalmente, reconociendo su propia responsabilidad, quiere aceptar su culpa y pagar por ella. Moisés, en cambio, no sólo encuentra el silencio y la incomprensión, sino el rechazo de su verdad: «No me lo pueden creer, no me lo dejan decir» (LC 129). El resultado de esa primera tentativa de salvación fue la pérdida de la fe y una aceptación de su maldad. Vuelve a confesarse de adulto y esta vez no por motivos religiosos, sino de escueta supervivencia psicológica. Busca otros oídos para volver a gritar la misma verdad que ha destruido su vida, pero la confesión permanece borrosa otra vez, ambigua; Moisés es incapaz de afinar su explicación, la borrachera, reconocida por el sacerdote, enturbia el acto, dejándolo en una opacidad estéril. La reacción del cura permanece grabada en su mente: «No fue pecado, fue un instinto natural. ¿Natural?, luego admitía que el hombre —el niño— fuera ya un monstruo que vivía de la agonía ajena, del dolor ajeno» (LC 150). El mundo cerrado del imperio del mal, sin posible redención, recuerda el enrarecido ambiente de *Santuario.* En un camino inverso al creado por Faulkner para Temple Drake, la reacción de Moisés se encauza hacia la destrucción de la inocencia de su primo Agustín, cuya devoción convertirá sañudamente en una malsana dependencia.

El niño Agustín, que tanto se parece físicamente a Flavia, reacciona ante la tragedia de su primo con una avalancha de amor y dependencia que ya nunca le abandonará. En el momento de la cena familiar, o punto cero de orientación temporal en la novela, se muestra este tipo de dependencia. El masoquismo arranca desde el momento en que Moisés, inmerso en su desgracia, tiene como única reacción el infligir en su primo el dolor que siente dentro de sí. Moisés logra convertir a su primo en su otro yo, pero un yo totalmente degradado en el que sacude todo su odio, amargura y frustración. Gradualmente Agustín se convierte en el crimen ambulante de Moisés, el negativo de su destruida imagen espiritual.

En el mundo representado por *La careta* se ven dos líneas de tensión principales que generan la dinámica de la obra. La relación de Moisés con el resto de los personajes provee la dimensión completa de su trayectoria en el tiempo, con una vertiente retrospectiva en sus primas y otra que es también retrospectiva y se refiere a Agustín, pero que provoca una gran parte de prospección. La otra fuente de tensión es la producida por Moisés consigo mismo, con su mentira, es decir, el conflicto de sus dos personalidades. Son relaciones que en el fondo se corresponden, pues Agustín ha pasado a representar para Moisés su yo más degradado. El final de la novela presenta una crisis que en realidad no soluciona nada. Cuando Moisés completa su círculo vital, a base de retrospecciones, y su círculo espacial (al regresar al final de su largo callejeo, a la puerta de la casa en la que de niño aceleró la muerte de su madre), hay también un intento de homicidio-suicidio en la lucha fratricida de los dos primos. Después del probable homicidio Moisés continúa su enajenado deambular. La novela en su objetivo estético final se propone, a la manera de *Santuario*, asaltar al lector más que informarle.[124] El mundo presentado posee una rigidez y una desesperanza que rechaza el tipo de salvación que se ofrece en *Requiem for a Nun*.

El papel del narrador

En su momento la dificultad relativa de la obra causó un reproche general. La novela, en efecto, requiere una lectura atenta, porque al reflejar la vida asediada por el tiempo y contaminada por el mal, postula unos medios técnicos muy inusitados en la España de 1955. La narración se despliega a partir de una tercera persona y expone el mundo consciente del personaje en el presente narrativo y en el pasado que recuerda. El lector percibe, además, algo que el mismo personaje no ve, pero que a veces imagina; el aspecto exterior y sus actuaciones tal como se ven desde una perspectiva externa a él, como lo pueden ver los personajes que lo rodean o la conciencia narrativa; por último, tenemos una perspectiva más honda, la del subconsciente del personaje. Para reavivar los recuerdos en secuencias de tensión emocional es frecuente el uso de monólogo interior directo y, en consecuencia, el paso de la tercera a la primera persona singular. Cuando las incursiones en el subconsciente se refieren al pre-

---

124. David MINTER desarrolla esta idea, *cf.* p. 199.

sente, el monólogo interior que resulta es indirecto y refleja un flujo de consciencia muy definido. Faulkner usa mucho esta técnica en *Luz de agosto* y *Las palmeras salvajes* y tal ocurre en la escena final de la novela de Quiroga. Pequeña muestra de este parecido es la forzada visita de Joe Brown/Lucas Burch a la cabaña en la que Lena ha dado a luz, en *Luz de agosto*. En la escena de *La careta* Moisés corre por las calles: «La calle de Lista, hacia Serrano de nuevo... Dudó, ¿hacia Serrano o La Castellana? Pasaba un taxi, otro coche. No dudar. Desandar. "Voy a Chamartín." No tenía sueño, ansia de llegar y de pronto se arrimó a la pared y vomitó» (LC 212). Veamos un proceso parecido en la novela de Faulkner: *The chair which Hightower had drawn up was besides the cot. He had already remarked it.* She had it all ready for me *he thought. Again he cursed, soundlees, badgened, furious.* Them bastards. Them bastards. *But his face was quite smooth when he sat down*» (LA 407).[125] En los dos casos el lector está al mismo tiempo dentro y fuera de la conciencia del personaje. En un nivel, se percibe la realidad, tal como las exaltadas subjetividades las interpretan, en otro, se presenta una visión externa, pero también interpretada por la conciencia narrativa con la que se identifica el propio lector.

Los planos temporales esenciales son dos, el pasado y el presente. Éste tiene cinco puntos cero de representación o puntos de arranque ordenados cronológicamente: cena, sobremesa, despedida, callejeo nocturno y pelea. Se provee con ellos dinamismo y prospección, pero su aparición en la novela no es lineal, sino continuamente alterada y entreverada por los constante asaltos del pasado (como dijera Gavin Stevens en *Requiem*: «*There is no such a thing as past*» [«Nada de que existe el pasado»]). Esta técnica de prospecciones desde el presente, y de retrospecciones al pasado, se acerca a la empleada por Faulkner en *Luz de agosto* y *El ruido y la furia*. Particularmente, esta última ofrece una narración de tiempo pasado dividido en unos cuantos episodios a los que Benjy y Quentin vuelven una y otra vez de manera desordenada y acrónica; su afloración en la memoria de los perso-

125. «La silla que Hightower había acercado estaba ya junto al camastro. Ya lo había notado. *Lo tenía todo montado*, pensó. Otra vez volvió a maldecir, sin pronunciar sonido, fastidiado, furioso. *Bastardos. Bastardos.* Pero tenía la expresión tranquila cuando se sentó.»

najes está condicionada por asociaciones casuales, por eso la referencia a ellos es aparentemente arbitraria y caótica y la lectura difícil. En *El ruido y la furia* se observan, por ejemplo, los siguientes núcleos de pasado a los que se hace alusión una y otra vez: La muerte de la abuela (1898), el cambio de nombre de Benjy (1900), la venta de los prados (1909), la boda de Caddy y Sidney Herbert Head (1910)... Otro tanto ocurre en *La careta*, donde las alusiones al pasado son las siguientes: veranos en Vigo y estancia en el colegio en Madrid, guerra y muerte de los padres, marcha de Madrid y llegada a Vigo —primer verano después de la guerra—, llegada de la tía Elisabeth, el escondite, los disfraces, adolescencia, expulsión del colegio e ingreso en el Instituto. Descubrimiento del prostíbulo, conversación con el padre de sus primos, boda de Flavia y muerte de tía Germana y, por último, residencia en Madrid, trabajo como inspector en el colegio, relación con Agustín y Choni, Bernardo y Constanza. Como en las novelas de Faulkner el lector tiene que ordenar estos datos.

Refiriéndose tanto al presente como al pasado existen algunas escenas imaginadas, una de ellas es la primera. Tal escena no llega a ocurrir, pero funcionalmente vale para presentar la manera de ser de los primos, según los interpreta Moisés. Hay otras escenas imaginadas, en el pasado, que Moisés reproduce, cuya realidad no llegamos a comprobar aunque resulten verosímiles; son escenas presentadas directamente, tal como transcurren en la imaginación del protagonista. Se refieren a la conversación entre Flavia y su marido antes de partir ésta para la cena y a las escenas de la adolescencia e infancia de Constanza. Faulkner utiliza este recurso de manera extensa en *¡Absalón, Absalón!* y de manera más afín a la de *La careta* en *Las palmeras salvajes*.

La manera de presentar la totalidad de la información se aproxima a *Santuario*. Hay varios envites a los hechos, pero todos se presentan de manera parcial. Únicamente después de conocer la totalidad, en el caso de *Santuario* durante el juicio, en el de *La careta* en la anteúltima escena, se llega a conocer el alcance total de la novela. Esta técnica dota al tiempo novelesco de una tercera dimensión, la profundidad, que el lector conquista en el proceso de la lectura y el personaje en su proceso de concienciación de la existencia.

Nos hallamos ante una novela lograda, pero no valorada en su justo precio en el momento de su aparición. Su importancia sólo se vislumbra en retrospectiva, después de que otras que plantearon los mismos problemas salieran a la luz. En esta obra se contempla por primera vez el tema de la culpabilidad y responsabilidad individual y social ante la guerra y ante la existencia del mal; aspectos que han preocupado después a los novelistas y cuyas raíces hay que buscarlas, entre otras novelas, en *La careta*. Es de justicia, pues, asignar a esta novela el mérito que le corresponde al tener en cuenta el itinerario de la novela de la posguerra.

EL PESO DE UN LEGADO: LOS HIJOS MUERTOS

> «El oficio de escribir es también una forma de protesta.»
>
> (Ana María MATUTE)

Los premios de Crítica 1958 y Nacional de Literatura de 1959, ganados por *Los hijos muertos* de Ana María Matute, indican la estima con la que se recibió la novela. A diferencia de Elena Quiroga, la escritora catalana siempre fue considerada como parte del movimiento renovador de los años cincuenta. Su catalogación no fue fácil dado el temperamento libre de Ana María Matute. Por vivir en Cataluña y pertenecer generacionalmente al grupo que tanta resonancia nacional tuvo, se incluía a la escritora en el grupo llamado por Castellet de «realismo histórico».[126] Eugenio de Nora y Corrales Egea la sitúan dentro de la línea de la «nueva oleada».[127] Alborg no la coloca en ningún lugar concreto y advierte que hay en sus páginas «una dislocación arbitraria, una "literaria" ficción».[128] La opinión no se ha visto sustancialmente cambiada por la crítica más reciente; según Sobejano «el mensaje de Ana María Matute no es dudoso: el odio

---

126. J. M. CASTELLET, «La joven generación española...», p. 151.
127. Eugenio G. DE NORA, *La novela española contemporánea, III*, pp. 66 y ss. José CORRALES EGEA puntualiza que la escritora si bien pertenece al grupo, ocupa un lugar «verdaderamente aparte», *La novela española...*, p. 105.
128. J. L. ALBORG, *Hora actual...*, p. 193.

arruina a las familias y a los pueblos, y sólo el amor a los otros y la proyección activa de este amor puede salvar de la ruina moral, aunque lo más sólito es que los moralmente salvados sucumban al atropello de los portadores del odio».[129] Este crítico señala como defectos, que una gran parte de los personajes «resulten invalidados por su maldad excesiva... o por su idealizada perfección o santidad», también denuncia «excrecencias retóricas».[130] Ignacio Soldevila pone de manifiesto que esas características, que a juicio de los críticos ha constituido los defectos o las virtudes de la novelista, son en última instancia los auténticos recursos con los que se construyen las narraciones.[131] La lectura de Faulkner reforzará, sin duda, estas discutidas cualidades. *Los hijos muertos* por ser obra ambiciosa que replantea varios temas de novelas aparecidas con anterioridad, es un modelo muy apto para constatar el conocimiento del mundo faulkneriano que poseía Matute en aquellos años y la incidencia en su propia creación. Como ya hemos dicho, estas lecturas son posteriores a 1953, aunque se inicien poco después de ese año.[132] Para entonces ya había escrito *Los Abel* (1948) y *Pequeño teatro* (1954). La afinidad de temperamento en ambos escritores puede comprobarse al observar la cantidad de elementos comunes que aparecen, por ejemplo, entre *El ruido y la furia* y *Los Abel*: un mundo cerrado, casi mágico, de unos niños hijos de familia burguesa; la casa de campo en la que se crían, las diversas relaciones que surgen entre estos hermanos y el sentimiento de odio que prevalece, el papel pasivo de los padres, el activo de la criada, el papel estelar de la hermana, la guerra civil, etc. Los puntos de contacto no denotan influencia sino afinidad, ahora bien, incluso en un orden temático pero sobre todo en el proceso de maduración artística, es razonable relacionar con Faulkner lo que va de *Los Abel* a *Los hijos muertos*.

Tres aspectos comunes se perciben en las obras de ambos escritores: el problema que entraña la existencia

129. Gonzalo Sobejano, *Novela española de nuestro tiempo*, p. 479.
130. *Ibid.*, p. 480.
131. *Cf.* Soldevila Durante, *La novela desde 1936*, p. 253.
132. Aparte de su admiración por William Faulkner, la novelista no precisó a esta investigadora fechas concretas, pero su biógrafa, Rosa Roma, sitúa por esta época esas primeras lecturas. *Cf.* Rosa Roma, *Ana María Matute* (Madrid: EPESA, 1971), p. 51.

humana sujeta al del tiempo, la palabra como instrumento de comunicación y la incidencia de la literatura y la palabra escrita en la vida. Estos aspectos habían llamado la atención en España en años anteriores. José Suárez Carreño se planteó el problema del ser humano inmerso en el tiempo; Ricardo Fernández de la Reguera abordó el tema de la relación entre vida y literatura y Elena Quiroga, como también otros escritores durante estos años (particularmente Camilo José Cela), buscaron en la palabra literaria un instrumento artístico capaz de expresar de manera eficaz las profundidades de la experiencia humana. Todas estas novelas fueron sin duda conocidas por Ana María Matute. Para ella, como para esos escritores, Faulkner es un punto común de referencia y estímulo.

Herencia y proyecto

En *Los hijos muertos* se percibe un eco general de Faulkner, ya que sus premisas coinciden. Faulkner escribe «sobre la gente, el hombre en su lucha constante con su propio corazón, con el corazón de los otros, con sus propias circunstancias»,[133] y esta movilidad y constante dialéctica, en la que se proyecta la vida humana, es también el eje de la obra de Ana María Matute. Aparecen en *Los hijos muertos* aspectos tratados en *El ruido y la furia, Desciende, Moisés, ¡Absalón, Absalón!*: el nacimiento, el esplendor y la decadencia de dinastías familiares y la relación entre vida y tradición.[134] Los personajes responden de forma libre aunque condicionada, tal como se percibe en *Los hijos muertos* y en *Desciende, Moisés*. El tiempo abarcado en ambas novelas es el inmemorial de inocencia, de tierra libre de los indios, al de tierra mancillada por el dinero, vendida y comprada en un pasado ya remoto. A esta etapa corresponde la de las tierras explotadas y roturadas del Duque en la novela de Matute; dueño de la tierra por derecho de clase, injusto como Ike-

133. «About people, man in his constant struggle with his own heart, the hearts of others, and his environment», *Faulkner in the University, Class Conferences at the University of Virginia, 1957-1958*. Frederick L. Gwynn y Joseph L. Blotner edit. (Charlottesville: University of Virginia Press, 1959), p. 239.
134. *Cf.* la idea de la evolución del mundo faulkneriano en sucesivas etapas explicada por GARY LEE STONUM, p. 81.

mobutu, que arrojó a su propio hijo Sam Fathers, a la esclavitud. A la crueldad y dureza de corazón del jefe, sucede la aún más cruda tiranía originada por la venganza del explotado, transformado en explotador. Así Sutpen concibe su proyecto egoísta y cruel en *¡Absalón, Absalón!*, como el primer Corvo en *Los hijos muertos*. Sutpen Hundreds y *La Encrucijada* son la respuesta vengativa de unos hombres que deciden dar vida a cualquier precio a sus ambiciones. Pero es un proyecto viciado: como Ikenombutu en *Go Down, Moses* rechaza al hijo de la esclava, el de sangre mezclada, es decir, Sam Fathers, y Sutpen rechaza a su primera esposa y a su hijo, Charles Bon, por las mismas razones en *¡Absalón, Absalón!*, el abuelo indiano de Daniel, tan rapaz como los Corvo, rechaza a su amante y a su hija y Gerardo Corvo e Isabel repudian a Elías y a Daniel. También en *Desciende, Moisés*, Lucius Quintus McCaslin rechaza a su hijo Turl, de forma que la lucha por unos principios legítimos en su origen se enturbia y se ensangrienta con la continuidad de los mismos códigos injustos; este ciclo se repite en *Los hijos muertos*, donde los Corvo luchan contra la tiranía del Duque; Daniel lucha contra la tiranía de los Corvo, Miguel lucha contra los ricos y contra el mismo Daniel, también convertido en tirano; Santa y Diego Herrera luchan a su vez contra la crueldad del joven Miguel. En esta cadena, los Corvo, los Sutpen, los McCaslin repiten la maldición: si ellos sintieron el dolor de la humillación que les llevó a la protesta, labrar una fortuna (Sutpen y Corvo), o renegar de una fortuna (Ike y Daniel), estos proyectos son a su vez estériles, porque al llevarlos a cabo con la exclusión del prójimo se desintegra el ideal.

El tiempo es un factor que actúa en la elaboración de estos proyectos tanto en las novelas de Faulkner como en las de Ana María Matute. *Los hijos muertos* se centran principalmente en dos personajes, Daniel Corvo y Miguel Hernández; ambos poseen proyectos vitales que van directamente en contra de sus circunstancias y están separados entre sí por una generación. Ambos no son en la perspectiva total más que eslabones de una cadena que, por estar proyectada en el tiempo, tanto hacia el pasado como hacia el futuro, no presenta límites específicos. Daniel responde a unas circunstancias familiares en las que se mezclan la avaricia, el egoísmo y la hipocresía. Se ve rechazado a causa de su sangre negra; «Daniel Corvo, nieto de criada y cuatrero»[135] tratado como un objeto para cumplir los designios de los demás Corvo, particularmente de Isabel, concibe el designio de huir de los suyos para redimir su vida y solidarizarse con los otros, los que no forman parte del mundo cerrado de su familia. Su amor a la tierra que le pertenece por herencia se manifiesta en un rechazo de su posesión. En esta ansia de justicia y de redención, incluso en un afán de retribución que reconoce para rechazarlos los pecados de su herencia, Daniel Corvo se parece a Ike McCaslin en «The Bear». Cuando Ike cumple veintiún años adopta una determinación, «*not against the wilderness, but against the tamed land which was to have been his heritage*»[136] y, como Daniel, renuncia a su herencia, que está manchada de sangre y avaricia, se une a los explotados y establece con ellos una alianza. Ike piensa que Dios creó la tierra y al hombre «*not to hold for himself and his descendants inviolable, title for ever, generation after generation, but to hold the earth mutual and intact in the communal anonymity of brotherhood*» (GDM 196).[137] Esa tierra está manchada por la hipocresía y la lujuria, cuyas víctimas son los negros de la plantación y los desheredados en la novela de Matute, de modo que los dos jóvenes responden igual ante un pecado del que ellos no se conforman con desentenderse, buscan redimirse.

La caza

Un segundo aspecto que los acerca es la caza. Como parte integrante de la naturaleza, la caza en la infancia de Ike, es un ritual que lleva al conocimiento y comunión con la naturaleza, pero cuando la capacidad de matar y perseguir sirve a un fin de rapacidad, abuso y cri-

135. Ana María MATUTE, *Los hijos muertos* (*Las mejores novelas contemporáneas*, tomo XI) (Barcelona: Planeta, 1969), pp. 905-1483. El resto de las referencias van insertas en el texto.
136. «No contra los bosques, la tierra agreste, sino contra la tierra domesticada que estaba destinada a ser su herencia», William FAULKNER, *Go Down, Moses* (Londres: Penguin Books, 1965), p. 194. Las referencias a esta obra van insertas en el texto.
137. «No para que mantuviese para sí y sus descendientes título inviolable para siempre, generación tras generación, sino para mantener la tierra mutua e intacta en la anónima comunidad fraterna.»

men, la caza es el símbolo de la maldad humana. En los años de la vejez, cuando Ike vuelve a los ya lejanos y casi extintos bosques, existe la prohibición de matar las ciervas para preservar la caza, pero las ciervas son también las mujeres cazadas y violadas, como la mujer mulata, amante de Roth. La caza y muerte de la sierva en la cacería final es el símbolo de la lujuria y la hipocresía, repitiéndose en la historia de los McCaslins, en la violencia contra los hermanos o parientes mestizos. Esta vez, sin embargo, el propio Ike rechaza a la mulata: la muerte y la persecución son la firma del hombre. Ike, que se había imaginado el discurso de Dios: «*I will give him his chance. I will give him warning and foreknowledge too, along with his desire to follow and the power to slay. The woods and the fields he ravages and the game he devastates will be the consequence and signature of his crime and guilt and his punishment*» (GDM 263),[138] y había de redimir no sólo su vida sino el pasado de su sangre, comete el mismo crimen cainita que su abuelo.

En *Los hijos muertos*, Ana María Matute crea un mundo con una visión muy parecida que asimila de la obra de Faulkner, lo que aún entonces sus críticos obsesionados por el color local no habían logrado ver, el tema del cainismo y del mestizaje espiritual expuesto por Robert Penn Warren en su ensayo «The South, the Negro, and Time».[139] Daniel, como Ike, ha hecho su aprendizaje en la vida en la creencia de la solidaridad humana: «Y los eligió. Ya sabía cuál era su pecado: la pobreza. Ya sabía cuál era su mancha, cuál era su maldad: la pobreza. Iría con los suyos...» (LHM 967), es también el que al rebelarse contra los Corvo: «Estoy contra vosotros», como Ike contra los McCaslin, ofrece una esperanza de redención. Cuando pasan los años el ideal se ve erosionado o simplemente ha desaparecido: «Todas las razones se pudren, huelen a carroña con el tiempo» (LHM 1088). Daniel vuelve al bosque, pero ahora es para huir; el bosque que

---

138. «Le daré su oportunidad. Le haré una advertencia y le daré también la capacidad de preveer junto con el deseo de perseguir y el poder matar. Los bosques y los campos que él arrase y la caza que él destruya serán la consecuencia y la firma de su crimen y pecado y su castigo.»

139. Robert PENN WARREN, «Faulkner, the South, the Negro, and Time», en *Faulkner, A Collection...*, pp. 251-271. El artículo apareció por primera vez en *Southern Review*, verano de 1965.

fue escenario del nacimiento de su designio va a ser también el escenario de su traición.

El tema de la caza con una misión simbólica explícita, la caza del zorro en el caso de la persecución de Turl en *Desciende, Moisés* y más aún en la secuencia final de la caza de la gama, aparecen expresando un sentimiento caínita. Algo así ocurre en las continuas referencias a la presencia del lobo en *Los hijos muertos*, sobre todo al final de la novela. El animal al que persigue Daniel es un lobo; existe el mismo paralelismo entre gama-hembra humana en *Desciende, Moisés* y lobo-hombre perseguido y perseguidor en *Los hijos muertos*. Daniel sale en persecución del lobo en el momento en que se entera de la fuga de Miguel y encuentra a éste en una postura específicamente humillada, «el chico estaba debajo de las rocas, en el principio del barranco, tal como lo había presentido: bebiendo agua de la poza, echado en el suelo, medio oculto entre las jaras» (LHM 1349). Al obligar a Miguel, herido y enfermo, a salir de su escondrijo para entregárselo a los perros, abandona al hermano, a aquel que por formar parte de los desposeídos entraba en su primitiva alianza. Más tarde, Daniel sale de nuevo en persecución del lobo y lo halla, al fin, en la misma postura que a Miguel: «Iría a beber. Estaba seguro de que iría a beber» (LHM 1477), y cuando lo mata oye simultáneamente un segundo disparo. Al salir hacia su caseta arrastrando al lobo, se encuentra con los guardiaciviles que llevan en unas parihuelas hechas con ramas de árboles, el cadáver de Miguel, y se quejan los guardias como él lo hiciera refiriéndose al lobo: «¡...cómo pesa!» (LHM 1478).

Cainismo y mestizaje

Go Down, Moses concluye con la ejecución y el entierro de Samuel Worsham Beauchamps, nieto de Molly. Este muchacho tenía un proyecto vital muy parecido al de Miguel, en la novela de Matute, «*Getting rich too fast*» («hacerse rico demasiado deprisa»), que es también vivir demasiado deprisa; el tiempo que acosó a Daniel y le robó su antigua alianza, es reconocido por Miguel como mortal enemigo: «Yo no sé esperar.» «Yo no puedo esperar» (LHM 1124). La espera no es posible ante el acoso del tiempo. «No puede ser. No puedo esperar. ¿Se dan cuenta de que no puedo esperar?» (LHM 1266). La tensión cainita encuentra amplio eco en el tema de la guerra civil con el trágico colofón de Argelès. En la francesa, refugio de vencidos, se convierte en campo de concentración y nueva carne de cañón para el frente, otro frente. El ideal se ha disuelto, la solidaridad no existe; Daniel se vuelve, como guardabosques de Hegroz, perseguidor de sus antiguos aliados (arrebata las truchas a los pobres niños furtivos, entrega a Miguel). En realidad es mestizo, más que mestizo físico, como los de Faulkner (Charles Bon, Joe Christmas) es mestizo espiritual, que le hace desconocer o renunciar a una posición clara en el mundo: «Santa había organizado una representación allí en plena explanada, entre guardias, curas, contratistas y aquel Daniel Corvo que vaya usted a saber para qué lado se inclinaba» (LHM 1318).

El proyecto vital de Miguel sigue un curso inverso al de Daniel, pero con un resultado semejante. Es una generación más joven y, por lo tanto, se encuentra en un momento inicial, que para Daniel es ya final. Miguel pertenece a la casta de los oprimidos y su ambición, más que formar una alianza con los de arriba, es aprovecharse de lo que aquéllos arrancan a la vida. Su proyecto, como el de Isabel Corvo («Hay que levantar La Encrucijada»), ignora a la comunidad humana; cada uno de los miembros de ésta se convierte para él en un objeto explotable que le facilitará o acaso le estorbará el logro de sus fines, y así como Daniel, pero con signo opuesto, será mestizo entre los suyos: «Pero yo cuando sea mayor quiero ser rico.» El proyecto vital de Miguel que arranca, como en el caso de Ike y de Daniel, de un episodio de su infancia, se parece al de Sutpen en *¡Absalón, Absalón!*: necesita entrar por la puerta grande en ese mundo de privilegios que por su nacimiento se le ha negado; en su consecución, igual que el hacendado sureño, centrará ciegamente su energía: «Yo aquí no me pudro», es su lema, el que le impide escuchar a nadie y le hace cerrar su corazón a toda generosidad. El símbolo explícito del lobo (persecución y muerte) acompañan a Miguel desde sus años adultos, especialmente desde que lo encarcelan. El estrecho y al mismo tiempo lejano parecido entre el perro y el lobo enmarca no sólo la vida de Miguel, sino la de todos los personajes; entre el egoísmo y la solidaridad, entre el terror y la esperanza, entre el crimen y el idealismo se equilibra y se desequilibra la vida humana, con una perpetua erosión que tiende a desvirtuar todo objetivo: «Sí: nos creemos hombres y sólo somos unas grandes o minúsculas trampas para detener cosas que se pierden, para que se nos pudran entre los dientes las viejas cosas que deseamos detener» (LHM 1365), piensa Daniel Corvo. Miguel huye constantemente no sólo de la prisión; en general del acoso del tiempo y del acoso de los demás que se materializa para él en otra frase-clave: «Ya están ahí», que resume su existencia a partir de los tres momentos críticos que recuerda una y otra vez: los ahogados en la playa, el comienzo de la venganza con la borrachera de sangre y vino, los primeros días de la guerra y el tren separándolo de su madre. La crueldad, la venganza y la soledad van a impulsar a Miguel en su búsqueda vital que perpetuará, a su vez, esos mismos crímenes.

A pesar de que el tema de la guerra civil forma parte del fondo de la novela, no se convierte por sí mismo en tema, sino que se integra en una visión global más amplia, que incluye el destino humano ligado al tiempo y a la propia naturaleza del hombre, quien en las palabras que atribuye a Dios, Ike McCaslin posee «una responsabilidad y una advertencia junto con el deseo de perseguir y el poder de matar». La lucha cainita entre los que dividieron y vendieron la tierra, entre los que explotaron a los de abajo, entre los que se explotaron y se mataron entre sí, encuentra un exponente más amplio, pero no más verdadero, en la guerra civil que en la existencia diaria; es otra muestra del mestizaje espiritual que tan alta expresión alcanza en la obra de Faulkner y que ha sido discernido y compartido por Ana María Matute. En una guerra civil, como en una lucha entre razas, lucha entre hermanos, no hay vencedores ni vencidos, la derrota es común. En la lucha por la ejecución de un proyecto vital todos somos igualmente derrotados por el tiempo. Dentro de la novela *Los hijos muertos*, como en las de Faulkner, la inmensa mayoría de los personajes aparece finalmente vencida: vencida Isabel, que aun habiendo logrado su meta, «levantar La Encrucijada», reconoce su victoria como algo muerto: «¿Para qué levantamos la casa, para qué trabajé tanto en La Encrucijada?» (LHM 1110). Vencido Diego Herrera, que habiendo convertido su proyecto vital en mantener vivo un recuerdo, inmutable un ideal, está condenado al fracaso: «Tengo absoluta necesidad de creer, amigo, porque mi hijo no puede morir» (LHM 1088). Vencida la Tanaya que llega a apalear a su propio hijo hasta dejarlo sin sentido; vencida la muchedumbre por la contradicción inherente a la existencia humana, las contradicciones que se manifiestan en los tristes éxodos de la guerra, los colchones llevados a cuestas, señales contradictorias de «apego y huida», juventud y vejez, vida y muerte, identidad y mestizaje, fraternidad y cainismo.

La palabra, puente y victoria

También, como en la generalidad de la obra de Faulkner, la redención de este triste panorama de aspiraciones truncadas —hijos muertos— reside en la misma naturaleza humana, tanto en su capacidad de resistencia para enfrentarse con el tiempo con entereza y dignidad, como en la comunicación que entre los seres hará posible el diálogo, la solidaridad: la palabra. Pero no hay que olvidar que la palabra puede ser también el vehículo de odio y del desacuerdo. Daniel en el momento de su traición final, sólo piensa como salvación posible, en la palabra: «Vuelve acá, muchacho, vuelve acá y habla. Dime algo, convénceme de algo» (LHM 1473). La palabra, a lo largo de la novela, constituye un pespunte que guía hacia el corazón. Pero a veces las palabras sobran: «Diego Herrera hablaba muy poco... No se le conocía por las palabras: se le conocía por los hechos» (LHM 1261). Tampoco Verónica hablaba con Daniel, le bastaba, como a Mónica, con escuchar («Cómo escucha esta muchacha», piensa Miguel). Las palabras pueden ser engañosas, «palabras era lo único que hasta entonces recibieron las mujeres. Y desconfiaban de las palabras» (LHM 1261); porque la palabra puede marcar más la brecha que separa a unos seres de los otros, como las que profiere Isabel para empequeñecer a Daniel: «Las palabras, pequeñas pobres, como el polvo gris que ensucia el paladar, el polvo gris y fino de las cunetas, el polvo que tiñe el borde de los labios» (LHM 999), o las que no dice por miedo de que traicionen su roído secreto, en el confesionario, «se tapó los labios con la mano, apretándolos para no hablar» (LHM

1104). A veces es la represión externa la que no deja articular las palabras: «Con la garganta llena de gritos mudos, acechantes, con los dientes podridos de palabras tragadas, mordidas» (LHM 1184). En la guerra tampoco se puede hablar, no hay tiempo. No obstante, en las palabras reside la última esperanza del ser humano, son una salida del propio hundimiento, de la soledad: «Una y otra vez llenaba el cantarillo y se lo daba. Y después el agua, los prisioneros preguntaban. Pedían palabras, palabras» (LHM 1063). Cuando la actitud es solidaria, Diego Herrera, viene el diálogo: «Beberemos una copa y hablaremos» (LHM 1081). Piensa Miguel, el huraño, encerrado en sus propias ambiciones: «Nunca creí que pudieran necesitarse de esta forma las palabras de otro» (LHM 1390). Pero, con frecuencia, las palabras se olvidan, se pierden, no se escuchan, Miguel no escucha a Diego ni escucha a Santa: «Es triste que las mejores palabras no lleguen al corazón» (LHM 1089).

Este tratamiento de la palabra hablada arranca a *Los hijos muertos* resplandores que iluminan la propia función de la novela. En *¡Absalón, Absalón!* Faulkner examina también la palabra más perdurable, la que hace que ese rayo de solidaridad y de conocimiento, que puede expresarse con la lengua, se convierta en algo permanente que pueda vencer al tiempo. La palabra se convierte en tradición y cultura, comunicación entre épocas distintas. Como ya se ha mencionado, *Las palmeras salvajes* se plantean este problema de la relación entre la vida y la palabra artística. *Desciende, Moisés* construye el examen de la vida, más bien por medio de la palabra escrita como documento o historia.[140] En *Los hijos muertos* la palabra escrita se observa desde una perspectiva estética e histórica: «A los hombres les atraen los que sufren, los que tienen miedo, los que van a morir. Les gusta asomarse a la cara de los muertos, de los amenazados, de los vencidos. Luego escupen o lloran o sonríen o dicen "Cuánta pobreza" y se van a contarlo, a olvidarlo, a escribirlo» (LHM 1219). Los que lo cuentan y los que lo escriben pueden tener una misma actitud, pero el que escribe establece una comunicación más allá de su

140. *Cf.* Stonum, pp. 158-159, en las que se refiere al uso de textos literarios y no literarios en la construcción de la novela; Minter califica la novela de «paradigma de la relación entre lector y texto», p. 188.

propio ámbito vital. La palabra adquiere en este caso doble significación. En la propia novela los personajes también leen y es la lectura la que, con frecuencia, condiciona sus actuaciones. En *La Encrucijada* hay personajes con proyectos vitales positivos que leen, como David y su padre: «Tu padre debió tener buena madera —decía Patinito pasando golosamente las páginas—, lástima que se lo comió el ambiente» (LHM 991). A partir de esos libros se va a configurar la personalidad de Daniel: «Todos aquellos libros... poco a poco iban ensanchándole el mundo, corazón adentro...» (LHM 926). Isabel tiene horror a la lectura y la considera perniciosa, postura que cuadra con su personalidad de falseamiento religioso que teme la subversión y la pérdida de tiempo. Gerardo, un personaje estéril en todos los conceptos, incluyendo su propia función en la novela, no lee. Mónica intenta leer, pero no entiende y abandona la lectura; Verónica nunca tuvo interés por abrir los libros. Mai, la amiga promiscua de Barcelona, no ofrece para Miguel otro atractivo que el sexual, sus intereses intelectuales no son más que pose. Este condicionamiento sexual de la mujer la subyuga por completo, hasta el punto de que la única supervivencia viene por ese camino, como ocurre en el caso de las madres de Miguel y de Patinito. Hay un segundo grupo de mujeres que, representando la verdad y la justicia, tampoco pueden evadirse del condicionamiento sexual y representan las virtudes tradicionales de la mujer, personajes conmovedores por su limpia intensidad; la Monga, que rechaza la falsificación burguesa del piso barcelonés y se vuelve a su pueblo; la Tanaya, que en tantos aspectos recuerda a Dilsey en *El ruido y la furia* o a Molly en *Desciende, Moisés*, Lucía, la mujer del presidiario, que evoca a Ruby en *Santuario*. Las lecturas para los dos grupos de mujeres son insólitas e innecesarias.

La actividad intelectual, el juicio crítico y la ambición de cambiar el mundo vienen siempre por vía masculina. Fuera de *La Encrucijada*, hay personajes que leen y son éstos los que poseen proyectos vitales aceptables: «¿Cómo olvidar al Patinito, con su baúl lleno de libros viejos, en rústica, manoseados, discutidos a lo largo del huerto, en las mañanas del domingo cuando estaban todos en misa, junto al manar fresco de la fuente?» (LHM 991). Este personaje es consecuente con la dirección que ha elegido para su vida, impulsado como Daniel, por las circunstancias y por las lecturas. Su ideal es servicio a los demás, su proyecto vital, por lo tanto, no está sujeto a la erosión del tiempo. Patinito es un personaje opuesto a Miguel, procediendo de la misma extracción y compartiendo muchas de sus experiencias. Los obreros que leen, Enrique Vidal, que trabaja en la imprenta, ofrece esperanza a los que no leen, Mongo, el padre de Miguel, o las hordas sanguinarias que con su venganza nunca alcanzarán justicia. El hijo del herrero, que se gasta sus ahorros en comprar periódicos atrasados, va levantándose de su ignorancia por la doble acción de la vida, circunstancias observadas, y la lectura. Progresa de la naturaleza a la cultura, en la línea expuesta por Levi-Strauss y es éste el movimiento que provoca la lectura en todos los personajes. El refinamiento de las inclinaciones naturales, por medio de la razón y la cultura, supone una esperanza para la humanidad.

La mención específica de los textos literarios y religiosos, San Pablo, Shakespeare, Cervantes y Lope, así como el romancero, se hace con relación a los personajes Diego Herrera y Santa. En ellos se verifica la hermandad, tan opuesta al ambiente general fratricida de la novela; es precisamente su participación común en la experiencia artística la que redime a ambos y acerca el oficial nacional a un presidiario, un vencido. Los dos reconocen la dignidad humana puesta de manifiesto por el arte como instrumento de la cultura. También en el pesadillesco campo de Argelés, el arte comienza a asomar como un desesperado desquite al empezarse a hablar de Lorca y de Cervantes. Se sigue aquí una pauta unamuniana y cervantina, la novela que se refiere a su propia función, interés que es también tema de reflexión constante en la manera de novelar de Faulkner.

Espacio y tiempo

La utilización de bloques de material separados y personajes aislados entre sí también aproxima la novela española a las yuxtaposiciones estructurales de *Desciende, Moisés*. Aunque en *Los hijos muertos* todos los personajes estén ligados causalmente entre sí, la relación, en muchos casos, deja a terceros aislados: madame Herlanger, los Mongos, los amigos de Miguel, son mundos ajenos a *La Encrucijada* y Hegroz. Levante, Barcelona y Argelés son disgregaciones espaciales y, al mismo tiempo, focos que unen a los personajes Daniel y Miguel, emparejan sus circunstancias y ponen de relieve la diversidad de sus destinos, igualados en su último forcejeo fratricida que marca la íntima identidad de ambos en su derrota final. La técnica de oponer núcleos geográficos, siempre ligados a un ámbito matriz, es también faulkneriana y el efecto es, en ambos casos, la dimensión universal de una limitada muestra topográfica; es éste el caso de Cambridge, Massachusetts, como extensión y contraste con Jefferson, Mississipí, en *El ruido y la furia* y en *¡Absalón, Absalón!* Este mismo efecto se logra con la constante salida y retorno de los personajes de Ana María Matute con respecto a *La Encrucijada*.

El tiempo, también utilizado en bloques de acuerdo con las generaciones y sus respectivas etapas de infancia, adolescencia y madurez, recuerda la construcción de *El ruido y la furia* donde la infancia se muestra en Benjy, la adolescencia en Quentin y la edad madura en Jason; Dilsey representa la vejez. Parte de la novela se apoya en estas diferentes etapas y la perspectiva de la vida que desde cada una de ellas se gana. Otro tanto ocurre en *Los hijos muertos* y, como en la novela de Faulkner, las acciones se perciben desde una perspectiva cero que se equipara al presente en un momento fijo de la vida de los personajes, el tiempo pasado aparece en sensaciones o reflexiones retrospectivas. El punto cero desde el cual se examinan los hechos en la sección de Quentin, es el 2 de julio de 1910, fecha del día de su suicidio. Los otros puntos temporales, en retrospección, pertenecen a la infancia o a la adolescencia. La sección de Jason y de Dilsey poseen igualmente puntos cero de referencia temporal, el 6 y el 8 de abril de 1928, ambos con prospecciones al futuro, pero principalmente con retrospecciones en las que se apoyan las respectivas narraciones. En *Los hijos muertos* hay diversos puntos cero de orientación, acontecimientos del presente desde los que se examina el pasado, centrados en los años 1947 y 1948 durante unos días específicamente marcados, el día del retorno de Daniel en la primavera de 1947, con secuencias que presentan a Verónica y su historia, a la Tanaya y a los pobres del pueblo. Durante el verano que sigue, Daniel, conversando con Diego Herrera, recuerda su amistad con Patinito y la huida de la casa paterna el 11 de marzo de 1932, a los diecisiete años. Siempre a partir de Diego Herrera y de ese verano de 1947, se realiza la retrospección de la llegada a Barcelona y la alianza con el mundo obrero, seguida por la llegada de Verónica en 1934. Otro momento retrospectivo es el 24 de julio de 1936, día en que se alistó en el ejército republicano a los veintiún años. A partir de ahí vienen las subsiguientes memorias de la guerra y su huida a Francia en 1939. La primera parte de la novela concluye con la visita de Isabel a Daniel y su confesión parcial, el 25 de agosto de 1947, como punto de partida de las reflexiones de Daniel sobre el éxodo hacia Francia. Las partes II y III se desarrollan entre abril y septiembre de 1948, cubriendo esta última sólo del 22 al 26 de septiembre de ese año, día en que muere Miguel. Están estas dos partes repartidas en secciones del presente en las que se presenta la vida de Mónica y su encuentro con Miguel. Hay también una entrevista de Daniel y Mónica y una presentación desde la perspectiva de Miguel, del mundo del presidio y del compañero Santa. La segunda parte comienza y termina con frecuentes incursiones de Miguel en su pasado, la escena de los ahogados en la playa, las matanzas, su amigo Chito y la llegada a Barcelona a los ocho años. Otras retrospecciones permiten ver a Miguel a los diez y los once años a su llegada a Francia. La tercera parte narra, a nivel de presente, la preparación para la fiesta de la Merced y el banquete de ese día, el 24 de septiembre, con una retrospección de sus años en Francia desde los once hasta los trece y su regreso a Barcelona. En la perspectiva de Daniel aparece el día 25 de septiembre con la captura de Miguel y su rememoración de la huida a Francia, la redada y la prisión de Argelés, donde finalizan las retrospecciones de Daniel para continuar con las de Miguel que nos llevan al momento del comienzo de la segunda parte, enero de 1948, cuando llega a Hegroz después de haber estado detenido unos meses en Barcelona. Conocemos su lucha desde el regreso de Francia a los catorce años hasta el momento de su detención a los veinte.

La esquematización con la que se presenta el pasado presta una gran fuerza estética a la novela, se dan todos los elementos imprescindibles para la comprensión de los acontecimientos, pero los girones retrospectivos no se exponen de manera directa o tradicional. No obstante, aunque las esquematizaciones temporales sean muchas, las escenas plenamente explícitas, discriminadas, se desarrollan en una línea cronológica fácil de seguir. A veces, las rememoraciones de los personajes se aproximan mucho al flujo de la consciencia del personaje que rememora. Particularmente intensos son algunos momentos referentes al personaje Miguel, en los que el tiempo presentado por la voz narradora coincide con el tiempo interior [141] que, careciendo de cronología o referencia exterior cronológica, se aproxima en gran medida a un tiempo experimentado sólo a nivel anímico, que está inmanente en la corriente de la consciencia, a la manera de la sección de Benjy en *The Sound and the Fury*. Un ejemplo de esta técnica es la presentación de Miguel enterrado, a la espera de Diego. Es claro el terror de Miguel: «La tierra olía, olía, olía. Era espantoso el olor aquel. Y estaría la tierra llena de jugos, de grasas, de gusanos, de hombres muertos. Claro, si la tierra es eso: muertos y muertos. Sólo capas de muertos convertidos en piedras, en arena, en agua: nada más que muertos. Qué horror. Estaba todo él rodeado de una masa gelatinosa de muertos hechos tierra» (LHM 1391). Resulta interesante, para constatar la afinidad entre Matute y Faulkner, leer al lado de ese fragmento otro aparecido un año después en 1959 en *The Mansion* en el que Faulkner describe el terror de Mink hacia la tierra en unos términos casi idénticos: «*He could almost watch it, following the little grass blades and tiny roots the little holes tre worms made down and down into the ground already full of folks*» («Casi lo podía ver siguiendo las hierbecitas y menudas raíces, los agujeros que hacen los gusanos entrando en la tierra ya llena de gente muerta»).

La novela de Ana María Matute presenta grandes similitudes con el arte narrativo de Faulkner y la lectura de las novelas a las que nos hemos referido una y otra vez, *Desciende, Moisés*, *El ruido y la furia* y *¡Absalón, Absalón!* estimuló la realización de una obra cuyos notables méritos no han sido en realidad reconocidos a pesar de la aclamación con la que se la recibiera en un principio. La obra de Matute, aunque se colocara al lado de la literatura de urgencia en su momento, no coincide con ningu-

---

141. *Cf.* este concepto de tiempo explicado por Roman Ingarden en el libro de Eugene FALK, p. 83.

na postura ideológica concreta. Se percibe de manera general el destino humano desde unas premisas amplias que consideran la interrelación entre cultura y naturaleza, entre las vertientes que redimen y las que condenan en su mezcla inextricable. El examen social que aparece en determinados pasajes, no obstante, junto con un método narrativo lleno de novedad y de sugerencias, sí debieron suscitar el interés de los novelistas posteriores. En esta novela de Ana María Matute se pueden ver los gérmenes de una nueva actitud, la de denuncia y autodenuncia burguesa, que caracteriza por ejemplo *Nuevas amistades* (1959) de Juan García Hortelano, *Réquiem por todos nosotros* (1968) de José María Sanjuán o *Últimas tardes con Teresa* (1965) de Juan Marsé.

LOS TÉRMINOS DE UN CONTRATO.
LAS CIEGAS HORMIGAS

«Creo que Faulkner se diferencia de la literatura europea en su ostensible y descarado propósito de hacer una épica.»

(Ramiro PINILLA)

El nombre de Ramiro Pinilla no siempre aparece en los manuales que se han dedicado a la novela de posguerra, aunque los que le conceden cierta atención suelen valorar sus logros. José María Martínez Cachero menciona *Las ciegas hormigas* como un relato de clara resonancia faulkneriana «fruto sin duda de una lectura atenta y bien asimilada».[142] José Domingo, por su parte, emite un juicio arriesgado a la vista de la poca difusión de la obra de Pinilla: «No ha de resultarle difícil, creemos, situarse pronto entre nuestros mejores novelistas.»[143] El presente análisis corrobora tal juicio, pues Pinilla lleva a un alto nivel la narración relacionada con la sociedad rural vascongada inmediatamente antes de la sacudida política de los últimos años.

La novela que ganó el premio Nadal 1960 y el Premio de la Crítica de 1961, *Las ciegas hormigas*, debe mucho

142. Martínez CACHERO, *La novela española...*, p. 296.
143. José DOMINGO, *La novela española del siglo XX...*, p. 65.

a una lectura atenta de Faulkner, considerado por Pinilla como autor para novelistas: «Los escritores que han acertado a ver que debajo de la forma laberíntica había en realidad algo; que no se han detenido en ese laberinto, ni han tomado de Faulkner sólo el laberinto, esos escritores sí han recibido una influencia fuerte de él. Creo que hoy el mundo está lleno de esos escritores, aunque la mayoría ha sido destrozada por él, por William Faulkner.» [144] Si la novela de Pinilla hubiera sido un plagio, como no faltó quien insinuara en su momento, podría decirse que él mismo fue una de esas víctimas, pero no es éste el caso. Hay que hablar en cambio de influencia e inspiración. Faulkner, como ocurre en el caso de Ana María Matute, le dio posibilidad de enfrentarse con un material novelístico que ya poseía previamente, proporcionándole la lectura una manera de expresar ese mundo. La obra de Pinilla, una vez retirada la falsilla que pudo constituir la ayuda de Faulkner, supervive por sus propios méritos. Fernando Morán señala, como punto de referencia para toda la novela ruralista de los años cincuenta y sesenta, la influencia faulkneriana y la afirmación se corrobora en este caso, aunque como se ha señalado en los análisis anteriores y se investigará en los próximos, la huella de Faulkner no se limita al tipo de novela rural. El caso de Pinilla es original porque sus novelas revelan la convivencia en las comunidades rurales vascas y no es casualidad que Baroja sea otro de sus escritores favoritos. De don Pío, admira Pinilla la acción novelesca, pero se lamenta de la falta de misterio de su célebre compatriota. En cambio, la acción en Faulkner consiste en la expresión épica de «el extremismo, la violencia, la desesperación densa, interna hecha carne». Aunque la obra de Pinilla se sitúa en el País Vasco, no debe ser considerada como regionalista o localista, como tampoco se podría decir eso, aunque sí se dijo y mucho, del creador del condado de Yauknapatawpha. Al igual que Faulkner encontró en su pequeño «sello postal», tan conocido para él de su Mississipí natal, material suficiente para crear un mundo auténtico, Pinilla centra su producción en esa zona geográfica tan suya propia, la costa y campiña de los alrededores de Algorta, en la provincia de

144. Declaración procedente del cuestionario a Ramiro Pinilla enviado por la autora de este trabajo al novelista.

Bilbao. *Las ciegas hormigas*, *Seno* y *En el tiempo de los tallos verdes* se desarrollan en ese espacio. El mundo creado corresponde, en efecto, a una perspectiva vasca, pero como en Faulkner el alcance total va más allá de los límites étnicos o geográficos para reflejar dilemas universales.

Una épica fragmentada: el padre y su hijo

En *Las ciegas hormigas* el conflicto muestra la interrelación de individuos pertenecientes a un caserío, el clan familiar, y su integración en la sociedad más amplia representada por el pueblo. Contra este mundo cerrado se percibe la incidencia de los extraños. Las tensiones creadas por la afirmación del individuo frente a los otros miembros de la familia, de la familia frente al resto de los convecinos y del pueblo, y de éste frente a los forasteros dan dinamismo y forma a *Las ciegas hormigas*. La novela presenta a la familia Jáuregui, en un momento excepcional de su existencia, cuando lucha por conseguir, ocultar y conservar el carbón arrojado por un barco inglés, estrellado en los acantilados. Las penalidades que deben soportar comprenden el agua torrencial, la oscuridad de la noche en el escarpado lugar, la muerte de uno de los hijos, la persecución de otro, la locura de otro miembro del clan, la violencia y el asalto de los vecinos y, finalmente, la pérdida del sangriento carbón. La acción dura cinco días y se presenta en veintiún capítulos, introducidos por la narración en primera persona de uno de los hijos, Ismael, de catorce años, que actúa como comentador de la acción. Los capítulos están constituidos por monólogos interiores del resto de los miembros de la familia: cada uno de los cuatro hijos restantes, tres varones y la más pequeña que es una niña, la madre, la abuela, un hermano de la madre y su esposa, ocho en total, más el sacerdote, el tabernero y un vecino. Los sesenta y siete monólogos asignados a estos once personajes señalan hacia *Mientras agonizo* que está compuesta por cincuenta y nueve monólogos debidos a catorce personajes. Los abrumadores elementos comunes obligan a afinar la lectura para percibir dónde, si es que en efecto existe, radica la originalidad de una obra que con tanta fuerza, no obstante, se percibe como auténtica. En primer término se observa una distribución modificada, al ser ordenados en capítulos los diversos monólogos, el preámbulo y el colofón tienden a dar una visión de conjunto de la que carece específicamente la novela en cuestión de Faulkner. En *As I Lay Dying* todos los personajes que forman parte de la acción tienen una o varias secciones en la novela. No ocurre así en *Las ciegas hormigas* en la que el personaje central, que es el padre, carece de presentación directa, y cuando se le siente más próximo es en esa sección final que está a cargo del personaje más visible, el adolescente Ismael. Esta aproximación narrativa no está lejos de la creada por Faulkner en *El ruido y la furia* donde el personaje central, que une, condiciona y anima al resto de los personajes, Candance Compson, está ausente y sólo conocemos de ella lo que el resto de los personajes revela en el curso de sus respectivas secciones.[145] La hermana es para cada uno de los tres personajes masculinos una entidad distinta, y su auténtica personalidad aparece así escamoteada al lector, quien, a partir de lo que esos personajes le suministran, debe construirse una imagen propia que no existe directamente en el texto literario. Otro tanto ocurre en *¡Absalón, Absalón!* donde el personaje central, Sutpen, aparece bajo diferentes perspectivas, pero nunca directamente. Una tercera característica de *Las ciegas hormigas* es que el muchacho, Ismael, juega un papel importante en dos niveles, en su propia crisis de iniciación a la vida adulta y en la interpretación de la personalidad del padre y su incidencia en esa crisis de crecimiento. Este tipo de problema acerca la novela de Pinilla a *Intruso en el polvo* donde Lucas Beauchamp no aparece nunca representado directamente, sino a través de la reacción que sus actitudes provocan en el joven Chick Mallison, quien a su vez, por medio de los sucesos que se suscitan en torno a Lucas, llega a un autoconocimiento que le permite separarse de la figura de la madre, tal como ocurre en el caso de Ismael.

Ismael como narrador provee la primera perspectiva de su padre y, por lo general, lo contempla con la exaltada admiración de un testigo que interpreta, para discul-

---

145. D. MINTER ha puesto de relieve este carácter eminentemente ausente y ambiguo del personaje de Faulkner. *Cf. William Faulkner: His Life and Work*, pp. 99 y ss.

parlas o explicarlas, las discutibles acciones del personaje. Ante la rebeldía de sus hermanos, Ismael trata de racionalizar los acontecimientos, «la culpa de que sus hijos no quisieran acompañarle aquella noche a la ribera a por carbón para la casa, para la abuela, para la madre, para ellos mismos, la tenía él, por haber cometido el pecado de iniciar el primer movimiento, y así atribuirse como obra propia no solamente la organización y dirección de la conjunta acción familiar, sino hasta el destrozo del barco inglés contra las peñas e incluso la misma tormenta».[146] La tensión que opondrá el padre a los acontecimientos, que van a envolver a la familia durante los cuatro días y noches venideros, dará reiterada prueba de la entereza de Sabas ante la cual se van a ir estrellando, una tras otra, todas las penalidades que arrasarán a la familia. A través de sus propias palabras, reproducidas por Ismael en el contexto de su admiración, conocemos los criterios que informan su vida y que impulsarán a sus hijos a abandonar la rebeldía y a seguirlo a pesar de la interferencia que esto suponga en sus intereses particulares. El discurso de Sabas denuncia la iniquidad de unos explotadores, «ellos», con respecto a los trabajadores a los que ni siquiera se les va a dar la oportunidad de descansar durante la noche porque son los que inventaron «las velas de sebo y los quinqués y los faroles de petróleo y carburo y las bombillas» (LCH 57), para prolongar la explotación. Es un razonamiento ambiguo porque a lo largo de la novela los que usan los instrumentos en cuestión son él y sus familiares en su esfuerzo por recoger el carbón en la oscuridad. El botín es interpretado por Sabas como un signo de libertad, «porque un hombre debe recibir, de vez en cuando, señales procedentes de algún lugar que le indiquen que lo está haciendo bastante bien con arreglo a lo que de él se esperaba, y que se pueda considerar como una especie de premio a su labor de hombre» (LCH 56). Estos explayamientos filosóficos de Sabas no son abundantes, pero sí suficientes para presentar a un personaje entre enigmático y confuso y hasta contradictorio, según las diversas versiones que de él se van logrando en las páginas del libro. A veces las des-

---

146. Ramiro Pinilla, *Las ciegas hormigas* (Barcelona: Destino, 1960). En lo sucesivo, las referencias a las páginas de la novela se insertarán en el texto.

cripciones del padre debidas a Ismael carecen de una valoración interpretativa y son más bien observaciones externas, puramente visuales. El aspecto físico implica la capacidad de resistencia y la agudeza mental, «los ojos del padre, casi ocultos ahora entre los pliegues de la carne, en su esfuerzo por defenderlos lo mejor posible del vendaval, miraban fijamente en la dirección del barco» (LCH 7). Las palabras *esfuerzo*, *defender*, *mirar* definen la personalidad de Sabas para su hijo. Ante los envites de la fatalidad, la reacción del personaje es redoblar los esfuerzos y concentrar la inteligencia para supervivir. A los hijos no les obliga a colaborar, pero los impulsa con la autoridad moral de su ejemplo y tiene la fuerza suficiente para arrancar a Fermín de su enajenación mental, a Cosme, de su obsesión por la escopeta, a Bruno, de sus impulsos sexuales, al mismo Ismael, de su duelo con «el negro» y a la madre, de su pasión dominadora del benjamín. La resistencia física y moral, y la perturbación que su conducta provoca en los demás, aproxima a este personaje de Ramiro Pinilla al Lucas Beauchamp de *Intruso en el polvo*. Hay una común imperturbabilidad calculadora ante la cual todo esfuerzo de Chick Mallison se deshace: recordemos los sucesivos fracasos del muchacho para imponer su autoridad sobre el viejo por medio de dinero, regalos, atención legal. La apariencia física de los dos personajes tiene también algún parecido; el negro con su palillo de oro entre los dientes manifiesta su desprecio ante las estratificaciones raciales en las que se pretende encasillarlo; Sabas, con su propia pajita siempre bailándole en las comisuras de los labios, expresa su dominio racional sobre la naturaleza y las circunstancias por diversas y arduas que éstas sean. Ante la negativa de Antón a dejarle la carreta para acarrear el carbón el padre aparece ejercitando un esfuerzo físico; con Lecumberri, sin embargo, ha de usar la inteligencia, que tanto recuerda a la concentrada astucia del Lucas Beauchamp de *Desciende, Moisés*. La reacción ante la muerte del hijo, Fermín, se expresa en la interacción de lo físico y lo moral, «marcándosele en su seco rostro más los tendones» (LCH 121). Cuando cerca del final el padre se entera de la venganza que contra él planea el pueblo de Algorta, demuestra la misma imperturbabilidad: «Su pajita empezó a moverse ágilmente, saltarina. "Debí estar seguro de ello en vez de sospecharlo solamente"» (LCH 170).

171

A través de las múltiples pruebas, que sin duda recuerdan la peregrinación de los Bundren en *As I Lay Dying*, Sabas reitera esa capacidad de resistencia casi inhumana, mezcla de tozudez y heroísmo tan frecuente en Faulkner. Ante los guardias civiles que se llevan al hijo, Bruno, el padre se controla con la misma autodisciplina que le hace encararse de forma adecuada con cada uno de los interlocutores, «más que lo que dijo fue la forma tensa de hablar, las palabras tajantes y justas» (LCH 215). Cuando llega el momento de enfrentarse con los hombres enfurecidos, dispuestos a darle una paliza, como estaban los blancos de Jefferson dispuestos a linchar a Lucas Beauchamp, su actitud parecida a la del negro es impasible, sabiendo que aunque ocurra lo peor, él nunca será derrotado.

Para Ismael la madre es la infancia de la que está a punto de desligarse y contra la que, en efecto, quiere defenderse estableciendo el contacto con el padre que lo consagrará, como iniciado, en el mundo de los varones al final de la novela. Su mundo se mantiene en el equilibrio entre la infancia y la juventud que irá quebrándose a lo largo de la narración. Como Chick Mallison, que durante su bautismo de hombre tiene que rechazar constantemente la solicitud y la tiranía materna: «*She would never really forgive him for being able to button his own buttons and wash behind his ears*»,[147] Ismael percibe la impotencia de la madre cuando ésta parece calcular «la distancia a la que ya me encontraba de ella» (LCH 18). No obstante, aplastado por los trabajos de la noche, el muchacho siente la necesidad de la madre para poder volver a establecer un contacto con la humanidad de la que la dureza del padre lo aleja. En esa necesidad está incluido el propio padre: «Íbamos a casa porque nos era preciso ver a la madre y observar cómo se comportaba ante lo que le presentaríamos, para que al fin nos convenciera de que si no nos atenazaba ya el dolor no era porque no se agazapara en algún lugar de aquella noche» (LCH 140). Después de la muerte de Fermín, Ismael contempla la renuncia a la resignación de la madre, ella y la abuela «parecían estar alentadas de un espíritu de indomable espe-

147. «Nunca le perdonaría ser capaz de saber abrocharse y lavarse las orejas», William FAULKNER, *Intruder in the Dust* (Nueva York: Random House, 1948), p. 34.

ranza que les hacía mirar el bulto de Fermín, aguardando el milagro imposible de que se moviera» (LCH 162). Durante la tarde del domingo, cuando la reacción de la madre se manifiesta en un súbito grito, Ismael contempla un momento de compenetración entre sus padres provocada por la rebeldía de la madre ante el giro de los acontecimientos. Rebeldía contra Dios que conoce de los actos humanos «lo único que se desconocía de ellos: si merecían la pena de haber sido hechos, suponiendo que el desenlace estaba ya previsto de antemano por Él» (LCH 183). El padre, atónito y admirado, parece que es la primera vez que considera a la mujer su igual y la besa rompiendo con toda regla ancestral de besar a la esposa ante testigos. La rebelión de la madre, que en cierto sentido corre pareja con la resistencia del padre, manifiesta una exaltación de la dignidad de la familia. Esta Josefa, inquisitiva y retórica, tiene cierto parentesco con la Temple Drake de *Requiem*. La madre realiza en esta secuencia una formulación inteligente de la actitud de Sabas que es parecida a la que presentará él mismo en sus reflexiones finales. Dice la madre: «Lo que importa no es ganar o perder, sino poder seguir adelante» (LCH 184). Su resistencia física se alarga hasta tres días después, el miércoles, y allí se quiebra, mostrando una actitud existencial apoyada en la fe y distinta a la de su esposo.

La última perspectiva del padre que nos presenta Ismael es el enfrentamiento con la guardia civil, en particular con el teniente García. Hay un dramático forcejeo del padre por conservar el carbón que ha pasado a representar no un relativo bienestar para el invierno, más bien una prueba de que la muerte de Fermín ha servido para algo. De que el teniente dé por concluida su búsqueda y trace esa rayita ideal para realizar la suma total de sacos de carbón requisados, depende la corroboración moral del esfuerzo realizado y la posibilidad del entierro del cadáver a punto de descomposición, como el de Addie Bundren en *Mientras agonizo*. La lucha con el teniente empieza con la anticipación de Sabas a la orden de búsqueda que dará aquél, preparando, ya que es domingo, un escondrijo en el pozo negro de la cuadra, previo vaciado del espacio. La reiterada alusión al día festivo y sagrado, como tregua para el acoso al que se ve sometida la familia, recuerda constantemente esa misma tregua esperanzadora en *Intruso en el polvo* para evitar el linchamiento de Lucas. A causa de la traición de Bruno, uno de los sacos ha llegado ya al teniente, a partir de ese momento se inicia el duelo de desconfianza y reticencia entre éste y el padre. Aquél participa en cierto modo de la filosofía de Sabas, es un digno contrincante, por eso se sienta en el poyo de la casa que Ismael llama «la piedra de las generaciones» y se encuentra allí cómodo. En un encarnizado atrincheramiento, Sabas concede que bajó a la playa y recogió dos sacos, los dos únicos que se ven en la cuadra. La perspicacia del teniente va a detenerse de manera breve en el suelo enfangado de las proximidades del recinto. El diálogo que sigue revela la afinidad entre ambos: la necesidad de la supervivencia, no la posibilidad de vencer al sistema, «ellos», sino el reconocer que en el mejor de los casos, lo único que podrá hacer por medio del «trabajo, la suerte y el engaño legal» es unirse a ese sistema y volverse contra sus hermanos. Sabas comprende el amargo cinismo del teniente y se empeña más en ese engaño legal que va a permitirle conservar el carbón. Cuando a causa de la denuncia de la madre las autoridades visitan el caserío para comprobar la existencia del cadáver, el padre hace una segunda concesión y entrega su segundo lote, el carbón oculto en la cuadra de Lecumberri. El tercero, la práctica totalidad, tendrá que rendirlo a la sagacidad del teniente, pero aún puede salvarse algo, un solo saco, una muestra. Cuando la derrota es ya total, cuando las fuerzas contra las que se ha enfrentado y de las que ha triunfado pasan de lo extraordinario a lo cotidiano, el orden, el deber, «ellos», Sabas se rinde y ve cómo le arrebatan hasta esa muestra de carbón que para él constituía el honor de la empresa, el último saco. El esfuerzo de Sabas debatiéndose en lo trágico y lo extraordinario con el teniente que rutinaria pero meticulosamente cumple con su deber, se desvanece y pierde fuerza. Aunque la compasión del teniente tienda a expresar una solidaridad ahogada en el repetido «lo siento», el curso de sus vidas enfrenta como enemigos a dos individuos que no dejan de pertenecer, tanto uno como otro, a la casta de los desvalijados. La solución de este enfrentamiento empareja precariamente a los dos personajes, expresando una y otra vez su sorda protesta a una derrota que no puede admitirse como tal. La escena en la que Sabas sacude las partículas de carbón adheridas a sus botas y a las de Ismael, como cuando Lucas Beauchamp entrega medio dólar en calderilla a Gavin Stevens en *Intruso en el polvo*, tiene una idéntica funcionalidad, la de restaurar el equilibrio emocional a un ambiente cargado de tensión y de tragedia y la de afirmar la voluntad de supervivencia y superioridad. En realidad el despojarse hasta del polvo del carbón y limpiar la muerte de Fermín de toda asociación con él, es una afirmación de que, por encima de todo logro o fracaso material, el afán invencible de la dignidad humana puede imponerse en un triunfo final. Como dijo Josefa refiriéndose a los tanques alemanes, Sabas y los suyos son invulnerables, como Lucas y Dilsey y Nancy *they endure* (aguantan).

El personaje Ismael percibe los hechos en dos niveles, el primero es el del niño en busca de valores, que está atravesando la barrera de la adolescencia, el segundo es el del hombre maduro ya casado y con hijos desde cuya perspectiva se ejecuta la narración total. Los sucesos épicos han quedado grabados en la memoria del muchacho y se describen con una minuciosidad emparentada con el método que emplea Faulkner en *Intruder in the Dust*; descripciones físicas a nivel exterior de personajes observados que en su plasticidad y demora gana al de la máquina de cine. Sólo la cámara lenta podría equipararse a esas descripciones faulknerianas de unos factores puramente exteriores en los que se requiere la colaboración plena del lector para que se conviertan en vivencia. No equivalen estas descripciones a la experiencia, sino a la desintegración de la experiencia, para analizar sus componentes y su fundamentación psicológica. Una escena, a la que ya se ha aludido como idéntica en su funcionalidad dentro de la construcción de las dos novelas, es la última. En *Intruso en el polvo* Lucas realiza una operación minuciosamente descrita, «*and [he] drew from the purse a worn bill crumpled into a ball not much larger than a shriveled olive and opened it enough to read it then opened it out and laid it on the desk then counted onto the desk from the purse one by one four dimes and two nickles and then counted them again with his forefinger, moving them one by one about half an inch, his lips moving under the moustache...*» «y sacó del monedero un billete viejo hecho una bola no mayor que una aceituna arrugada y lo extendió lo suficiente para leerlo, luego lo extendió y lo colocó en la mesa, luego sacó del monedero contándolas en la mesa una a una cuatro monedas y dos más [medio dólar], luego volvió a contarlas con el dedo moviéndolas una a una media pulgada mientras movía los labios bajo el bigote» (ID 245). Veamos ahora un segmento equivalente de la novela de Pinilla, «se agachó y trabajosamente desanudó y se sacó una bota, todo con sólo la mano izquierda; se irguió nuevamente y dando vuelta a la bota sobre la mesa, y agitándola, hizo que cayeran algunos fragmentos de menudo carbón retenidos en ella desde el sábado; y no contento con eso, la golpeó contra las tablas y se desprendió nuevo carbón que se sumó al otro...» (LCH 282). El lector se ve forzado a participar como testigo-intérprete de la acción que va cobrando claridad psicológica a medida que se realiza y se contempla en su totalidad, pero no antes. La sorpresa de Gavin Stevens al recibir la respuesta final a su pregunta «"*What are you waiting for?*", "*My receipt*" *Lucas said*» («"¿A qué espera?", "El recibo", dijo Lucas» (ID 247), equiparable a la del lector, por lo tanto no hace falta añadir ningún comentario. Algo parecido ocurre en la novela de Pinilla: «Al recoger su libreta y el lapicero el teniente se dio cuenta de ello y dijo: "comprendo: veinticinco gramos" y borró con una goma lo puesto por el padre y apuntó en su lugar los veinticinco gramos de fin de ejercicio» (LCH 283).

Todas las escenas que se refieren a la experiencia de Ismael revisten este carácter testimonial y dinámico. Así como en *Intruder in the Dust* hay un nivel discursivo y reflexivo a cargo de Stevens y Chick, también en *Las ciegas hormigas* se encuentra este aspecto, pero en un nivel temporal distinto, el de Ismael ya maduro, que juzga, como Stevens, el alcance moral del material presentado. Comprende éste el tema de la lucha contra «ellos» y el de la libertad humana, la solidaridad entre los desposeídos, el papel de la Iglesia y el de la cultura en el pueblo vasco. En el plano narrativo que incluye a Ismael como adolescente, además de la reacción, ya considerada ante la conducta del padre, hay un problema personal, que al igual que ocurre con el resto de los personajes, pone de manifiesto el conflicto entre su interés y el de la familia. Se trata del palengre de siete anzuelos con el que intenta capturar al pez que ha bautizado con el nombre de «Negro», el mítico congrio inconquistable: «Saben, sé, sabrás, que, después de conseguirlo, no podríamos arrebatarle más que su carne» (LCH 285), convertido en símbolo de Sabas, de Lucas Beauchamp y de todo ser humano que por encima de condicionamiento y servidumbre hace prevalecer su voluntad de digna supervivencia. La ansiedad infantil, el duelo con el pez, la imposibilidad de evadirse de su familia para llevar a cabo su proyecto, se integra en el tema central de la novela. Cuando el padre propone, al final, ir de pesca, y el muchacho responde que sí, y propone bajar a la playa a por carbonilla y el muchacho responde que sí, lo vemos convertido en hombre y en heredero de su padre para quien la contrariedad de lo extraordinario, irrumpiendo en su vida, le vale para volver a empezar su inserción en lo cotidiano. La dialéctica de lo heroico en su camino a lo cotidiano se establece, cuando lo que hace posible la heroicidad es la fortaleza adquirida a través de lo cotidiano. Esta tesis se postula tanto en la supervivencia faulkneriana como en la de los personajes de Pinilla.

Otras partes interesadas

Se ha visto cómo una parte fundamental de *Las ciegas hormigas* encuentra inspiración en *Intruder in the Dust*. Queda aún por valorar la obra en su totalidad, que comprende las secciones de los monólogos pertenecientes al resto de los personajes, incluida la madre. Hay una diferencia fundamental en la ordenación de esta segunda mitad del material novelístico, que corresponde de manera bastante clara al patrón seguido por Faulkner en *Mientras agonizo*. La fragmentación que supone la conciencia de los diversos personajes en conflicto consigo mismos y con las circunstancias exteriores y la descripción de éstas da dinamismo a la acción.[148] La misma continuidad y fragmentación se encuentra en *Las ciegas hormigas*, si la narración de Ismael se hace en primera persona y es básicamente tradicional, con un sujeto adulto que narra las peripecias de su adolescencia, nos encontramos ahora ante una serie de narraciones que no tienen un enfoque propiamente narrativo, ya que parecen

148. D. MINTER señala este esquema narrativo en *William Faulkner*, p. 111.

arrancadas de una conciencia presente, que como en *As I Lay Dying* flota en el aire. No se originan en ninguna situación específica, ni siquiera en la narración de Ismael, ya que están concebidas en dos niveles de tiempo distinto, la primera en el pasado, las segundas en un presente no del todo racionalizado.[149] Esta anomalía entre los niveles de los planos de acción y narración es lo que resulta más difícil de aceptar a la hora de enjuiciar la coherencia narrativa de *Las ciegas hormigas*. Se observan dos planos de acción: el de los sucesos ocurridos entre el sábado y el miércoles, por un lado, y los sucesos ocurridos en épocas anteriores que han planteado una problemática cuya resolución se manifiesta durante estos días de crisis. Son éstos la relación entre el padre y la madre, y entre Fermín y Berta. Los otros conflictos, paralelos en el tiempo al problema principal, son el de Nerea, la niña y sus gatitos, la abuela y su carbón, Pedro y su conciencia, Cosme y su escopeta, Bruno y su amante.

Como en *As I Lay Dying*, las percepciones de cada uno de los personajes de *Las ciegas hormigas* con respecto a sí mismos y a los demás tenderá a una continua modificación, a medida que las perspectivas se ensanchan al agregarse nuevos datos a los ya conocidos. Sólo en el caso de Ismael la acción y resultado están ya cristalizados. En cambio, la visión de conjunto a la que llegan el resto de los personajes no puede corresponder a ésta: cómo se ve la madre a sí misma, cómo ve a su esposo, cómo ve Pedro a ambos, cómo los ve el sacerdote, etc.; son éstos aspectos complementarios que no logran integrarse a causa de la anacronía con respecto a la narración de Ismael. Se trataría, en definitiva, de establecer una relación entre el pasado a nivel de presente, fijo permanentemente en la conciencia de los personajes, y otro desde el cual el pasado se percibe como pasado y se somete a juicio. Veamos ahora en qué medida la narración

149. G. L. STONUM concurre con Jacques POUILLON al señalar esta modalidad de existencia de la novela de Faulkner, *cf.* STONUM, pp. 102-104.

150. Irving HOWE observa la importancia de este rasgo de Darl. *Cf. William Faulkner, A Critical Study* (Chicago: University of Chicago Press, 1951), pp. 55-56. STONUM relaciona este aspecto del personaje visto en el último monólogo de Cash, con el designio de la carrera de Faulkner, *cf.* pp. 118-122.

de Ismael puede considerarse en conflicto con el resto de la narración o si se puede colegir algún tipo de complementación artística que la justifique. Continuando con el personaje central, Sabas, hay oportunidad de observarlo desde la perspectiva de su cuñado Pedro. Este personaje muestra una fuerte tensión interior que se resolverá en locura, un caso muy parecido al de Darl en *Mientras agonizo*. Sabas, contemplado por su cuñado, ofrece una figura menos gloriosa que en la versión de Ismael. Al contrario que el niño que admira al padre, Pedro siente envidia, no exenta de temor y reconoce en todo momento la propia inferioridad que le hace recurrir al vino, el cual, a su vez, le produce el desgaste vital que, a juicio de su esposa, le privará hasta de tener hijos. Pedro, siendo de naturaleza reflexiva y observadora, revela una sensibilidad superior a la del resto de los personajes y este rasgo es el que más lo acerca al Darl faulkneriano. La clarividencia de Darl lo lleva a descubrir los secretos de todos los demás personajes.[150] Pedro, a su vez, conoce la avaricia de la abuela y es el único que se atreve a replicarle; sabe cuál es la obsesión de Cosme, en qué está éste pensando mientras atolondradamente salta en la viga tensa sobre el abismo, y él, más que los otros personajes, tiembla por el peligro que corre su sobrino. Conoce la repugnancia que su persona le inspira a su mujer, Berta, y llega a intuir, casi a descubrir que entre ella y la locura de Fermín existe un lazo secreto. Ve a Ismael como niño y reconoce el abuso que constituye llevar al muchacho a una empresa tan inhumana. Reconoce la parcialidad de padre respecto a su benjamín, es capaz de discernir la tensión que lleva al resto de los hijos a aborrecer a su padre y, al mismo tiempo, su impulso irresistible a seguirle. Cosme, que se niega machaconamente a acompañarlo, aparece silenciosamente vestido para acompañarle en la faena nocturna. Bruno, que ha arriesgado su integridad física y su libertad para cerciorarse de su poderío masculino, se une al padre igual que Fermín, el enajenado mental. Pedro espera inútilmente la rebeldía absoluta de los hijos y muy a pesar suyo acepta que Sabas tiene una relación especial con sus hijos que se manifiesta en cierta preocupación y ternura; no quiere que baje Bruno, busca la medalla perdida de Fermín, pero reconoce con más facilidad la rebeldía que el cariño debido a la postura de envidia y sumisión en la que él mismo se encuentra preso. Pedro se da cuenta antes que nadie del accidente que cuesta la vida a Fermín y se siente responsable de la desgracia al haber movido el farol y provocar así, involuntariamente, su desorientación y despeñamiento. Ante esa responsabilidad que él sabe que comparte Sabas de una manera mucho más directa, se enfrenta con éste y le obliga a regresar a casa y ocuparse del cadáver. También acusa a Sabas de avaricia: «Es una bestialidad cómo hemos cargado la carreta» (LCH 130), y cuando recibe la orden de llevar a los bueyes a la cuadra, una vez que han regresado a la casa con el carbón y el cadáver de Fermín, Pedro juzga a su cuñado con justicia: «Yo pienso que cómo se puede acordar de esos animales, teniendo a su hijo allí, sobre la camilla en el suelo, y a Josefa arrodillada y a punto de desmayarse de dolor» (LCH 143). La atención que concede Sabas a estos animales le parece ofensiva, ya que ve a sus sobrinos privados hasta de la dignidad humana. Cuando se enfrenta con su cuñado para urgirle el entierro de Fermín, le recuerda que la ley viene a dignificar al muerto, «para diferenciar a tu hijo de un perro» (LCD 151). La respuesta de Sabas es continuar prestando a los bueyes un servicio (friegas de alcohol) que ningún ser humano de la familia ha recibido. Josefa, en la interpretación aguda de Pedro, no puede reaccionar, cohibida como está por Sabas, «el dolor de mi hermana parece aplastarse dentro de ella, y allí se queda, envenenando su sangre. Sabas lo contiene» (LCH 142). Él conoce el grado de enajenación a la que llega la madre al no poder ya enfrentarse con el cadáver insepulto de Fermín: «He enterrado al gato que sacaron del pozo —me dice aún sin moverse—. Lo metí en un agujero y le eché tierra encima... Y todo quedó tranquilo. Escucha, Pedro, ¿quieres que ahora entre tú y yo enterremos a Fermín?» (LCH 198). Pedro desea que todo termine, a costa de lo que sea, y traiciona a Sabas descubriendo ese último saco de carbón que habían escondido entre Ismael y la madre. El personaje paga, por esta venganza con su lucidez, «brotando de su boca la risa vesánica que aún no he podido olvidar», leemos en la narración de Ismael. El fin de Darl, enjaulado en la prisión de Jackson riendo a carcajadas incontenibles, es el mismo que el de Pedro.

La madre presenta una versión distinta a las interpretadas por Ismael y Pedro. Josefa aparece subyugada por Sabas y resentida contra él. Como Addie en su monólogo de *Mientras agonizo*, Josefa revela en el más importante de los suyos, el veintiuno, la naturaleza de sus relaciones con Sabas. Existe un brutal dominio por parte del hombre en las dos novelas: Addie desdeña a Anse, pero vive sometida a él. Únicamente podrá vengarse después de muerta, y aun esta venganza se convertirá en ganancia para él. Sabas, por el contrario, aunque también sojuzgue a Josefa, no pierde nunca el dominio sobre la mujer, «jamás pude pensar que existiese contacto más delicado entre hombre y mujer» (LCH 93). Josefa siente que su condición de mujer la sitúa en el orden de los objetos, y como ser inteligente lanza un desafío a Sabas al dejarse cortejar por el viajante de comercio. Pero descubre que se equivoca al querer librarse de su sojuzgamiento femenino con su propia condición de hembra: el viajante, más aún que Sabas, considera a Josefa un objeto. En su desesperación la mujer acepta su impuesto papel de amante y madre, sabiendo que para ella no existe otra alternativa. Esta autocesión no está exenta de rebeldía sorda y más al equipararla Sabas con una vaca que llega a cobrar tanta importancia como la propia esposa. Por comprar la vaca, Josefa se ve privada del viaje de novios y como cualquier animal doméstico, sometida al yugo del trabajo ordenado por el hombre, «me arrancaría de mi soltería y sin transición, me convertiría en su compañera de lecho, raptada, secuestrada y, en cierto modo, hasta esclava, pues me dijo también que aquélla era una buena fecha para luego realizar los dos juntos la recolección de maíz en septiembre» (LCH 98). La explotación de la mujer en las novelas rurales de Faulkner es harto conocida. Recordemos a modo de muestra las palabras de To-mey's Turl a McCaslin Edmonds en la sección «Was»: «*I gonter tell you something to remember: any time you wants to git something done, from hoeing out a crop to getting married, just get the women-folks to working at it. Then all you needs to do is to set down and wait. You member that*» (GDM 17).[151] La explotación acerca la mujer al animal, peligro que corren los otros personajes, por eso Josefa se esfuerza en recordar a sus hijos «sois personas». La única manera que tiene Josefa de resolver su

---

151. «Te voy a decir algo para que te acuerdes, cuando quieras algo, desde cavar hasta casarte, pon a las mujeres a ello y lo único que tienes que hacer es sentarte a esperar. Que no se te olvide.»

crisis, sin doblegarse por completo a la autoridad de Sabas, es por medio de la fe. A Dios, al que ha retado en acceso de rebeldía, acaba por doblegarse para encontrar el reconocimiento de su humanidad, como Nancy en *Requiem for a Nun*, «yes, Lord» (RFAN 47), concluye Josefa «Sí, Dios. Sí, Dios. Sí, Dios» (LCH 280).

Una última perspectiva de los personajes del padre y de la madre la ofrece el sacerdote. Sabas, a juicio del párroco, es un hombre inteligente pero desconfiado y hasta cazurro. Forma parte de la masa de «aldeanos capaces de dejarse cortar a pedazos con tal de ganar algo» (LCH 259). De la desconfianza de Sabas el representante de la Iglesia se atribuye una parte de responsabilidad. Su colaboración en algo que anda mal, que siempre ha andado mal. El padre Eulogio comprende el rechazo de Sabas a las explicaciones cristianas de la existencia y su aceptación de la fe en la capacidad humana. Su sondeo revela de Sabas lo que ya se ha definido a lo largo de la novela; la acción es vida, el trabajo salva confiriendo dignidad a la existencia. Josefa necesita otra explicación, por eso recurre a la fe. El caso es invertido con respecto a *Mientras agonizo* donde Addie renuncia a las palabras y Anse vive exclusivamente de su cáscara. Respecto a la relación entre Sabas y Josefa, el sacerdote percibe un pacto final, una tregua en el duelo que han mantenido, según sabemos por el monólogo de Josefa, durante veinticinco años de matrimonio. En el acto de su reconciliación con Dios, Josefa está aceptando ciegamente, como Nancy Manigoe, algo que no puede llegar a racionalizar, que percibe con la intuición y que le da fuerzas para seguir viviendo y mantener, frente a Sabas, su propia identidad.

El resto de los personajes responde en gran medida a los modelos provistos por Faulkner en *As I Lay Dying*, Cosme recuerda a Jewel, uno obsesionado por la escopeta, el otro por el caballo; Nerea y los gatos, a Vardaman y el pez. Fermín con su silencio y su carpintería, a Cash. La abuela con su egoísmo, a Anse. No obstante la relación que los personajes faulknerianos tienen con la madre les da una funcionalidad muy distinta a la de *Las ciegas hormigas*. La relación de cada uno de los hijos con Addie es lo que les confiere sus respectivas personalidades y sus actitudes ante la existencia, y fundamenta los cambios a los que sus vidas van a verse sometidas. Cada una de las secciones va revelando esta función estructural del papel de la madre que, en caso de la novela de Pinilla, se verifica con respecto al padre.

Los diversos planos temporales dotan a la novela de un grado de indeterminación e incoherencia. ¿Cuál es la versión definitiva de la acción, y en consecuencia, la actitud fundamental ante la existencia que presenta el texto? Puede ser la que ha pasado por la reflexión, por el filtro del tiempo, es decir, la de Ismael adulto que rememora su pasado, o bien la experiencia directa de los hechos, la pura conciencia sin reflexión que se da en el resto de las secciones. Los hechos aparecen como pasado o en proceso de gestación y ejecución. Pinilla no soluciona esta alternativa. Si en efecto su planteamiento estético ha sido intencional, no puede negarse a la novela un alto grado de originalidad dentro de una línea de narración que no hubiera sido posible sin la lectura de Faulkner.

OTRAS NOVELAS

Dentro de la novela que se publica durante la década de los años cincuenta es perceptible la lectura de Faulkner en varios de sus aspectos. Camilo José Cela muestra en *Mrs. Caldwell habla con su hijo* (1953) una de las muchas facetas de sus experimentos narrativos. No está lejos de Faulkner la exploración de un mundo absorto en el solipsismo de una anciana defraudada por la vida, a la manera de Rosa Codlfield de *¡Absalón, Absalón!* También se pueden observar rastros de actitudes faulknerianas en las novelas de Pedro de Lorenzo de la serie «Los descontentos», por ejemplo en *Una conciencia de alquiler* (1952), que con una variedad de puntos de vista, presenta un mundo cerrado en el que prevalece la presencia del tiempo, el mal y el pecado.

La gota de mercurio, de Alejandro Núñez Alonso, quedó finalista del premio Nadal de 1953 y fue una novela que causó relativa sensación a causa de la novedad del método narrativo, muy directamente relacionado con Faulkner. Quizás el antecedente que primero salte a la vista sea el constituido por el monólogo de Quentin en *The Sound and the Fury*. Los personajes de las dos narraciones planean sus respectivos suicidios en un doble plano temporal, el del momento presente de sus últimas horas y el del pasado en una retrospección de las razones que les impulsan a tomar tal decisión. Otro ejemplo de una buena lectura de Faulkner, para enriquecer los métodos narrativos propios, lo constituye Andrés Bosch con su novela *La noche*, ganadora del premio Planeta 1959. El uso de la tercera persona subjetiva, que se percibe en *Light in August*, es instrumento muy eficaz en la obra del narrador catalán. También respecto a Barcelona ya se ha aludido en su momento al conocimiento de Faulkner que poseían los hermanos Goytisolo. En la producción de Juan, correspondiente a este decenio, se advierte un eco de aquellas lecturas en la presentación del mundo de los niños y su enfrentamiento con el de los adultos; el momento de la irremisible pérdida de la inocencia, tan importante en *The Sound and the Fury* y *Light in August* es particularmente esencial en *Duelo en el paraíso*.

La preferencia que por William Faulkner mostró Ignacio Aldecoa no ha sido valorada, aunque la lectura de *Luz de agosto* se advierta claramente en *El fulgor y la sangre* (1954) y en *Con el viento solano* (1956). El tratamiento del negro, del blanco y del mulato en el caso de Faulkner fue, con frecuencia, considerado como una expresión del localismo sureño. De localistas, incluso folklóricas en el tema, podrían clasificarse también esas novelas de Aldecoa, pero su mundo de los gitanos y los guardias civiles, como el de Faulkner y sus personajes del Sur, expresa mucho más allá del tipismo, irreconciliables actitudes y contradicciones de la humanidad. Jesús Fernández Santos, asimismo, recuerda a Faulkner con su novela *Los bravos* (1954) y otro tanto ocurre con *Central eléctrica* (1958) de Jesús López Pacheco o con *Pueblo Nuevo* (1960) de Ildefonso Manuel Gil. El parecido se percibe en el ambiente rural creado y en los medios de creación, cercanos a ciertas novelas del escritor americano que presentan la interrelación de los personajes en un ambiente netamente cerrado como se ve en *El villorrio*, *Mientras agonizo*, *Luz de agosto*. Aunque el tema, como indicó Fernández Santos en su momento, ya tenía tradición en España, las innovaciones formales de raíz faulkneriana dotaron este tipo de novela de mayor intensidad y relieve.

La deuda que la novela española de los años cincuenta revela con relación a la obra de Faulkner es muy considerable. Durante estos años, se constata casi una ansiedad por parte de los jóvenes para crear una novela que se inspirara con preferencia en los modelos buscados fuera de las fronteras nacionales. William Faulkner fue uno de los modelos; él prestó a los españoles la oportunidad de crear mejor, de exponer mundos y problemas muy netamente del país y del momento, pero con unas dimensiones artísticas más acusadas; los mundos creados con frecuencia vislumbraban los mismos conflictos. La indagación de esas afinidades, y de las técnicas que las sustentan, ilumina por igual la novela española que la propia novela de Faulkner, que por medio de estas aproximaciones proyecta destellos insospechados. *Light in August, Go Down Moses*, juntamente con *Requiem for a Nun*, son las novelas que marcaron con más fuerza este decenio. *The Hamlet* y *As I Lay Dying* continuaron ejerciendo una influencia ya muy patente en la década anterior.

PANORAMA EDITORIAL

En un plano político los años sesenta pueden considerarse como de normalización internacional de España dentro del marco de una dictadura que había supervivido todo tipo de restricciones. La Ley de Prensa de 1966 suprimió la censura previa y para la introducción de la literatura extranjera apenas existirá otro condicionamiento que la ambición y la perspicacia de los editores. En 1960 comenzó a aparecer el primer auténtico «libro de bolsillo», los libros Reno y los libros Plaza de Janés. Nueve novelas de Faulkner salieron en estas colecciones, algunas nuevas: *En la ciudad (The Town)*, traducida por el novelista catalán Ramón Folch bajo el seudónimo de Ramón Hernández; *La mansión (The Mansion)* y *Los rateros (The Reivers)*, traducciones de Jorge Ferrer Vidal. Esta última novela y *La paga de los soldados*, aparecida en los años cincuenta, fueron editadas por el Círculo de Lectores. Se hicieron también reediciones de *Mientras agonizo* y de *Santuario* en las colecciones Crisol de Aguilar y Austral de Espasa-Calpe, respectivamente, así como una gran cantidad de ediciones antológicas: Los Premios Nobel, los Premios Pulitzer, Obras Completas, Obras Escogidas... Destaca entre éstas por introducir novelas de gran calidad el Tomo II de Obras Escogidas de Aguilar, ya que incluye *¡Absalón, Absalón!* y *El ruido y la furia*. En el decenio siguiente, ya en los años setenta, se hicieron ediciones de amplia tirada de *¡Absalón, Absalón!* y *Gambito de caballo* en el libro de bolsillo de Alianza Editorial. *Las palmeras salvajes* fue editada por primera vez en España en 1970 por Edhasa con la traducción original de Jorge Luis Borges y un prólogo de Juan Benet al que nos referiremos más adelante. En 1972, Planeta produjo en edición corriente, tela, *El ruido y la furia*, con una nueva traducción española. En Editorial Lumen apareció, en

1972, *El árbol de los deseos (The Wishing Tree)*, cuento infantil traducido por Andrés Bosch. Más recientemente, en 1978, José María Valverde tradujo *Collected Stories* con el título *El campo, el pueblo, el yermo*, y en este mismo año apareció la primera versión de *Sartoris (Flags in the Dust, Banderas en el polvo)*, ambas para la biblioteca Formentor de Seix Barral. En 1980 Argos-Vergara publicó una nueva versión de *Light in August*. Con estas adiciones se completó un panorama amplio que comprende la totalidad de la obra del novelista. Las traducciones al español de Faulkner, reuniendo las realizadas en la península y en diversos países de Hispanoamérica, particularmente Argentina, son las más constantes con relación a otras lenguas.[1]

LA PERSPECTIVA DE LOS CRÍTICOS

Durante los años sesenta y comienzo de los setenta la obra de Faulkner alcanzará una difusión muy considerable. Con la muerte del novelista, en 1962, se acentuó el interés general y se le concedió una atención que estableció definitivamente la reputación de Faulkner como figura universal entre los lectores españoles. Entre los nuevos críticos se incluye Enrique Ruiz García con su artículo «Vida, obra y pensamiento de William Faulkner».[2] El ambicioso título da una idea de la generalidad del contenido, que sólo aporta como auténtica novedad la referencia a la lucha entre los Sartoris y los Snopes, o lo que la crítica ha dado en llamar el snopesismo, la lucha por el dominio de una nueva clase social emergente. Esta exposición la realiza Faulkner en su trilogía de los Snopes comenzada en 1940 con *El villorrio* y continuada en los años cincuenta con *En la ciudad* y *La mansión*. Con motivo de la muerte de Faulkner, Antonio Vilanova publicó en su habitual sección de *Destino* un artículo que, apoyándose en los que escribió a raíz de la concesión del premio Nobel más de diez años atrás, sintetiza y explica lo que él considera la aportación de Faulkner: «impide... la desintegración de la novela» y aunque las obras mues-

---

1. Véase el cuadro de estas ediciones en el Apéndice.
2. Enrique RUIZ GARCÍA, «Vida, obra y pensamiento de William Faulkner», *La Estafeta Literaria*, n.º 189 (15 de marzo de 1960), pp. 1, 14, 15.

tren una casi inextricable oscuridad y una confusión laberíntica que «han conjurado a menudo contra él los reproches y los ataques de los críticos», su obra ofrece una tremenda complejidad y grandeza. Los lectores se desconciertan con frecuencia, «ya que resulta difícil precisar la filiación literaria de William Faulkner». No obstante, ninguna de las características más obvias es por completo original: «El crudo realismo de Faulkner, su método introspectivo de buceo interior, el audaz contrapunto de realidad y fantasía, que contrapone en la mente de sus personajes el ensueño a la acción y el mundo real al pensamiento imaginario, proceden manifiestamente de Joyce.» Gran parte de su técnica, por otra parte, «la simultaneidad de las acciones en el tiempo, la confusión del pasado y el presente en el flujo mental del recuerdo o del sueño, la intrincada incoherencia del monólogo interior y la modalidad disgresiva del relato contado por un personaje que hace las veces de narrador... no constituyen desde el punto de vista técnico una novedad esencial después de la aparición de *Ulysses*». Tampoco los temas, «la extraña mezcla de sensibilidad refinada y la morbosa regresión salvaje al mundo de los instintos que caracteriza el trasfondo espiritual de sus primeras novelas...» es una aportación totalmente nueva; según Vilanova, lo que hace la obra de Faulkner totalmente única es «el haber logrado inyectar mediante una utilización absolutamente nueva de todos esos recursos expresivos, patetismo trágico, hondura psicológica y emoción humana a un tipo de relato caótico y antinovelesco que Joyce había llevado hasta sus últimos límites y que parecía imposible superar». Con la utilización de estos recursos se crea todo un ámbito «compacto y cerrado», con movimiento, y una acción «que son propios desde siempre de la ficción novelesca». El novelista pretendió reflejar, más como Proust que como Joyce, ámbitos encontrados, «el pensamiento y la acción, el proceso íntimo y la realidad externa de los hechos y las pasiones humanas», la creación atañe a todos los seres humanos en su proceso histórico. Vilanova también se refiere a la omnipresencia del pasado, las novelas se inician en el presente real con una narración directa y objetiva de los hechos cuyo intenso dramatismo «procede de su pasado anterior que el lector desconoce»; estos hechos «no cobran verdadero sentido hasta que se explican en función del pasado».

En el mismo número de la revista *Destino*, como parte del homenaje al escritor, se publicó un segundo artículo escrito por Rafael Vázquez Zamora quien declara de entrada que Faulkner es «nada menos que uno de los pocos genios que ha dado la literatura en los escasos siglos que lleva de existencia».[3] Como Vilanova, subraya Vázquez Zamora la universalidad de Faulkner bajo un aparente localismo: «...dio vida a un pasado que era para él un presente y sacó de ese pasado lo que el hombre tiene de común —en la perversión y en el deseo—, haya nacido a orillas del río Mississipí, en Villazuque de Abajo o en París: las grandes pasiones, la maldad y la aspiración siempre obstaculizada a una difícil bondad»; de aquí se sigue la universalidad ya que «en literatura se ahonda en todos los corazones cuando se ahonda en uno». Anticipándose a las más modernas interpretaciones ve al novelista como «un accidente de la naturaleza, una especie de monstruosidad que hace de un hombre el portavoz del corazón humano». Respecto al reflejo del pasado, puntualiza Vázquez Zamora, la ambigüedad de, por ejemplo, el coronel Sartoris, «que vive en flagrante contradicción con las nobles maneras de la vida del Sur... Hay muchos rasgos del coronel en los Snopes». Estas observaciones tienen también gran valor, en tanto que, como se hacía en Estados Unidos a la sazón, tienden a aclarar un tipo de cliché sureño que ha seguido siempre como una sombra a la reputación del novelista. Se menciona, finalmente, la trayectoria del novelista: la violencia y perversión sexual perceptible en las primeras novelas no deben ser consideradas como manifestaciones de la tendencia autodestructora del hombre, «su actitud se ha hecho mucho más comprensiva y esperanzada con el transcurso del tiempo»; en realidad «Faulkner presenta una casi obsesiva... preocupación por la capacidad de resistencia del hombre», en una lucha para supervivir «en un inmenso proceso de desintegración, en una capa de la sociedad (que no es sólo la del ficticio condado de Yoknapatawpha) ni la de su directo modelo, el condado de Lafayette, sino el proceso de la decadencia misma del hombre actual».[4] El mismo crítico hace una emotiva descripción del

3. Rafael Vázquez Zamora, «El Caballero del Sur que era un genio», *Destino*, n.º 1301 (14 de julio de 1962), pp. 13-14.
4. Es notorio el parecido de estas reflexiones de Vázquez Zamora con las que desarrolla Gary Lee Stonum en la monografía sobre el no-

entierro del novelista, del que él fue testigo.[5] Todos los periódicos de España se hicieron eco de la muerte de Faulkner el 6 de julio de 1962. Un editorial de *La Vanguardia* lo sitúa como «profeta del existencialismo mucho antes del advenimiento de Sartre» y como «primer tremendista». En realidad el comentarista, que no muestra un gran entusiasmo por este tipo de literatura, indica con precisión los cauces por los que penetró muy directamente en Europa la influencia del novelista.

A nivel periodístico se le sigue concediendo atención por medio de reseñas de sus últimas novelas. Algunas de éstas tienen gran valor, como ocurre en el caso de la realizada por Rafael Conte, con motivo de la publicación de *En la ciudad* en 1960.[6] Conte ve la totalidad de la obra de Faulkner como «una gigantesca tragedia humana» y, a diferencia de tantos otros censores de la escuela del compromiso social que lo acusaban de frívolo y decadente, encuentra en las novelas una lección moral: «Senderos delicadamente espinosos confieren a Faulkner un especial sentido purificador, y no es que se trate de una literatura ejemplar, sino más bien de una novelística inquisidora de intencionado testimonio, y en esta búsqueda el anhelo de pureza se refleja en esta constante vacilación.» Contrariamente a la apreciación del tiempo cerrado por el pasado, divulgada por la crítica de Sartre, Conte ve precisamente en el hecho de que la obra esté inserta en el amplio mundo del condado de Yoknapatawpha, el desbordamiento de toda acción en el tiempo y en el espacio, «este elemento histórico, presente en todo momento, concede a toda la acción un ámbito que desborda al mismo tiempo de la acción, incluyendo en ella de una manera activa el pasado y convirtiéndolo a la vez en una poderosa sensación progresiva que se proyecta hacia el futuro» (p. 64). Esta percepción del futuro la explica Conte como estructural, «es frecuente en Faulkner que el mismo autor o el narrador anuncie, sugiera o profetice algún

velista. Para Stonum, como señala aquí Vázquez Zamora, la trayectoria de Faulkner como autor va desde un análisis del fenómeno estético a un estudio de la trayectoria vital humana, sobre todo en la trilogía dedicada a los Snopes. *Cf.* «Elegy as Meta-Fiction», pp. 153-194.

5. Rafael VÁZQUEZ ZAMORA, «Bajo unos robles ha sido enterrado Faulkner...», *Destino* (21 de julio de 1962), p. 30.

6. Rafael CONTE, «En la ciudad», *Acento Cultural*, extraordinario, n.os 9 y 10 (julio-octubre, 1960), pp. 53-54.

suceso posterior o una comprensión futura que ayude a esclarecer el presente y lo proyecte hacia adelante con una fuerza poderosa». Así, *En la ciudad* es un adelanto de la Edad Media del condado que conoceremos en su momento presente en el *Requiem*.

La mansión se publica en Estados Unidos en 1959 y se traduce en España en 1961, pero antes de esa fecha *La Estafeta Literaria* da una breve cuenta de la obra en su lengua original.[7] En 1961, Julio Ortiz comenta la traducción española, poniendo de relieve el tema de la venganza apoyada en los conceptos de fatalidad, maldición y muerte.[8] Otro comentario de la novela se debe a Sergio Vilar,[9] quien señala como tema secundario la política y como elementos técnicos utilizados en la libre asociación. Un aspecto que no se había mencionado en la crítica española con respecto a Faulkner es el uso del humor, al que sí se refiere esta reseña. En *Punta Europa* se publicó un comentario a la novela póstuma *The Reivers (Los rateros)*. Raúl Torres declara allí que para «el gigante del Mississipí los caminos de la literatura no tienen horizontes».[10] Cuanto más se conoce la obra del novelista, observa el reseñador, menos se preocupa uno «de lo brillante de la narración, lo maravilloso del esoterismo», para sentir «el hombre con su ternura, su humor, su atmósfera cotidiana». De diferentes maneras, en artículos, capítulos de libros o referencias dentro de variados estudios, otros estudiosos dedicaron comentarios al novelista. En un libro sobre la novela norteamericana, Cándido Pérez Gállego escribió un capítulo sobre *El ruido y la furia*[11] en el que se enfoca la novela a partir de las secciones de los cuatro personajes. Dentro de las numerosas interpretaciones de las que ha sido objeto esta obra, la sección de Benjy es objeto de un tratamiento original, ya que el personaje aparece relacionado con el mal, «Faulkner hará

7. *La Estafeta Literaria*, n.º 185 (enero, 1960), p. 5.
8. Julio ORTIZ, «*The Mansion*», *La Estafeta Literaria*, n.º 231 (15 de diciembre de 1961), p. 4.
9. Sergio VILAR, «La mansión», *Papeles de Son Armadans*, n.º 79 (octubre, 1962), pp. 117-118.
10. Raúl TORRES, «Los rateros», *Punta Europa*, n.º 91 (noviembre, 1963), p. 33.
11. Cándido PÉREZ GÁLLEGO, «William Faulkner, *The Sound and the Fury* desde cuatro esquinas», en *El héroe solitario en la novela norteamericana* (Madrid: Editora Nacional, 1966).

que Benjy busque el mal antes que el bien» (p. 135). Completa el ensayo un análisis de Quentin como intelectual en el que se observa que este rasgo del personaje se manifiesta en el propio estilo; el monólogo de Quentin es una expresión del absurdo existencial que forma parte del contenido de la novela. El fatalismo, característica de Jason, según Pérez Gállego se inserta en la tradición norteamericana: «Sospechamos que la tragedia *The Sound and the Fury* empieza por los padres y que Faulkner quiere, como el Hawthorne de *The House of the Seven Gables*, dar a entender cómo la culpa se hereda» (p. 147). Dilsey es el reposo que falta en otras novelas. Concluye este crítico poniendo de manifiesto «el sentido de entrega, de prueba, por el que pasan todos los personajes».

Benito Varela Jácome, en su libro *Renovación de la novela en el siglo XX*, juzga a Faulkner como «el más radical renovador de la novela del siglo»,[12] cuya aportación se sintetiza en el empleo de procedimientos objetivos mezclados con su recreación del monólogo interior, peculiar empleo del punto de vista: «Se trata de un autobiografismo distinto al tradicional. La identificación del "yo" con un héroe único que aquí se ramifica» (p. 328), que también se adapta a la expresión del tiempo con un carácter pluridimensional del que carece el monólogo joyceano. Se distinguen dos tipos de monólogo interior en la novela *The Sound and the Fury*, el que llama discursivo o encabalgado, como es el de Quentin que carece de puntuación y el de Benjy, impresiones enlazadas con el pasado, monólogo que el crítico llama «impuro», ya que en algunos fragmentos el narrador no es por completo idiota.

El aspecto del choque de razas, ya sugerido por el artículo de Lino Novás Calvo, recibe la atención del jesuita Antonio Blanch quien define dos tipos de Sur, el llamado «romántico» que aparece en las obras de Margaret Mitchel y de Ellen Glasgow, y el Sur «trágico» cuyos rasgos son «los que describen sobre todo la tragedia de los blancos del Sur, es decir, la novela del patrono decadente y derrotado; y los que describen la tragedia de los negros... en las plantaciones del Sur o en las grandes metrópolis

12. Benito VARELA JÁCOME, «El universo novelístico de William Faulkner», en *Renovación de la novela en el siglo XX* (Barcelona: Destino, 1967), p. 326.

del Norte».[13] Faulkner se ocupa del derrotado, Compson, Sutpen, Snopes: «Sobre ellos pesa, como una losa moral, la maldición acarreada por el esclavismo» (p. 209). Los negros, por el contrario, dan siempre la impresión de fortaleza en *El ruido y la furia, Requiem por una mujer*, y desempeñan el papel de fatalidad, pero también de conciencia en *Intruso en el polvo. Luz de agosto* no aparece enfocada en términos de la ambigüedad racial del personaje; Joe Christmas es para Blanch «un joven mulato»; se pierde así la oportunidad de penetrar en el tema del mestizaje. Este aspecto merece la atención de Domingo Pérez Minik en un trabajo que no versa de manera directa sobre Faulkner, una reseña de *Nadie sabe mi nombre*, de James Baldwin,[14] en la que alude a una polémica que Faulkner mantuvo con el novelista negro. A la recriminación de Baldwin, «él nunca dejó de ser el amo, aunque quisiera salvar a los esclavos», opone Pérez Minik, «William Faulkner sabía que [Baldwin] estaba equivocado, pero la realidad es que su obra sólo nos presenta la tragedia irrresoluble, deteriorada e irreversible, de una sociedad decadente, la de la raza dominadora, la de su sangre». Pérez Minik menciona otros dos casos de parecida problemática, los de Balzac y Dostoyewski: «Pero las posiciones reaccionarias de los tres grandes maestros al final de la partida siempre se justifican por el nivel igualatorio de estimación real de cualquier gran artista frente a sus criaturas.» Se pone de relieve que, si bien Marx llegó a comprender esto para aceptar a Balzac, Baldwin no lo hace con relación a Faulkner: «Es terrible decirlo, al fin y al cabo el alemán y el francés eran blancos.»

En *Hora actual de la novela en el mundo* L. Rodríguez Alcalde sitúa a Faulkner en el capítulo dedicado a la novela del absurdo.[15] Jean Paul Sartre, Franz Kafka y William Faulkner comparten la visión de un mundo «caótico, donde cobra espantable veracidad aquello de que la vida es un cuento narrado por un idiota» (p. 279). El autor rechaza esta posición al confesarse «católico, opti-

13. Antonio BLANCH, S.I. «El problema del negro en la novela norteamericana», *Razón y Fe*, n.º 848-849 (octubre, 1968), pp. 203-223.

14. D. PÉREZ MINIK, «Nadie sabe mi nombre», *Insula*, n.º 287 (octubre, 1970), p. 5.

15. L. RODRÍGUEZ ALCALDE, *Hora actual de la novela en el mundo* (Madrid: Taurus, 1971), pp. 277-285.

mista y amante de la claridad y el orden clásico» (p. 280) y pasa revista a la aportación faulkneriana en términos parecidos a los de Walter Slatoff en la crítica norteamericana. El parentesco con la literatura del absurdo proviene de la cronología acrónica, «ese vaivén de sucesos difícil de seguir, obedece a leyes misteriosas cuyo aparente disparate no podemos desentrañar» (p. 281). Los personajes, sometidos a sus pasiones, carecen de libertad, pero Faulkner también presenta «la tremenda inocencia de los idiotas» y el mundo de los niños. La poesía que conlleva su estilo es lo que dota a las obras de una posibilidad de interpretación metafísica; poesía que está dotada de la «extraña hermosura de la tragedia» y que potencia la voluntaria oscuridad que hace que «muchas, demasiadas cosas, queden a medio explicar». La oscuridad faulkneriana se convierte así en algo sospechoso, ya que los libros «claros» son los menos interesantes, *Intruso en el polvo* y *Los invictos*.

Dentro de una línea escolar, producto de los estudios de Filología inglesa, existen dos artículos que iluminan algunos aspectos de la novela faulkneriana. El primero se debe a José María Ruiz Ruiz,[16] quien examina el simbolismo religioso y el significado del tiempo en *The Sound and the Fury*. El doble enfoque se proyecta sobre las secciones de Benjy, Quentin y Dilsey; el análisis de Jason se halla incluido, por asociación, en los otros tres. A partir de la explicación de la obra dada por Faulkner en sus charlas de la Universidad de Nagano, Ruiz Ruiz rastrea el eco bíblico de la novela, ya mencionado en otros estudios, pero nunca considerado en la crítica escrita en español. Expone un paralelismo entre la sección de Benjy y la liturgia del Sábado Santo, que buscado o no por el novelista, se puede percibir en la lectura; se trata de la bendición del fuego y del agua. Lawrence Thompson había estudiado ya el tratamiento del fuego, pero sin prestar atención al aspecto litúrgico.[17] El agua, asociada con la hermana, significa vida para Benjy y adquiere valor de purificación; en la sección de Quentin, por el contra-

16. José María RUIZ RUIZ, «El sentido de la vida y la muerte en The Sound and the Fury», *Filología Moderna*, n.ºs 46-47 (noviembre, 1972 - febrero, 1973), pp. 117-138.

17. Lawrence THOMPSON, «Mirror Analogues in *The Sound and the Fury*», *English Institute Essays*, 1952 (Nueva York: Columbia University Press, 1953), pp. 83-106.

rio, significa la muerte. Hay una contraposición entre Benjy, con cierto eco de Cristo, y Quentin, quien al optar por el suicidio se yuxtapone a Él, «Cristo lucha en agonía por aceptar la muerte que su padre le ofrece... Quentin lucha con la vida por amor a sí mismo, pero no puede aceptarla» (p. 133). Benjy busca el fuego y la luz, representación de vida, Quentin «busca la sombra, persigue a la sombra y queda obsesionado por ella» (p. 132). La misteriosa trucha fantasma es el anagrama de Jesús, «Cristo por la muerte vive y convierte las aguas en caudal de vida. Quentin por el agua va a la muerte» (p. 134). El significado religioso de la sección de Dilsey se refiere a la mañana de Pascua, a este personaje en efecto «no le sorprende... la habitación vacía de miss Quentin que se fue bajando por el árbol de junto a la ventana y dejando sus ropas con ligero perfume de esencia barata. Como tampoco le sorprende la tumba vacía de Cristo con vendas dobladas con olor a aromas y a sangre de la cruz» (p. 138). El tiempo en que viven los personajes es una respuesta a su respectivo sentido religioso: Benjy, como testigo inocente, carece de sentido del tiempo, «ni como "kronos" ni como "kairós" u oportunidad» (p. 130), a Quentin «la obsesión del tiempo cronológico, matemático... no le permite descubrir el "tiempo oportuno", la ocasión de salir de sí mismo y encontrar al "otro"... Llega a estar de acuerdo con su padre en que incluso Cristo fue destruido por la pura fuerza mecánica del tiempo» (p. 131). Este concepto del tiempo le lleva a desear y a buscar la muerte. Dilsey acepta la vida, se acepta a sí misma y a los demás con las limitaciones inherentes a la condición humana, a la vez que actúa para que esas limitaciones se reduzcan al mínimo con su valor, energía, resistencia y sobre todo «la fe cristiana que le explica el misterio de la vida y la muerte» (p. 136). Este análisis pone de manifiesto el alcance religioso que tiene la obra de Faulkner, ampliando este tema en la crítica general dedicada al novelista y enriqueciendo la nacional.

El segundo artículo se debe a Esteban y Lorenzo Peraile,[18] y se trata de un análisis de la estructura de *Los invictos*, cuyo título se interpreta formando parte del

18. Esteban y Lorenzo PERAILE, «Una lectura de "Los invictos", *Cuadernos Hispanoamericanos*, vol. 97, n.º 291 (septiembre, 1974), pp. 692-701.

tema, «una tremenda ironía, una paradoja en la que se contenga una de las claves de la novela: que la única victoriosa sea la muerte —muerto el coronel, muerta tía Granny, muerta la mente de Drusilla, muertas las creencias de Bayard y tal vez, muertas las esperanzas de muchos negros» (p. 692). Faulkner se propuso escribir, según esta interpretación, la parábola de la guerra y la muerte. La guerra aparece en varios ámbitos: a) a nivel familiar, b) entre vecinos, c) civil, d) universal; la estructura se ajusta a secuencias con criterio ordenador, ataque-retirada, del que los autores presentan un esquema alternado en simetría de opuestos, cuyo eje vertical atraviesa la novela. Esta composición tiene una correspondencia exacta con el tema, «el plano del tema y el plano de la estructura se condicionan mutuamente: el tema "guerra simultánea en varios sectores" requiere el ataque y la retirada, el desplazamiento de los actores, el vaivén formal. Recíprocamente el esquema guerra-retirada influye en el modo como el autor concibe y organiza la novela» (p. 956). Dentro del esquema temático el uso del tiempo «consigue que... tiempos distintos se fundan y se confundan y que los sucesos sucedan incoincidentes y a un tiempo; en una intemporalidad y en momentos perfectamente distintos: la cuadratura de círculo temporal» (p. 697). El ensayo, en su original enfoque, demuestra un uso de la ironía y la paradoja que no se ha estudiado con frecuencia.

Otros intelectuales han dejado constancia de sus lecturas de Faulkner en ensayos de alcance más general. Esteban Pujals alude a las contradicciones y ambivalencias como una de sus características positivas y señala que el novelista no se identifica plenamente con ninguno de sus personajes.[19] Guillermo de Torre comenta la deuda de la novela objetivista francesa con los escritores norteamericanos, con especial referencia a la aplicación del método filosófico conductista, a la literatura ejecutada por Faulkner, Hemingway, Dos Passos, Steinbeck y Caldwell,[20] y recuerda el influjo de Faulkner en la novela existencialista.

Enrique Tierno Galván en *Acotaciones a la historia de*

---

19. Esteban PUJALS, «Tradición y sentido en la novela norteamericana», incluido en *Drama, pensamiento y poesía en la literatura inglesa* (Madrid: Rialp, 1965), pp. 530-582.

20. Guillermo DE TORRE, *Ultraísmo, existencialismo y objetivismo en la novela* (Madrid: Punto Omega, 1968), pp. 281 y ss.

la cultura occidental en la Edad Moderna[21] se refiere a Faulkner dentro del capítulo dedicado a los años veinte, como uno de los primeros intelectuales que reaccionaron contra la frivolidad de esa época: «La literatura de violencia emocional y del aire libre de Hemingway y la violencia doméstica y obsesiva de Faulkner son un reactivo que, salvadas las distancias, equivale a la aportación de *El lobo estepario* de Hesse» (p. 247). Respecto a la expresión artística de la sociedad burguesa, «la vida cotidiana se queda sin argumento que sorprenda y el arte tiende a suprimir el factor negativo refugiándose en la pura técnica» (p. 281). Thomas Mann, Pirandello, Kafka, Sallinger, Joyce y Lawrence, según Tierno, se enfrentan con el problema de diferentes maneras para aportar una nueva función al argumento. Por su parte, la respuesta de Faulkner para «rehabilitar los elementos argumentativos» resulta en un cambio de concepto: «Particularmente en la novela *Absalón* ha procurado conseguir que el tiempo aparezca según la máxima complejidad objetiva, respetando la cronología simultánea o sucesiva de diferentes hechos. El argumento se complica al máximum, pero adquiere el carácter de superargumento» (p. 281).

ESCRIBEN NOVELISTAS Y POETAS

La muerte de Faulkner motivó un comentario de Camilo José Cela,[22] quien escribe del hombre que fue Faulkner, de su lucha, expresada en la obra: «Desde su primerizo *The Marble Faun* hasta su inmediato *The Reivers* el torrente de la voz de Faulkner clamando —solitario y generoso eco de tantas y tantas voces— contra la necedad, la injusticia, retumbará siempre, sobrecogedor y bucólico como la vena de agua que brota sin cansarse jamás, de la piedra verdecida por el lento paso del tiempo.» Tres virtudes, según Cela, configuran la personalidad de Faulkner, «con su humildad, su obsesiva y valerosa renunciación y su aguda y definitiva habitación en el meollo mismo de la independencia, está tejida toda su

---

21. Enrique TIERNO GALVÁN, *Acotaciones a la historia de la cultura occidental en la Edad Moderna* (Madrid: Tecnos, 1964).
22. C. J. CELA, «Faulkner», *Papeles de Son Armadans*, n.º LXXVII (agosto, 1962), pp. 115-118.

obra literaria y sobre ellas igual que sobre un campo de próvida sembradura discurrió, ejemplarmente paralela su vida». Cela ve la obra como antitética, «mansa y violentísima, despiadada y piadosa, taciturna y solidaria...». En la misma revista Jaime Ferrán se despide de Faulkner con una nota escrita en Estados Unidos donde se nos dice: «el novelista es aún piedra de escándalo literario».[23] Otro poeta, Manuel Pacheco, ofrece como despedida, una oda en la que anuncia la pervivencia de las novelas ligada a la propia vida del hombre: [24]

> *La eternidad sin fábulas cruza tu canto seco*
> *y el xilofón de cuero de tu prosa*
> *golpea insomnemente...*
> *el vertical delirio de los hombres.*

A este homenaje poético se contrapone Félix Grande desde una postura de denuncia social, echando en cara al novelista un virtuosismo que deja al margen un auténtico compromiso: [25]

> *Mientras que William Faulkner*
> *halla los agrios del lenguaje*
> *hoza en Yoknapatawpha*
> *levantándola, hirviéndola*
> *cuida la construcción feroz*
> *de una nueva novela y cuida*
> *su innegable talento epilepsiaco.*

En un artículo dedicado a Scott Fitzgerald, el poeta Pedro Gimferrer[26] observa que, a mediados de los años sesenta, tiene lugar en Estados Unidos una revalorización de ese novelista y observa que en España, con la novedad constituida por Fitzgerald, ha permanecido Faulkner, «el viejo ojo del Mississipí, Dostoyewski de las ciénagas sudistas». Juan Pedro Quiñonero comenta este mismo as-

---

23. Jaime FERRÁN, «Adiós a William Faulkner y a C.C. Cummings», *Papeles de Son Armadans*, n.º LX (enero, 1962), pp. 108-111.
24. Manuel PACHECO, «Oda a William Faulkner», *Papeles de Son Armadans*, n.º LXXVII (agosto, 1962), pp. 157-158.
25. Félix GRANDE, «Por los barrios del mundo viene sonando un lento saxofón», *Blanco Spirituals* (Barcelona: El Bardo, 1969), p. 11.
26. P. GIMFERRER, «Aproximación a Scott Fitzgerald», *Insula*, n.º 222 (mayo, 1965), p. 7.

pecto de la pervivencia de Faulkner y cita[27] el discurso de la recepción del premio Nobel que bien podría ser «el consejo paternal del viejo al joven que empieza a rodar su camino». Considera al novelista «padre de la odisea contemporánea; nadie desde Tolstoy ha llegado a estar tar cerca de Homero»; su obra posee una dimensión universal que atañe a todos los hombres, «la maldición que él sentía sobre sí y sobre su mundo. Maldición por encima de castas y razas. Maldición de origen. Ahí nace la portentosa tragedia del hombre, en la incertidumbre de su origen y su destino».

Ciertos novelistas muestran en sus reacciones una lectura que va más allá de la influencia, hacia la reflexión o el análisis. Así, Ramiro Pinilla reconoce en su formación la huella de Thoreau y Faulkner.[28] Agradece al primero una visión que transformó su vida al leer *Walden*, revelación que «dio forma a lo que yo intuía como auténtico, proporcionándome el valor para persistir en esa clase de vida que jamás debimos abandonar los humanos» (p. 72). Es la idea de un agrarianismo llevado a su último extremo, la adaptación vital a una ideología. En el terreno literario, Faulkner constituyó la segunda parte de tal revelación: «Ahora necesitaba la forma para expresarme..., entonces leí por primera vez a Faulkner.» Pasa el novelista a representar para él un mundo real pero subyacente, «los personajes de Faulkner no son lo retorcidos y rebuscados que algunos suponen y sí la encarnación fiel de tanto monstruo como llevamos dentro» (p. 75). El estilo da vida a ese mundo y «hace que la narración se meta en el lector violentamente, llevándolo como un forzado a ese singular poblado de tipos originalísimos». La prosa de Faulkner parece desdeñar al lector «como si estuviese destinada a unos dioses que comulgaran con la misma sabiduría del autor» (p. 75). Concluye Pinilla que la lección tomada de Faulkner no es el estilo, pues cada estilo particular es inimitable y la expresión de un temperamento, «pero sí un concepto compasivo y trágico de la humanidad, en una casi necesidad de expresarme en esa prosa dura, obsesiva y rítmica, densa y amplia, puede descubrirse algún vínculo de unión, no lo negaré» (p. 75).

27. Juan Pedro QUIÑONERO, «Faulkner, aquel viejo lobo», *La Estafeta Literaria*, n.º 385 (18 de diciembre de 1967), p. 13.

28. Ramiro PINILLA, «Lo que debo a Thoreau y a Faulkner», *Atlántico*, n.º 17 (1971), pp. 71-76.

Álvaro del Amo relaciona el mundo de Faulkner con el cine en un artículo de enfoque original,[29] ya que la influencia que el cine ha ejercido sobre la literatura se ha analizado con frecuencia; más inusitado resulta estudiar el influjo de la literatura en el cine. Faulkner trabajó como guionista y varias de sus novelas pasaron al cine, algunas de ellas se recibieron con mucho interés en España.[30] Lo que examina del Amo no es, sin embargo, la acción directa del novelista en el material cinematográfico, tanto como el peso de su manera de narrar en las técnicas cinematográficas. Es pasar de un estilo verbal a un estilo visual. El ensayo emparenta el ambiente de la película con el mundo de Faulkner. Desde el principio es evidente que el Sur, desde un ángulo sociológico, histórico y cultural, mana de William Faulkner: el estilo y el ritmo del film son instrumentos iluminadores de la realidad humana. Son conocidas las objeciones que se han formulado contra el estilo de Faulkner; según Álvaro del Amo, el ritmo de esta película motivará parecidas protestas, «el calificativo de esteticista se aplicará sobre este film por su morosidad, por emplear encuadres "retorcidos" que impiden ver la realidad tal cual es». Como recursos técnicos se menciona la elipsis, «se rehúye la sujeción al principio de que todo debe estar necesariamente explicado», ya que existen en la película «cabos sueltos»; también se alude a lo que el articulista llama limitación objetal del espacio, con dos aspectos netamente faulknerianos, uso simbólico de los objetos que pueden ser «centro visual a través del cual aparecen los personajes» o bien pueden recortar la acción limitando el plano de visión, «un enorme sombrero expresará la turbiedad que flota en el aire» (p. 66). Otra técnica es la fijación del movimiento, pero no de forma mecánica, sólo sugerido: el director utiliza la luz de una cerilla y un rostro, «juega con ambos factores (descripción de la luz, encuadre de un rostro) en función de conseguir una inmobilidad»; el ritmo de la película es de «un lento desarrollo narrativo de realidades diversas». Respecto al argumento en sí, el protagonista, como Mink en *El villorrio* y más vivamente en *La mansión,* son reflejos del Sur, antihéroes, «se mue-

29. Álvaro DEL AMO, «Sierra Prohibida, breve meditación sobre un film sudista», *Nuestro Cine,* n.º 60 (1967), pp. 62-67.
30. *El ruido y la furia* y *El largo y cálido verano* (adaptación de *El villorio*).

ven por decisiones... elementales determinadas casi por "ideas fijas" conseguidas después de una larga y trabajosa reflexión» (p. 66). Ambos personajes «poseen la paciencia de los desesperados». Los dos temen la tierra y sienten su amenaza a disolverse en ella; Mink tiene miedo a echarse sobre la tierra, para él descansar es un acto de valor, el personaje de la película se disolverá en el paisaje en la última secuencia.

Ramón Nieto continúa con su crítica del decenio anterior en un breve artículo sobre la actitud de Faulkner frente a la creación; su obra [31] no tiene principio ni fin, los personajes parecen indestructibles, «saltan hechos trizas, pero como en una desintegración en cadena cada partícula desarrolla una energía que los afianza en su puesto y los hace casi invulnerables». Por eso hay una continua recreación y los vemos pasar de una obra a otra, mundo en perpetuo desequilibrio: «Es en realidad un mundo en el que siempre se esconde algo que queda vivo detrás como un misterio que se puede desvelar: *Luz de agosto* y *Mientras agonizo* están presentadas... bajo el alucinante fogonazo de un "flash". Faulkner parece decirnos cuando dispara: "Si has visto mejor para ti y si no te fastidias; procura estar más atento la segunda vez; la segunda y la tercera y la penúltima sentimos el resquemor de la llamarada y como algo inconmensurable nos deslumbra."» La lectura de Faulkner requiere una continua vuelta a ella para desentrañar el mensaje, es la fascinación de la propia vida tal como la había definido Gullón en los años cuarenta. Por otra parte, puede considerarse muestra de devoción un artículo de Fernando Ainsa [32] motivado por una visita a la casa del novelista en el Oxford sureño.

Con el prólogo que Juan Benet escribió para la edición en España de *Las palmeras salvajes* [33] no sólo demuestra el novelista español una comprensión muy profunda del fenómeno literario que constituye la obra de Faulkner, sirve asimismo como ilustración de la potencia del acto estético para desentrañar los misterios de la existencia.

31. Ramón NIETO, «William Faulkner o la desintegración», *La Hora*, 19 de junio de 1968.

32. Fernando AINSA, «En el santuario de William Faulkner», *Cuadernos Hispanoamericanos*, n.º 269 (noviembre, 1972), pp. 232-243.

33. Juan BENET, Prólogo a *Las palmeras salvajes* de William Faulkner, traducción de Jorge Luis Borges (Barcelona: Edhasa, 1970), pp. 7-16.

Las reflexiones de Benet iluminan de pasada la concepción de su propia novela, como se comprobará más adelante. El prólogo es un análisis de la destrucción de los moldes convencionales del lenguaje, para ahondar en la exploración de la naturaleza por medio de un método metafórico que permite desentrañar la experiencia. La llegada a un conocimiento, que va más allá de la constatación científica, se logra por medio de la lengua utilizada por el escritor como utensilio para llegar al hondón de las vivencias y expresarlas en un lenguaje problemático desde un punto de vista lógico, pero decisivo a la luz de la experiencia y la intuición. A juicio de Benet la lengua arranca de un nivel más profundo que la lógica o la ciencia, ya que clava sus raíces en la fuente misma del conocimiento, y al expresar la condición insospechada de una vivencia, por medio de una metáfora, hace que se reconozca tal existencia.

Los juicios podrían aplicarse a la obra general de Faulkner, pero se centran en *Las palmeras salvajes*. Las dos narraciones que componen la novela forman una unidad, pero el autor abandona al lector porque le reconoce «dueño de tomar para sí lo que más le aproveche y responsable —ante sí mismo— de su derecho a formular la realidad de acuerdo con unos principios no evidentes que pueden ser compartidos o no» (p. 8). No se trata de que el autor quiera alejarse de la realidad, sino que «adopta el mismo método sibilino que ésta para manifestarse por medio de ocultaciones» (p. 9). Las dos narraciones, la del amor («un viejo cuento a la moderna») y la del presidiario («un cuento moderno a la manera antigua») se enlazan «por su oposición para formar balanza por un sinnúmero de sugerencias»: agua, catástrofe, «torrente amarillo», «grave profundidad amarilla» (de la mirada de Charlotte), etc. Donde la crítica de Benet realmente profundiza es en las consideraciones de la relación entre tema y lengua: En las dos narraciones la subliteratura o *pulp fiction* cumple una función, ha hundido la juventud del penado y amenaza la pasión amorosa de Wilbourne y Charlotte con el dinero que por medio de ella empieza a ganar el amante. Pero ocurre que el tema de la obra total es, a su vez, una literaturización de la vida, el amor romántico que da forma a la pasión de Charlotte. Faulkner, dice Benet, «observa el resultado de tan funesta creencia destilando todo su sarcasmo no sólo hacia el final que les depara a sus protagonistas, sino hacia el fundamento de una literatura (que en último término ha procreado la *"pulp fiction"*) que no acepta otro cambio para determinadas palabras de curso legal que el establecido por sus agencias». En la literatura romántica la transposición de una naturaleza fija «se hace por medio de palabras fijas»; en *Las palmeras salvajes* hay un testimonio de rebelión, llevada a cabo palabra tras palabra contra el significado de las más altisonantes (p. 12). Se manifiesta esta rebelión en el hecho de que el predicado (la obra literaria) no está incluido en el sujeto (la naturaleza), «el conocimiento de la realidad suministrado por la literatura es tanto más preciso cuanto más se independiza el sentido de la proposición de las categorías habituales del sujeto» (p. 13). En general, es la naturaleza la que suministra los datos y el escritor se limita a anotar la múltiple capacidad de variación. Ahora bien, el escritor yendo más allá puede descubrir lo que Benet llama *el dato* no suministrado por la naturaleza, pero sustentado por ella, «la luz... como una tira de... lanilla». Esta posibilidad, «con un sustento *a posteriori* —por parte de la naturaleza— pone en marcha una nueva disciplina humanística espoleada por el apetito de invención» (p. 14) Benet pone como ejemplos de este proceso «inmaculada jerarquía monótona de mediodías» o «red inmóvil de soledad», «que parecen a primera vista datos suministrados por la naturaleza; y sin embargo, su poder metafórico reside tanto en la combinación de voces y conceptos no usuales como en la secreta y paradójica aquiescencia del fenómeno natural al discurso que de forma insólita le conviene» (p. 15). Un paso más en la conquista de la nueva expresión es que el dato no venga ni siquiera sustentado por la naturaleza, ya que solamente «es en el seno del predicado literario donde es preciso encontrar tanto el dato como su sustentación» (p. 15). El ejemplo propuesto por Benet para este fenómeno es la metáfora «atónito y ultrajado instante»: el sujeto *instante* nunca estará incluido en el predicado *atónito y ultrajado* y, sigue observando el novelista, «aun cuando en principio en la relación sujeto-predicado quepan todas las impertinencias que se le puedan ocurrir al más virulento poeta de medianoche, lo cierto es que el cúmulo de desmanes que la imaginación del hombre ha combinado, ha hecho avanzar bastante poco el conocimiento de la naturaleza por vía literaria» (p. 16). La gran innovación consiste en que mientras «ante un logos amilanado, la naturaleza se extraña e interroga; se sentirá sobrecogida cuando —como en este caso— la incongruencia desemboca en el rigor, tras comprender que saltando por encima de sistemas de representación para recoger los datos evidentes y sustentados, es posible desentrañar las modalidades de su ser cuando... se suspenden las reglas para esclarecer lo que ocultan» (p. 16); si la metáfora «atónito y ultrajado instante» no se aviene a las reglas del discurso, concluye Benet, «la naturaleza reconoce que el instante es así y sólo así» (p. 16). Este enfoque arraigado en la palabra poética se extiende en la obra de Faulkner a toda una concepción del universo y se hace patente por medio del método de ocultamiento-revelación que constituye el arte. El empleo inusitado de la potencia poética va siendo cada vez objeto de mayor atención crítica y aunque ya había sido señalado como una de las características de Faulkner, no se había analizado con la perspicacia y la lucidez que muestra Benet. Mauro Armiño, traductor de diez poesías procedentes del *Marble Faun*,[34] se refirió también a este aspecto haciendo notar que «la marca de la poesía» acompañará siempre su palabra.

La recepción crítica que se prestó a Faulkner en España es digna de recuerdo. Al concluir la etapa franquista nuestras lecturas se habían asentado tras un azaroso recorrido; desde el primer momento, años correspondientes a la Segunda República, los críticos españoles mostraron una apreciación notable, y al concluir las diversas etapas aquí examinadas se percibe la amplitud del interés suscitado por el novelista, su persistencia y el valor de muchos de los juicios emitidos, aportación estimable a la bibliografía general de William Faulkner.

FRAGUANDO UNA NUEVA NOVELA

A la vista de las ediciones de Faulkner en esta última etapa de su penetración en España y de la comprensión que refleja la crítica, se puede decir que el novelista ha

---

34. Mauro ARMIÑO, «Diez poemas de Faulkner», *Poesía Española*, n.º 210 (junio, 1970), pp. 28-32.

pasado a formar parte de un patrimonio cultural. Leer sus novelas ya no es ni descubrimiento ni desafío, y sí, en cambio, en algunos casos, como se verá, un autor que no ofrecerá curiosidad que compense la laboriosidad de la lectura. Su influjo, sus radicales innovaciones, vendrán ya en la pluma de otros novelistas y las huellas de lecturas penetrantes se borrarán poco a poco. Precisamente durante los años sesenta aparecerán los frutos más maduros de la asimilación de Faulkner por parte de los novelistas españoles. El interés por el testimonio social dará paso a una actitud menos dogmática, más abierta a un examen de conciencia que ya aparecía en las novelas de Elena Quiroga y Ana María Matute. El peso de la guerra civil en la conciencia nacional como camino hacia la propia identificación va a ir de la mano de un experimentalismo narrativo.

Hay un planteamiento de la transición de la novela de los años cuarenta a los años cincuenta que enfatiza el deseo de compromiso y ruptura como un proyecto de grupo. Este planteamiento debió influir a su vez a la hora de examinar la aparición de una actitud nueva hacia la novela que se observa en los años sesenta. Así, Manuel García Viñó la define casi como un movimiento.[35] Santos Sanz Villanueva también le asigna este papel al nuevo tipo de novela: «La novela metafísica, simbólica, surge con espíritu de grupo al comienzo de los años sesenta.»[36] No obstante, los autores no constituyeron un grupo homogéneo, ni compartieron ningún tipo de premisas. Lo único comúnmente buscado por todos los novelistas que escribieron en esos momentos fue un afán de liberación, de sacudir normas y enriquecer la novela haciendo de está un vehículo de búsqueda no sólo social, sino existencial, histórica, cultural; la narrativa se convierte en un auténtico medio de autoanálisis a partir de la indagación de la identidad nacional. Gonzalo Sobejano, al proponer como denominación para esta nueva actitud ante la novela el adjetivo estructural, menciona entre otros estudiosos de la novela de la época a Fernando Morán.[37] La sociedad en semidesarrollo condiciona y potencia el nuevo

35. Manuel García Viñó, *Novela española actual* (Madrid: Guadarrama, 1967).
36. Santos Sanz Villanueva, p. 90.
37. Gonzalo Sobejano, *Novela española de nuestro tiempo*, pp. 284-285.

tipo de novela. Se trata en definitiva de una sociedad mucho menos encerrada que la de los años cincuenta; la perspectiva ganada con el ensanchamiento del horizonte cultural y vital, llevará con más ahinco a ese deseo de autoconocimiento y a la constatación de que, en efecto, España es un país con características muy propias que incluyen no sólo al sistema, sino a todos los españoles que participamos de la misma circunstancia. El lema de la resurrección económica, de la mano del turismo, «España es diferente», pareció en abundantes casos haberse convertido también en el objeto de la indagación de muchas de las novelas. Los divulgadores de la literatura comprometida fueron en esta nueva etapa el motor de una narración que también se ha llamado «barroca». Así, Juan Goytisolo, que en su primera época revelaba un mundo poético y fantástico, a pesar de sus proclamas teóricas tan opuestas y en su segunda se ceñía de una manera más ortodoxa a unas normas que casi se convertían en consignas políticas, fue uno de los grandes exponentes de este tipo de novela ancha y enriquecida con *Señas de identidad*. Una evolución parecida se observa en el resto de los componentes del antiguo grupo, Alfonso Grosso, con *Florido Mayo* (1973), Antonio Ferres, con *En el segundo hemisferio* (1970), Luis Goytisolo, *Recuento* (1973), Juan Marsé, *Últimas tardes con Teresa* (1965) y Jesús Fernández Santos, *Las catedrales* (1970). Ana María Matute se había salido, casi sin entrar, del molde de su generación y su novela es un anticipo de lo que será la de los años sesenta y setenta, como ocurre en el caso de Elena Quiroga quien en *Presente profundo* (1973), no hace sino desarrollar su línea novelística propia. Martínez Menchén, por su parte, como veremos a continuación, a la novela de compromiso social sólo aportó la duda. Delibes con *Las ratas* (1962) y *Cinco horas con Mario* (1967) entra en la plenitud de su producción con unos medios enriquecidos. Cela con *Vísperas, festividad y octava de San Camilo del año de 1936* (1969) continuó la ininterrumpida búsqueda iniciada con la primera novela. La trayectoria de la obra de Gonzalo Torrente Ballester continuó con su obra señera, *La saga/fuga de J. B.* (1972). Las raíces de esta actitud se hunden en los años cuarenta; hay una continuación subterránea que posiblemente la exuberancia de la actitud narrativa más común durante el decenio de los años cincuenta no permitió observar. Con los años cuarenta y comienzos de los cincuenta se emparenta, precisamente, en cuanto a la temática la novela más importante del decenio, *Tiempo de silencio*. Son estos años cuarenta, en efecto, los de aprendizaje del novelista, quien junto a su amigo Juan Benet, inicia su sólida y esforzada creación literaria.[38] Martín Santos y Juan Benet son, en efecto, los dos pilares señalados casi unánimemente por la crítica como los iniciadores del nuevo impulso de la narrativa.

Gonzalo Sobejano comienza su estudio de «la novela estructural» con estos dos autores.[39] La novela de Martín Santos, es cierto, fue considerada como final de la novela de compromiso social más que como en realidad ocurrió, un principio. Así la vio el amigo y editor del novelista Salvador Clotas, que la califica de «brillante colofón».[40] De Nora consideró la novela «una bárbara y genial roturación sobre cuyo desgarramiento será quizá posible construir».[41] Hubo otros críticos que, como Antonio Vilanova, la acercaron a la búsqueda de nuevos horizontes que se advertía en los años cuarenta y en los años anteriores a la guerra; fue un «imprevisto retorno a los módulos narrativos del relato introspectivo y del monólogo interior».[42] Fueron los años de las primeras lecturas de Faulkner y su repercusión, tan conocida en el caso de Benet, lo es menos en el de Martín Santos. Nunca, salvo error mío, ha sido asociada con el novelista norteamericano *Tiempo de silencio*, aunque la deuda no sea difícil de comprobar, según se verá más adelante. El impacto de *Tiempo de silencio* y de *Volverás a Región* se dejó sentir de inmediato en las novelas de la promoción más joven, de la que empieza a publicar en los años setenta. No resulta aventurado decir que muchas influencias a que se

38. Según SUÁREZ CARREÑO, Benet y Martín Santos ya habían producido unas obras primerizas en 1950: «Al primer premio Café Gijón concurren los dos, Benet con *Paisaje perpetuo*, una novela muy faulkneriana. La de Martín Santos, *El vientre hinchado*, no era faulkneriana, presentaba una forma de bajo realismo.» Entrevista con José Suárez Carreño, Madrid, mayo, 1972.

39. *Novela española...*, pp. 545-582.

40. Salvador CLOTAS, «Meditación precipitada y no premeditada sobre la novela en lengua castellana», *Cuadernos para el diálogo*, n.º XIV, extraordinario (mayo, 1969), p. 17.

41. Eugenio G. DE NORA, III, p. 343.

42. Antonio VILANOVA, «Literatura en lengua castellana», en *Las literaturas contemporáneas* (Barcelona: Vicens Vives, 1967), p. 71.

citan como propias de los años setenta, provengan en primer lugar de una asimilación de estas dos novelas y más tarde de un conocimiento directo de sus fuentes. Según José Domingo, «Kafka, Joyce, Faulkner, el existencialismo, la literatura del absurdo, la novela objetalista francesa, el erotismo, los movimientos juveniles contestatarios, la nueva novela latinoamericana, toda esa problemática abigarrada y confusa puede rastrearse hoy en los más jóvenes novelistas españoles».[43] Salvadas las distancias de lo que es fruto cronológicamente de la década de los setenta, estamos ante la misma lista de intereses e influencias que fueron frecuentes, pero difíciles de conseguir, en los años cuarenta y de los descubrimientos de los años cincuenta. La obra de aquellos lectores y su madurez ahora alcanzada serán, sin lugar a dudas, no sólo un estímulo sino una viva influencia en los más jóvenes. Caminos que suelen mencionarse para la penetración de Faulkner en nuestro país son la nueva novela francesa o la novela hispanoamericana; conocida es la deuda de autores como Rulfo, Vargas Llosa, Fuentes, o García Márquez y también es conocida la admiración por la obra de todos estos novelistas en nuestro país; pero antes de la llegada de esa novela, nuestros propios autores habían asimilado, y con frecuencia muy bien, la gran lección de William Faulkner.

OTRA MANERA DE LEER

Mediados los años sesenta y a comienzos de los setenta, la lectura de Faulkner sigue siendo frecuente en la joven promoción. Isaac Montero fue, como ocurrió en el caso de Luis Goytisolo, un conocedor precoz que comenzó su lectura a los catorce o quince años: «Fue en 1953 o 1954, estaba aún en el colegio. Leí *Santuario*, encontrado en la biblioteca de mis padres; fue un mazazo deslumbrante, lo leí dos o tres veces seguidas.»[44] «Me dejó hecho un lío —añade Montero— ya que era mi primer contacto

43. José Domingo, *La novela española del siglo XX, 2*, p. 110. Ignacio Soldevila también se refiere, en *La novela desde 1936*, a la influencia de Faulkner en los jóvenes de esta década, cf., p. 326.
44. Entrevista concedida por Isaac Montero a la autora de este trabajo en agosto de 1973.

con una novela no clásica, es decir, de corte no tradicional. Luego a los veinte o veintidós años volví a leerlo, porque en aquella primera lectura no entendí algunas cosas.» La lectura se reanudó ya en los años de la Universidad, «los compañeros hablaban de Faulkner, se le conocía mucho de oídas, pero el grupo no lo leía, además no había dinero para comprar libros. Pasaba lo mismo con Kafka, se le conocía de oídas: Kafka fue también entonces un descubrimiento. La cultura llegaba en aquella época —comienzos de los sesenta— a retazos y era cuestión de suerte». Las bibliotecas públicas podían ofrecer de una manera casual y arbitraria, tal como también le ocurrió a Martínez Menchén, algún descubrimiento importante. Isaac Montero recibió de un bibliotecario «como si tal cosa» *La montaña mágica*. No obstante, a partir de un determinado momento fueron persiguiendo a Faulkner a través de las traducciones argentinas. Después de la publicación de *Una fábula* Montero opina que ya era fácil encontrarlo. «La dificultad para encontrar a Faulkner se debía fundamentalmente a razones morales.» Los años de mayor interés entre la gente de su edad se sitúan entre 1956 y 1967, «porque es el momento de la búsqueda de autores nuevos y poco a poco el interés va ampliándose, aunque, claro, siempre en círculos muy minoritarios». Las razones por las que llegó a interesar se debían a que «Faulkner es más denso y profundo que sus compañeros de generación, tiene muy poco que ver con Hemingway o con Fitzgerald; en relación con Joyce, lo que tiene es que hace asequibles sus procedimientos narrativos, que son de suyo más profundos e inasequibles. Faulkner tiene también sus inconvenientes, es a veces víctima de sus propios trucos: está forzando un poco la narración, hace discursos esquemáticos dentro de la complejidad, entonces su valor baja, pero sin duda es uno de los grandes novelistas, con un sentido de la narración que hasta él no existía». Montero opina, no obstante, que la novela tal como hoy la conocemos «existiría sin Faulkner, excepto en el caso de Benet, quien habría tenido que inventarse un Faulkner, si ese escritor no hubiera existido». La aceptación de la novela de Benet la liga Isaac Montero a la llegada, casi con simultaneidad, de la novela hispanoamericana.

Según Félix Grande: «A Faulkner lo conocieron y se

interesaron por él todos los novelistas más inteligentes.» [45]
Hubo una época que señala este escritor entre 1950 y 1965,
cuando «todo el mundo lo recomendaba; había que hacer
una constatación de lo cierto de aquellas afirmaciones
que se oían. Había que leerlo». Cuando en 1959 Félix
Grande comienza sus lecturas del novelista, apenas tienen
ya importancia las traducciones argentinas y, con frecuencia, ya no se cita esa procedencia: «Lo primero que
leí fueron *Mientras agonizo* y *Mosquitos*. Después de algunos años, en 1961, *Las palmeras salvajes*, luego las
"Obras Escogidas" de Aguilar...; Alianza produjo *Gambito de caballo* y *¡Absalón, Absalón!*, esta última causó gran
impacto.» Respecto a la aportación de Faulkner al enriquecimiento de la novela, Félix Grande lo valora de una
manera muy positiva, «es uno de los diez nombres fundamentales en lo que va de siglo». Le interesa como esti-
lista, creador de formas, «la fuerza de su narración;
Faulkner está en carne viva desde que nació, como Dostoyewski o como Kafka; es el prisionero de una pasión,
un hombre de genio. Es un desdichado, forma parte de
los hombres llenos de terror». El interés que por Faulkner demostró Pavese fue un factor más para su estimación. Un aspecto muy importante de Faulkner es la negativa a prescindir de la turbulencia del universo, «acepta
siempre que es turbulento; se niega a admitir que no lo
sea». Con relación a otros novelistas, Grande lo sitúa «por
debajo de Kafka, pero casi sobre todos los escritores
anglosajones. Entre Faulkner y los experimentalistas europeos hay diferencias de concepción de la realidad y del
hombre: los europeos y él no tienen demasiada semejanza en cuanto a la valoración de la realidad y sí, en cambio, muchas diferencias: para Kafka el hombre no es una
figura épica, para Faulkner casi siempre. A Joyce le interesa la realidad cotidiana, a Faulkner no, a primera
vista. Faulkner es más vigente porque es más denso, más
profundo y conflictivo, más dramático que todos ellos».
Ahora bien, Félix Grande, por aquellos años plenamente
comprometido en una literatura social, rechaza también
en parte al novelista norteamericano por cuestiones ideo-
lógicas y como ya vimos en la pequeña muestra de su

45. Toda la información referida a Félix Grande procede de una entrevista concedida por el escritor a la autora de este trabajo en junio
de 1973.

211

poesía, lo considera reaccionario, «es el más reaccionario de los grandes novelistas, pero el que librescamente está más vivo. Está vivo trabajosa, maravillosamente, pero es un señorito del Sur: tiene un sentimiento de culpa, convicción de que el problema no lo pueden resolver los caballeros del Norte, pero es un gran artista, un revolucionario de la expresión literaria aunque en la vida civil sea un retrógrado por ser sureño. Él no pudo resolver sus propios conflictos».

Álvaro del Amo llega a interesarse por Faulkner a través de las huellas que él percibe de lo nuevo en la novela española del momento, mitad y finales de los años cincuenta,[46] «*Los hijos muertos*, por ejemplo. Lo que le interesaba más a estos primeros seguidores de Faulkner aquí en España eran los aspectos más literarios: períodos largos, negación del discurso dentro del propio discurso, Faulkner siempre se adelanta al lector y esto lo refleja la novela española». Como se ha visto a través del comentario del artículo que este novelista escribió sobre la influencia de Faulkner en el cine, según Álvaro del Amo el eco del novelista va más allá de la propia literatura. En general, en aquella época de sus primeras lecturas a Faulkner no se le apreciaba en su justo valor a causa del auge de la novela social: «No es su obra el documento de una clase que se extingue, son las relaciones subterráneas, las interrelaciones entre las personas, lo que él expresa. La suya es una toma de conciencia, pero no política sino que comprende cómo funciona el mundo..., la obra es ambigua y abierta, aparece desorganizadamente. Es muy distinto a Kafka, más lejano, porque Kafka es absolutamente nítido.» Pedro Altares y Álvaro del Amo comentan en largas conversaciones sus lecturas, sus autores favoritos de estos años, junto a Faulkner y Kafka, Proust. Era casi imposible encontrar algo más que las puras obras, la bibliografía prácticamente nula, las conclusiones a las que llegaban eran siempre muy personales, fruto de lectura paciente, a veces muy laboriosa, «Kafka tiene un narcisismo sociológico, Proust una forma de entrar en la sociedad. A Faulkner resulta difícil hincarle el diente porque es un escritor del que hay que saborear lo más literario de su discurso».

46. Toda la información referente a Álvaro del Amo procede de una entrevista concedida por el novelista a la autora en agosto de 1973.

El interés de Álvaro del Amo por la obra de Faulkner pasó a su hermano Javier,[47] para quien fue ésta la lectura natural de una obra conocida y asequible. En los años sesenta leer a uno u otro autor dependía sólo, dice Javier del Amo, «del criterio personal de los lectores». Éste fue el orden de sus lecturas: «primero *Mientras agonizo*, de Aguilar; me pareció difícil, dentro de que es sencilla. En *Luz de agosto* entré más. He leído dos veces *La mansión* porque presenta al personaje más genial, Ratliff, el vendedor ambulante de máquinas de coser y también a Flem Snopes. La leí en la versión de Plaza y Janés. La trilogía de los Snopes es lo que más me interesa, aunque también recuerdo con admiración ¡*Absalón, Absalón!*, de la "Colección Piragua", de una editorial sudamericana muy apretada de texto. No releo a Faulkner de una manera sistemática, pero lo hojeo con frecuencia». Kafka constituye también en su caso un punto de referencia con el que comparar a Faulkner: «*El castillo* me parece una obra transcendente; la releo todos los veranos, el autor se despersonaliza y se hace cotidiano y real; Kafka es absurdo pero creíble, el mundo de Faulkner es menos creíble, es una proyección feroz del mundo del subconsciente, un sentido filosófico de la existencia que aparece personalizado.» No obstante, a juicio de Javier del Amo, la aportación primordial del autor norteamericano es la creación de «una novela abierta en la que se ha roto con el tiempo», eso abre un camino a todo novelista dentro de una posibilidad de originalidad propia, de una independencia que no ofrece la lectura de Kafka, por ejemplo: «Claro está —concluye el novelista español— que a Faulkner se le puede seguir, pero con las debidas distancias, ya que Cervantes no, pero Faulkner se te va de las manos. La lectura de este escritor es compleja: a veces se te saltan las lágrimas, a veces no se le puede asimilar...»

Otros novelistas llegan a conocer a Faulkner a través del entusiasmo de Álvaro del Amo. José María Guelbenzu[48] recordaba sus conversaciones con él sobre el tema

47. Toda la información referente a Javier del Amo procede de una entrevista concedida por el novelista a la autora de este trabajo en junio de 1973.
48. Toda la información referente a José María Guelbenzu procede de una entrevista concedida por el novelista a la autora de este trabajo en junio de 1973.

de esas lecturas, «todos hacia 1964 hablaban de Faulkner, pero Álvaro del Amo más». La actitud de Guelbenzu hacia la obra del novelista norteamericano es, no obstante, de disidencia; *Mientras agonizo* le pareció entonces muy difícil y aunque le impresionó el montaje, como le ocurrió en una lectura posterior con *Las palmeras salvajes*, le pareció confusa en muchos momentos. Sin embargo, Guelbenzu admira a Joyce, «su dislocación del tiempo y también su imaginación. Por el contrario, la lectura de *¡Absalón, Absalón!* no dejó en mí ninguna impresión. La novela de Faulkner no deja de ser realista y tradicional, es el material de siempre, pero con nueva técnica. El esfuerzo de Cortázar me parece mucho más interesante: es la desaparición del personaje como ente conductor de la novela». A Guelbenzu, Faulkner le interesa sólo por razones de estructura, pero «los personajes y el ambiente parecen forrados de plomo. Faulkner ha influido, pero sólo en los escritores tradicionales que son, en el fondo, netamente realistas, que crean un artificio: amoldan a su novela lo que la novedad va produciendo, pero no crean nada».

Con ese planteamiento no coincide Ana María Moix,[49] quien empezó a leer a Faulkner por los mismos años que Guelbenzu, hacia 1963, por recomendación de su hermano Terenci y de Pere Gimferrer, sobre todo este último, «quien me pasó *¡Absalón, Absalón!* que fue la primera obra que leí. Me gustó mucho, noté que era algo importante, lo más importante que yo había leído hasta entonces. Luego seguí con *La paga de los soldados, Pylon, Santuario, Las palmeras salvajes* y *Luz de agosto*. Más tarde leí *En la ciudad* y *El ruido y la furia*». Comentaba las lecturas con Gimferrer y con Guillermo Carnero, uno de los poetas «novísimos» de Castellet que también era un buen lector de Faulkner. No les interesaba la novela social al uso de, por ejemplo, García Hortelano, «nos interesaba mucho más Ana María Matute y ahora, más recientemente, Juan Benet». Ana María Moix, a la sazón, se declaraba abierta admiradora de Benet: «En los años cincuenta con Barral, salió un nuevo tipo de novelista, una literatura de urgencia con matiz político, social. Pero no

49. Toda la información referente a Ana María Moix procede de una entrevista concedida por la novelista a la autora de este trabajo en octubre de 1973.

es ése el camino, no lo hicieron bien. No es que yo esté específicamente contra la novela social, pero no tomada como política, sino de otra manera. *Volverás a Región* me parece la mejor novela que se ha escrito sobre la guerra civil.» Los tres escritores más importantes a su juicio son Faulkner, Beckett y Benet, «tienen entre sí una afinidad por el cambio teórico que representan en la novela, por el enfoque: aquí, en España, aparece Benet y escribe no para decir algo, sino para hacer una buena literatura; utiliza el modo elíptico. Faulkner muestra la decadencia total en el ámbito de todas las cosas, en Beckett la decadencia es existencial». Al leer a Faulkner Ana María Moix encuentra interesante el descubrimiento de unas herramientas nuevas, «literariamente me gustó la elipsión continua de *¡Absalón, Absalón!* y de *Luz de agosto*: te va a contar algo y no te lo cuenta, que es lo que tiene ambigüedad. Ahorrando lo obvio sale lo que es verdad, que entiendes todo, pero que él no te lo describe. Admiro esta nueva posibilidad que lleva a la novela abierta, como también lo es la de Juan Benet».

Se advierten en las reacciones de estos escritores hasta qué punto el conocimiento de la novela faulkneriana había, a principios de los años setenta, entrado a formar parte del substrato literario general; su lectura no implica ni descubrimiento, ni revolución, simplemente se acepta. Con frecuencia el influjo llega filtrado a través de otros autores de forma indirecta; las innovaciones formales, en especial, que tanto sorprendieron en los decenios anteriores, son ahora cosa sabida, patrimonio público; en muchos casos hasta se desconoce la procedencia faulkneriana de estos procedimientos. Durante los años sesenta aparecen en España los frutos más maduros de las lecturas de los lustros anteriores, en los años que aquí hemos llamado de supervivencia y de lucha. Entre esas lecturas, como se ha visto, la de Faulkner es una de las más persistentes; posiblemente la que mejor resistió los avatares de las modas, que fueron proponiendo y rechazando a otros escritores. Este fenómeno no es nuevo, ya que la obra del escritor del Mississipí, como su propios personajes, tiende a aguantar, a resistir. Lo que este hecho significa, con relación al desarrollo de la novela en España, puede constatarse si reflexionamos sobre el peso de la lectura de Faulkner en tres de las novelas de aquellos años, *Cinco variaciones*, *Tiempo de silencio* y *Volverás a Región*.

TRES APROXIMACIONES A LA NARRATIVA DE HOY.
LA NOVELA SOCIAL COMO CALLEJÓN SIN SALIDA:
ANTONIO MARTÍNEZ MENCHÉN

«En mi principio está mi fin.»

(T. S. Eliot, «Four Quartets»)

Cinco variaciones, aparecida en 1963, es un testimonio de la búsqueda a la que se dedicaron los jóvenes de los años cincuenta en su afán por renovar la novela española. De su disidencia con el tono y la temática tan en boga entre sus compañeros de generación, habló Félix Grande, aproximándola a *Tiempo de silencio* para señalar en ambas obras el carácter divergente ante los doctrinarismos al uso.[50] En ambos casos la pregunta fundamental se dirige hacia la esencia de la cultura y el papel del hombre de letras en esa cultura. Las dos obras se apoyan en la herencia intelectual que, a su vez, va a constituir el objeto de su ataque. *Cinco variaciones*, como ninguna otra novela de los años sesenta, representa la frustración del escritor con conciencia de misión social. La novela analiza en una búsqueda dolorosa su propia esencia, su identidad para denunciarse como paralizante y, a la vez, estímulo de la trayectoria humana, para afirmarse por el mero hecho de su existencia como obra literaria, que va a sumarse naturalmente al trasfondo rechazable en su propio tema.

Mirando hacia atrás

El dilema del escritor aparece en la problemática de los personajes, pero es mucho más fácil comprender el alcance de la novela si se tiene en cuenta el análisis que

---

50. Félix GRANDE, «Tres fichas para una aproximación a la actual narrativa española», *Occidente, ficciones y yo* (Madrid: Edicusa, 1968), pp. 71-93.

realizó Martínez Menchén de *The Wasteland* y de *Four Quartets* de T. S. Eliot.[51] Con respecto al primero reflexiona sobre los temas de Eliot, el segundo le interesa más como exponente de la situación social en la que se encontraba el poeta. Al observar los comentarios de Martínez Menchén sobre el poeta norteamericano, resulta evidente su parentesco espiritual. La atenta lectura no sólo de Eliot y otros poetas modernistas del momento norteamericano (Sandburg y Frost), sino de los experimentalistas en el terreno de la novela, particularmente de Joyce, constituyen el objeto de la meditación. Como fondo están las lecturas de Lukács, sobre todo la *Teoría de la novela* e *Historicidad y conciencia de clase*, además de las de Sartre, en especial *Situations II* cuyas formulaciones aguijonean al novelista que ve abrirse a sus pies una sima de contradicciones. Faulkner, como novelista de experimentación y al mismo tiempo de gran empuje vital, es otro de los puntos de referencia de *Cinco variaciones*.[52] Estamos ante un caso de intenso aprendizaje en la creación literaria, de un afán por plantearse de manera teórica los problemas de la novela española del momento. *Cinco variaciones* pasa a ser, en muchos sentidos, una obra paradigmática de las posibilidades e imposibilidades literarias con los presupuestos de aquella época.

Antonio Martínez Menchén, creador por medio de la palabra, depositario de la cultura y encargado de su transmisión, se encuentra en una situación paradójica, ya que también conoce su responsabilidad en un país en lucha por la conquista de la democracia contra un sistema autoritario. El novelista ideológicamente está cerca de las masas obreras, mientras que culturalmente se encuentra alejado de ese público que no será capaz de comprender sus aspiraciones artísticas. Este dilema es propio de cualquier escritor con pretensiones de creación de «realismo crítico», según el término de Lukács que viene a ponerse de moda a principios de los años sesenta. Para Martínez Menchén, Eliot ejemplifica el problema: «El público para

---

51. Antonio MARTÍNEZ MENCHÉN, «Una lírica de la cultura», en *Del desengaño literario* (Madrid: Helios, 1970), pp. 13-67.
52. Además del comentario de sus propias lecturas de Faulkner, ya tratado más arriba en este trabajo, Martínez Menchén se refiere a este asunto en Antonio NÚÑEZ, «Encuentro con Martínez Menchén», *Insula*, n.º 222 (mayo, 1965), p. 4.

el que escribe Eliot es un público muy limitado; escribe para aquellos que están al tanto de las reglas del juego, o en otras palabras, que participan en el mantenimiento de este hecho, un tanto anómalo en una sociedad pragmática que es la cultura como valor histórico-abstracto.»[53] Esa sociedad cuyas características han sido definidas por Fernando Morán está dispuesta a absorber la presencia del creador literario como parte integrante de un sistema que cuenta de antemano con la oposición y la crítica que es parte, asimismo, del sistema: «La asimilación de la vanguardia —la tradición de lo nuevo— es un fenómeno ilustrativo de la fuerza conformadora de la sociedad industrial.»[54] No obstante, mientras esta situación se refiere más bien al escritor que aspira a un público lector en la sociedad de masas, el que se aparte de esta búsqueda de éxito, al constituirse en crítico de la sociedad y en sacerdote de la cultura, experimenta un alejamiento y una alienación con respecto no sólo al sistema sino al mismo público: «De su oposición viva y lúcida depende en buena parte el logro de la marginalidad frente al sistema, abstención que se alimenta de la libertad. Por no estar totalmente integrado le es posible esta acción de contraste, pero su esfuerzo desemboca con frecuencia en una especial situación subjetiva: la alienación del artista en la sociedad de masas.»[55] El caso del poeta es extremo como Martínez Menchén señala, ya que por su mismo material artístico, el alejamiento de la sociedad de masas es más patente. Sartre, en su estudio del arte comprometido, no incluye al poeta, ni Lukács que no llega a plantearse en sus análisis de la función social de la literatura el papel del poeta y que, de forma explícita, rechaza al creador «modernista». El poeta no encuentra acogida en la sociedad que pretende plantearse el problema del arte desde una premisa social: «Entre todos los escritores posiblemente ninguno como el poeta sienta tan agudizada su situación de elemento perteneciente a una sociedad que lo ignora y en la que no tiene la menor misión que cumplir.»[56] T. S. Eliot, escribe Martínez Menchén, para poder supervivir había de optar por insertarse en la sociedad como «pontífice de la cultura», como pro-

53. Antonio MARTÍNEZ MENCHÉN, «Una lírica...», p. 64.
54. Fernando MORÁN, Novela y semidesarrollo, p. 30.
55. Fernando MORÁN, p. 65.
56. Antonio MARTÍNEZ MENCHÉN, «Una lírica de la cultura», p. 62.

fesor viéndose obligado a aceptar «las reglas del juego de la sociedad en que se integra».[57] En *The Wasteland*, que tiene como fuente de inspiración el fenómeno cultural, Eliot rechaza toda una civilización mercantilista, mecanicista y pragmática. Ahora bien, al ser precisamente este tipo de sociedad la que le entrega al poeta un puesto desde el cual destaque el papel de la poesía como uno de los pocos elementos que pueden oponerse a la ruina del tiempo, se coloca en la situación paradójica señalada por Fernando Morán, la de la protesta asimilada por el sistema como parte de su composición; la cultura, que aleja al poeta de la sociedad, es a la vez la que le abre un puesto en su seno. Martínez Menchén expresa esta ambigüedad con una cita de *Four Quartets*, «en mi principio está mi fin». Tal es su mismo caso. Al asumir el puesto de novelista preocupado con el papel que juega la cultura en la existencia humana acepta una limitación a su pureza como escritor, o al aceptar la lucha (escritor comprometido en una contienda social) está renunciando a su propia vocación poética, transmisora de la cultura. La sociedad española de los años cincuenta y comienzos de los sesenta estaba dominada por una burguesía conservadora que sería su público si el poeta volviera la espalda a su preocupación social. Encerrarse en una torre de marfil o dejar de ser escritor, tales son las alternativas que se contemplan.

El material con el que se construye esta novela se funda no sólo en los casos de la literatura anglosajona a los que nos hemos referido, sino en la propia cultura española que forma un notable substrato. Quevedo, Cervantes, Unamuno, Antonio Machado, Azorín, se adivinan o aparecen claramente aludidos unas veces en la superficie, otras en la conformación estructural de la novela. Es explícita la actitud de apertura de esta obra como experimento artístico en el que se refleja una producción anterior surgida de la crisis y la experimentación. La vuelta a estos importantes momentos de génesis literaria es una voluntaria toma de contacto con la tradición tanto española como extranjera. Martínez Menchén pone en práctica sus opiniones en cuanto al papel que dentro de la novela española le correspondería desempeñar a él y a sus compañeros:

57. Antonio MARTÍNEZ MENCHÉN, «Una lírica...», p. 63.

«El escritor español actual se encuentra en una difícil situación. Rota una continuidad histórica nacional; con un largo tiempo muerto que le ha mantenido aislado y fuera de las más válidas corrientes; enfrentado al dilema de una temática autóctona y unas técnicas que necesariamente tendrán que ser atrasadas o importadas, ¿qué podrá hacer para conjugar esta antinomia de escritor español y escritor de nuestro tiempo? Es difícil la solución. Acaso lo mejor sea intentar establecer el vínculo allí donde se rompió. Comenzar de nuevo ligándonos al momento español universal en que estábamos cuando se produjo el vacío.» [58]

En efecto, el autor de *Cinco variaciones* se sitúa en momentos literarios que anteceden a la guerra civil y a la Segunda Guerra Mundial. La alusión musical del título se remonta no sólo a las *Sonatas* de Valle Inclán, y a los posteriores experimentos de Pérez de Ayala, sino a los *Cuatro cuartetos* y a *Las palmeras salvajes*, esta última como novela más reciente, en la que se verifica una renovación del Modernismo. La referencia musical plantea ya la voluntad de contar formalmente con otros que han escrito antes, y de insertarse en la tradición que abarca la música, el teatro, el cine, la pintura, incluso el periodismo y la radio. *Cinco variaciones* puede representar cinco variaciones de un mismo tema, en cuyo caso la definición de la obra como «relatos», como se menciona en la portada, sería adecuada. Pero si, según la intención del autor, no se trata de relatos sino de novela, si vamos a ver no sólo una variación sino un progreso, un desarrollo y una conclusión de los temas, la composición se acercaría con más propiedad a la sonata que a las variaciones y los relatos formarían una novela, como ocurre en *Las palmeras salvajes*. La sonata clásica consta de cinco movimientos: tema, contratema, convergencia, desarrollo y final.[59] En la novela las dos primeras secciones constituyen la exposición del tema y el contratema: la presentación de dos personajes anónimos que en su dilema vital resultan complementarios; las dos secciones centrales

58. MARTÍNEZ MENCHÉN, «Del árbol caído», en *Del desengaño literario*, p.93.
59. MARTÍNEZ MENCHÉN se refiere a esta estructura en forma de sonata de los *Four Quartets*. *Cf.* «Una lírica de la cultura», p. 45.

muestran un desarrollo de las anteriores, el ritmo se hace más lento y se percibe a los personajes en una perspectiva vital más avanzada. La quinta sección recoge las anteriores y les da una coherencia final. La presentación de distintos puntos de vista sobre un tema común para formar una percepción global no indicada por el autor, sino asumida por el lector, se da en *Mientras agonizo*, novela que tanto peso tuvo en la creación española de los años cincuenta. Un problema visto desde cuatro perspectivas, cuya unidad final se logra con un poco más de ayuda del autor, es el representado por *El ruido y la furia*. Las secciones en las que los personajes se expresan, presentan su percepción del mundo y su manera de percibirlo en un lenguaje adecuado a cada uno de ellos. Una técnica parecida asume Martínez Menchén, quien en el flujo psíquico, y particularmente en los monólogos interiores, refleja a los personajes por medio de su modo de captar la existencia. Este método destaca en dos secciones, la primera la del estudiante, que por sus obsesiones y abrumadora verbalización recuerda a Quentin Compson y la del anciano en la quinta parte cuyo flujo psíquico, reflejando la senilidad y la incoherencia, tiene mucho parecido con la sección de Benjy en *The Sound and the Fury*. De Faulkner se ha tomado la manipulación de la palabra y la habilidad técnica, de Eliot la inspiración temática, dicotomía e interrelación entre cultura-vida, obra literaria - realidad. Tampoco se puede olvidar que Faulkner, a su vez, como también Joyce, se habían planteado ese dilema que en el novelista español aparece como una expresión de la voluntad de vuelta a las raíces de lo contemporáneo. El fondo literario que en *Ulysses* vale como telón contrastante que da una perspectiva cómica e irónica a Stephen, Leopoldo y Molly, tiene en Faulkner el valor doble de lo cómico, en el caso de los presidiarios de *Las palmeras salvajes* y lo trágico en el caso de la historia de amor de Charlotte y Wilbourne. Esta dimensión, que es también propia de Eliot, la comparte Martínez Menchén; para sus personajes la cultura supone a veces un contraste cómico, a veces un espejo que linda con lo poético, pero es en todo caso una cuestión de identidad que une la vida y su sombra, la cultura. Por esta actitud hay en *Cinco variaciones* más de Eliot-Faulkner que de Joyce, la selección de unas pocas horas en un día cualquiera de la vida de los personajes, acercan la novela a *Ulisses*, pero también le quita vitalidad y sobre todo proyección creadora.

Una sonata

En el movimiento introductorio se encuentra el lector directamente, a la manera de *Mientras agonizo*, con el flujo de la conciencia de un joven que refleja dos ámbitos que se hallan en relación metonímica con los expresados por el tema general de la obra: primero, el mundo interior expuesto en el monólogo del joven, representación de la cultura; en segundo lugar, el mundo exterior con el que el personaje dialoga. Los estímulos que el joven recibe del exterior y sus propias meditaciones obsesivas están expresadas en su flujo psíquico. Se intercalan pasajes en letra cursiva que corresponden a imaginaciones literaturizadas, construidas según la tradición narrativa romántica, así como también ensoñaciones de tipo más prosaico insertas con una técnica de monólogo interior. Los ámbitos, pues, son dos: el trayecto del estudiante por las calles madrileñas, y su mente que reacciona a los estímulos que éste determina. Esta circunstancia muestra algún parecido con el monólogo de Quentin en *El ruido y la furia*, una personalidad obsesionada, cuya peripecia se narra en las pocas horas que transcurren desde que se levanta, sale de su casa y vuelve a ella. Sus pensamientos recurrentes dan cuenta de forma oblicua de sus problemas; el lector deduce a partir de los datos que se va a suicidar. En el caso de *Cinco variaciones* el lector también deduce cuál es el auténtico problema del personaje, la perplejidad y ambivalencia que siente ante el fenómeno cultural como patrimonio de una minoría. Faulkner utiliza los mismos recursos técnicos, excluyendo la poesía explícita, pero usando los párrafos en letra bastardilla, como lo hace Martínez Menchén para marcar un cambio en el tiempo y en el ámbito de la novela. En el caso de *Cinco variaciones*, el nivel de coherencia es mucho más alto que en *The Sound and the Fury*, debido a la verbalización total de las primeras páginas.

Los espejos y los retratos aparecen en las primeras líneas como un motivo que refleja e imita la vida, enmarcada en el tono de melancolía de los poemas de Antonio Machado. Durante su paseo el estudiante se muestra como un ser vital y eminentemente sensual; todas las mujeres con las que se cruza constituyen un estímulo que se manifiesta en un nivel erótico como primera reacción, para adoptar un matiz intelectual a continuación. Tomemos el ejemplo de la pasajera visión de la criada y su novio en el portal de la casa: «¿De qué hablarán? Bah, es lo mismo. Todos hablan con las manos como los sordomudos...», pero inmediatamente su pensamiento discurre hacia lo cultural: «Se podía hacer una película. Sería interesante un extraño mundo bajo el reinado del gesto.» [60] Lo mismo ocurre en todos los pequeños episodios: la desnudez femenina pasa a ser la Venus de Milo, las piernas vislumbradas en una ventolera serán las de Afrodita saliendo de las aguas, la mirada que le echa una joven se materializará en la rima de Bécquer, siempre la sensación netamente sensual se sublima en arte: «¡Demonio, qué buena! ¡Qué culo! ¡Virgen santa! Pasa de los treinta, la mejor edad. Una así eso es vida. Da miedo tanta abundancia. Qué hermosos brazos. Brazos desnudos, brazos tostados como el trigo. Veraneo; playa o sierra. Como la piedra que como el trigo se tuesta. Salamanca. Unamuno» (CV 17). Las fantasías en las que cae son de dos tipos, una es folletinesca y no aparece con tipografía distinta: la perra lo ataca; del tono sensacionalista inicial se pasa en un vertiginoso flujo psíquico a la poesía de Salinas que aleja la imaginación de aquel incidente. Otras veces, la ensoñación tiene de entrada un carácter literario romántico y aparece en letra cursiva como texto ya escrito por el personaje y en el que él mismo figura en tercera persona: *«Ella le da la mano, esbelta, vestida de negro, tierna y protectora»* (CV 25). Otros estímulos producen un patrón idéntico de reacciones: las carteleras de cine motivan sus reflexiones sobre el cine italiano y el francés, los escaparates con objetos ortopédicos lo disparan a la teología de san Agustín, la carrera que emprende para seguir a la muchacha encuentra expresión en un párrafo poético listo para publicarse, el encuentro con la pandilla de gamberros y el reconocimiento de su propia debilidad y miedo se ve compensado con otra descripción literaria en letra cursiva. Al final de su paseo

---

60. Antonio MARTÍNEZ MENCHÉN, *Cinco variaciones* (Barcelona: Seix Barral, 1963), p. 13. En lo sucesivo, las referencias a las páginas de esta novela van insertas en el texto.

solitario, las preguntas de la patrona le producen tal irritación que su ensoñación versa sobre el asesinato de esta mujer, a su vez literaturizado, que pasa de recuadro periodístico a poema surrealista. Finalmente, la frustración que le produce su tarde perdida se desvanece con la música de Mozart, a cuyos acordes nuestro personaje compone un último poema impresionista antes de conciliar el sueño.

La cultura en general, y específicamente la literatura, ejercen en la sección la función de espejo de la vida real, valen para afinar, profundizar y expandir las impresiones vitales de las que siempre se arranca, para finalmente suplantarlas. En la sección de Quentin en *El ruido y la furia* las obsesiones son los medios por los que el lector entra en un mundo aparentemente incoherente: boda de Caddy, relojes, agua, elementos que confirman el tema central de la sección y su estructura.[61] En *Cinco variaciones* la incoherencia psicológica del personaje aparece a un nivel superficial, por lo que al lector no le cuesta penetrar en ese mundo interior; la repetición del esquema cultura-realidad vale para que se formule por sí mismo, pero con claridad, el tema de la sección que es la soledad del personaje, quien al poseer la clave de la interpretación de la vida, se siente alejado de ella. Los gamberros que lo acosan no pertenecen a su mundo, ni la patrona, ni apenas ninguna de las muchachas que tanto ha admirado y deseado; la mujer ideal no debe poseer el don de la sabiduría: «Me entra frío al pensar en esas sabias. Un orgullo tonto. No, siempre gustan algo inferiores» (CV 26). El estudiante se duerme en su olímpica soledad de brujo, de intérprete, de marginado. No ha habido acción, en realidad no es necesaria, el personaje de «Domingo» no es un personaje individual, sino un símbolo; él es el espejo que a su vez representa lo que es común a todo joven poeta.

El segundo movimiento presenta el contratema: no es la correspondencia femenina del poeta, es la correspondencia femenina como él hubiera podido interpretarla. El capítulo se estructura por medio de la música popular que va saliendo de la radio y provoca las reacciones de

61. Hay una referencia a este recurso faulkneriano que presta coherencia a la trama de *The Sound and the Fury* en Robert HUMPHREY, *Stream of Consciousness in the Modern Novel* (Berkeley: University of California Press, 1954), pp. 108-111.

la muchacha, a veces narradas en monólogo interior directo, con su propia forma de expresión, y a veces en tercera persona subjetiva o interpretativa de las sensaciones, sentimientos y recuerdos con intromisiones del narrador en varios momentos que manifiestan lo que la muchacha no está capacitada para expresar, pero sí para experimentar de forma inconsciente. Hay en el primer plano de esta sección una visión bucólica del ocaso como la representa Millet en su «Oración de la tarde», mientras la muchacha está sumida en otras imaginaciones provocadas por la música. Otro momento de alusión cultural específica se refiere al episodio de Nausicaa en la *Odisea* y por asociación con la misma sección de *Ulisses*. La tercera persona usada en ambas describe lo que el personaje no puede conocer pero sí representar.

Como en la sección anterior hay en ésta un nivel de realidad y otro de fantasía, aquél marcado por la experiencia, éste por la imaginación moldeada por la cultura popular o música sentimental que convierte las experiencias en estereotipos con pretensiones artísticas, asociadas con la literatura rosa y el cine del mismo color. Un concepto igualmente estereotipado de la religión aleja a la muchacha de la experiencia directa y la incapacita para ella. Las melodías que transmite la radio le traen unas veces el recuerdo del novio que la ha dejado, otras el del muchacho que pasa todas las tardes bajo su balcón y que le sugiere un amor romántico. Los dos jóvenes se contraponen, en su imaginación uno, en sus vivencias el otro. El personaje soñado va cobrando fuerza y anulando al real, pero el dilema persiste, «porque si sigo así pensando en esto y en lo otro esperando que venga el príncipe azul lo más seguro es que me quede para vestir santos...» (CV 82). Las características vitales de este personaje son muy parecidas a las del muchacho de «Domingo», como se ve en la escena del beso, idéntica en ambas. El enfrentamiento con la realidad, la inserción en ella del mundo idealizado, podría suministrar un auténtico conflicto a las dos secciones, pero las ensoñaciones proveen una sustitución de la existencia real. Este segundo episodio, con su referencia a Nausicaa alude directamente a Joyce, pero no deja de recordar *Las palmeras salvajes* con el tema del enfrentamiento de la subliteratura, la literatura rosa y la literatura clásica y la vida.

Las secciones tercera y cuarta profundizan el tema y

amplían la perspectiva temporal. La técnica presentativa en ambos casos es muy parecida a la anterior, pero más ceñida, ya que la tercera persona subjetiva se desliza a primera persona cuando el nivel psicológico se presenta en una etapa anterior a la articulación oral. En la tercera sección, «Bacanal», Martínez Menchén muestra con más contundencia el drama de sus personajes, la acción vital representada por los compañeros de banquete y la contemplación paralizada representada por el protagonista. La acción significa el desprecio a la tradición y la inmersión directa en la vida, personificada por el personaje llamado Béjar, desde niño insensible, cruel y activo: «Se había ganado a todos y ahora como siempre era el centro de la reunión. Además la vida le sonreía. Ganaba, debía ganar más, bastante más que él» (CV 102-103). El brindis irónico de este personaje expresa el propio contenido temático de la obra, la actitud despectiva de la sociedad pragmática ante la cultura y la incapacidad de los representantes de ésta para incorporarse a la vida: «Y así cuando en el decurso de los años alguno de nosotros se encuentre en dificultades..., en esta dura lucha de la vida, podrá sin embargo tener la seguridad plena y completa de que no estará solo porque entonces, en todo momento, podrá disponer de una compañera fiel e inseparable: la serenidad limpia, clásica de nuestra cultura» (CV 101). El resto de los personajes de «Bacanal» ha aceptado de manera más o menos total un papel activo ante la existencia. El protagonista se siente momentáneamente seducido por esta visión vital, pero la euforia del compañerismo de esta oda anacreóntica llevada a la realidad no hace más que provocarle náusea. Su brindis, en respuesta al de Béjar, es una reafirmación del mundo que representa la cultura: «Brindemos por los momentos pasados que no solamente existieron, sino que fueron el germen de los presentes y de los que han de venir; de los vividos y de los no llegados a nacer; de esta vida y de la otra, la otra cara de la luna, más íntima, más entrañablemente nuestra, más grata a nuestro corazón» (CV 113). Tampoco este personaje saldrá de su inmovilidad contemplativa.

En la cuarta sección, «Las cosas», el lector de Faulkner puede reconocer el mundo en el que la vieja señorita vive encerrada con sus frustraciones y su resentimiento del que ha hecho un altar al que consagra su existencia, tan parecido al de Rosa Coldfield en *¡Absalón, Absalón!*

Hay también en esta sección, como en el resto de la novela, una reminiscencia de Hightower, personaje de *Light in August*, estático y frustrado, que rechaza la acción y ha dedicado su vida a la momificación de un momento literaturizado por él,[62] que como en el caso de miss Emily («A Rose for Emily»), no es sino un cadáver, una muestra de lo pasado y no renacido. La anciana de «Las cosas» se da cuenta de su apego a la infancia, a los recuerdos de un mundo radiante de los que no quiere separarse, pero al mismo tiempo conoce el vacío de su existencia: «Todo pudo ser distinto, porque yo pude casarme con él. Él me quería y yo también le quería, y nos entendíamos, nos comprendíamos y seguramente hubiéramos sido felices» (CV 184). El resentimiento que experimenta contra su hermana lo expresa cuando ya es tarde, reconoce que toda su vida ha dependido de unos criterios postizos, literaturizados por ella a instigación de su hermana. Los retratos, los relojes y los espejos se usan en esta sección con idéntico efecto que en la poesía de Antonio Machado, como ocurría al principio de la novela. Los primeros, para representar la memoria de los muertos, los relojes y el continuo mantenimiento hacendoso de la casa, que sugieren la medida del tiempo en su transcurso destructor; finalmente los espejos reflejan las experiencias siempre fugaces y cambiantes de un presente que no se puede detener. El tiempo aparece así en todas sus vertientes, vencedor, cronometrador, impasible.

La voz narradora sigue a la tercera persona subjetiva, representando al personaje, y se alterna con narración e interpretación de la conciencia y la subconsciencia de la anciana. En momentos de máxima tensión emocional, cuando el nivel consciente es bajo e incoativo, se usa el monólogo directo en primera persona en párrafos sin puntuar y con alusiones que no se aclaran por carecer de referencia a nivel consciente. Estos ejemplos que se producen en retrospecciones se usan a la manera de las referencias a la infancia y adolescencia de Joe Christmas en *Light in August*, o de las incursiones en los subconscientes de los personajes de *Mientras agonizo*, patrón narrativo frecuente en Faulkner.

La última sección, con carácter conclusivo, no yuxta-

---

62. Gary Lee Stonum, en *Faulkner's Career...*, pp. 100 y ss., estudia este aspecto del personaje.

pone un caso humano más, reflejo y consecuencia de los anteriores, sino que representa su culminación explícita. En primer lugar, aparece un narrador azoriniano como un personaje más que interpreta el ambiente del café con la objetividad selectiva de cámara fotográfica. Siguen las reacciones de ese narrador, para terminar el primer apartado con un diálogo escindido con el camarero del que sólo conocemos las respuestas de éste. Se hace así una descripción de los diversos parroquianos del café, hasta que la atención se centra en el protagonista, el anciano poeta fracasado. Los espejos aparecen abrumadoramente, poniendo de manifiesto la función que han ejercido a lo largo de la obra, sugerir la esencia de la cultura y más particularmente de la literatura, repetidora infinita de las vivencias, como los espejos que rodean el café y casi ahogan a los parroquianos.

El anciano en sus penosas o nítidas rememoraciones, según se trate de monólogo directo o indirecto, se muestra no sólo como un espejo, reflejo de los anteriores personajes masculinos, sino que también en su percepción de la literatura va sugiriendo unos movimientos que reflejan otros, romanticismo, modernismo, expresionismo, neorrealismo...; la tertulia de los jóvenes, cuyas discusiones escucha, es una repetición de su propia antigua tertulia; los movimientos poéticos a los que se refieren los jóvenes, un espejo de las modas volátiles que en su tiempo él no supo seguir. Los elementos narrativos que ponen de manifiesto el mundo interior de este personaje son de filiación faulkneriana, especialmente el uso de los monólogos interiores en los que se encierra una pesadilla o una premonición. Faulkner los utilizó, por ejemplo, en *Santuario* con respecto a las pesadillas eróticas de Temple, y en *Light in August* cuando Christmas, en la premonición de su linchamiento se repite como Temple: «Me va a pasar algo.»[63] El personaje de Martínez Menchén atraviesa por la misma ansiedad, expresada en términos muy parecidos: «Ahora sonreía también con los ojos, y esperando que de un momento a otro ocurriese aquella cosa terrible, y que lo que había esperado, lo que estaba esperando ocurrió» (CV 206). También tiene deuda con Faulkner

63. Una referencia a este aspecto premonitivo y aterrado de Temple y de Joe Christmas aparece en la obra de David MINTER, *William Faulkner: His life and Work* (Baltimore: The Johns Hopkins University Press, 1980), p. 132.

parte del monólogo, en el nivel más bajo de la conciencia de este personaje, todo lo referido a su incapacidad para recordar la palabra «leche», construido a partir del monólogo de Benjy en *El ruido y la furia* en el que los sentimientos y las vivencias que el idiota no puede recordar ni precisar, aparecen sustituidos por algunas palabras, «fuego», «caddy», «prado». En el caso del anciano, la leche pasa a representar en su incoherente discurrir, el terror, la soledad y la frustración vital. Un último recurso reminiscente de Faulkner es el diálogo imaginado que el personaje mantiene con Dios para poder interpretar la conducta humana, como ocurre en *Desciende, Moisés*, el hombre elige, pero ha de sufrir las consecuencias de sus opciones.

La cultura y su relación con la vida es pues, en definitiva, el tema de la novela y el material con el que se produce. Aparece la relación en un plano simbólico, el de los espejos; en un nivel técnico, por el material que conforma la trama argumental; finalmente, aparece en un plano temático a causa de la pregunta fundamental de la novela: ¿cuál es el valor de la cultura con respecto a la vida? La respuesta es que la cultura al reflejar la vida la anula y la sustituye. En el planteamiento de la pregunta, Martínez Menchén ha tenido presente a Joyce: en *Ulysses* la cultura, representada por todo el trasfondo homérico, viene a subrayar las diferencias entre ese mundo clásico y épico y la vida diaria, monótona de los seres reales. El resultado de ese reflejo es cómico y hasta cierto punto paródico. En Eliot como poeta y en Faulkner como novelista, la tradición cultural, ya sea la clásica grecolatina, la bíblica o la occidental en general, aparece siempre de manera que profundiza y extiende el problema de los personajes. Son éstos un reflejo de lo que vivió y murió y vuelve a vivir y a morir, siempre que el ser humano al contemplarse en ellos se sienta representado. En equilibrio entre esas dos posturas está *Cinco variaciones*, cuyos personajes, sin llegar a vivir una experiencia fundamental en las páginas de la novela, representan el diálogo entre cultura y vida, la mutua interrelación que siempre es conflictiva.

La palabra como medio expresivo también queda entre los dos novelistas, Faulkner y Joyce, advirtiéndose la presencia del primero en el uso estructural de símbolos, los espejos como emblema de la propia novela; en la

combinación de diversos tonos narrativos, especialmente
en la representación del paso de la conciencia a la subconsciencia mediante el uso de la tercera persona subjetiva y de los diversos grados de monólogo interior; por
último, en la creación de los ambientes estancados y re-
sentidos. La diferencia básica entre Faulkner y Martínez
Menchén es la falta de dinamismo argumental, y aquí
surge el parecido, de carácter más negativo, con Joyce.
El estaticismo de los personajes plantea un callejón sin
salida para la propia obra del novelista. El movimiento
temporal, detenido en cada una de las cuatro primeras
secciones, paraliza a los personajes que permanecen en
sus respectivos nichos inmutables y atormentados. El
tiempo como movimiento, invocado en los lemas de cada
sección, queda congelado. La acción en el último de los
episodios no sugiere dinamismo: la decisión del anciano,
ya senil, de participar al fin activamente en la vida, es
kafkiana. Los personajes enfrentados con la vida no entran en conflicto con ella, sino que se refugian en sus mitos privados. Esta actitud regresiva de la cultura, como
sustituto de la vida, es la que da a la novela de Martínez
Menchén su esencial inmovilismo, puesto que en último
término la opción se ve reflejada en la propia actitud del
novelista, que en la gestación y creación de la novela está
adoptando, también el espejo, la conciencia frustrada de
los propios personajes. El tema que Martínez Menchén
eligiera para Eliot: «En mi principio está mi fin», también se le puede aplicar a él.

LA IRONÍA COMO MÉTODO DE CONOCIMIENTO.
UNA APORTACIÓN DE MARTÍN SANTOS
A LA ESTÉTICA LITERARIA

> «La ironía es como un camino negativo,
> no la verdad, sino el camino.»
>
> (Soren KIERKEGAARD)

Luis Martín Santos y William Faulkner muestran gran
afinidad en los presupuestos filosóficos y estéticos que
cobran vida en sus respectivas creaciones. El proyecto
existencial y la experiencia vital definidos por Ortega en-

cuentran expresión artística en las novelas faulknerianas y constituyen un eje esencial en la de Martín Santos.[64] Ambos autores crean una obra dinámica que exige una constante participación por parte del lector. Esta actividad obligada en las lecturas de Faulkner, que fue con frecuencia objeto de rechazo, es hoy su mayor atractivo: «Una gran parte de la vitalidad del arte faulkneriano estriba en esta indeterminación de la percepción de los personajes y en negativa aparente a una clausura formal, incluso cuando tratamos de dar una forma más llena a las historias...»[65] El lector se ve forzado a tomar conciencia de los hechos por su propia cuenta, partiendo de unos datos procedentes de diversas perspectivas, expuestos por medio de una yuxtaposición de voces. Tales datos van desde la percepción de los personajes en su interioridad o su exterioridad, interpretados por un narrador de poderosa voz y con una manera propia de percibir la existencia, al desafío que se formula al lector con la totalidad de la obra. Esta yuxtaposición de enfoques, algunos francamente contrapuestos, con apariencia de anarquía expositiva, responde a las formulaciones del perspectivismo artístico hechas por Ortega: «Una misma realidad se quiebra en muchas realidades divergentes cuando es mirada desde puntos de vista distintos. Y nos ocurre preguntarnos ¿cuál de esas múltiples realidades es la verdadera; la auténtica? Cualquier decisión que tomemos será arbitraria. Nuestra preferencia por una u otra sólo puede fundarse en el capricho. Todas estas realidades son equivalentes, cada una la auténtica para su congruo punto de vista.»[66] Esta reflexión podría servir de lema a las creaciones faulknerianas y expresa una íntima identificación con la frase de Faulkner que define la actividad lec-

---

64. Alfonso REY en su libro *Construcción y sentido de Tiempo de silencio* (Madrid: José Porrúa Turanzas, 1980), analiza el peso del pensamiento de Ortega en la novela. El presente estudio coincide con él en varios aspectos, pero parte de un enfoque esencialmente distinto del uso hecho por Martín Santos del fenómeno que representa Ortega y Gasset.

65. *«Much of the vitality in Faulkner's art stems from this indeterminacy of his character's perception, and from his own apparent denial of formal clausure, even as we try to give the story a fuller shape»*, Arthur F. KINNEY, *Faulkner's Narrative Poetics. Style as Vision* (Amherst: University of Massachussets Press, 1978), p. XIV.

66. José ORTEGA Y GASSET, «La deshumanización del arte», *Obras completas*, 3 (Madrid: Revista de Occidente, 1969), p. 361. Este mismo párrafo aparece citado con idéntica finalidad en el libro de Kinney arriba mencionado, *cf.* pp. 102-103.

tora como interpretante de unos sucesos: «Había, por ejemplo, trece maneras de mirar a un mirlo. Pero la verdad, quiero creer, sale en el hecho de que el lector, una vez que conoce las trece maneras distintas, tiene su propia imagen del pájaro, la número catorce, que a mí me gustaría pensar que es la auténtica.»[67] La constatación de esta coincidencia del artista con el filósofo no sorprende, ya que fue precisamente la *Revista de Occidente* la que abrió las puertas al novelista y conocemos, además, el interés que la obra de Faulkner suscitó en Ortega los últimos años de su vida. Martín Santos comprendió también el excelente vehículo que proporcionaba la novela faulkneriana para expresar los problemas existenciales.

Ante esta coincidencia en los tres escritores, parece incongruente el rechazo y sarcasmo de la escena en que se presenta a Ortega, pero en realidad esa actitud provee una clave para leer la novela en un nivel que amplía las abundantes interpretaciones que de ella se han hecho hasta ahora. La escena es parte fundamental de su aportación narrativa, el uso de la ironía como instrumento para llegar a conocer y a aceptar la realidad existencial. La identificación de esta escena como irónica es inmediata por parte del lector en un primer encuentro con el texto; tal tipo de ironía pertenece, en la categorización que Wayne Booth realiza, a la ironía estable: el significado literal está encubierto y el autor, en un guiño de complicidad con el lector, le empuja a reconocer lo que aparece en el texto de una manera velada.[68] Ortega y su filosofía emergen con facilidad en un primer nivel en el que se invita al lector a una reconstrucción del significado oscurecido. Este tipo de ironía está presente en toda la novela, que abunda en alusiones veladas a realidades culturales específicas. Hay además otro orden de ironía, una ironía encubierta e inestable, que obliga a dar la vuelta

67. «*It was, as you say, thirteen ways of looking at a blackbird. But the truth, I would like to think comes out, that when the reader has read all these thirteen different ways of looking at the blackbird the reader has his own fourteenth image of that blackbird which I would like to think is the truth*», Faulkner at the University, Class Conferences at the University of Virginia, 1957-1958, edit. por Frederick L. Gwynn y Joseph L. Blotner (Charlottesville: The University of Virginia Press, 1959), p. 247.

68. Wayne C. Booth, *A Rhetoric of Irony* (Chicago: University of Chicago Press, 1974), pp. 1-31.

a la lectura para lograr otra percepción desde un ángulo contrapuesto a nuestra primera reconstrucción. Esta perspectiva inesperada, que viene provista no por escenas sucesivas y juicios que sobre ellas se vayan formulando, sino por la totalidad del texto narrado una vez concluida la lectura, tiene sus raíces en la concepción faulkneriana de la narración. Martín Santos conceptúa la ironía como un instrumento que promueve la conquista del conocimiento que obliga al lector, según el ejemplo propuesto por Faulkner, a percibir ese decimocuarto mirlo.

La totalización como objetivo

No es otro el método terapéutico que describe el autor en su tratado de psiquiatría.[69] Lo que allí se denomina cura, la inserción en la existencia como ser individual responsable, también se define como proceso de totalización. La terminología filosófico-literaria que se emplea con frecuencia en las obras de Hegel a Lukács demuestra la congruencia del pensamiento de Martín Santos, poniendo en relación sus dos grandes actividades. *Tiempo de silencio* es para Martín Santos un ejercicio dialéctico que, dirigiéndose muy especialmente a la reacción del lector, busca despertar la concienciación que sus compañeros pretendían alumbrar por medio del arte comprometido. Para Martín Santos totalización «significa lo mismo que concienciación en que aludimos sobre todo al momento integrador mediante el que lo nuevo concienciado se asimila al conjunto de la vida psíquica en un *todo* dotado de sentido» (LTT 192). Esta totalización sólo se logra por medio de un método dialéctico que lleva al sujeto a un «comprender consciente», «un hacerse cargo» y aceptar de este modo la plena responsabilidad ética, «sólo vemos lo negro de nosotros mismos cuando llegamos a aceptarlo»; la base de esa búsqueda es el autoconocimiento, ya que «autocomprenderse es asumirse» (LTT 192). El instrumento es un proceso dialéctico mediante el cual se produce una modificación en el paciente lograda por él mismo al reaccionar con su propia creatividad ante un analista desconcertante que no le da nada hecho: se pro-

---

69. Luis MARTÍN SANTOS, *Libertad, temporalidad y transferencia en el psicoanálisis existencial* (Barcelona: Seix Barral, 1964).

voca la irritación, el suspense, la sensación de falta de respuesta, el abandono, la ruptura, en una palabra, «la sorpresa» (LTT 191-192), choque que dinamiza la entidad total del paciente o, en su caso, del lector. Se constata así que «la plena intelección de sí mismo [que] es la base de la creación sublimatoria», sólo se llevará a cabo mediante una «visión oblicua o irónica» (LTT 192). Siguiendo esta línea de análisis, comparemos algunas ideas expresadas en el tratado de psiquiatría y en el prólogo a su segunda novela: el fracaso del método idealista de terapéutica se debe a la comprensión intelectual del paciente, pero a su inactividad para llegar a ella: aunque «haya llegado a ver claro cómo —de acuerdo con la teoría— tenía que estar curado, permanece inmutablemente enfermo. Ante esa situación hay que afirmar que se ha producido un error de técnica: este error consiste en no haber hecho patente la explicación mediante el mismo proceso dialéctico de la transferencia a lo largo de la cura, sino a través de una pura comunicación verbal» (LTT 189). Las técnicas objetivistas que tanto atractivo ejercían a la sazón entre los novelistas buscaban, de la misma manera, una participación del lector, pero no tenían la fuerza que requería Martín Santos para su lenguaje literario; lo que él buscaba y encontró con su novela no fue ese avance en una nueva técnica, tanto como una actitud narrativa que conmoviese al lector más allá del texto literario, para postular la búsqueda de un autoconocimiento. En este sentido resulta muy coherente el objetivo que se plantea en el prólogo de la segunda novela *Tiempo de destrucción*: el propósito de destruir el lenguaje, si leemos ese afán como trascendencia del lenguaje, ir más allá de él por medio de la sorpresa, del autodescubrimiento irónico. Si en el campo psicológico el método idealista no da resultado a causa de que el paciente se deja llevar «por las viejas pautas de conducta objetales» (LTT 189), en el campo de la creación literaria con pautas de narración tradicional ocurre lo mismo. A la obligada reacción del paciente o del lector, según el caso, se llega (si continuamos comparando estos documentos) en «un descubrimiento de la verdad de uno mismo por medio de la sorpresa».[70] Esta sorpresa la proporciona la

70. Luis MARTÍN SANTOS, «Prólogo a *Tiempo de destrucción*», *Apólogos*, edit. por Salvador Clotas (Barcelona: Seix Barral, 1970), p. 148.

ironía y lleva a un autoconocimiento provocado por el poder inusitado del texto. El lector, en una situación de aislamiento, a la manera descrita por Ortega y Gasset, en su teoría del proceso de «extrañamiento» del entorno real o mundo hermético que provee la novela, se convierte, según la imagen de Martín Santos, en un vampiro que no vive —en cuanto lector—, sino del texto narrativo que se constituye en carne y única vida, «ya palpitó alimentado por la vida que el libro era capaz de comunicar» («Prólogo», p. 155). Faulkner figura el primero en la línea de escritores que fuerzan la participación del lector.

El camino de la ironía

Pasemos ahora a considerar la ironía como método literario usado por Luis Martín Santos, que sortea el primer obstáculo con el que puede chocarse el lector, lo que algunos críticos han llamado «victimización».[71] *Tiempo de silencio* exige una participación del lector que se verá recompensada en cada caso e invalidará la actitud de burla del autor con respecto al lector como manifestación de literatura elitista. La ironía que utiliza Martín Santos es integradora y tiene la misión de iluminar e inquietar y no de excluir; el lector va encontrando diversos niveles de reconstrucción, todos los cuales producen un estímulo según su capacidad de interpretación. La ironía aparece usada en todas sus posibles manifestaciones: como figura retórica «dentro de un enunciado formal serio, un contenido burlesco»; como antífrasis, para «expresar una idea por la contraria»;[72] como instrumento de presentación dramática de los hechos y por último en la visión final del texto completo que postula la ironía casi como género: la ironía del destino o cósmica, en la cual se apoya el tema del autoconocimiento y de la libertad del ser humano. Este último nivel irónico de *Tiempo de silencio* es el que nos hace reenfocar el tema del autoconocimiento del personaje, del narrador, y en un plano exterior a la novela, del lector y el propio escritor, y viene

---

71. *Cf.* John B. McKee, *Literary Irony and Literary Audience. Studies on the Victimization of the Reader in the Augustan Fiction* (Amsterdam: Rodopi N.V., 1974), pp. 1-4.
72. Fernando Lázaro Carreter, *Diccionario de términos filológicos*, 3.ª edic. (Madrid: Gredos, 1971).

vinculado al examen constante de la manera de ser del español, aspecto que late en la totalidad de la obra de Ortega. La última frase de la novela puede ser una indicación a su reconstrucción desde una perspectiva irónica: «y el verdugo le dio la vuelta por una simple cuestión de simetría».[73] Su método irónico se basa en la presentación de un extremo opuesto a otro sugerido y dejar al lector buscar, por medio del equilibrio que postula la simetría, el centro, que está provisto por medio de un *silencio* que debe llenar el propio lector; es éste el método dialéctico que abandona al lector, como el psicólogo al sujeto, y le fuerza a tomar una postura propia.

La obra de arte, tal como la concibe Martín Santos, corresponde en su dinamismo al modelo hegeliano: «su modo de existencia [de la obra de arte] se afirmará como la movilidad, reacción y fuerza animadora de la propia vida en contacto y transfusión con el complejo material que la rodea».[74] El segundo escollo de la ironía hace que Hegel la rechace como forma literaria que «se sobrepasa a sí misma»[75] y desemboca en la negatividad absoluta e infinita. La ironía romántica que así rechazaba Hegel es de la misma estirpe que la ironía del absurdo que Wayne Booth llama ironía inestable, encubierta e infinita.[76] Hegel salva la ironía socrática como constructiva, pero Kierkegaard, en *Concepto de la ironía*, defiende como verdaderamente constructivo solamente al Sócrates platónico, ya que Sócrates en sus doctrinas, separadas de su transcripción por Platón, parece al filósofo danés tan negativo como la ironía romántica, pues con sus instrumentos de mayéutica tanto alumbraba el camino de sus discípulos hacia el autoconocimiento, como aniquilaba a los sofistas. Según Kierkegaard la ironía socrática «es la nada por medio de la cual se destruye todo conocimiento».[77] El Sócrates platónico, por el contrario, se sitúa en su contexto histórico dentro de los diálogos y adquiere una estabilidad de la que la ironía socrática carecía en princi-

73. Luis Martín Santos, *Tiempo de silencio* (Barcelona: Seix Barral, 1965), p. 240. Las referencias a la novela aparecen en el texto.
74. G. W. G. Hegel, *The Philosophy of Fine Arts*, vol. I, edit. F. P. B. Osmaston (Nueva York: Hacker Art Brooks, 1975), p. 283.
75. «*overreaches itself*», Hegel, p. 95.
76. *A Rhetoric of Irony*, pp. 257-267.
77. «[*His irony*] *is the nothingness whereby he destroys every knowledge*», Soren Kierkegaard», *The Concept of Irony*, trad, de Lee M. Capel (Nueva York: Harper & Row, 1965), p. 287,

pio. Con esta percepción coincide Wayne Booth para quien la ironía socrática inestable, encubierta e infinita (que es afín a la actitud existencial del absurdo) se convierte en ironía encubierta e infinita, pero estable al pasar a los diálogos platónicos, y es la construcción como texto literario la que la dota de esa estabilidad.[78] El reenfoque que los diálogos proveen revela el dinamismo que posee la ironía como «*a mastered moment*» o momento controlado que impele, según Kierkegaard, al autoconocimiento, «que no se puede afirmar desde afuera, se puede solamente efectuar desde dentro».[79] La fuerza producida por la ironía genera un vacío dentro del cual se puede encontrar el verdadero autoconocimiento si se sabe escuchar el silencio que implica tal vacío. La explicación de Kierkegaard coincide perfectamente con el planteamiento estratégico de *Tiempo de silencio*; el vacío al que el terapeuta empuja a su paciente para que en su ámbito cargado de sugerencias y de tensiones, descubra su propia identidad, es del mismo calibre. En palabras de Kierkegaard: «El que no entienda la ironía, y no tenga oídos para su susurro, carece *eo ipso* de lo que puede llamarse el comienzo absoluto de la vida personal.»[80] Esta ironía no es la verdad, sino el camino hacia la verdad; no es el acceso a la Idea, sino la apertura hacia la totalización y hominificación a la que aspira todo ser humano.

De tal concepción arranca el impulso dialéctico de la narración de Martín Santos. Como señaló Olga Vickery con respecto a Faulkner, hay también en la novela de Martín Santos una patente coherencia; el tema está potenciado por el uso de la lengua, ya que ésta es a su vez una expresión de aquél.[81] El lenguaje irónico de *Tiempo de silencio*, como instrumento de autoconocimiento, se manifiesta con respecto a los propios personajes, al narrador, a la conciencia narrativa (en la que se incluyen como conjunto al narrador y a los personajes), al lector

78. *Cf. A Rethoric of Irony*, pp. 269-277.
79. «*The what may not be asserted from without but only enacted from within*», Lee M. Capel, «Historical Introduction», *The Concept of Irony*, p. 32.
80. «*He who does not understand irony and has no ears for its whispering lacks* eo ipso *what might be called the absolute beginning of personal life*», S. Kierkegaard, *The Concept of Irony*, p. 339.
81. *Cf.* Olga Vickery, *The Novels of William Faulkner, A Critical Interpretation* (Baton Rouge: Louisiana State University Press, 1964). p. 226.

y, en último término, a ese compañero de trabajo socrá-
tico-platónico, el autor de la obra de arte literaria. En
cada uno de estos niveles es constatable la lección de
Faulkner, autor que en las propias palabras de la novela
era sin duda aludido como renovador de «las caducas
novelísticas europeas» (TDS 67). El método irónico de
Martín Santos se origina en la simetría. En ella se encuentra la dialéctica del reflejo o de parejas de opuestos,
positivo-negativo, ausente-presente, cuyo objetivo es la in-
volucración del lector en la resolución del texto.

Ortega como paradigma

La sarcástica escena de la manzana orteguiana es un
eje que estructura la composición de la novela. El primer nivel de ironía es tan asequible que apenas necesita
reconstrucción; en cambio, sí tenemos que tener en cuenta algunas cuestiones que se proponen en ese postulado
presente-ausente. La conferencia se basa en la teoría del
perspectivismo y encuentra expresión en la frase de Ortega perteneciente a *La deshumanización del arte* que se
citó al comienzo de este análisis y que informa por completo la novelística de Faulkner, pero también el planteamiento de *Tiempo de silencio*. Un segundo factor con el
que hay que contar es que en aquellas conferencias del
Teatro Barceló, en 1949, y en las procedentes del Instituto de Humanidades, Ortega expuso su estudio «El hombre y la gente», además del comentario a las teorías de
Toynbee. Aquí se encuentra formulado el problema del
protagonista, pero también el del narrador y el del lector.
En la búsqueda de la propia identidad no aparece un
pasado individual del personaje; es éste, por el contrario,
la culminación del tiempo, producto de unas circunstancias que marcan sus opciones y sus limitaciones. La circunstancia vital de Pedro como investigador y como ser
humano está condicionada por su naturaleza de hombre
español. En la percepción de Ortega: «La vida individual
se despliega en una circunstancia, precisa de lugar y de
tiempo que la condiciona inexorablemente, que nos veda
por omisión unas cosas y nos brinda otras como hace-
deras, y si analizamos ese conjunto de recursos y obstáculos con los que la circunstancia envuelve al hombre
en cada momento, veremos que lo decisivo es lo que el

entorno halla acumulado, la herencia que impersonalmente los hombres le transmiten.» Esta frase de Paulino Garagorri [82] sobre el concepto orteguiano de la historia y la relación del hombre con su circunstancia, nos acercan a la problemática de Pedro que aparece sin pasado personal. Pedro es un «hombre de pueblo» [83] y ése es su condicionamiento, su pasado y el lastre que va a constituir una de sus «facticidades», es decir, de los obstáculos que ha de encontrar a la hora de planear y llevar a cabo su proyecto vital.[84] El proyecto vital de Pedro tiene que partir de un conocimiento y un análisis de esas facticidades para así esclarecer su identidad. Este núcleo temático, de raíces edípicas, actúa con fuerza en la novela, y nos lleva a un tercer aspecto que se sugiere en la escena de la manzana. Las circunstancias especiales de Pedro son, en suma, la conciencia de un mestizaje cultural, la pertenencia a «un país que no es Europa» que constituye una parte muy esencial de los análisis del personaje y del narrador, que pasan a ser una honda reflexión sobre *España invertebrada*. El tema edípico expresado en un mestizaje irresoluto se da, por otra parte, en la novela de Faulkner que era la favorita de Martín Santos, según sabemos por sus amigos, es decir de *Luz de agosto*. Veremos cómo la percepción de Martín Santos y de Ortega encuentran expresión en la obra de Faulkner a la hora de transformarla en material narrativo. Por otra parte, la alusión a *España invertebrada* se reitera también en la escena de la manzana, en forma de acusación, como es obvio en una primera lectura; se da, pues, la repulsa y la inspiración que supone la obra del filósofo de una manera simultánea. Hay en la escena una alusión a los anélidos que siempre reptan, «... al pueblo... habilidosamente segmentado (en sectas) como los anillos del repugnante anélido, ser inferior que se arrastra y repta, de modo que nunca pudiera llegar a sentirse apto para la efracción...»

82. Paulino Garagorri, *Introducción a Ortega* (Madrid: Alianza Editorial, 1970), p. 150.

83. Robert C. Spires interpreta este hecho de ser de pueblo, como opuesto a la ciudad, desde un enfoque distinto al propuesto aquí, *cf.* *La novela española de posguerra* (Madrid: Cupsa, 1978), pp. 182-183.

84. Alfonso Rey relaciona la teoría de las facticidades expuestas por Martín Santos en su tratado de psiquiatría con el planteamiento de la novela y analiza la facticidad de la carne en relación con la degradación de las relaciones amorosas que aparecen en la novela. *Cf.* pp. 179-194.

(TDS 129). La imagen de los gusanos como invertebrados se prolongará en la secuencia de «la procesionaria del pino» y en la referencia al «gran ontomólogo», claramente el autor de *España invertebrada*. Antes de abandonar estas consideraciones sobre la importancia de la escena recordemos aún dos aspectos: uno el que introduce la totalidad de la secuencia y que se refiere a Goya. En 1950 apareció *Papeles sobre Velázquez y Goya* y, en 1958, en la colección «El Arquero» de la *Revista de Occidente* se publicó el ensayo sobre Goya con la ampliación «Sobre la leyenda de Goya». En la nota preliminar, escrita por Ortega, se leen las siguientes palabras: «No es verosímil que nadie, después de haber contemplado una buena porción de su obra al menos, se sienta ante ella indiferente. En cambio, es muy posible que a algunos Goya les irrite. Pero esta irritación no es cualquiera. Posee un peculiar cariz. Va disparada contra el artista, pero da un culatazo sobre quien la siente, dejándole preocupado respecto a sí mismo.» [85] Las palabras son ciertas con respecto a Goya, pero en el contexto de la percepción total de Ortega, que se va a desprender de *Tiempo de silencio*, no lo son menos con respecto al propio Ortega y, en definitiva, tampoco lo son con respecto al autor de la novela, cuyo objetivo final es preocupar al lector con respecto a sí mismo, como Pedro está preocupado con respecto a sí mismo y lo está el narrador. Vamos encontrándonos en esta galería de espejos con una posible muestra de ironía encubierta, infinita e inestable, que define Booth como propia de la literatura del absurdo según ya se ha dicho. El no perder de vista el objetivo concienciador de la ironía, según Kierkegaard, valdrá para mantener el equilibrio y quedarnos idealmente en una ironía estable.

Una última relación con Ortega en esta escena de la manzana es la que se refiere al propio edificio donde se desarrolla: el teatro. El 4 de mayo de 1946, con motivo de la reapertura del Ateneo de Madrid, Ortega pronunció una conferencia sobre ese tema. Las primeras palabras pudieron conmover y quizás irritar a los jóvenes asistentes; se percibe en ellas la preocupación del filósofo por la fortuna que su pensamiento correría ante la nueva generación: «Toda una generación de muchachos ni me ha

85. José ORTEGA Y GASSET, *Obras completas*, 7, «Goya» (Madrid: Revista de Occidente, 1969), p. 505.

visto ni me ha oído y este encuentro con ella es para mí
tan problemático que sólo puedo aspirar a que, después
de verme y de oírme, sientan el deseo de repetirse, sal-
vando las distancias, los versos del romance viejo que
refieren lo que las gentes cantaban al Cid cuando éste
[...] volvió a entrar en Castilla y que comienzan:

> *Viejo que venís el Cid,*
> *viejo venís y florido.»* [86]

Las palabras que iniciaron la reinserción del pensador
en la problemática España de 1946, no exentas de cierta
arrogancia, justifican la reacción de ambigüedad, de atracción y de repulsa, de magnetismo inevitable y de reproche que se formula en *Tiempo de silencio*. Por otra parte, el tema mismo de la conferencia, el teatro, muestra
dos facetas: una se refiere al edificio y analiza la construcción del recinto de forma dialéctica: «El teatro es
un edificio. Un edificio acotado, esto es, separado del resto del espacio que queda fuera. Al acotar el espacio se
da a éste una forma interior y esta forma espacial interior que informa, que organiza los materiales del edificio, es una finalidad. Por lo tanto, en la forma interior
del edificio descubrimos cuál es en cada caso su finalidad.» [87] Se puede ver la ironía con la que Martín Santos
casi parafrasea a Ortega al describir el recinto de la
conferencia en la novela. Otro aspecto de la conferencia
de Ortega en el Ateneo iba referido a la tensión realidad-
irrealidad del teatro que nos proyecta en la novela hacia
la secuencia de la revista a la que asiste Pedro en compañía de Dora y Dorita. Las reflexiones de Pedro y del
narrador no son ahora parodia, sino eco fiel del pensamiento del filósofo, del Ortega dual que con tanta nitidez
va apareciendo a los ojos del lector. Podemos ya reiterar
la proposición inicial de la función esclarecedora e irónica, esencialmente encubierta de la escena de la manzana
con relación a la importancia que la figura del filósofo
cobra para la novela. Desde esta perspectiva *Tiempo de
silencio* se ilumina y el texto adquiere nuevas connota-

86. «Idea del teatro», *Obras completas*, 7, p. 443.
87. En la edición de las *Obras completas*, consultada para este análisis, aparece incluso un plano del Teatro Doña María de Lisboa en el
que se pronunció por primera vez la conferencia, *cf. Obras completas*,
7, p. 452.

ciones y claridades. Es así como podemos encontrar al mismo tiempo una aplicación del «ojo acusador» del gran buco - Goya - Ortega y Gasset a la persona del filósofo. Ese ojo del «gran mentiroso» que preside las actividades madrileñas, y que con tanta frecuencia se dirigen específicamente al sol (no olvidemos el periódico *El Sol*), es también el ojo escrutador de Ortega, por eso «no mirando tu máscara sino tu ojo pasaremos por alto los dos cuernos y te llevaremos a la tumba cantando un gorigori que parecerá casi como triste» (TDS 130).

El pueblo

Volvamos ahora al desarrollo de la novela en la que el protagonista da vida a la teoría orteguiana expuesta en «El hombre y la gente». Pedro, con un impulso edípico, intenta llegar a una comprensión de sí mismo para llevar a cabo su proyecto vital, «a partir de hacerme cargo puedo elegir», escribe Martín Santos en el tratado de psiquiatría (LTT 19),[88] pero la libertad de opción del individuo viene limitada por las facticidades: «Mi carne es la primera facticidad [...]. Otras facticidades esenciales brotan del ambiente social en que mi vida se ha originado [...]. Una facticidad de rigurosa pertenencia personal y de decisiva importancia es el pasado» (LTT 18). Para la naturaleza doble, que como ya se ha señalado Pedro posee,[89] se deben considerar las facticidades como esencialmente dos, la de la carne y la del entorno o circunstancia, esta última interpretada a la luz de la filosofía orteguiana mucho más que a la de Sartre.[90] Entre ambos condicionamientos se va a debatir el personaje. El entorno social de Pedro, su encadenamiento a él, se corresponde con la idea del «no yo mío» orteguiano: «Es pues inadecuado decir que mi mundo es el no yo. En todo caso será un no yo mío y, por lo tanto, sólo relativamente un

88. P. 19. Alfonso Rey señala con justicia la deuda que estas teorías del novelista tienen con Sartre, y también menciona el parecido que ciertos aspectos de la doctrina existencial del filósofo francés presentan con respecto a Ortega, cf. *Construcción y sentido*, pp. 160 y ss.
89. Cf. Robert C. SPIRES, pp. 183 y ss.
90. Alfonso Rey analiza las facticidades de Pedro teniendo en cuenta la filosofía de Sartre en cuanto a las facticidades del cuerpo y del prójimo, pp. 163-194.

no yo.»[91] La facticidad relativa al pasado se da en Pedro de forma orteguiana. El pasado condiciona su comportamiento, como también condiciona al otro personaje fundamental de la novela, Ricarda-Encarna. En el caso de esta mujer nos encontramos ante un pasado personal verificable que abarca la duración de su vida, desde niña hasta el tiempo de acción de la novela. Es un tratamiento muy distinto al de Pedro, que se caracteriza por la ausencia de un pasado personal, y es esencialmente generacional y diacrónico en el sentido de que se trata de la culminación de las circunstancias con una proyección hacia la historia que plantea el problema de la identidad nacional tanto como el problema de la propia identidad de Pedro. En el pensamiento orteguiano, «el hombre no tiene naturaleza sino historia».[92] Desde sus circunstancias sociales e históricas Pedro examina la propia identidad hallándose ante la adivinanza edípica en un conflicto de mestizaje que Ortega definió en *España invertebrada*. Conviene hacer referencia ahora al parentesco que existe entre *Tiempo de silencio* y *Light in August*, novelas que plantean el tema del autoconocimiento imposibilitado por un mestizaje. Joe Christmas, personaje desgarrado entre sus dos posibles razas, ser blanco o ser negro, tiene el deseo edípico de conocer su auténtica identidad; el mismo mestizaje irresoluto se da en Pedro: «Pero no somos negros... somos mojamas puestas a secar al aire purísimo de la meseta» (TDS 238). El mestizaje de los dos personajes, el de Faulkner y el de Martín Santos, se expresa en la renovación del lenguaje, cuyo uso nuevo y chocante tanto tardó en aceptarse en el caso del novelista norteamericano. Uno de los críticos de esta manera de narrar que con su percepción severa y hostil ha contribuido a hacer más inteligible el arte de Faulkner es Walter Slatoff, quien puso de manifiesto las incongruencias y la oscuridad faulkneriana: «El simultáneo "no puedo" y "debo" sugiere una perspectiva desesperadamente dividida y atormentada, una condición de la mente que trata de moverse simultánea e intensamente hacia el orden y hacia el caos y que, por consiguiente, se alimenta de la figura que con más facilidad se mueve en dos direcciones,

91. José ORTEGA Y GASSET, «El hombre y la gente», *Obras completas*, 7, p. 159.
92. *Cf.* Ciriaco MORÓN ARROYO, *El sistema de Ortega y Gasset* (Madrid: Alcalá, 1968), p. 307.

el oxymoron.»[93] La figura no invalida ninguno de los dos términos, señalados o sugeridos y las parejas de opuestos, manteniendo el texto en suspensión, fuerzan la participación del lector haciendo recurso a la simetría. Éste es según Slatoff un grave defecto, pues él es partidario del arte como proceso verbal ya resuelto, a la manera de la narración tradicional que Martín Santos rechazara como método estéril aplicado a la capacidad desveladora del psicoanálisis. Según Slatoff, la narración faulkneriana que «afirma y niega, ilumina y oscurece» es rechazable. Donde Faulkner crea dinamismo intelectual y Martín Santos la fórmula hacia un autoconocimiento activo, Slatoff encuentra falta de rigor, «que nos recuerda una esquizofrenia similar en nuestro interior que hemos logrado enterrar no sin gran trabajo».[94]

La antinomia más frecuente en Faulkner es la oposición blanco-negro tal como se percibe en *Light in August* que concentra la oposición en un mismo personaje, expresando la tensión del mestizaje espiritual que también hallamos como conflicto histórico en *España invertebrada*. Otras antinomias faulknerianas, según la enumeración de Slatoff, son moción e inmovilidad, silencio y sonido, quietud y turbulencia; estas oposiciones se concentran en *Light in August* en la relación negro-blanco en lo que el crítico norteamericano llama «stylistic antithesis» que utiliza la negación reiterada como recurso implicativo más que anulatorio: «Las palabras no, ni tampoco y sin niegan, pero no anulan los conceptos a los que preceden.»[95] El equilibrio postulado en la novela de Faulkner es muy similar al que se encuentra en *Tiempo de silencio*, que analizada desde este punto de mira, revela la inspiración que supuso la novela norteamericana; Ortega provee la fundamentación ideológica para expresar el problema con una óptica española, que es lo que constituye la circunstancia vital de Pedro y su condicionamiento.

En *Meditaciones del Quijote* expresa también el filóso-

93. Walter J. SLATOFF, *Quest for Failure. A Study of William Faulkner* (Ithaca: Cornell University Press, 1960), p. 251.
94. «*For it reminds us of a similar schizophrenia within ourselves for which we have worked hard to bury*», W. SLATOFF, p. 252.
95. «*The words "neither", "nor", "not" and "without", deny but do not obliterate the suggestions of the terms which follow them*», W. SLATOFF, p. 124.

fo el conflicto de identidades inherentes al español: «No metáis en mis entrañas guerras civiles; no azucéis al ibero que va en mí con sus ásperas hirsutas pasiones contra el blando germano, meditativo y sentimental que alienta en la zona crepuscular de mi alma.»[96] Alfonso Rey ha señalado en Martín Santos tres actitudes con respecto al pensador: aceptar, completar o rechazar sus teorías. En el caso que veremos ahora se encuentra una síntesis de las tres, ya que en principio hay una aceptación de la tesis orteguiana de base, el conflicto de la identidad del español: «un país que no es Europa». Hay un rechazo, al mismo tiempo de lo alemán, a favor de lo anglosajón y escandinavo. Por último se completa la proposición de Ortega al achacar a la pobreza parte de los defectos que según el pensador son inherentes a la raza. Los alemanes aparecen siempre bajo una luz negativa o ridícula que alcanza al propio Ortega: el director del Instituto Ramón y Cajal posee una «gris cabellera... a la alemana, como corresponde a quien ha cursado estudios en Frankfurt sobre el Meno» (TDS 209); el profesor ha sido «educado lejos del chato y corto positivismo anglosajón». Aquí hay que traer a la memoria los ataques de Ortega contra lo inglés en el Instituto de Humanidades al denunciar un «comportamiento que se caracteriza por una desazonadora fusión de la impertinencia con la inconsistencia».[97] Algo parecido se insinúa con respecto al pintor alemán, «de apellido confuso, cuya cacofonía recordaba el nombre de un filósofo suavo» (TDS 69). Matías y Pedro son, en contraposición, «los dos iberos no expresionistas, no constructores de cámaras de gas» (TDS 74). No obstante, se mantiene la tensión sugerida por Ortega, aunque los términos sean más bien lo ibero enfrentado con lo nórdico, Suecia e Illinois. La oposición de estos conceptos tiene verdaderamente un carácter estructurador en la novela, que se apoya en la yuxtaposición o implicación positiva de los términos negativos a la manera faulkneriana: a «las rubias mideluésticas mozas con proteína abundante durante el período de gestación de sus madres de origen sueco o sajón...» (TDS 9), se oponen las hijas de Muecas, «muchachas no rubias toledicas malnutridas de la que la

96. José Ortega y Gasset, *Meditaciones del Quijote*, *Obras completas*, *1*, p. 357.
97. *Obras completas*, *9*, p. 51.

madre careció de proteínas» (TDS 11). La suspensión se amplía al advertir que esta primera impresión positivo-negativa puede no ser del todo firme; frente a «las desteñidas vírgenes no cancerosas, no usadas, nunca sexualmente satisfechas» (TDS 9-10), se hallan las hijas de Muecas con «una tal dulzura ayuntadora, una tal amamantadora perspicacia» (TDS 12-13). En este punto encontramos la corrección a las teorías orteguianas del biologismo mediante la denuncia social y la acusación directa, «... esa gracia de la niñez, esa turgencia de los diecinueve años, esa posibilidad de que los ojos brillen cuando aún se soporta desde sólo tres o cuatro lustros la miseria, la escasez y el esfuerzo» (TDS 17). La desnutrición desde el útero moldea la manera de ser del ibero, así a lo rubio, anglosajón, opulento se opone lo moreno, lo ibero, lo miserable.

El problema racial queda denunciado, pero como se verá, no rechazado por completo. Al «rey alto» se opone Amador en un «nosotros» incluyente que abarca todos los límites de la lectura, desde el personaje al escritor, pasando por el lector, sin olvidar, desde luego a Ortega mismo: «además de ser más torpes con el ángulo facial estrecho del hombre peninsular, con el peso cerebral disminuido por la dieta monótona por las muelas, fabes, agarbanzadas leguminosas y carencia de prótidos» (TDS 8). La ambigüedad de la acusación se hace patente en otros momentos en los que el narrador comulga, amargamente, con los presupuestos orteguianos: «No debe bastar ser pobre, ni comer poco, ni presentar un cráneo de apariencia dolicocéfala, ni tener la piel delicadamente morena para quedar definido como ejemplar de cierto tipo de hombre al que inexorablemente pertenecemos y que tanto nos desagrada» (TDS 182). La reiteración de esta toma de postura es frecuente al equiparar el pueblo hacinado con la raza negra en connotación por completo negativa. La masa aparece como un mero hacinamiento humano, «rebaños de gente de escasa estatura» o «negra multitud» (TDS 183). El baile de criadas se mueve «al son de un chun-chun ibérico de pretendida estirpe afrocubana» (TDS 131); en la verbena suena «el chin-chin ibérico» (TDS 227). La oscilación hacia lo rubio, como ideal logrado por el afán de selección, se da en las capas más altas de la sociedad, en las mujeres que rodean a Matías, madre, amiga-hada rubia, pero no se logran en las clases inferiores, «huríes desteñidas rubias llegaron con sus largas cabelleras (rubias en aéreo extremo y negras en la raíz)» (TDS 154). La multitud aparece reiteradamente equiparada a los pueblos negros, y Pedro llega a imaginar a los madrileños vestidos con atuendos africanos, «con los que la turgencia de las indígenas quedaría mejor parada y la tez cetrina de los hombres alcanzaría todo su plástico contraste» (TDS 26). La sequía y el sol «apenas soportable para individuos de raza no negra» imponen también esas características de dualidad y desgarramiento en la manera de aparecer del español: «Nosotros no somos negros, ni indios, ni países subdesarrollados. Somos mojamas tendidas al aire purísimo de la meseta» (TDS 238). Ese aire, del que hablara Ortega con respecto al arte velazqueño, es la única sustancia alimenticia, «espíritu y aire purísimo». La relación tiránica del paisaje con respecto a sus habitantes nos lleva a las teorías del condicionamiento geográfico de la historia, en la que Ortega disentía con Toynbee, ya que el pensador español concede prioridad a la capacidad humana para superar el influjo del ambiente por medio de «un dramático enfronte y contienda del hombre con el mundo».[98] La oscilación entre la comunión y la repulsa que supone Ortega, entre la aceptación y la rectificación de sus métodos de análisis, permanece a pesar de la acusación contundente de la postura del filósofo en la escena de la manzana: «Todos somos tontos. Y este ser tontos no tiene remedio. Porque no bastará ya nunca que la gente esa tonta pueda comer..., puesto que víctimas de su sangre gótica de mala calidad y de bajo pueblo mediterráneo permanecerán adheridas a sus estructuras asiáticas y así miserablemente vegetarán vestidas únicamente de gracia y no de la repulsiva técnica del noroeste» (TDS 129). El biologismo de *España invertebrada* y las ambigüedades que tal enfoque presupone aparecen, en consecuencia, como parte fundamental del entramado artístico y humano que compone la novela.

La cultura

De la raza en sí, pasemos a los resultados científicos y culturales que tal ejemplar humano puede llegar a rea-

98. José Ortega y Gasset, *Obras completas*, 9, p. 190.

lizar. Aquí se encuentra de nuevo el parentesco con Ortega en lo que Morón Arroyo define como la etapa de «Integración de lo espontáneo por la cultura»; no es la ausencia de vitalidad, tanto como la vitalidad primaria y la
falta de claridad de conceptos lo que caracteriza al ibero, «Ortega infravalora al ibero y le invita a integrarse
con el germano, con la claridad del concepto que es culturalmente superior a la rapidez visual del mediterráneo».[99] Martín Santos comparte, amargamente, la postura
de Ortega en la famosa descripción de Madrid al referirse a las gentes «tan heroicas en ocasiones sin que se sepa
a ciencia cierta por qué, sino de un modo elemental y
físico como el de un campesino joven que de un salto
cruza el río» (TDS 14). La ciencia aparece en primer término condicionada también por la pobreza, y el recurso
estético empleado sigue siendo el mismo que para poner
de manifiesto en conflicto biológico, es decir, la yuxtaposición y la suspensión de las negaciones. Así aparece la
riqueza de Illinois, «laboratorios traslúcidos de paredes
brillantes de vidrio con aire acondicionado» (TDS 9)
opuesto al recinto madrileño «no transparente ni con aire
acondicionado» (TDS 12). En Illinois, piensa Pedro «donde se dice *quiero* y baja de las nubes un superciclotrón de
cien millones de dólares...» (TDS 178), en cambio en su
laboratorio emplea «el binocular a falta de electrónico
porque no hay créditos» (TDS 8). El estilo de vida de los
investigadores sigue un curso paralelo; en Estados Unidos «fuera espera un coche muy grande pintado de vio-
leta, la muchacha superferolítica del último modelo de
la humanidad» (TDS 178); en cambio, en Madrid el investigador sigue trabajando «aunque su dieta sea deficiente
y el corte de su traje poco afortunado» (TDS 207). Ante
esta penuria sólo queda el recurso a la viveza señalada
por Ortega, y así es posible que los ratones del laboratorio que fueron traídos de Illinois «en cajas acondicio-
nadas por avión, con abundante gasto de divisas» (TDS 9),
puedan seguir existiendo después del «transporte a manos del Muecas en una caja de huevos vacía» (TDS 10).

Para tener en cuenta la deuda de Martín Santos con
Faulkner en otro aspecto de su uso de la ironía, observe-
mos el tratamiento de la ciencia en España expresado en
un tono que pone también de relieve las yuxtaposiciones,

99. Morón Arroyo, p. 86.

las negaciones y la suspensión en la lectura. *El villorrio* es posiblemente la novela que hace una utilización más original del tono narrativo para conseguir los mismos efectos que se logran en *Tiempo de silencio*. Sorprende en general a los críticos la importancia que adquiere el narrador en esta novela, «figura oscurecida, generalmente tan elusiva en las novelas mayores, que se adelanta en ésta», para provocar continuos desajustes que los personajes o el lector tienen que descifrar.[100] En *El villorrio* hay dos secciones: la de «Eula» y la de «The Long Summer» en las que el tono impuesto por la presencia narrativa crea una tensión irónica entre lo que se narra y la manera de narrarlo. Eula, una muchacha apenas adolescente, inculta y tosca (su entretenimiento favorito es comer boniatos fríos) aparece cantada por ese narrador; el mismo que nos proporciona el dato de los boniatos como un arquetipo de feminidad mítica, «más mujer, más Eva, más cualquier cosa que cualquier diosa posible».[101] Los dos datos, el épico-romántico y el cómico-realista aparecen en un mismo flujo verbal enalteciendo lo vulgar y dando apertura a una infinidad de sugerencias. El tono en *The Hamlet*, según Cleanth Brooks, es «*a compound of irony and wonder*».[102] Este uso irónico de la retórica, que filtra el objetivo para describir en un tono algo que postula un tono opuesto, es ampliamente utilizado por el narrador de *Tiempo de silencio* para referirse a múltiples aspectos de la novela, uno de ellos la ciencia. Siguiendo el derrotero de milagro, intuición y esfuerzo elemental asignados al ibero por Ortega, aparece como logro científico lo que en sí nada tiene de tal o lo que expresa una barrera, una negación o una aberración, más que un avance humano: construir una prisión, administrar un burdel, organizar un cementerio. En los tres casos, como ya se ha

---

100. Joseph W. REED Jr., *Faulkner's Narrative* (New Haven & Londres: Yale University Press, 1973), p. 218. Conviene mencionar en este punto la extrañeza que en Alfonso Rey produce la falta de fuentes, aparente, para el tipo de narrador que emplea Martín Santos, *cf.* pp. 108 y ss.

101. «*more woman, more Eve, more everything than any earth goddess we have ever encountered*», REED, p. 233.

102. Cleanth BROOKS, *William Faulkner: The Yoknapatawpha Country* (New Haven: Yale University Press, 1963), p. 173. Otros críticos como el más reciente John PILKINGTON, *The Heart of Yoknapatawpha* (Jackson: University Press of Mississippi, 1981), p. 232, atribuyen al tono la creación de un ambiente de incertidumbre e inconsistencia.

señalado con anterioridad, resultan grotescos el lenguaje técnico y la descripción metódica y disciplinada, con destellos fenomenológicos como remedo a Ortega. Ocurre también que los tecnicismos en su desproporción sugieren otro de los aspectos fundamentales de la novela, la vanidad que tan de cerca toca al tratamiento de Ortega. Pero no es sólo la vanidad, la negatividad de los objetivos de tal ciencia revela dureza de corazón y malevolencia. La inteligencia con la que se ha construido la celda o el lecho tiene como objetivo la inmovilización y el sufrimiento del prisionero; los enterramientos verticales denotan la desesperanza ante la vida, tan opuesta a la aparente eficiencia en el recinto de la muerte; la organización del prostíbulo está encaminada a la degradación de las mujeres y de los hombres que lo utilizan.

El panorama existencial de Pedro se prolonga en el tipo de cultura que este pueblo ha sabido producir. Siguiendo una pauta rigurosamente provista por Ortega las vertientes que se contemplan son pintura, la novela, el teatro, los toros, la arquitectura, las conferencias y tertulias y, como compendio que unifica el conjunto, la historia. Hay un avance del tema de la pintura, en el primer soliloquio del narrador, tan identificado con el personaje que resulta difícil separarlo, en el que se percibe una actitud que vuelve la espalda a la cultura en contraposición a otros países: «Visitar el museo de pinturas con una chica inglesa y comprobar que no sabemos dónde está ninguno de los cuadros que ella conoce excepto Las Meninas» (TDS 15). Velázquez y Goya son los pintores que aparecen en la novela. Al primero se hace alusión en el trayecto de la pensión al café y se establece una relación con Cervantes: «Como el otro —el pintor caballero— que siempre fue en contra de su oficio y hubiera querido usar sólo la pluma para poner floripondiadas rúbricas al pie de letras de cambio contra bancas genovesas» (TDS 62), es una simplificación de la interpretación de Ortega, espuma lo más chocante de ella pero no lo contradice.[103]

Ya hemos señalado hasta qué punto la obra de Goya, en tantos aspectos parecida a la del propio Ortega, provee un punto de orientación para interpretar la novela a partir de la escena de la manzana proyectada desde el cuadro de Goya. El filósofo contempla al pintor como un

103. *Obras completas*, 8, p. 466.

hombre de pueblo, más o menos como lo era él mismo, o como lo es Pedro, admitido a las altas esferas de la corte, como ocurre en la propia novela en la secuencia de la fiesta dada al filósofo. Goya aparece aludido en la secuencia de la revista con palabras puramente orteguianas, «las duquesas desnudas ante las paletas de los pintores plebeyos» (TDS 222). La lucha que Pedro mantiene para llevar a cabo su proyecto vital es equiparable a la mantenida por Goya, según el análisis de Ortega, «Goya, tullido que se apoya en sus propias torpezas, acierta a dar los más ágiles saltos hacia lo sumo del aire» [104] y también Pedro participa de este deseo en su exigente proyecto existencial. Tampoco podemos olvidar lo que de personal puedan tener las reflexiones de Ortega a propósito del pintor: «Porque al negarnos a realizarlo no por eso deja de imponérsenos y de sostener su permanente reclamación, su exigencia de ser. Por muy respetables razones que muevan al hombre alguna vez a oponerse a su *yo* y negarlo, el resultado es que esta resolución le deja dilacerado y su existencia es un tormento —la constante estrangulación de sí mismo.» [105] El momento de la caída en la trampa por parte de Pedro la madrugada del domingo, marca precisamente este estrangulamiento al que se refiere Ortega y que va a acompañar al personaje hasta su salida de la novela: «Queda aparte la construcción de una vida más importante, el proyecto de ir más lejos, la pretensión de no ser idéntico a la chata realidad de la ciudad, del país, de la hora» (TDS 95). La relación entre Goya y Ortega, en la que también se halla implicado el personaje, nos obliga a volver a reflexionar sobre el poder estructurador que parece irradiar de la escena de la manzana.

Respecto al papel de la novela en la propia novela, las aficiones literarias de Pedro y del narrador son aparentes en las múltiples citas y referencias insertas en ella. El interés directo del narrador y de Pedro en la literatura aparece relacionado con las tertulias, «a inventar un nuevo estilo literario y a propagarlo durante varias noches en un café hasta quedar completamente confundidos» (TDS 15). Matías, como personaje eminentemente intelectual, interpreta la existencia en términos literarios, «pura

104. «Goya», *Obras completas, 8*, p. 558.
105. «Goya», *Obras completas, 8*, p. 549.

literatura» (TDS 124), dice, para definir la truculenta pe-ripecia nocturna de Pedro. Aunque Joyce y Faulkner apa-rezcan como los padres de la novela del siglo XX, el pro-blema del enigma y desafío de la creación literaria lo plantea Cervantes. *Meditaciones del Quijote* estimula este tipo de interpretación de la figura del novelista. Las ori-ginales reflexiones sobre las espirales o envites de Pedro a la novela revelan gran parecido con el concepto del arte como suprema actividad sublimatoria a la que se alude en el tratado de psiquiatría: «...en la sublimación creadora está el más alto goce espiritual al que el hom-bre puede aspirar y la fuente de su serenidad» (LTT 204), que explica la función del arte como se expone en el soli-loquio de Pedro: «La historia del loco y todas las otras historias admirables no fueron nada esencial para él sino fatiga divertida, muñequitos pintarrajeados, hijos espú-reos que tuvo que ir echando al mundo para precisamen-te (y ésta es la última verdad), al no ganar dinero, al no cobrar sus débitos, al malcasar la hija, al no lograr mer-cedes, al ser despreciado y olvidado en las ansias de la muerte, poder no enloquecer» (TDS 64). Esta interpreta-ción de la función de la literatura, la última gran verdad, puede aplicarse también al propio *Tiempo de silencio*. La creación artística, escribir el libro, es la única constata-ción clara que puede prestar estabilidad a cualquier iro-nía, juicio ante la ironía socrática expresada en los escri-tos de Platón, que coincide con el de Kierkegaard y más recientemente con Booth.

Martín Santos comparte con Ortega la actitud de pe-simismo con respecto a las tertulias literarias, dada la característica de falta de humildad en la raza, «se dan todas las probabilidades para que los únicos escritores influyentes sean los más vulgares, es decir, los más re-matadamente imbéciles».[106]

La actitud negativa ante el pueblo como conjunto, las amargas conclusiones de Ortega encuentran, como nota Alfonso Rey, un eco amplio en la novela de Martín San-tos, eco que viene a situar en esa actitud de suspensión o de equilibrio las denuncias referentes al hambre, a la desnutrición y a las iniquidades sociales en otros secto-res de la novela ya analizados. La revista, como versión degradada del teatro, da lugar a los juicios más duros

106. *Obras completas*, 2, p. 91.

del narrador, tan duros como los del propio Ortega; «sólo sobre el telón de fondo de la carne cubierta de lentejuelas, en la vileza de un hombre, puede reconocerse y sonreírla como a una vieja conocida la vileza de un pueblo» (TDS 225). El teatro como fenómeno nacional se contempla también con perspectiva orteguiana, «comedias de costumbres, comedias de enredo...» (TDS 15), siguiendo la línea de «Dos teatros», en *Ideas sobre la novela*. Al mismo tiempo, en esta misma secuencia de la revista se hace casi una paráfrasis de la conferencia pronunciada en 1946 con motivo de la reapertura del Ateneo. La correspondencia entre la necesidad de trascender lo cotidiano, de disfrazarlo y transformarlo por medio de la imaginación que proporciona el teatro, lo ve Ortega en «la farsa, o sea, la realización de la irrealidad».[107] Las máscaras, como llama Ortega a los personajes en esa conferencia, son por otra parte una constante que tendremos en cuenta al juzgar a los personajes de *Tiempo de silencio*. El aspecto de los toros, tal como ha mostrado Alfonso Rey, presenta una íntima relación con los escritos del filósofo.[108]

La convivencia

La presentación de los personajes en la novela sigue dos patrones: uno que hace uso de la ironía dramática tal como la utiliza Faulkner (así aparecen Pedro en algunas secuencias, la patrona, Cartucho, Similiano y Matías) siguiendo la técnica de intervención directa en los flujos psíquicos de los personajes, cuyo modelo más popular en España durante los años cuarenta y cincuenta fue *Mientras agonizo*. El segundo, como el de *Light in August* y *The Hamlet*, utiliza la llamada «presencia narrativa», generadora de diversos tonos que permiten la contemplación de los personajes a la manera fenomenológica descrita por Ortega. La tensión contrastiva impulsa lo que uno de los críticos recientes de Faulkner describe como «*visual thinking*»,[109] es decir, la inmersión en el mundo narrativo que arranca más allá de la palabra. Martín San-

---

107. «Idea del teatro», *Obras completas*, 7, p. 471.
108. *Cf.* A. REY, pp. 215-226.
109. *Cf.* Arthur F. KINNEY, *Faulkner's Narrative Poetics. Style as Vision* (Amherst: University of Massachussetts Press, 1978), pp. 24-35.

tos se inspira en todas esas novelas a la hora de componer la suya; de ellas no sólo toma el uso innovador del narrador, con tan variadas funciones, la palabra como representante de una actitud temática y espiritual, toma también la peripecia y la acción. Si en algo tenemos que rechazar el joyceanismo de Martín Santos, es precisamente en esta concepción de la materia novelesca, tan parecida a la de Faulkner, paradigma de la situación límite en el sentido sartreano, como bien reconoce el propio Matías en su peregrinación al prostíbulo (TDS 159). Un breve recuento de la peripecia de *Tiempo de silencio* nos pone en lo más llamativamente faulkneriano de la novela: violación, incesto, aborto, crimen, conflicto legal, prostíbulo. De la tensión generada por medio de un texto de configuración lingüística congruente carece *Ulysses* y en general toda la obra de Joyce. Conviene recordar aquí el juicio emitido en la propia novela sobre «las caducas novelísticas europeas», «pura ingeniosidad técnica» (TDS 67).

La máscara, como recurso expresivo de los personajes, tan importante en esta novela, se emplea con frecuencia en las de Faulkner. Es el Muecas el personaje que mejor muestra este aspecto, que refleja la tensión entre lo que realmente es y lo que desearía ser, su esencial vanidad e hipocresía que lo convierten literalmente en actor, «metiendo su cabeza crespa a través de este telón divisorio y rugiendo en voz baja diversas órdenes ininteligibles. Reapareció más tarde, componiendo su personalidad social...» (TDS 49). La ostentación de sabiduría y de riqueza es grotesca pero real: «Estos limones me los mandan del pueblo —mintió el Muecas con voz de terrateniente que administran lejanos intendentes» (TDS 50). A partir de aquí se puede reconstruir toda la ironía sangrante de sus pretensiones «*gentleman-farmer Muecasthone*». Pero todas sus aspiraciones son esencialmente canallas, conducen a la explotación no sólo de su mujer e hijas, sino de todos sus vecinos ante los que quiere aparecer como un especulador sin entrañas. Este ejemplar de español es la contrapartida de lo que representa Flem Snopes en *El villorrio*, «una caricatura del hombre descrito por el economista Adam Smith y condenado por Marx»,[110] ejemplo de la avaricia y el arribismo posible en una comunidad de

110. STONUM, p. 174.

Estados Unidos, Muecas es un ejemplo de lo más despreciable que pudiera dar España (la España de las chabolas, de la ignorancia y del desempleo) en ese terreno. Su hija Florita también lleva una máscara, la tensión hacia lo que no se es, «del mismo modo que su padre, también ella era capaz de inventarse dos distintas personalidades y utilizarlas alternativamente según el rango de su interlocutor» (TDS 50).

Del Muecas y de su hija volvamos la mirada a la madre de Matías para comprobar que la vanidad es rasgo que esencialmente los hermana. La dama lleva, como el chabolero, una máscara que domina toda su conducta social y que observa el lector, y Pedro, cuando ella se contempla furtivamente en el espejo. En esta descripción la concentración del personaje hacia sí misma, el esfuerzo para mantener una incontaminación con lo que la saque de su propio interés, hay un parentesco con la Temple enigmática de la escena del juicio en *Santuario*, a la que ya nos hemos referido al comentar *La careta* de Elena Quiroga: «Su rostro estaba completamente pálido, las dos manchas rojas como discos de papel pegados a sus pómulos, la boca pintada violentamente en forma de arco perfecto, semejante también a una cosa a la vez misteriosa y simbólica cortada cuidadosamente de un papel purpurino y pegada a él» (S 193). Aparece Temple como artificiosa e impenetrable, ejerciendo un atractivo violento que se manifiesta de manera idéntica en la mujer madrileña: «En este momento la sonrisa que hasta entonces se había mantenido como coagulada o pegada con alfiler al rostro blanco, no formando parte de él sino simple aditamento necesario, desapareció bruscamente y las comisuras de los labios descendieron perdiendo su temblor» (TDS 125). El parecido entre esta dama y el famoso personaje de Faulkner termina aquí, pero es notable en este aspecto exterior que insinúa la máscara o las motivaciones escondidas. Es esta «mujer selecta» la que seduce a Ortega, pero al Ortega menos atractivo, el que muestra vanidad y arrogancia, defectos que empañaron la proyección de su pensamiento y que se satiriza en la escena de la manzana, «gran matón de la metafísica», «el que lo había dicho antes que Heidegger», el que con arrogancia corregía a Toynbee, el que tenía un público de mujeres «balenciagamente» vestidas, el que, en definitiva, lleva la máscara que cubre su ojo certero, pero cuya visión no

impide: «por eso no mirando tu máscara sino tu ojo...».
En los momentos de la fiesta, cuando el filósofo acapara
a esta mujer seductora, Pedro siente la misma tentación
y cae en el mismo pecado: «Ayer noche he estado ope-
rando» (TDS 141), donde el día anterior sólo había mostrado descontrol y sobresalto, pero seguridad ante su
proyecto vital. Él claudica por aquella facticidad de la
carne, también aquí por vanidad, durante un breve instante abandona su papel de observador y se pone la máscara para que le observen.

Ya se ha puesto de relieve la actitud servil que hace
cambiar la conducta de diversos personajes de acuerdo
con sus interlocutores; los altos funcionarios tienen dos
líneas de conducta con respecto a Matías, el director del
Instituto también lleva su máscara intelectual y el hábil
criado, que tal contraste ofrece con la torpeza de Pedro,
parece un actor. Otro tanto ocurre con Charo, la madura
prostituta, en su conducta con Matías antes y después de
la entrada en la habitación de la dueña del prostíbulo
durante la noche del sábado. Este burdel tiene, por otra
parte, mucho en común con el de *Santuario*; ambos se
utilizan con la connotación irónica de refugio o santuario; en ambos existe una idéntica feroz jerarquización
impuesta por doña Luisa o su contrapartida faulkneriana,
miss Reba; en ambos, el día y la noche poseen el mismo
ritmo creado por el sol o su ausencia. Cuando Matías y
Pedro llegan por la mañana a la casa de doña Luisa se
respira esa falsa y latente quietud; en los dos prostíbulos
el sol penetra sólo de manera provisional entre cortinas
y visillos y su presencia choca: «Un delgado rayo de sol
caía por debajo de la cortina, corrida, de la ventana sur,
descansando sobre la mesilla y luego sobre el piso en
una estrecha franja» (S 154). Algo similar ocurre en Madrid: «Doña Luisa... tomó un tomate y lo levantó haciendo que el sol golpease con dureza sobre la pequeña esfera» (TDS 149-150). Pero el sol no entra en el auténtico
ambiente de los dos burdeles que poseen en su espacio
psicológico una misma atmósfera de penumbra; en Madrid: «Cuando la grata y envolvedora tiniebla hubo con
el nuevo crepúsculo restablecido el predominio de la
verdad y de la exactitud en la cocina de la casa, cuando
las cosas volvieron a proclamar su naturaleza simbólica
de seres dejando aparte la inexactitud espacialmente de-
clarada de sus formas...» (TDS 151). Existe el mismo am-

biente que en *Santuario*, donde: «La luz que caía a través de una puerta densamente encortinada al frente y a través de una contraventana al fondo de cada rellano, tenía cierto aspecto fatigado. Una propiedad disipada, mortuoria, exhausta; una laxitud prolongada y como un remanso corrompido...» (S 101). Las propietarias presentan un parecido también sorprendente; miss Reba «se movió pesadamente arrastrando sucesivamente sus muslos enormes (mientras que los dos perros se afanaban a sus pies) hablando invariablemente a los que la seguían por encima del hombro con una voz áspera, ahogada y maternal» (S 101); en la novela de Martín Santos doña Luisa, «se levantó con trabajo haciendo saltar al suelo el gato negro. Mostrando la enorme dificultad de sus desplazamientos y las dificultades inmensas con las que sus pies tomaban contacto con la tierra fue arrastrándose hacia la ventana» (TDS 115). Las dos mujeres son monstruosamente gruesas, lentas y maternales, pero igualmente hábiles, hipócritas, calculadoras y materialistas. Las identidades que se pueden establecer entre los dos prostíbulos ponen de relieve en ambas novelas esa tensión que las caracteriza: el sol opuesto a la oscuridad, la afabilidad, a la explotación, lo familiar, a lo corrupto, la seguridad y el refugio, al peligro y la asechanza.

Los personajes de la clase media no son excepción al disimulo y la vanidad general. El monólogo de la dueña de la pensión nos hace notar de manera irónica, como el *«unreliable narrator»* (narrador sospechoso) que describe Wayne Booth, todos sus defectos, su astucia, sus maquinaciones.[111] Manifestándose como mujer vanidosa, de tendencias masoquistas frente a su difunto marido, es también irresponsable, hipócrita y frívola. A estas conclusiones se llega a través de la lectura de un monólogo de características idénticas a las de el de Jason Compson en *El ruido y la furia*, que exponen con los mismos medios sus mezquinas, pero para él justas, maquinaciones contra su sobrina Quentin y su hermana Caddy. Son ambos casos buenos ejemplos de ironía dramática. Otro modo irónico, esta vez logrado por medio del tono empleado por el narrador, presenta el ambiente de la pensión con un empleo idéntico del estilo épico-romántico de la sec-

---

111. *Cf.* Wayne C. Booth, *A Rethoric of Fiction* (Chicago: University of Chicago Press, 1965), pp. 306 y ss.

ción de «Eula» en *El villorrio*. Así como Eula transforma en «huerto de Venus» cualquier lugar en que se encuentre, pero en particular el miserable recinto de la escuela de Lavobe, en la novela española el comedor de la pensión en las misteriosas horas de la sobremesa, se convierte en el reino de «las tres diosas». La belleza opulenta de Dorita y su aparente indiferencia es como la de Eula, que parecía haber pasado la pubertad en el estado fetal.[112] Dorita, que va a ser una Ifigenia, tema que el narrador relaciona a su vez con Goethe acercándose una vez más a Ortega, es una víctima inocente que no participa de la doblez vanidosa general. Tiene una resonancia mítica y clásica que logra, sin vanidad y sin malicia, transformar no sólo lo falso en aparentemente verdadero, que es lo que ocurría en el caso de la revista y del teatro, sino lo verdadero, real, en noble si es opaco —como en el caso de la pensión— y lo opulento y ostentoso en humilde por contraposición; recordemos las reflexiones de Matías ante la irrupción de Dorita en su cuarto, «y ella ignorante del lujo asiático de la mansión señorial, en absoluto coartada por los valiosos cortinajes, como si todos ellos no fueran sino bambalinas y decorados abstractos» (TDS 162-163). En la degradación, la vanidad y la avaricia del mundo de la novela, Dorita ofrece un espacio de sinceridad: «"Me quiere —pensó Pedro—. No cabe duda de que me quiere"» (TDS 206).

Walter Slatoff señalaba como parte de la ambigüedad de las novelas de Faulkner el hecho de que en ellas, siempre, un personaje al menos «tiene conflictos con la ley».[113] La justicia relativa, escurridiza y legal, se deja guiar por indicios verosímiles aunque no sean verdaderos. Tal es el caso del juicio contra Goodwin en *Santuario* que va a terminar en linchamiento como ocurre con Joe Christmas en *Luz de agosto* que es condenado sólo a causa de los rumores de la gente. La justicia como letra, y como expresión ética en cuanto a responsabilidad personal, se enfrentan en casi todas las novelas de Faulkner. Otro tanto ocurre en *Tiempo de silencio*. Recordemos el caso de Cartucho y su muletilla «no hay pruebas». Cartucho, que mata por la espalda, es también vanidoso, además de ser vil en tantos otros sentidos, «lo que menos le perdo-

112. William FAULKNER, *The Hamlet (El villorio)* (Nueva York: Random House, 1964)) p. 94.
113. SLATOFF, p. 108.

né fue lo de Cartucho» o «Se creerá que me la va a dar.
A mí no me la da» (TDS 158), refleja su ciego sentido de
la venganza ante la vanidad violada. Este personaje recuerda al Popeye de *Santuario*, ambos tienen una misma
catadura, visten siempre de negro, llevan una colilla pegada al labio inferior, la pistola de Popeye es un símbolo
de violencia, de su impotencia física y su potencia crimi-
nal, la navaja de Cartucho desempeña la misma función
no sólo mortífera sino fálica. Paradójicamente, ambos
personajes muestran cierta lealtad a sus respectivas madres.

Similiano es un funcionario honesto. Lleno de preocu-
paciones comunes se muestra también humano al consul-
tar sus problemas médicos con el detenido y pedirle unas
recetas. Por su parte, el policía que interroga a Pedro
guarda una máscara que sabe colocarse en los momentos
cruciales, cuando a su natural campechano y dicharache-
ro se antepone el papel que debe representar, «Júpiter-to-
nante, Moisés destrozante de becerros áureos» (TDS 170).
Otra máscara utiliza el policía, más afín a la vanidad del
macho ibérico ante la presencia de Dorita. No obstante,
cuando Pedro es por fin puesto en libertad, lo es en gran
medida gracias a la buena fe del policía, que a la penosa
confesión de Pedro opone su sentido común: «Cuanto
más inteligentes son ustedes más niñerías hacen. No hay
quien lo entienda» y «conste que si hubiera querido lo
empaqueto» (TDS 204). Más sorprendentes aún resultan
los guardias de la policía urbana, quienes no sólo no portan máscara alguna, sino que son los consoladores y los
confidentes de sus mismos prisioneros; parecen de otra
raza: «y venían los guardias maternales, anchos, gordos,
altos con sus grandes pechos cubiertos de paño gris»
(TDS 183), que guardaban en sus bolsillos, «cajas de ceri-
llas, pitillos, libretitas con apuntes misteriosos, fotogra-
fías de sus hijas, kilométricos de ferrocarril y les soco-
rrían con palabras de hombre» (TDS 184). Tienen oficio
de consoladores, de confidentes, de «ducheros divinos», de
sembradores de esperanza: «No se preocupe... desde que
yo vengo, ya hace mucho de eso, todos han salido»
(TDS 186). Es éste un aspecto destacado también en los
guardas de las prisiones faulknerianas, tantas veces en
peligro ellos mismos, para defender contra las multitudes
linchadoras la integridad de los prisioneros (caso de *Intruso en el polvo*, *Luz de agosto*, *Santuario*...). Este as-

pecto acentúa la suspensión y el desafío que constituye *Tiempo de silencio*. Los guardias y estos empleados que poseen un sentido casi innato de la justicia se oponen violentamente a la estructura férrea de la ciudad que parece esclavizarlos también a ellos: «El hombre puede sufrir o morir pero no perderse en esta ciudad, cada uno de cuyos rincones es un recogeperdidos perfeccionado...» (TDS 17). Esa implacable vigilancia propia de una dictadura ofrece con los personajes de los guardias una profunda y paradójica oposición. El laberinto pétreo, subterráneo, indestructible y jerarquizado que habitan, y esos guardias, la piedra gris, los guardias grises, están en oposición tensa. La celda inmovilizadora, el lecho rígido, los guardias flexibles y maternales generan una ambigüedad llena de sugerencias y de preguntas.

Sin duda, el ejemplo más notable de esperanza en la novela viene dado por el personaje que en ningún momento lleva máscara ni siente vanidad. La mujer del Muecas aparece en tres momentos en relación con Pedro; el primero en contraste con el marido: «Usted perdonará, señor doctor —presentó el Muecas—, pero ésta es mi señora y la pobre no sabe tratar. Discúlpele que es alfabeta» (TDS 51). La mujer contesta sin intimidación con la humilde réplica campesina, «por muchos años». En el momento del aborto, cuando ve morir a Florita intentó consolar a Pedro: «Usted hizo todo lo que pudo» (TDS 111). Y en las trágicas horas del miedo del calabozo, las verdaderas palabras de la mujer salvan a Pedro: «Y repetir obstinadamente "él no fue"... y repetir "cuando él fue, ya estaba muerta"» (TDS 202). ¿Quién es este personaje y por qué lleva casi exclusivamente sobre sus hombros una afirmación de humanidad, de coherencia, de esperanza, de solidaridad? A este ser lo define como característica más propia un socrático no saber: «No saber nada. No saber que la tierra es redonda... No saber que son tres personas distintas..., y sin embargo haber dicho: "usted hizo todo lo que pudo"» (TDS 202). El personaje está en oposición a un núcleo fundamental de la novela, el de los que creen saber: el filósofo, el director del Instituto, el Muecas, Cartucho, Matías, su madre, los policías, todos poseedores de una sabiduría vanidosa, personal y excluyente, también está en oposición con el personaje que quiere saber, Pedro. Encarna-Ricarda se opone a todos por su generosidad, su humilde laboriosidad, su generadora pero torturada existencia. Es, en principio, la muestra más deleznable de la raza ibera, inculta, pobre, casi infrahumana y además hembra. La antítesis de la selección y autoexigencia orteguiana, no obstante esta mujer atraviesa una crisis en la novela de la que emerge como un ser nuevo e incluso libre, después de las pruebas de la muerte y entierro de su hija y de su propio encarcelamiento y el de Pedro. Saldrá reencarnada, no sólo habiendo reconquistado su antiguo nombre, sino liberada de la tiranía de su marido. Conocemos de Encarna más que un monólogo interior propiamente dicho, ya que ella no verbaliza sus recuerdos, lo que Arthur Kinney llama «pensamiento visual».[114] Su mente expresa un flujo psíquico por el que transcurren los momentos más transcendentales de su vida. Hay dos recuerdos que son de carácter positivo y que conducirán al autoanálisis implícito que llevará a la libertad de Pedro. Encarna, como Benjy en *The Sound and the Fury*, se expresa por imágenes de recuerdos que aún no ha verbalizado y que probablemente nunca llegará a verbalizar, pero que le dan una visión positiva de sí misma y le indican el momento a partir del cual su vida tomó un rumbo envilecido. Un recuerdo, el que moviliza el mecanismo fatal que llevará al Muecas a la cárcel, es «poder escuchar (como en su aldea) la campana de una iglesia tañir a muerto» (TDS 134). Hay un impulso de retorno a la tierra que ella misma representa. De tantas maneras nos lo dice el texto que el personaje se convierte casi en una ininterrumpida metonimia, tierra, pienso, pan, boniato, ladrillos, cáscaras. Su memoria retorna a la tierra primera, la toledana aún no envilecida, con sus recuerdos sin palabras. Siguiendo la línea del psicoanálisis descrita por Martín Santos, ella va reviviendo a base de imágenes su propia vida, recuerdos que se repiten «recuerdos isla» que indican el momento de la elección torcida, del destino cambiado, «bailando delante de la procesión del Corpus en su pueblo muy tiesa aunque chiquita, con una vara en la mano y un moño alto, ella misma rodeada de amigas que dicen *Pelo como el de la Encarna nadie*» (TDS 200). Es el último momento, y puede que el primero, de autoestima y orgullo, de esperanza; a partir de ahí comienza la relación con su sádico marido que la aniquila hasta la cri-

114. Cf. KINNEY, *Faulkner's Narrative Poetics*, pp. 71 y ss.

sis producida por la muerte de la hija. Su memoria es la depositaria de un pasado que no analiza los hechos a partir de haber tomado conciencia de ellos, sólo los conserva para reproducirlos a la llamada de las emociones. En *Luz de agosto*, Faulkner alude a esa relación entre el entendimiento y la memoria: la memoria cree antes que el entendimiento recuerde». Encarna se parece en cierto modo al personaje Lena de esa novela, no sólo camina, pare, no habla, también tiene fe en lo que ella estima como decente e imprescindible. Lena en encontrar al padre de su hijo «para que la familia se reúna» y Encarna para lograr que entierren a su hija con dignidad. El personaje de Martín Santos es diferente, no obstante, al alcanzar una crisis y cierto reconocimiento de sí misma, de su propia dignidad que le permite liberarse y liberar a Pedro. Dice el psiquiatra Martín Santos con respecto a la recuperación del pasado por medio de un recuerdo eficiente: «En el sorprender del recuerdo se dan, pues, dialécticamente los dos momentos de la recuperación del pasado: completud de la historia parcialmente conocida y reestructuración del sentido de la misma» (LTT 103). Encarna, como Dilsey, la criada negra de *El ruido y la furia*, logra una visión dignificada de su propia existencia y puede participar desde un nivel limpio en el destino de sus semejantes. Como Nancy del *Requiem*, que en su visión total de la justicia no mira la justicia humana sino una más auténtica, logra salvar a Temple declarándose ella culpable, «*Guilty, Lord*», Encarna tiene el mismo conocimiento natural de lo que es cierto. Todas estas mujeres de Faulkner, Lena, Dilsey, Nancy, Ruby, son humildes, abiertas a la vida, silenciosas, laboriosas; se apoyan en un concepto de verdad ligado a la naturaleza y no contaminado con los intereses sociales. Encarna, que es el personaje más ignorante, es el único que puede, sin ninguna mala fe, revivir y recuperar su pasado con un fin redentor. Este hecho es a la vez un desafío a las ideas de Ortega, de Pedro, del narrador con las que se ha ido construyendo el armazón ideológico de la novela y se provee con él una oposición que mantiene la obra en un inquietante equilibrio.

Al final de la trayectoria de la novela Pedro, como Edipo, como Joe Christmas, ha completado un círculo: «Vine por Príncipe Pío, me voy por Príncipe Pío.» En el periplo, él, como el personaje de Sófocles y de Faulkner, se ha planteado la pregunta de su identidad, ha querido solucionar la adivinanza del destino ibero. En el análisis de sus circunstancias Pedro ha tropezado con un destino trágico que le viene de una tensión interior y exterior procedentes de un mestizaje espiritual y cultural que lo paraliza. Edipo no es culpable ni inocente, parece actuar en libertad, pero sus opciones indican un destino fatal, aunque mutilación y exilio sean autoimpuestos. Joe Christmas parece arrojarse a la muerte y a la castración final como respuesta a su imposibilidad de opción, sus dos sangres irreconciliables, separadas, él no es inocente ni culpable; es cierto que, como Edipo, ha dejado por muerto a su padre, ha cohabitado con negras y blancas y culminado su huida en la degollación posible de Joanna cuando ésta le forzaba a elegir. El destierro y la mutilación de Pedro le vinieron impuestos desde afuera, pero él tampoco es culpable ni inocente; ha cometido la falta de abandonar su proyecto vital de búsqueda, de conocimiento, de selección orteguiana; Pedro sucumbe a su parte más negra y esa caída lo va a arrastrar a un castigo que no acepta pero que asume. Pedro y el propio narrador al presentarnos a una luz tan grotesca a su padre intelectual inspirador de su línea de pensamiento, a Ortega, está perpetrando un asesinato de personalidad que es muy parecido a un parricidio. La ironía final, envolvente, de la novela es, pues, una ironía del destino. ¿Qué ha llegado a conocer Pedro? A vivir castrado en un mundo inmerso en las facticidades de la carne; a dejarse castrar intelectualmente, pero a vivir inserto en ansia de conocimiento. Pedro no quiere sufrir: «Será muy fácil. No habrá más que estar quieto al principio porque al moverse puede rozar la herida», pero tiene que sufrir, tiene que resignarse como un san Martín (¿san Bartolomé?) o como un san Lorenzo. Pedro se inclina a no pensar: «No sé para qué pienso», pero su necesidad de conocerse y conocer su destino lo fuerzan a una incesante reflexión. «¡Imbécil! Otra vez estoy pensando» (TDS 240). Pedro siente una imperiosa necesidad de definir su aceptación-repulsa del destino impuesto, que se perfila ante él en términos kafkianos repetidos como un *leit motiv* en la última sección: «y yo sin asomo de desesperación» (TDS 236), «¿pero, yo por qué no estoy más desesperado?» (TDS 237), para llegar al «estoy desesperado de no estar desesperado. Pero podía también no estar desesperado a causa de estar desesperado por no estar desesperado» (TDS 240). El juego de palabras que expresa la ironía infinita e inestable del destino viene como un eco y una paráfrasis de la ironía kafkiana, al repetir las palabras de Kafka, escritas en su diario, correspondientes al 21 de julio de 1913: «No desesperes, ni siquiera por el hecho de que no estás desesperado»; la transliteración de viena por venga debe tomarse como parte de este homenaje al escritor checo. En este último monólogo de Pedro se verifica casi una asimilación total entre el personaje y el narrador, en la coincidencia de la interpretación existencial de ambos, enfatizada por el uso de la primera persona del plural, «somos mojamas» incluye a los dos y nos incluye a los lectores, de manera similar a como ha ocurrido con el empleo de este pronombre personal a lo largo de la novela. La ironía llega, pues, al borde del abismo, se empareja con el absurdo pero, ¿logra detenerse para convertirse en ese momento controlado que definía Kierkegaard? Si a partir de las preguntas que se plantean en la novela, de los problemas que se explicitan en los personajes, de las tensiones, de las oposiciones, de la figura oximorónica, de la ironía total en tan diversos modos manifestada, el lector toma conciencia del problema de la existencia en España, de los condicionamientos que impone la circunstancia de ser español, de las diferencias y parecidos que esa circunstancia presenta con relación a otros ámbitos, ya tenemos un dinamismo que ha lanzado al lector a preguntarse por su propia vida y sus propias opciones. Ese autoconocimiento está fundamentado no en un espejo irónico infinito sino, con palabras del autor, en la posibilidad de una vida que se «caracteriza por un decidido abandono de las facticidades del pasado y por una mayor capacidad para enfrentarse con el futuro en estado de abierta resolución» (LTT 21).

Al mismo tiempo la novela genera una esperanza. El arte es, en última instancia, la envoltura final de la posición vital de Martín Santos que involucra en primer lugar al personaje y al narrador, también al lector hacia el que va dirigido esta creación que él llamó realismo dialéctico. Tal dialéctica nos aleja del plano artístico-metafórico para entrar en el de la experiencia real; la lectura de la novela es una actividad que trasciende lo contemplativo y se convierte en vivencia. Esta actitud alcanza al creador de la novela que, mediante este acto creativo eminentemente sublimatorio, expresa la faceta humana de su mensaje que es una afirmación de la libertad del individuo. Como decía Pedro, con referencia a Cervantes, el arte de escribir lo capacita para «poder no enloquecer».

Hemos contemplado aquí la deuda de Martín Santos con el inquietante filósofo Ortega y Gasset y hemos visto, si bien sólo parcialmente, hasta qué punto toda la novela gira en torno a esa dinámica que la lectura de Ortega produce en cualquier intelectual español, la dinámica que el mismo Ortega explicó como reto-respuesta. El arte nuevo que el novelista utiliza está relacionado con un empleo excepcional de los recursos irónicos en toda su amplia gama. La comprensión de la potencia que genera la escritura de Faulkner es también excepcional y esencial a la hora de enjuiciar *Tiempo de silencio*. La mayor lección de la creación artística por medio de la palabra la tomó el novelista español de Faulkner y no de otro; de Faulkner ha tomado el concepto de tensión entre opuestos manifestado en la palabra, en el tono, en la presentación de los personajes, en la situación límite, en la perpetua moción que postula un equilibrio que ha de buscar el lector, el equilibrio que sugiere ese espacio silencioso que queda entre dos tensiones opuestas y simétricas; todos estos conceptos son indudablemente los originadores de lo que Martín Santos designó como realismo dialéctico. La aportación de Faulkner la valoró él mismo en el texto de la obra al atribuirle la síntesis de la novela europea *(Ulysses)* y del vitalismo americano (guerra civil): «Toda la novela americana ha salido de ahí, del *Ulysses* y de la guerra civil. Profundo Sur. Ya se sabe. La novela americana es superior, influye sobre Europa, se origina allí, precisamente allí» (TDS 68).

> «Nuestra crítica, que parece conocerlo todo en materia de erudición, ha avanzado muy poco en materia de interpretación.»
>
> (Juan BENET, *La inspiración y el estilo*)

La obra de Juan Benet constituye la búsqueda de una contribución original a la novela española. Tal ha sido su labor y proporcional el reconocimiento que por esta razón le debe todo lector que considere el arte literario como reacción al siempre renovado enigma de la existencia individual y colectiva. La respuesta de Benet a su vocación artística ha sido, por lo mismo que innovadora, sumamente versada en la tradición literaria. Según explica en su libro de ensayos *La inspiración y el estilo*, para buscar un espacio que el artista desea iluminar y así demostrar su existencia previa, se dispone de un instrumento que es la tradición: «La luz de la inspiración y la luz del campo que alumbra tienen un punto de parentesco y son en cierto modo homogéneas.»[115] Lo que de modificación tiene la luz nueva con respecto a la ya existente da la medida de la originalidad.

Ahora bien, la tradición tiene que ser no aceptada en su apariencia externa, en su imagen de trabajo ya hecho y de cimiento incontestable; por el contrario, ha de ser sometida a un escrutinio de su esencia íntima. Se impone, como preconizó Ortega y confirmó Heidegger, una renuncia a la rutina, una revolución de los criterios que conducen a una visión fija de la realidad. Benet en su actitud hacia la tradición literaria parece coincidir con el juicio de Heidegger de que «la tradición hace inmediata y regularmente lo que "transmite" tan poco accesible que más bien lo encubre».[116] Percibida a través de este novelista se afina la capacidad de la literatura para recoger y expresar las vivencias humanas. Su obra va tan al bies del tejido de la literatura fijado por la tradición, que la lectura es incómoda, difícil, para muchos incomprensi-

---

115. Juan BENET GOITIA, *La inspiración y el estilo* (Madrid: Revista de Occidente, 1966), p. 15.
116. Martin HEIDEGGER, *Ser y tiempo*, prólogo y traducción del alemán por José Gaos (México: Fondo de Cultura Económica, 1966), p. 25.

ble; se podría decir que se requiere una nueva óptica para apreciar lo que de necesario representa la obra de Benet. El lector, como el novelista, ha de dar un paso que le saque del terreno conocido. Las raíces de tal actitud hay que buscarlas en el modernismo, que en la novela culmina en Joyce y su concepto de epifanía y que en España tiene manifestación en las sorprendentes desviaciones de la tradición novelística que son Valle-Inclán, Unamuno, Azorín y que se continuarán en la obra de Miró, Pérez de Ayala y Jarnés. Con el impulso estético, que arranca del modernismo, se relaciona también la obra de Faulkner. Como para enjuiciar la obra de Martínez Menchén y de Martín Santos, en el caso de Benet hay que observar su comprensión del paso adelante que Faulkner constituye en el campo de la narración con respecto a Joyce.

Antes de la lengua

La crítica más reciente del novelista norteamericano insiste en la transcendencia que para su creación novelística tuvieron sus primeros impulsos poéticos y el parentesco que liga sus grandes novelas a un uso de la palabra en cuanto vehículo de carga poética.[117] Los poetas preferidos de Faulkner van de Verlaine a Swinburne, Hausman, Pound y Eliot. Al espíritu de su renovación poética, de su actitud crítica con respecto a la tradición corresponde el concepto que Faulkner infunde en su novela. Los deseos de búsqueda, parecidos a los de Benet, están claros en la obra faulkneriana, pero él no dejó de hacerlos patentes de manera explícita: «Todo artista, todo escritor trata de la misma verdad porque no hay muchas fases, y ya se ha dicho antes y no es suficiente conformarse con decirlo tan bien como se ha dicho.»[118] Fue esta actitud la que le acercó a Joyce, el buscar la transmutación de la palabra narrativa en palabra poética, la contraposición de lo dinámico y lo estático, la fragmentación tem-

117. *Cf.* Gary Lee Stonum, pp. 41-60, y Arthur T. Kinney, pp. 70 y ss.
118. «All artists, all writers, deal in the same truth because there is not very many different phases of it, and it has been said before, and it is not enough just to want to say that as good as it has been said», William Faulkner, *Lion in the Garden*, citado por Stonum, p. 196.

poral que ilumine el conocimiento de la existencia por medio de esa intuición de estirpe poética que Joyce denomina epifanía, afanes que son «correspondencias necesarias de la poética de Joyce —actos coordinados de cuerpo y alma que garantizan un arte más elevado que se apoya en kinesis y estasis. En esta peculiar fusión es en la que coinciden más íntimamente Faulkner y Joyce».[119] No obstante, el abandono de la poesía, que supuso un avance en la carrera de Faulkner, lo aleja también del novelista irlandés y por la misma razón: el afán de incorporar la vida en su flujo y movimiento; el estaticismo del ideal estético y la inmovilización de la experiencia fueron incentivos para la novela tal como Faulkner la concibió, pero insuficientes para expresar la creación de vida que permite la novela. Según Stonum, «la necesidad de encontrar una alternativa a los afanes suicidas del poeta visionario y de crear un espacio artístico que hace sitio a la vida es, por cierto, lo que da fuerza al impulso de Faulkner hacia un método artístico nuevo a finales de los años veinte».[120] Benet participa en alto grado de los trazos modernistas señalados en Faulkner. Hay en el escritor español una demostrada voluntad de innovación en el arte de novelar a fin de lograr ese nicho luminoso al que aspira. La lengua poética en su capacidad desentrañadora de la experiencia humana es, por otro lado, la que porta el peso de la inspiración. En *La inspiración y el estilo* Benet se refiere a la obra literaria con número de partes genéticamente diferenciadas, las que portan el impulso de la obra y que se deben a la inspiración y un discurso incompleto que viene a realizar una labor de soldadura con la parte inspirada. Las palabras que llevan esa carga de inspiración que ordena el resto de la obra, poseen, como poéticas, un núcleo que señala lo inexplicable, lo que se resiste al análisis lógico, pero que hace al lector darse de cara con el misterio de la existencia. El enigma no es revelado por la lógica, sino por la intui-

---

119. «[*they are*]... *coordinate acts of body and mind which guarantee a heightened art grounded in both kinesis and stasis. It is in this peculiar joining that Faulkner comes closest, too, to Joyce*», A. KINNEY, p. 60.
120. «*The need to find an alternative to the suicidal longings of the visionary poet and to create an artistic space that makes room for life is certainly what empowers Faulkner's reach for a new artistic method in the late 1920's*», G. L. STONUM, p. 60.

ción que va mucho más lejos que la ciencia, la filosofía y la historia. Para Benet el estilo, cuando de él arranca la inspiración, es el promotor de una obra de calidad genial: «El escritor siente un día la necesidad de ampliar su campo de trabajo hacia una zona oscura de su razón en la que las ideas —si se pueden llamar así— no se hallan claramente perfiladas, no se corresponden con las palabras del diccionario ni admiten una expresión con las formas normales del lenguaje. Se trata de inventar una película con la sensibilidad necesaria para ser impresionada por esas imágenes que escapan a las revelaciones de la razón. Esa película la proporciona el estilo» (LIE 142). El estilo constituye la matriz de toda obra de calidad y a él se ciñe todo el contenido temático. El novelista innovador ha de crear una palabra en la que la inspiración y el estilo sean una única realidad: «El estilo —dice Benet con referencia a Faulkner—[121] lo abarca todo, es como tirar de una cereza, lleva consigo el lenguaje en pleno.» La realidad que se presentará a los ojos del lector tendrá muy poco que ver con una visión externa y fija; irá por medio de ese estilo a indagar en la existencia y «sólo le es dado esperarla a quien se ha ocupado de organizar una estructura que le ayude a la comprensión total, la trascendencia y si cabe decirlo la invención de la realidad» (LIE 147). Para Benet, el escritor que en nuestro siglo ha logrado como nadie unos objetivos de tan elevado rango ha sido William Faulkner, cuyo estilo «coge las riendas del discurso para redactar esa sentencia de naturaleza superior a cualquier otra ante la que la razón no puede hacer otra cosa que suspender el juicio y batirse en retirada: *Memory believes before knowing remembers*» (LIE 147), palabras del narrador de *Luz de agosto*. Varios críticos han coincidido en apuntar hacia esta frase, en fechas posteriores al estudio de Benet, como ejemplo que explica prácticamente la totalidad del concepto faulkneriano de la novela.[122] El conocimiento, las creencias y la memoria también constituyen los aspectos de la realidad que reconstruirá Benet en sus novelas.

Dentro de las manifestaciones del impulso creador que se inicia en el modernismo hay que tener en cuenta la

121. Entrevista de esta investigadora con Juan Benet.
122. *Cf.* Olga VICKERY, p. 282; A. KINNEY, pp. 28-30, 113-118 y Joseph W. REED, p. 128.

pintura. Benet ha reflexionado, sin duda, sobre la importancia de la comprensión de la evolución de la pintura a la hora de examinar el fenómeno estético. Tal acercamiento puede ayudar a percibir mejor el cambio que supone la manifestación de la realidad en Faulkner y en Benet, con respecto a la novela tradicional. En pintura, como Ortega explica en *La deshumanización del arte*, la actitud estética ante la realidad ha dado por completo la vuelta. Benet acerca la pintura a la literatura con una percepción similar: «Es difícil sustraerse a la mimética del siglo XIX que es tan cotidiana y que corresponde de una manera ortodoxa a la ecuación lenguaje-existencia. Faulkner es uno de los novelistas que rompen con ese mimetismo: hace una distinción entre el lenguaje y la mimética de lo que le rodea. En general se sigue el modelo del siglo XIX, pero Faulkner, Proust y Mann han dificultado las cosas y en contraste con, por ejemplo, los pintores, han complejizado la literatura, han ido a cosas más difíciles. Dentro de lo que vemos aparentemente, hay un fondo de misterio y de cosa no resuelta: esto es lo que hacen Faulkner, Proust y Kafka; el novelista ortodoxo sigue con las pinceladas de la realidad sensorial.» [123] Interesa destacar en estas palabras el paralelo entre el arte tradicional y el arte renovador y la novela del siglo XIX y la que ahora estamos tratando de definir, tan sorprendente como en su momento pudo ser, por ejemplo, el cubismo. Respecto a Faulkner es un hecho conocido esta ecuación entre el arte pictórico y los experimentos narrativos. Recordemos el artículo de Vittorini, «Faulkner come Picasso» [124] y el interés que el propio Faulkner manifestó por la pintura. Kinney ha señalado la proximidad entre el arte cubista y los experimentos faulknerianos: «El uso cubista de los planos, en lugar de líneas es similar a los paneles de narración múltiple.» [125] Si la obra de Conrad o de Joyce, como la de Azorín o Pérez de Ayala, hacen uso de esos planos narrativos, es, en realidad, en la obra de Faulkner donde esos planos producidos en una tonalidad única, que arranca desde la más mínima unidad semántica, van a producir el estilo que para Benet es inseparable de este nuevo tipo de novela.

123. Entrevista con Juan Benet.
124. *La Stampa*, 8 de diciembre de 1950.
125. *«The Cubist use of planes instead of lines is similar to the panels of multiple narration»*, A. KINNEY, p. 103.

Faulkner ha sido siempre considerado un escritor difícil y, en cierto modo, lo sigue siendo; algo parecido ocurre con Benet, cuyas obras muestran una característica señalada por Ortega con respecto al arte nuevo: «Una obra cualquiera por él engendrada produce en el público automáticamente un curioso efecto sociológico. Lo divide en dos porciones: una mínima, formada por un reducido número de personas que le son favorables; otra, mayoritaria, innumerable que le es hostil.»[126] Aunque en lo pictórico hace mucho que esta actitud ha sido rebasada, en lo literario el camino recorrido ha seguido un ritmo distinto, y es que para apreciar y estimar las innovaciones de Faulkner y de Benet, pero especialmente de este último, tenemos, en cuanto que lectores, que renunciar a un papel más bien pasivo, que irá reconociendo en la palabra escrita una visión de la realidad ya digerida, explicada y conclusa, que se presenta con palabras ordenadas y catalogadas. Como dice Ortega con referencia a la pintura, siguen un proceso inverso al tradicional: «Se trata de una perspectiva inversa a la que usamos en la *vida espontánea*. En vez de ser la idea instrumento con que pensamos un objeto, la hacemos a ella objeto y término de nuestro pensamiento.»[127] Faulkner en *Las palmeras salvajes*, refiriéndose a Charlotte Rittenmayer, dice «sólo cree lo que lee»; la literatura tiende a darnos, como la pintura figurativa, una imagen de las cosas ya fija y traducida a nuestra manera de mirar, pero el proceso intelectivo dista mucho de ser tan plano. No es que la vida imite al arte, es que en realidad el arte tradicional nos ha dado la vida ya descifrada, acorde a un esquema intelectual y moralmente más inteligible que las propias vivencias. «Sólo cree lo que lee» ya lo vio Cervantes. La literatura presenta una visión más coherente que cualquier existencia personal. Tradicionalmente la literatura ha sido, pues, una racionalización de la transición, incoherencia y apariencia de las experiencias personales.

La novela que crea Faulkner, que crea Benet, no explica la vida, trata de reflejar la vida en su maraña. Al leer sus escritos no actuamos como testigos de otras vivencias, sino que la novela, subrogado de la vida y vida misma, como ocurría en el caso de Martín Santos si bien en una

126. *Obras completas*, 3, p. 353.
127. *Obras completas*, 3, p. 363.

dimensión distinta, nos hace conocer mejor el enigma de nuestra naturaleza, nos enfrenta con el problema de la lengua, de la memoria, de las creencias y del conocimiento por vía artística, es decir, por una vía intuitiva que resiste a la lógica y a la razón y es distinta a la ciencia y a la historia. El estilo literario que sustenta este tipo de vivencia en el lector requiere también el reconocimiento de una serie de funciones que tienen una manifestación más superficial que la intuición, pero que de la misma manera se realizan de forma irreflexiva y espontánea. Características de «pensamiento visual» son, por ejemplo, «la exploración, selección, catalogación de lo esencial, simplificación, abstracción, análisis y síntesis, completación, corrección, comparación, solución de problemas, tanto como combinar, separar, poner en un contexto. Estas operaciones no son prerrogativas de ninguna función mental; son la manera mediante la cual la mente del hombre y la de los animales tratan el material cognoscitivo a cualquier nivel».[128] Todas estas operaciones perceptuales vienen suprimidas en cualquier narración tradicional, en la novela que ahora contemplamos; muchas de ellas tienen que hacerse a nivel de la propia lectura, forzándonos el texto a parar mientes en lo que hasta ahora podía ser invisible por mecánico. También Ortega fijó su mirada en este límite que marca la raíz del arte y que lo separa del mimetismo insensible, la casi atrofiada capacidad de ir allí donde el arte se empieza a confundir con la imagen inconclusa que presenta: «Aquí no vamos de la mente al mundo, sino al revés, damos plasticidad, objetivamos, mundificamos los esquemas, lo interno y subjetivo.»[129]

Cabe preguntarnos en este momento si lo que se realiza con materia física, que tiene una existencia propia y separada, tal como son las líneas y los colores, elementos que estimulan nuestros sentidos, puede tener relación con la palabra, que no tiene esencia en sí sino como signo que indica hacia una percepción intelectual. Las palabras tienen que tener una relación directa y comprensible con la realidad sensorial y psíquica para que tengan significado y valgan para la comunicación. Sartre

128. Rudolf ARNHEIM, *Visual Thinking* (Berkeley: University of California Press, 1969), citado por KINNEY, p. 17.
129. *Obras completas*, 3, p. 376.

hace esta distinción como base para sus reflexiones sobre las divergencias entre la poesía y la prosa: «No hay tal paralelismo..., una cosa es trabajar con colores y sonidos y otra expresarse por medio de palabras. Notas, colores y formas no son signos.»[130] Para Ortega no hay esa distinción en el terreno del arte entre la palabra y el resto de los medios de expresión; en todos ellos palpita el reconocimiento del mundo y de la relación entre el mundo y el observador o lector: «Un cuadro, una poesía donde no quedase resto alguno de las formas vividas serían ininteligibles, es decir, no serían nada, como nada sería un discurso donde a cada palabra se le hubiese extirpado su significación habitual.»[131] Sartre hace una distinción entre la prosa y la palabra poética que ilumina la relación entre las artes y también el tipo de escritura que aquí tratamos de identificar. La pintura de Picasso, yendo, como explicara Ortega, en contra de los modos tradicionales, crea una realidad artística que rebasa el mensaje, mucho más sencillo en su capacidad expresiva, de la pintura realista. Guernica no cumple, según Sartre, una función social, pero sí una función artística, en ella «se dice algo que no puede llegar a oírse y que llevaría una infinidad de palabras para explicarse».[132] El lenguaje poético es similar, según Sartre, en su expresión del mundo, va más allá de las propias palabras. Es precisamente esta cualidad, que informa el estilo de Faulkner y el de Benet, la que no es viable, según el pensador francés, para la prosa: «Ya que el escritor de prosa exhibe sentimientos, los ilustra; en tanto que el poeta si inyecta sus sensaciones en el poema, cesa de reconocerlas, las palabras dominan a las sensaciones... La emoción se ha convertido en cosa, posee ahora la opacidad de las cosas.»[133] Es una prerrogativa de la palabra poética ir más allá de la mera palabra, lograr reproducir esa sensación que tanto se parece al mundo real y forzar al lector a enfrentarse con el momento incoativo de la propia consciencia: «La memoria cree antes que el conocimiento recuerde.»

El lenguaje así concebido permitirá al lector no ser testigo de una experiencia, sino reconocer e intelectuali-

130. Jean-Paul Sartre, *Qu'est-ce que la littérature?* (París: Gallimard, 1966), p.12.
131. *Obras completas*, 3, p. 363.
132. Jean-Paul Sartre, *Ibid.*, p. 5.
133. Jean-Paul Sartre, *Ibid.*, p. 25.

zar unas experiencias que se originan más allá de las fuentes del lenguaje, aunque sólo podrán expresarse por medio del lenguaje. No tendrán, como la frase de Faulkner, constatación lógica, pero sí intuitiva; el lenguaje usado se convertirá en metáfora de la experiencia. En el «Diálogo sobre la lengua» Heidegger (el inquiriente) y su interlocutor japonés [134] buscan la explicación de la palabra lengua en japonés: *koto-ba* que en términos sólo aproximados acaban definiendo como «los pétalos que arrancan de *(ba)* un relampagueante mensaje de gracia *(koto)*». Esta metáfora la reconoce Heidegger afín a su concepto de palabra como *saying* (decir) «que significa decir y lo que en ella se dice y lo que se puede decir». Éste es el tipo de lenguaje que Faulkner lleva a la novela y que Benet considera como constitutivo del estilo, cuna de la inspiración. Tal lenguaje ante el que «la razón no puede hacer otra cosa que suspender el juicio y batirse en retirada» es el que constituye la esencia de la obra de ambos. En el prólogo a la traducción de *Las palmeras salvajes* Benet analizaba la ecuación experiencia-lengua: «Si la relación entre naturaleza y representación se ha complicado es porque ésta adopta el mismo método sibilino de la realidad para manifestarse por medio de ocultaciones.» [135] Se engendran éstas en el mismo acto de la exposición, ya que el texto literario tiene un poder desvelador de la realidad que es metafórico. El método del lenguaje artístico se opone al método científico de naturaleza analítica; el hombre de letras que se inspira en un mundo desconocido y que él sabe que no va a poder desentrañar «es más filosófico, es más esforzado y es más sublime que el historiador, porque sale en busca de unos hechos que no sólo desconoce (y en eso es igual que su émulo), sino que ni siquiera sabe si existen; es más veraz —y lo es en un sentido más trascendente— porque si los encuentra no tiene contestación ni contradicción posible; es por fin, más serio, porque trata de columbrar una realidad que al ser incontestable es eterna» (LIE 146). De aquí que la obra de arte producida bajo esta luz sea siempre un enigma que fuerza su pregunta y reconocimiento implacablemente en el lector.

134. Martin HEIDEGGER, *On the Way to Language*, traducido por Peter D. Hertz (Nueva York: Harper and Roco, 1971), pp. 44-47.
135. Juan BENET, «Prólogo», p. 9.

La lengua así concebida es de la misma estirpe que la que Heidegger define como «casa del ser», «pensamiento sin ciencia, sin filosofía». Este lenguaje no analiza la naturaleza, pero provee claves para desentrañar sus enigmas. El lenguaje poético está rodeado por un aura de lo «no dicho»; sólo por medio de él puede llegarse a nombrar lo que Wittgenstein llama «lo místico», «a esta esfera pertenecen los problemas de naturaleza religiosa, ética o estética. Tales problemas nos son por supuesto muy importantes. Tales problemas se nos muestran y estamos constantemente topándonos con los límites del lenguaje al tratar de expresarlos».[136] El lenguaje del arte bebe en esta fuente su «exceso de significado» como lo denomina Gadamer,[137] que yendo más allá de la palabra analítica, utiliza una capacidad sintetizadora o metafórica, como explica Benet. La renovación del lenguaje que su obra supone se plantea en términos que superan la capacidad de la palabra en la narración tradicional: «El estilo ejerciendo sobre el lector una fascinación, una forma de encantamiento —que con la ayuda de conceptos, palabras, sonidos, reminiscencias—, forma una unidad de orden superior a la mera representación escrita de un significado concreto a fin de introducirle en un reino prohibido a las luces del entendimiento» (LIE 143). Con esta perspectiva resulta mucho más comprensible su desdén por el concepto simple de la «demolición del lenguaje»: «Puedes desterrar una máquina fotográfica por anticuada, pero la tienes que sustituir por otra más perfecta. Tienes que sustituir un instrumento por otro más fino; lo que no puedes hacer es cambiarlo por otro no instrumento, si lo que quieres es captar»,[138] pero muchos escritores que han querido romper con el lenguaje, no lo han sustituido por nada. Él ha hallado en esa yuxtaposición metafórica, que caracteriza al estilo, un instrumento mucho más preciso para captar la realidad que la lengua tradicional. Esta manera de romper con los moldes miméticos arranca de Faulkner, «después de leer a Faulkner, ya no

136. Steven C. BIDERMAN, *Heidegger and Wittgenstein. The Poetics of Silence* (University Press of America, 1981), p. 2.
137. Hans-Georg GADAMER, «Man and language», en *Philosophical Hermeneutics*, trad. y edit. por David E. Linge (Berkeley: University of California Press, 1976), p. 67.
138. José A. HERNÁNDEZ, «Juan Benet, 1976», *MNL*, vol. 92, n.º 2 (marzo, 1977), p. 352.

se puede escribir como antes de conocerlo». Se comprueba hasta aquí no sólo la afinidad entre Faulkner y Benet, sino la lúcida comprensión de la lectura de éste; nadie ha interpretado a Faulkner con tanta profundidad; en definitiva, nadie como Benet ha aprovechado y expandido esta lección.

Veamos ahora los temas expresados en ese estilo del que forman parte inseparable. El afán de documentar ciertos aspectos de la sociedad le parece a Benet una actitud de entrada nociva, «la literatura sólo es *a posteriori* e independiente en su intención de la naturaleza y singularidad de los accidentes, el resultado de una actividad del hombre que nada tiene que ver con su afición al inventario» (LIE 120). Pero el novelista tiene que presentar algo que Benet llama información; ésta provee los datos referenciales expuestos por medio de narradores o personajes. La información en la novela es por completo ancilar al arte, ya que por muy interesante que sea no da carta de naturaleza a una buena novela: «La novela informativa, la novela docente, es una mezcla inestable en el tiempo porque tarde o temprano el componente de información se evapora para dejar un residuo que sólo puede tener un sabor literario» (LIE 120). Cualquiera que sea la grandeza de la docencia que la novela pretenda impartir, morirá en sí mismo si el arte, el estilo del novelista, no lo salva: «El estilo no es más que un esfuerzo del escritor por superar el interés extrínseco de la información para extraer de ella su naturaleza caediza y confeccionarle otra perdurable» (LIE 120-121). De cómo se presente la información depende su propia naturaleza, porque «la vieja distinción entre forma y contenido debe nacer de la creencia de que una misma cosa se puede decir de mil maneras» (LIE 122). El asunto, como la palabra, debe ser grande; que el novelista deba ocuparse de lo ordinario, pues lo extraordinario queda para el periodista, según Benet «parece profesión de fe de un costumbrista; si ese precepto se convirtiera en fe de orden público habría que retirar de las librerías las mejores novelas que ha escrito el hombre, desde *El Quijote* hasta *Luz de agosto*» (LIE 149). El estilo, una vez nacido de este pugilato entre la palabra y la información, podrá incluso llegar a prescindir de la información llevado por su propio ímpetu: «Asume todas las funciones dinámicas y se configura como un sistema que aprovecha el desnivel originado por la información para crear un movimiento de interés, que mantiene su marcha incluso por inercia, cuando el desnivel se anula» (LIE 122). En su propia obra se confirma la veracidad de esta afirmación, ya que pasa de los hechos épicos y excepcionales a otros más íntimos o antihistóricos en sucesivas novelas que comparten una misma tensión intelectual, de *Volverás a Región* y *Una meditación* a *Un viaje de invierno*. Faulkner mantiene la tensión del estilo en los hechos expuestos en todas las novelas: «No hay ninguna novela de Faulkner que no sea épica. El tema es una barrera que hay que saltar con la palabra, cuanto más alto mejor.» [139] *Volverás a Región* se inscribe aún muy cerca de esta actitud faulkneriana. En ella la sombra del novelista norteamericano aún planea de cerca en una obra que es al mismo tiempo tan independiente, tan arriesgada y tan visionaria. A pesar de que, toda vez que se acepten las interpretaciones del presente estudio, el concepto generador de la obra de los dos escritores es el mismo, las novelas en sí serán distintas; Benet ha llevado hacia adelante con un genio original la capacidad de la palabra narrativa que es configuradora en la obra de Faulkner, pero que aún presenta una relación de contigüidad con respecto a la novela tradicional. En *Volverás a Región* Benet ha desatado sus amarras, pero aún sigue la estela del ímpetu de Faulkner. En obras sucesivas nuestro novelista surcará con la libertad de un pionero las aguas de una novela desconocida.

Un nicho iluminado

Examinemos ahora las relaciones de esta primera novela con la producción faulkneriana. En cuanto al lenguaje y a los hechos narrados las dos participan de un mismo estilo: «*Memory believes before knowing remembers*» («la memoria cree antes que el conocimiento recuerde»), es frase que yendo contra la lógica de la relación causal y temporal, revela unos sentimientos y unas vivencias que superan en exactitud a las descritas por medio de la lógica o de la historia. En *Volverás a Región*, como en *Luz de agosto*, *Santuario*, *Requiem por una mujer* o *El*

139. Entrevista con Juan Benet.

ruido y la furia, encontramos personajes condicionados por una temporalidad que marca sus existencias contra toda cronología, es decir, ordenamiento lógico del tiempo. En la novela de Benet y en *¡Absalón, Absalón!* se encuentra la reconstrucción parcial, imaginada o verosímil de unos hechos a base de una conversación en la que los interlocutores, sean personajes existentes o fantasmagóricos, nos dan diferentes versiones de los hechos difuminados en las diversas memorias y subjetividades. La palabra mantiene un tono uniforme que prevalece sobre el conjunto de la narración y que incluye a todos los personajes y a la voz narradora. Se presentan en la lectura ese narrador de la estirpe de *Luz de agosto* que puede vocalizar con respecto a los personajes lo que éstos no llegan a articular y dos personajes cuyos diálogos frustrados y soliloquios seguimos; hay la intervención de un tercero, si se cuenta al amante de Marré evocado directamente por ella en un momento situado entre las páginas 105-109 de la novela.[140] Por su mediación se crea un discurso que indaga los hechos de una manera más provisional que la historia, pero también más verdadera, siguiendo el patrón de *¡Absalón, Absalón!* en la reconstrucción de la historia de Sutpen hecha por medio de los dos interlocutores principales, pero también por el discurso recordado o imaginado de Rosa Coldfield, de míster Compson, de Judy y Henry Sutpen y de Charles Bon. A este montaje corresponden las dos secuencias de soliloquios de Marré dirigiéndose al mismo personaje, su amante Luis I. Timoner, en las páginas 168 a 177 y 307 a 311. El cuarto personaje es el muchacho idiota, presentado en un discurso interpretativo a la luz de su capacidad de percepción. También por medio de la interpretación del narrador se reviven varios aspectos del coronel Gamallo. A este personaje, como también a los otros, se le verá aparecer en repetidas ocasiones ejecutando una misma acción que cada vez dará origen a nuevas lucubraciones en sus respectivos discursos. Nos encontramos ante una composición fragmentada y generada entre dos polos, los hechos pasados y las circunstancias presentes. Los primeros están depositados en la memoria de forma inconsciente, sedimentados para formar una amalgama

---

140. Juan BENET, *Volverás a Región* (Barcelona: Seix Barral, 1968). Las referencias a las páginas de esta novela van insertas en el texto.

vital que o bien ha sido integrada de manera espontánea o ha sido intelectualizada por medio de una manipulación de estirpe novelesca, que quiere racionalizar e incluso inventar recuerdos para ajustar la vida a unos esquemas irreales y abstractos pero lógicos. Como la literatura tradicional los esquemas así logrados son más asequibles a la intelección que en su auténtica naturaleza insoldable. Existe también la posibilidad de rememoración de los hechos a través de un esfuerzo de la voluntad que podría integrar esos hechos en un momento de libertad para generar, según vimos al tratar de *Tiempo de silencio*, un impulso hacia la libertad y el futuro, pero este tercer modo de rememoración estará ausente, según veremos, de la novela de Benet. La narración no aparece esclarecida ni aun después de terminada y releída la novela; tenemos en nuestras manos un rompecabezas en el que los elementos no se integran en armonía. Hay que recordar aquí las acusaciones de Slatoff con respecto a Faulkner: «En un sentido muy real ha visto la complejidad, las inconclusiones y las relaciones inverosímiles como medios y como fines.» [141] Estas complejidades forman parte de la conciencia de la experiencia, de la lengua y de la narración, que son fundamentales en Faulkner y también en Benet. En todo momento la luz para conocer la realidad de los hechos se genera en el acto mismo de la interpretación del lector cuando éste integra, por medio de un acto de reconocimiento que va contra la lógica, lo que sabe que es verdad pero no puede explicar con palabras, como indicaba Benet en su análisis de *Las palmeras salvajes*: «Ante un logos amilanado, la naturaleza se extraña e interroga; y se sentirá sobrecogida cuando como en este caso la incongruencia desemboca en el rigor.» La obra del novelista español, como la de Faulkner, se manifiesta en palabras que alcanzan más allá de la representación externa de los hechos, palabras que no se corresponden entre sí en un plano lógico, pero que tienen una secreta afinidad sugerida por el silencio que adivina, acepta e integra el lector. Se viaja, en palabras de Ortega, hacia la génesis de las ideas que «son en efecto irrealidad. Tomarlas como realidades es ideali-

---

141. «*I mean that in a very real sense he has seen complexity and inconclusiveness and baffling relatonships as both means and ends*», Walter SLATOFF, p. 264.

zar, falsificar ingenuamente. Hacerlas vivir en su irrealidad misma es, digámoslo así, *realizar lo irreal*».[142] La respuesta del lector es entonces un diálogo comprensible a todo ser humano pero diverso en sus recursos, dentro de la homogeneidad de la que participamos los humanos. Por eso las novelas de Benet y las de Faulkner no suelen tener una clausura formal; la respuesta de cada lector es una manera de clausurarlas. Esta respuesta si es competente y honesta, tendrá características comunicables y será propia del lector; la novela no es una imitación de la existencia, es existencia propiamente dicha. En *Volverás a Región*, como en *¡Absalón, Absalón!*, leemos un texto que se repite pero que se renueva con cada una de sus yuxtaposiciones: «La constante repetición de la historia... tiende a ser monótona y a veces incluso opresiva, pero tal técnica da verosimilitud a la historia en cuanto a la manera en la que un sudista puede haber llegado a aprender el mito. Al fin de la novela el lector ha absorbido la historia, la ha respirado prácticamente en el ambiente.» [143] Es éste, en efecto, el proceso de comprensión de Quentin, de Shreve y del propio lector. Otro tanto podemos decir de *Volverás a Región*, cuya lengua se despliega para desarrollar, a partir de su elemento más mínimo, la totalidad del texto en una configuración que en el caso de Faulkner Joseph Reed ha comparado a «un juego de cajas chinas de causa y efecto».[144]

La codificación imposible

Volvamos al sintagma «la memoria cree antes que el conocimiento recuerde» («*memory believes before knowing remembers*») [145] para situarlo en su contexto: la presentación nos empuja al mundo de la infancia de Joe

---

142. *La deshumanización del arte. Obras completas*, 3, p. 373.
143. «*The constant repetition if the tale by several character-narrators tends to become monotonous and sometimes even oppresive, but such a technique gives the story verosimilitude with the manner in which a Southerner might have learned the myth. By the end of the novel, the reader has absorbed the story, has almost breathed it from the air*», Walter EVERET, *Faulkners' Art and Characters* (Barron's Educational Series, 1966), p. 4.
144. J. REED, p. 119.
145. William FAULKNER, *Light in August* (Nueva York: Random House, 1972), p. 111.

Christmas, de su infancia como configuradora de la edad adulta. En el proceso emocional e intelectual las potencias de memoria, entendimiento y voluntad se yuxtaponen a las virtudes teologales de fe, esperanza y caridad en un caos que corresponde a una experiencia humana antes de ser sometida al filtro de la razón, es decir, al filtro de la lengua. La función de la memoria, aun sin reconocerse como tal, es la que marcará las futuras vivencias y las creencias sobre las que se apoyará el raciocinio que a su vez realizará el esfuerzo de convocar el recuerdo. El recinto físico en el que transcurren sus años infantiles, el orfelinato, se caracteriza por lo mecánico, cruel y sucio del edificio y su relación con las máquinas y fábricas, en negación de una naturaleza humana y viva: «...*with sparrowlike child trembling, orphans in identical and uniform blue denim in and out of remembering but in knowing constant as the bleak walls, the bleak windows where in rain soot from the yearly adjacenting chimneys streaked like black tears*» («con temblores infantiles de gorrión los huérfanos, vestidos de monótono y uniforme dril azul, olvidándose o acordándose pero sabiendo constantemente como las desoladas paredes, desoladas ventanas que la lluvia de hollín de las chimeneas adyacentes tiznaba anualmente con lágrimas negras») (LA 111). En la frase, el orfelinato expresa de manera mecánica, sorda y persistente lo que los niños sienten pero aún no pueden comprender ni racionalizar.

Un parecido mecanismo tensa los muelles de nuestra comprensión como lectores ante el primero de los personajes de la novela de Benet. Como en el caso de Faulkner, el narrador insinúa lo que los personajes sienten, pero son incapaces de comprender o manifestar: «Pero él no lo sabe, lo teme: su conciencia no reconoce todavía como odio lo que una memoria ahorrativa atesora a fin de capitalizar los pequeños ingresos infantiles para el día que tenga uso de razón» (VAR 18). Se encuentran aquí los mismos conceptos que se entrechocan, la tensión de la frase de Faulkner aparece en ésta en la configuración negativa y afirmativa. La serie de funciones anímicas, la memoria, el entendimiento y la voluntad aparecen también contrapuestas a las virtudes de la fe, esperanza y caridad o los sentimientos opuestos, odio, desesperanza, miedo; son dadas en un orden contrario al causal racional, como ocurre con Joe que es también un niño y no ha tenido posibilidad de racionalizar sus impulsos y sentimientos; en un orden lógico el miedo o la memoria vienen como reacción al conocimiento de los hechos. Aquí ocurre lo contrario; la memoria cree y el niño teme lo que aún no conoce ni nunca conocerá, porque su intelección primero como niño y luego como retrasado nunca vendrá a explicarle ningún sentimiento; nunca llegará al uso de la razón, pero la memoria ha constituido a lo largo de sus vivencias el sentimiento llamado odio aunque el muchacho no lo sepa. Estos procesos anímicos amplían su eco al relacionarse, en un tipo de imagen muy frecuente en Benet, con algo tan material y al mismo tiempo tan abstracto como el dinero: el ahorro, los intereses, el saldo, las inversiones valen para metafóricamente, es decir, por medio de síntesis de divergencias, ampliar las implicaciones de forma casi ilimitada. El adverbio «tal vez» sugiere la tensión de la espera, planea a lo largo de la frase para desembocar en una ambigüedad: «Sólo fue una mañana y la memoria se negó a aceptarla; tal vez porque no venía avalada con los pasos de su madre. O tal vez porque vino disfrazada con una gabardina varonil y cubierta con un pañuelo atado a la cabeza pero no quiso verle» (VAR 18); aquí el proceso de lo voluntario y lo reflejo-involuntario está también alterado, ya que la memoria no obedece a un proceso voluntario, y aunque el recuerdo pueda convocarse, la fijación en la memoria es involuntaria. La conclusión es abierta e imprecisa como la conciencia del personaje, nunca la percibiremos claramente expuesta; «tal vez» o «tal vez» son dos alternativas, pero no hay conclusión. Por otra parte, la infancia en la que la memoria cimienta la personalidad del individuo está constituida por una serie de situaciones de las llamadas emblemáticas en las que se enraíza la estrategia narrativa: «La memoria mantiene abierta la cuenta y entrega a un alma atónita los ahorros de una edad cruel: un broche de oro y una mano con plato de arroz amargo» (VAR 18). El broche de oro, de valor positivo, portador de fe y el plato de arroz como contravalor.

Como en la novela de Faulkner, se trata de un párrafo que funciona como la «caja china de causa y efecto» en la apreciación de Reed. El lector se halla ante el caso del muchacho con la misma falta de visión que el personaje y con los mismos sentimientos; por encima de la lógica y la explicación clara se comparte la vivencia de este oscuro personaje. De él desconocemos muchos datos, posiblemente como él mismo los desconoce, no se sabe quién es su madre, ni quién es el hermano mayor cuyos pantalones le valen para que Adela corte los primeros largos suyos; no sabemos qué relación tiene con el médico aparte de ser su último y patético paciente. No sabemos quién es Adela, ni lo que ella sabía, como tampoco lo sabrá él. La lengua que utiliza es de una naturaleza distinta a la convencional; con Adela lo une «la ciencia de la interpretación de los gestos» (VAR 23). La comprensión en el muchacho se hace en un nivel no verbal, a base de un ritual repetido que da a su existencia cierto orden y coherencia, «con ayuda del lenguaje de los signos [le] era dado esperar y posible dormir y despertar a sabiendas de que un día terminaría la lucha y volvería su madre» (VAR 23). Estos símbolos son el juego de las canicas, el plato de arroz, la mesa fregada con asperón, etc., que constituyen la espera; el broche de oro que constituye la esperanza y el coche negro que es signo de la partida y habrá de ser por contraposición el de la llegada. El personaje presenta un parentesco evidente con Benjy de *El ruido y la furia*. Los dos son seres desvalidos con una existencia apoyada en un pasado feliz que se proyecta a una espera incomprensible y dolorosa mantenida por unas cuantas imágenes generadoras de vida, pero también de dolor por la pérdida que representan. Como el muchacho de *Región* con respecto a su madre, Benjy no recuerda a su hermana, pero recuerda su pérdida, su vacío. El muchacho de la novela de Benet reacciona ante el coche negro «pero si el recuerdo de su madre se había borrado —una miríada de pequeños cambios por medio de los cuales se transforma el contacto de una mejilla en el sabor de una manzana—, el del coche había quedado aislado en la memoria e inatacable al dolor» (VAR 91). El recuerdo del coche va a despertar en el muchacho la energía negativa acumulada a partir del desgarrón de su madre. Desde entonces, como ocurre con Benjy, el tiempo va a dejar de existir, «no lo cuentan los relojes ni los calendarios..., no tiene pasado ni futuro, no tiene nombre porque la memoria se ha obligado a no legitimizarlo» (VAR 93). La espera inconsciente que terminará por hacerle olvidar a su madre, pero como en el caso de Benjy, no la falta de su madre, aflora en esa potencia de la memoria como sedimento negativo. El odio inconsciente empapa «esa acumulación de deseos en el potencial pasado donde se sitúa un reino regido por el "yo era", "yo estaba", "yo tenía" y "yo llevaba" que comienza allí donde termina el de las lágrimas» (VAR 17). La acronía del tiempo de la espera se materializa en el curso de la novela como negación de la esperanza. Es el coche lo que «atraviesa esa delicada gelatina que la memoria extiende por doquier» para producir el tiempo ya olvidado que le incorpora a un antiguo equilibrio: «El coche negro no pertenece al tiempo sino a ese ayer intemporal, transformado por la futurición en un ingrávido y abortivo presente» (VAR 93). Pero su reinserción en el tiempo no es posible: no sabrá que Marré no era su madre esta segunda vez, como tampoco lo fue la primera. Su madre, que él no conoce ni nosotros tampoco, no vuelve ni aparece, tampoco el hermano; el muchacho no será capaz de entender ni reconocer sus propias acciones. No sabrá, como tampoco nosotros, si ha matado al doctor. Lo único que sabemos de él al final es lo mismo que él siente, el sufrimiento que no puede expresarse con palabras, que no corresponde a ninguna concreción estática ni articulada y se convierte en «gritos de dolor, los cristales rotos, los muebles que chocan contra las paredes, los muros y hierros batidos, un sollozo sostenido que al límite de las lágrimas se resolverá en el choque de un cuerpo contra las puertas cerradas» (VAR 315). Un mismo alarido cierra la sección de Benjy cuando el orden de la dirección de la vuelta a la plaza se altera: *All time and injustice and sorrow became vocal for an instant by a conjunction of planets* («Todo tiempo, injusticia y dolor adquirieron voz por un instante en una conjunción de planetas») (SAF 303-304). Según veremos más adelante, la interrelación de este personaje como víctima de la conmoción y la tragedia que supuso la guerra civil en España, sitúa la novela en el momento histórico concreto en que fue concebida y escrita.

La lucha por la codificación

El segundo personaje es la mujer, Marré, relacionada con Temple Drake en la contraposición que *Santuario* supone con respecto a *Requiem for a Nun*. El drama de

Marré es de la misma naturaleza que el de Temple: ambas pertenecen a una sociedad burguesa, con un sistema de valores que se basa más en apariencias, rituales y palabras fijas que en sentimientos y vivencias auténticos. En la novela esta mujer y el muchacho se contraponen en el simbolismo de la lengua como representación existencial. Marré, como Temple Drake, ha sufrido unos rigores en apariencia impuestos, el secuestro y la violación, pero para ambas la aventura revela su auténtica vocación, y el regreso al orden social tradicional divide sus personalidades. Nancy fuerza a Temple y Gavin Stevens la persuade para que inicie un camino hacia su integración. Al destruir la máscara que constituye su fachada de Mrs. Gowan Stevens, madre de una niña asesinada, destruirán la visión fija, reducida a palabra fija, código superficial, para revelar la verdad de su existencia: el sentido de envilecimiento que la domina desde su aventura en el granero. Marré se parece a la Temple de *Santuario*: en las sucesivas aproximaciones a los hechos, tal como se van desvelando en sus confesiones ante el doctor, ante su amante y ante sí misma, aparece una persona que asume de manera verbal una condición que aunque le fuera impuesta fue también voluntaria. Pero también hay divergencia de fondo entre los dos personajes. Temple es forzada a enfrentarse con su pasado para descubrir que «*The past is never dead. It's not even past*» («El pasado nunca muere, no es ni siquiera pasado») (RFN 92), y tiene que pasar por la demolición de la lengua convencional para llegar a encontrar la verdad de sí misma y su salvación. Este personaje avanza desde unas circunstancias de pura corrupción en *Santuario* a una reinterpretación constructora de su identidad como ser humano. Temple encuentra que los signos fijos que le han valido para montar todo un escenario de víctima ultrajada, no le van a valer para analizar la verdad de sus vivencias. En su lucha por encontrar una lengua adecuada influyen los silencios de Nancy y, sobre todo, sus dos frases que van mucho más allá del contenido habitual de las palabras: «*Guilty, Lord*» y «*Believe*» («Culpable, Señor» y «Crea»). En el contexto de sus acciones, esas palabras son un discurso de moralidad, de valor y de esperanza que ejemplifica el poder sugerente de la palabra tal como la explican Heidegger y Benet, y de la fuerza del silencio y de lo no dicho, según Wittgenstein. El camino que recorre Marré es opuesto al de Temple: en lo que en principio constituyó su corrupción cree encontrar el valor redentor del amor en uno de sus amantes, pero éste la abandonará. La disgregación moral que sigue con el regreso a la sociedad, es distinta a la de Temple, si ésta necesita a Nancy y a Gavin Stevens, Marré ha reconocido siempre la desintegración de su conciencia y la farsa en la que vive. Más que Temple, de manera más consciente a lo largo de su vida, ha sabido que «*the past is never dead; it is not even past*». La vuelta a Región es para el personaje de Benet como para Temple la vuelta a lo que fue *Santuario*, un intento de reintegración. La diferencia es que Temple no vuelve al prostíbulo de miss Reba, sino que siguiendo un camino verbal va a la suma autoridad del estado de Mississipí, para descubrir que esa suma autoridad es, en último instancia, ella misma frente a su marido. Va también a la cárcel que es el camino inverso de *Santuario* y la sentencia de muerte a la que mandó con su perjurio a Goodwin, para responsabilizarse por la de Nancy. Marré vuelve a Región y quiere regresar al prostíbulo de Muerte aunque no podrá, porque según dice el doctor: «Hace muchos años se cerró. Está en ruinas» (VAR 104). El personaje de Benet marcha también a una integración, pero no la logrará. Ella como ningún otro personaje representa la discordia y el desorden, aunque su obsesión sea encontrar el orden y la concordia. En contraste con el muchacho de las gafas que desconoce el tiempo y su paso, la lengua y sus trampas, Marré vive acosada por el tiempo y atrapada en la maraña de la lengua.

Como hace Temple mediante una verbalización, intentará iluminar las sombras de su conciencia, pero los hechos que narra, lejos de ir emergiendo con coherencia, aparecen tal como ella los percibe sin asumirlos ni integrarlos; son hechos disgregados, fragmentarios y oscuros, reflejo de su propia conciencia. El lector no podrá obtener de ellos, a pesar de los esfuerzos del personaje, más de lo que ella misma obtiene: caos. Su interlocutor, el doctor, obsesionado como está por su propio destino y con una conciencia impermeabilizada a lo externo, no es que no la comprenda, es que no la escucha. Marré en su búsqueda de orden imagina a su amante como oyente y también rememora sus palabras como parte de antiguas conversaciones (VAR 109-112). La lengua que emplea para la verbalización de la crisis vale más para ocultar los hechos que para desvelarlos, y la vuelta al pasado será finalmente la aniquilación y no la salvación del personaje.

La desintegración de su conciencia se manifiesta en su autodefinición como «trinidad»: «dos mujeres diferentes que no debían confundirse si es que yo quería conservar la integridad de la reclusa; que cualquiera de las dos debía defenderse de la contaminación de la otra y que una tercera —mucho más lógica, ponderada y respetable— celaría y garantizaría la convivencia, la independencia y la personalidad de ambas. Esa tercera —el árbitro— es tal vez la que ha venido aquí y ha llamado a su puerta» (VAR 149-150). Pero el discurso del personaje, lejos de representar una síntesis, que será lo que logra Temple, constituye un equilibrio inestable; el discurso se bambolea de una percepción a otra para darnos como resultado la red verbal en la que se halla presa. El diálogo imposible se halla por todas partes; la que regresa no es el árbitro, también lo hace la que el personaje llama «la reclusa»: «Siempre había sabido y temido que la parte cuerda terminaría por triunfar; es decir, lo que ustedes llaman la parte cuerda, todo lo contrario de lo que yo entiendo por eso. Pero no podía permitirlo sin intentar, como último recurso, la prueba final que tanto tiempo me resistí a llevar a cabo para no caer en la desesperación de la cordura, del buen sentido, de la resignación» (VAR 103-104). Lo que el personaje explica aquí como parte cuerda no coincide con lo que en la cita anterior correspondía al árbitro. La tercera faceta de Marré, que es la anterior a la violación y a la guerra, participa también del esclarecimiento-emborronamiento de los hechos: «No hay posibilidad de sacudirse y librarse de la educación ni de las normas ni de nada, sino a una edad temprana que yo había sobrepasado: y la mujer adulta, mal que le pese, ha ido incorporando a su conducta un sedimento moral que por más que lo intente ya no podrá arrancar sin destruir sus fibras más íntimas» (VAR 152). Estos planos de la personalidad de la mujer se confunden y superponen, la versión de los hechos varía según la conciencia que los conjure; el desorden resultante es mayor que el de Quentin Compson quien en *The Sound and the Fury* repite la frase de su padre: «*A man is the sum of his misfortunes*» («Un hombre es la suma de sus desdichas») (SAF 123). Marré se ve como «un ánimo en decadencia que ni siquiera se atreve a reconocer con honradez y aflicción la suma de sus desdichas» (VAR 114).

Hay tres niveles temporales que corresponden a la etapa de la guerra, la que la precedió y la más próxima al presente de la novela. Los tres participan de esta tensión divisoria dentro de unas características comunes que arrancan de la insolidaridad, es decir, del egoísmo que impide la convivencia armoniosa. La infancia y la adolescencia se relacionan con su padre y el colegio de monjas en el que se cría. Durante esos años el abandono ha creado un resentimiento: «Recuerdo perfectamente un pasillo de mosaico con grandes ventanales soleados a través de un patio interior, y el momento en que llevada de un brazo de la sor, la colegiala abandona la fila de sus compañeras para ser conducida a la sala de visitas donde un señor corpulento, casi desconocido, charla animadamente con la madre superiora. Recuerdo el beso, el reconocimiento» (VAR 268). La descripción es parecida a la que en la etapa de la guerra el personaje considera el momento de su corrupción: «Aún recuerdo aquel pasillo de los escalofríos desde el dormitorio al cuarto de baño y la escalera pintada de azulete, solado de baldosa e iluminado por una única bombilla encima del rellano del fondo que tantas veces crucé aterrada y semidesnuda temblando de frío y de furor» (VAR 166). Como en la cita anterior, la escena concluye en refugio y rechazo, el padre olvidado, el amante dormido: «Yo tenía que llorar entonces con la cabeza pegada a su pecho» (VAR 116). Los dos pasillos corren inversamente, uno del aparente refugio de las monjas a un padre que la desconoce; del ambiente tibio del sol, la compañía de las colegialas, «el brazo de la sor», para desembocar en la extrañeza: «Esa cara que no es recordada sino en líneas abstractas (y, por lo tanto, el cariño no informa la memoria)» (VAR 268-269). El prostíbulo ofrece el pasillo en sentido inverso, soledad, frío, miedo que desembocan en un amante dormido y ajeno a sus angustias que acabará abandonándola después de haberla seducido e incapacitado para el regreso al mundo del que salió. La síntesis y la paradoja de estos dos santuarios frustrados aparece en la confesión de Marré: «No sé cómo no sabía yo que allí [en el pasillo] más que en la enorme cama paisana tenía lugar mi prueba y... la consagración de mis votos» (VAR 166). Los dos mundos representan la negatividad de ambas opciones en calcos contrapuestos. La figura del padre que renuncia a la fotografía de su hija porque no le cabe en la maleta aflora una y otra vez, pero más frecuente es la repetición de la escena de la frustrada conferencia telefónica. Ocurren en su curso los preludios de la seducción descritos en una de sus versiones, la más completa (VAR 170-174): el enfrentamiento del padre, representado por «aquella voz impersonal, gangosa, autoritaria, que velozmente me hizo retroceder a ciertos momentos solitarios y amargos, las susurrantes amonestaciones, los cantos de resignación, los corredores del claustro». Es el ámbito de las normas, el orden establecido o la lengua de los convencionalismos y el abandono. Frente a esto se ofrece la actitud del futuro amante que consiste en el silencio y en unos gestos: «Hizo un gesto muy particular, torciendo la boca y lanzando un guiño de desprecio hacia el auricular iracundo. Luego, sin saber por qué, puso su mano sobre mi hombro y apretó mi clavícula al tiempo que alzaba los hombros para indicarme que no me preocupase por aquellos sonidos desenfrenados y ridículos» (VAR 272). La entrega de Marré a ese amante quedará así acordada, hay un canje; la rehén pasará no del abandono a la acogida del padre, ni del crimen al orden, sino a la inversa. Y elige ella, de la misma manera que Temple eligió en Frenchman Bend y en casa de miss Reba. El trato del canje parece quedar hecho sin que la muchacha tuviese participación activa, pero no hay tal: «Luego desapareció haciendo chascar el mechero al tiempo que calló el teléfono, y en aquel cuarto en desorden se hizo el silencio que sigue a la consumación de todo ensayo. El ensayo estaba hecho —qué duda cabe—, mi cuerpo había manifestado cuál era su polaridad» (VAR 272). A partir de ese momento Marré va a vivir en un mundo de experiencia sensual en el que la lengua conocida del orden no tiene cabida; las condiciones excepcionales de la guerra favorecen el enmascaramiento de una inclinación que ya existía previamente: «De haber algo engañoso era solamente un destino embustero que no quiso interrumpir el breve intervalo de nuestros amores con la presentación de aquella cuenta atroz que al término de los días nadie era capaz de abonar» (VAR 165). La imagen de los perros amenazando la blancura de la sábana recién lavada representa el equilibrio y el miedo en el que tendrá que vivir en lo sucesivo (VAR 159, 170, 306). Tal es «la cuenta atroz» que va a tener que pagar. Pero veremos que la cuenta es aún mayor de lo que parece, porque Marré no es sólo la rehén, ni la víctima, es, en efecto, responsable de otras victimizaciones. Sus omisiones y disimulos afectan a otras personas: «Es cierto, yo no soy la que yo conozco porque la imagen que tengo de mí ha sido trazada en la soledad, purificada por el abandono e idealizada por el amor propio, pero no se corresponde ni con la imagen de la joven que no acudió al teléfono pero sí al rincón del alemán, ni con la mujer que por conservar su secreto y preservar su decencia dejó agonizar a Juan de Tomé en un sótano sin luz» (VAR 305). El episodio de Juan de Tomé es uno de los puntos oscuros en su historia. Juan es una de las víctimas de los juegos burgueses presexuales de las jóvenes aparentemente inocentes, como ocurre antes de la aventura de Temple, durante los bailes universitarios que recuerda en su cuarto del prostíbulo.[146] El personaje de Benet durante «las meriendas entre las encinas» y las excursiones en el coche de Eugenio Mazón había llegado a una amistad con Juan de Tomé no lejana al «preámbulo de una aventura del sexo» (VAR 262). Con la guerra, Juan, en el campo republicano del que fue rehén la muchacha, asiste a la transformación de la ex colegiala en amante de otros tantos nombres que culminan en la novela con la silenciada y constante alusión a Luis Timoner, el ahijado del doctor. El cronista provee esta última información, al referirse al final de la guerra cuando la facción republicana fue «conducida por Luis I. Timoner (I. de incógnito), como mejor conocedor del monte» (VAR 36). Al final del primer capítulo el narrador hace un recuento de los fugitivos al monte entre los que cuenta al ahijado del doctor Sebastián (VAR 90). Cuando Marré entra en casa del médico, evoca las palabras de su amante «el ahijado del doctor» (VAR 109). Es su nombre, el inmencionado el que pronuncia Juan de Tomé en la leñera de la casa de Adela (VAR 310). Para guardar el secreto de su auténtica participación en la guerra, Marré prefiere ver morir a Juan que intentar salvarlo.

Una víctima más de la mujer es su propio marido, al que obliga a acompañarla al prostíbulo: «No sé qué

---

146. *Cf.* PILKINGTON, pp. 124-125, y VICKERY, pp. 106-109, con relación a este aspecto de Temple.

pasó, Muerte regentaba aún el hotel, pero acaso adverti-
da con anterioridad de nuestra llegada decidió blanquear-
lo por el espacio de nuestra estancia» (VAR 265). El marido no llegará nunca a ofrecerle la depravación que Marré, como Temple, parecía necesitar. Hay en este punto
una cita de *Santuario*: cuando Horace Benbow descubre
al entrevistar a Temple, cuando la localiza en el burdel,
que la aparente víctima está «contando la experiencia con
auténtico orgullo» (S 259). Marré, dice, refiriéndose a su
marido, «en mi fuero interno ardía un deseo impaciente
no de contarle la historia, sino de contarla con orgullo»
(VAR 265). El problema de las dos mujeres a un nivel
temporal inmediato también pareció resolverse de la misma manera: «Una esposa que al mediodía sabe atender a
los invitados de su marido y por la tarde le engaña con
un amante arrabalero» (VAR 266).

El discurso de Marré no logra coherencia porque sus
acciones no la tuvieron. Sus últimas confesiones dirigidas
al amante caerán en el vacío porque esta persona es posible que no exista: «Quizá lo que usted necesita es que
le dijera: ese hombre murió en el año treinta y nueve, o
alrededor de ese año, a consecuencia de unas heridas producidas por una bala de fusil» (VAR 113). La mujer desaparece después del último soliloquio que parece anunciar
su autoaniquilación. La narración de este personaje ha
estado punteada por gritos inarticulados: cuando regresa
a Región en la camioneta, al final de la guerra, «un chico
se les adelantó... corriendo y gritando» (VAR 177); cuando vuelve a Región al comienzo de la novela, el muchacho con su grito redobla el efecto de la campanilla que
despierta al doctor, «un grito largo y agudo que pareció
cortar en dos el silencio de la casa» (VAR 97). Durante
los intercambios verbales entre el médico y la mujer, ésta
oye gritos y pregunta por el significado, pero el doctor
no le contesta. Son los únicos contactos de Marré con el
muchacho de las gafas, cuyos gritos de incomprensión y
sufrimiento resumen la actitud del personaje femenino
que en una involución (directamente opuesta a la de Temple), elegirá la renuncia a la lengua, al orden, al autoconocimiento y la salvación.

Como *Luz de agosto*, *Volverás a Región* se mueve sólo unos pasos hacia adelante: la llegada del coche negro, la sedación del muchacho, la caída de la tarde, la lluvia, la llegada de la noche y la catástrofe final; unas pocas horas. No obstante el movimiento hacia atrás lleva a la infancia del muchacho, a la infancia, adolescencia y juventud de la mujer y a la adolescencia, juventud y madurez del médico. Los tres personajes aparecen aislados entre sí: no sabemos qué relación hay entre el muchacho y el doctor; tampoco se sabe la relación entre el muchacho y Marré, aunque éste, a causa del coche, crea reconocer en ella a su madre. Marré vuelve a buscar al doctor porque parece creer que en él encontrarán eco sus remordimientos y se encuentra con una tozuda negativa al reconocimiento del pasado: «Eso es lo que quiero; que me diga que no cuenta. Eso es justamente lo que necesito; que me lo diga la única persona para quien es lo único que cuenta» (VAR 105), pero el doctor no recuerda a la mujer que sólo encuentra cabida en su futuro; el pasado lo ha convertido en leyenda para poder codificarlo mejor. Los tres personajes compartirán un trágico fracaso. El muchacho no ha codificado su existencia y no ha aprendido a hablar, su desarrollo corre inversamente al tiempo hacia la armonía de la infancia. Marré quiere coordinar el mundo de la conciencia, de los sentimientos, de las pasiones con el de la lengua y la razón. Su discurso, como su propia identidad, se dispara en versiones y reacciones encontradas e incoherentes. El doctor buscará una codificación racionalizada para su existencia que tenderá a permanecer en la superficie de las palabras, rechazará penetrar en el significado de sus sentimientos, sus acciones y su responsabilidad: para justificarse ante sí mismo urdirá una ficción; las vivencias descarnadas y rechazadas se convertirán en leyenda; vencerá con la razón por medio de la palabra codificada, pero en el proceso no podrá evitar su enfrentamiento con el pasado en los recuerdos removidos por la presencia de la mujer.

El doctor Sebastián, enclaustrado en la casa arruinada de Región, refugiado en un pasado que no es realidad sino leyenda, espera la consumación de su vida. Hay en este personaje un eco de Gail Hightower, el ex ministro protestante expulsado por su congregación, que vive también absorto en un falso pasado convertido en leyenda. Dos imágenes aparecen con una parecida intensidad en ambas novelas. La primera son los cascos de los caballos como símbolo de la resistencia opuesta a una humillación, la guerra civil en el caso de Hightower, y la pérdida del honor en el caso de Región. La segunda imagen es una prueba que representa el pensamiento de Hightower al intentar enfocar su pasado: la rueda de un coche que se mueve con suavidad cuando lo que piensa es aceptable a los razonamientos falsificados, pero va lentamente cuando los pensamientos ahondan en el terreno peligroso de la verdad, de lo rechazado e inexplorado pero auténtico: *«Thinking begins to slow now. It slows like a wheel beginning to run is sand, the axle, the vehicle, the power which propels it is not yet aware»* (LIA 462).[147] Cuando el eje se va dando cuenta, es decir, cuando el problema ocupa el centro de la conciencia de Hightower, que se creía invulnerable y justificado en su torre de marfil: *«It is a man's privilege to destroy himself, so long as he does not injury anyone else, so long as he lives to and of himself»* (LIA 464),[148] entonces la rueda se atasca y no progresa; comienza la tortura de Hightower: *«I don't want to think this. I must not think this, I dare not think this»* (LIA 464). El doctor Sebastián tiene un sufrimiento parecido y ha recurrido a una idéntica evasión. Los dos casos, el de Región y el de Jefferson, son una muestra de la decadencia y el abandono. Hightower ha renunciado al presente y también al pasado propio, vive en la claridad, el consuelo y la coherencia del pasado de su abuelo, de la gloria y el honor defendidos en una guerra que él no vivió. El doctor Sebastián, como el narrador de *Volverás a Región*, vive también en un mundo de evasión que es claro y codificado a voluntad y que da una aparente explicación a la incoherencia de los hechos. Al doctor lo llegamos a conocer por varios conductos con versiones relativamente concertadas; se proveen algunos datos, pero los que realmente cuentan no se dan, sólo quedan aludidos y esbozados en las últimas, penosas consideraciones del personaje. Un dato que parece sorprendente,

147. «El pensamiento se hace lento ahora. Va despacio como una rueda que empieza a ir por la arena, el eje, el vehículo, la energía que la propele aún no se ha dado cuenta.»

148. «El hombre tiene el privilegio de autodestruirse siempre que no perjudique a nadie más, siempre que viva de sí mismo y para sí mismo.»

si se tiene en cuenta el tono narrativo del primer capítulo, es el gran parecido entre ciertas partes del soliloquio del doctor y las reflexiones del narrador. Hay algún momento en la primera sección del tercer capítulo en el que el relato pasa, sin pérdida del tema ni del tono, del doctor al narrador para volver al doctor (VAR 191-218). El narrador que se inmiscuye en la página 208 hasta la 216 resume lo que en efecto dijo el doctor: «"Yo creo que por aquel tiempo" —había de añadir el doctor y si no lo añadió lo pudo hacer— "también se inventó el verano"...» Lo que añade el doctor es la alucinante descripción de un viajero perdido en el bosque que cree oír el motor de un coche, pero no lo encuentra ni logra salir del monte, porque la razón no le vale para guiarse por la sierra de Mantua. Este relato es de la misma estirpe que varias de las secuencias del primer capítulo; se relacionan así de manera indirecta el discurso del doctor —lo que dijo o pudo decir— de los tres últimos capítulos con el del narrador en el primero que podía ser omnisciente pero que no lo es. Su voz pertenece más bien, como veremos, a un cronista que desconoce muchos aspectos de los hechos narrados. Es precisamente esa voz narradora del primer capítulo la que nos presentará una visión fantasmal, pero muy completa, del doctor Sebastián en la novela:

«Porque el conocimiento disimula al tiempo que el recuerdo arde: con el zumbido del motor todo el pasado, las figuras de una familia y una adolescencia inertes, momificadas en un gesto de dolor tras la desaparición de los jinetes, se agita de nuevo con un mortuorio temblor: un frailero rechina y una puerta vacila, introduciendo desde el jardín abandonado una brisa de olor medicinal que hincha otra vez los agujereados estores, mostrando el abandono de esa casa y el vacío de ese presente en el que de tanto en tanto resuena el eco de las caballerías» (VAR 12).

Hay en estas líneas una síntesis de gran parte del significado de la novela: el doctor no quiere comprender. Como Hightower, no se atreve a pensar y disimula. Su narración consiste en ese «disimulo del conocimiento» donde lo que se narra hay que valorarlo considerando lo que no se narra. La infancia del médico viene explicada por la rueda, distinta en principio a la de la novela de Faulkner. Allí era una rueda metafórica con una función real, la de proporcionar al personaje y al lector la evidencia de los hechos reales, no mistificados. La rueda es el pensamiento, que se atasca cuando las pasiones se enredan y la realidad de los hechos oscurece el razonamiento clarificador. La rueda de la infancia del doctor, por el contrario, es real pero cumple una función metafórica, es el oráculo o «la esfinge sonriente» que no sólo no descifrará la existencia, sino que añadirá nueva oscuridad. La rueda de Hightower explicaba la existencia, la del doctor la confunde. Al zumbido del motor de coche, como al zumbido de la rueda, se conjura la vida del doctor: la familia, la adolescencia y la desaparición del jinete que forman el corazón de los hechos de un personaje cuyo «conocimiento disimula», pero cuya memoria «arde». Por medio de la rueda el médico expone de sus resentimientos contra la familia, «verdadera trampa de la razón», contra la sociedad y la religión como estamentos organizados. Como Hightower, este personaje reclama para sí un mundo de aislamiento y rencor como único proyecto, «porque el hombre no es un monumento al amor sino al desprecio al otro» (VAR 139). No sabemos en qué bando se situará a la hora de tomar partido en la guerra civil. Su actuación en esa época, que fue tan importante en el caso del muchacho y la mujer, queda en este caso oscurecida. No obstante, la opción por uno de los dos bandos es objeto de sus reflexiones, aunque éstas no se refieran a él mismo sino a los otros: «Eugenio Mazón, que no tenía creencias religiosas, ni él tampoco, indiferente a todo. Las tenía en cambio Juan de Tomé» (VAR 187), o a la nación como conjunto: «Ya no era cosa de memoria porque la radio no dejaba recordar nada. Desmemoriados trataban de encontrar un principio de conducta entre una maraña de sentimientos: venganza y miedo, desprecio y afán» (VAR 181). Se trataba en definitiva en «saber no la clase de tormenta que amenazaba el país, sino la clase de hombres que ellos son» (VAR 183). Pero estas reflexiones no se aplican a su propio caso. En cambio, el doctor Sebastián habla de la rueda, de las dudas con respecto a la desaparición de su padre, de su deserción en la guerra de África, para pasar a su tema favorito, la historia de Región: el episodio de la mina, de la barquera, de la moneda, del jugador, el casino y su fracasado romance con

María Timoner. A este episodio ha aludido el narrador en el capítulo primero; al referirse al plan de Gamallo en él aparecen «inscripciones enigmáticas: "montón de fichas", el "burro muerto", "aquí la pastora", "volvemos"» (VAR 66-67). La narración del doctor tiene dos versiones; hay un aspecto trágico y otro humorístico en su reconstrucción imaginada. Su relato es crónica o leyenda, con profusos detalles sobre la mina, los obreros, el capataz, la barquera, el jugador y la moneda. El relato se convierte en farsa a medida que se extiende: «Cuando se levanta el telón para dar comienzo al segundo acto (o tercero o cuarto..., ¿qué más da?» (VAR 223), los personajes se convierten en marionetas o actores, la montaña es un escenario de cartón. Hay un itinerario de la vida a la tragedia, de la tragedia a la leyenda: hay de la vida a la interpretación que de ella hace el doctor, lo que hay de la tragedia a la farsa estilizada. En la yuxtaposición de los dos tonos, realidad y farsa, leyenda y anécdota, se enraíza la mistificación fabuladora de la que es capaz el personaje, así como el narrador. Se constata esta interpretación al observar que los incidentes tan obsesivamente narrados por el doctor no tienen, en realidad, relación directa con él. De esa parte en la que tanto se interesa, él fue sólo testigo y, a veces, sólo reconstructor *a posteriori* de unos hechos imaginados. El doctor no se arriesga, no juega, no decide; su destino es consecuencia, en su pasividad, de las opciones de los otros. Como en su infancia y adolescencia, en sus años de juventud no pasa de ser un mero observador de las jugadas de los demás. Su única actuación, que tiene la característica de anular y reducir a impotencia, es la referida a su matrimonio con la hija del guardabarreras. Hay de este episodio también distintas versiones; la primera corresponde a Marré cuando penetra en la casa del doctor y contempla las labores diseminadas en su interior. La memoria de la conversación con su amante sobre este tema contribuye a dar una coherencia interpretativa al episodio. Otra versión viene dada por el narrador que es consciente de la reticencia del propio personaje: «Pero no le dijo cómo aquella tarde de finales de septiembre había perdido a María Timoner» (VAR 225). Este enfoque que no desentona con el presentado por el ahijado y repetido por Marré es distinto a un tercer enfoque desde la nota que se extiende en las páginas 275-277. Se debe esta nota a un corrector, juez del relato o lector de la totalidad de los hechos narrados, desde un nivel externo a la novela, para darle una interpretación más conclusiva. En esta explicación hay una divergencia de causa y de tiempo con respecto a las anteriores. Lo que impulsa tal simulacro de matrimonio no es el despecho producido por el abandono de María, sino el resentimiento contra su madre que en su ausencia de «dos o tres años» (VAR 275) se había adueñado de la casa. El mismo corrector había añadido en una nota anterior un detalle de humor: «Su madre, sentada como una reina, boquiabierta por el espanto inspiró tanto aire que se levantó de la silla como un globo...» (VAR 109). El doctor no menciona nunca tal episodio, pero hace envenenadas referencias a su madre en repetidas ocasiones. Otra consecuencia de lo que el doctor y el narrador han dado en llamar machaconamente «pérdida del honor», «dignidad», «cascos de los caballos», es el nacimiento del ahijado. Nace este personaje según le oímos a él mismo en la inalcanzable Mantua: «Mi madre decidió tenerme en Mantua» (VAR 110); también el narrador menciona el parto de María Timoner, asistida por el doctor «en el corazón de la sierra», pero la descripción detallada de los acontecimientos la dará el corrector al referirse a las visitas anuales del personaje a María Timoner y referir la enfermedad y muerte de ésta en una fecha que no coincide con la que el doctor, el narrador y la propia Marré han dado en el texto. De lo que se puede deducir de las palabras del doctor, el incidente del casino habría ocurrido en 1925, lo cual haría incongruente la edad de la pareja de amantes que son Marré y el ahijado del doctor. Sabemos que ésta no había cumplido los veinte años al estallar la guerra, pero si hubiera nacido después de 1925, su edad en 1936 andaría más próxima a los diez que a los veinte. La edad del hijo de María, según la referencia a la muerte de su madre, debida al corrector, es aproximada pero más verosímil. No se menciona el año de 1925, pero con referencia a la edad del niño leemos: «No sabía el doctor si era el octavo o el noveno aniversario, pero fue antes de la llegada de la República» y «No le volvió a ver hasta bien entrada la guerra, diez u once años después» (VAR 277). La edad del ahijado se aproxima entonces más a los veinte años de la mujer y hace más coherente el desarrollo de la narración. Pero de nada de esto nos habla el doctor en cuya mente ha quedado fijo el momento anterior a sus actuaciones, el momento en el que le fue dado elegir, pero no sabemos si eligió, el momento de una acción que aún no se ha iniciado, cuyas consecuencias quieren eludirse; según el narrador tiene su vivir «esa actitud boquiabierta, expectante y suspensa del hombre que aguarda un estornudo frustrado, detenido a la altura de la nariz con un picor singular» (VAR 144).

Las omisiones del doctor y los comentarios del narrador nos empiezan a hacer sospechar que en los relatos se ha ocultado lo más valioso, acaso los remordimientos del doctor por falta de decisión en los momentos más cruciales de su vida. Es posible que, en efecto, este personaje no llegara nunca a plantearse «la clase de hombre que era». Por lo tanto, todas las explicaciones verbalizadas, las leyendas, los lugares comunes, la imaginación que se ofrece en los soliloquios tan parecidos en el tono a las explicaciones del narrador, son en realidad explicaciones urdidas para engañarse, para llenar ese vacío, «ya sé que no fue un instante y que probablemente nunca sonó aquel aciago picaporte, como no sonaron los cascos de los caballos ni las cornetas y los disparos de Mantua, pero lo que ayer no fue hoy tiene que haber sido» (VAR 247). En este reconocimiento del vacío y en la búsqueda de explicaciones lógicas aunque no sean reales, están juntos el doctor y el reverendo faulkneriano. Aquí entra en juego el parecido de los relatos del doctor, en su nivel más superficial de excusa, y del narrador en su papel de cronista y fabulador: «Es cierto que la memoria desvirtúa, agranda y exagera, pero no es sólo eso; también inventa para dar apariencia de vivido e ido a aquello que el presente niega» (VAR 247). El parentesco entre el narrador, fabulador, cronista que quiere dar una explicación de los hechos y hacerlos coherentes, y una parte del discurso del doctor Sebastián se acentúa. Tal como se ve ahora, el doctor reconoce la divergencia entre razón y realidad, entre lengua y hechos, entre leyenda y vivencias, entre lo incoherente de la existencia (el tiempo y la muerte) y el esfuerzo clarificador que queremos realizar los humanos. El peso del tiempo real vivido condiciona las opciones del presente. Para intentar conservar un vestigio de libertad o de dignidad, una solución es transformar ese pasado, esas responsabilidades que no se quieren arrostrar, la vileza de una cobardía, las omisiones culpables, en un tiempo legendario, urdido por la fabulación, que dé coherencia y claridad allí donde no la hay. La novela que comentamos, la que Benet crea, interroga así de manera insólita el principio de la consciencia ante los hechos, la relación entre lengua y vida, literatura y realidad. Algo así ocurre con la indagación entre estas relaciones en *¡Absalón, Absalón!* El personaje de *Volverás a Región* reconoce que «es el tiempo lo que todavía no hemos acertado a comprender; es en el tiempo donde no hemos aprendido a existir y es tras el tiempo —no detrás de la desesperación— cuando nos resistimos a aceptar la muerte» (VAR 252), por eso en esta confesión final hablará de las etapas de la vida del hombre «la primera es la edad del impulso en la que todo lo que nos mueve y nos importa no necesita justificación» (VAR 253); en la segunda edad «el hombre lleva a cabo ese esfuerzo intelectual gracias al cual una trayectoria elegida por el instinto es justificada *a posteriori* por la reflexión» y en la tercera etapa se presenta «la enajenación, el repudio de todo lo que no ha sido su vida, para la cual ya no encuentra motivación ni disculpa» (VAR 254). Esta última etapa de la desintegración es la que se presenta en el mundo de Región, en el que el juego, el azar y en resumen el tiempo, acaban imponiendo su ley absoluta frente a todo esfuerzo intelectual: «Tenía razón el jugador, él no había hecho trampa ninguna, fue el tiempo quien se negó a aceptar la validez de sus razones y aceptó en cambio una estúpida combinación de cartones» (VAR 252). De aquí que la rebelión de la razón, cuyos esfuerzos no bastan para vencer la aniquilación final, producirá, como ocurre en *Un viaje de invierno*, abuelas mitómanas o viejas visionarias que se resisten a la incoherencia y al caos. En la novela el castigo del Numa se equipara al triunfo del tiempo, del destino, de lo ilógico y la muerte, en ese disparo que marca el silencio que todo lo apacigua. Vanos son los intentos por conquistar al Numa que «sólo otorga su hospitalidad a los ángeles caídos...», es decir, a la leyenda, a lo incomprobable. Todo el que se acerque a él con los pertrechos de una civilización, de una ciencia, todo el que se acerque para desentrañar, para saber, morirá. En este personaje y en el camino a su nacimiento como mito se escalonan todas las etapas del ser humano para enfrentarse con los hechos y con la lengua que los interpreta. El Numa vence a la razón, pero es a su vez el resultado de los esfuerzos de la razón humana para explicar lo que ella no puede comprender. Los esfuerzos interpretativos y creadores que crean una tradición acaban por paralizarse al convertirse en tradición estática que, como decía Heidegger, oculta más que revela. La lengua como código acaba devorando los esfuerzos de desentrañamiento de la existencia que la lengua permite.

En el conglomerado que representa la novela se perciben yuxtaposiciones, silencios, mezclas de conceptos opuestos a partir de los cuales se genera la conciencia de los hechos, el reconocimiento de una realidad que está por encima de la esquematización de la palabra como código ya descifrado. El narrador lo sabe: «[se ha] llegado a la astucia a través de una perífrasis —un largo, complicado y redundante período en el que se insertan premoniciones, costumbres, superstición y mito— tal vez para rehuir un esquema causal demasiado breve y expedito, demasiado simple, y en el que no tiene entrada ni justificación posible la contradicción de una especie que no aprende a vivir en paz» (VAR 145). El desconcierto, la lealtad, la traición, la resistencia, el abandono son así un eco paradigmático de la guerra en toda España (los nacionales hacen su entrada «en Madrid, en Valencia y en Región»). De los complejos componentes de la amalgama indescifrable que fue la guerra, dice el doctor: «La historia dará en su día un fallo que es muy distinto al de los contemporáneos porque no somos capaces de conformarnos con una simplificación» (VAR 184). La historia como codificadora, ciencia analítica, dará un veredicto como el de toda lengua fija, claro pero inexacto. Otro tanto se puede deducir de la relación entre la vida y su complejidad y la literatura tradicional y su transparencia; contra esta transparencia se rebela la obra de Benet.

Su aportación a la novela española ilumina una dimensión menos conocida del discurso literario. Se trata de experimentar una vivencia, de reflejar el contenido de la visión del mundo; es una prueba de la capacidad del arte para desvelar y analizar la existencia. En primer lugar la vivencia experimentada, lo que Arthur Kinney llama en su estudio de Faulkner la «conciencia constitutiva», lleva a un enfrentamiento con el texto como una vivencia propia, obligándonos a parar mientes en los procesos mentales que para el reconocimiento y la intelección de los hechos se suelen dar en la lectura de forma espontánea. No se organizan los hechos, sino que se explicitan en su incoherencia y evanescencia natural para obligarnos a reconocerlos y codificarlos, siguiendo, como explicaba Ortega con respecto al arte, un camino inverso al de la narración tradicional. El papel del lector es ir reconociendo los propios procesos, al tiempo que reconoce los de los personajes, y al hacerse cargo del texto, hacerse cargo del proceso intelectivo propio. Además, el mundo que se desprende de esa lectura activa y ardua muestra a unos personajes que, como el lector, luchan para intelegir sus vivencias: el mundo de Marré es desordenado y caótico porque no llega a conseguir una integración de sus muchos conflictos vitales, en parte en pago a su orientación para sus diversas actuaciones en la tradición fija o en su rechazo, pero nunca en una búsqueda espontánea de sus necesidades conjugadas con las necesidades de los otros. La mujer no encuentra un silencio integrador que aún no se ha convertido en tradición fija; es víctima de la guerra, de unas actuaciones elegidas libremente en un ambiente corrupto y angosto; no podrá aceptar ni repudiar su opción de entonces y esta tensión esterilizará su vida. También el muchacho es víctima de la guerra, la catástrofe le privó de la orientación imprescindible, su capacidad de conocimiento cesó, sólo quedó un oscuro resentimiento, un potencial negativo. El doctor es uno de los responsables de la guerra; su culpa es la de no haber elegido, la pasividad ideológica y la marginación moral. Este personaje es inteligente y se da cuenta de sus omisiones, pero sigue con la misma línea de conducta, como le ocurre a Hightower en *Luz de agosto* espera el desenlace, que vencerá a la lógica, a la razón, al esfuerzo. Las disculpas que el personaje urde no le eximirán de su pasividad, su abandono, su fatalismo. El doctor, la mujer y el muchacho representan el panorama desolado de Región en la época de la posguerra, en los años sesenta. Si la experiencia positiva, intelectiva, la que obliga Benet a asumir a su lector debe ser la norma de vida, estos personajes que han renunciado a todo acto social integrador no pueden presentarnos más que la imagen de una decadencia moral y social que refleja el pesimismo con que el autor contempla la posguerra. Nos encontramos aquí con la dimensión de la obra de arte

301

como acto moral. Se constata en este punto la protesta ante la incomprensión que su manera de entender la literatura le granjeó entre sus compañeros de generación: «Y lo primero que se les ocurre ante el colega que no sangra por la misma herida y que se ha propuesto una meta algo diferente a la suya, es tildarle de escapista y de esteticista, unos adjetivos que se emplean en tono despectivo por mucha gente cuyo fuerte, sin duda, no es el rigor verbal» (LIE 160). La literatura de Benet nos obliga, como lectores, a indagar en nuestro método intelectivo, en los procesos de la memoria y la voluntad al intentar reconocer el mismo proceso en sus escurridizos personajes. Nos obliga a reconocer el paso de la acción y la experiencia a la verbalización, de la memoria al presente, de la historia y la ficción a la vida. La novela alcanza, así, un elevado nivel moral al entregar al lector —por medio de la palabra artística— unos criterios y una responsabilidad personales. La obra de arte narrativa no fuerza en el lector una visión del mundo, sino que le hace ahondar en sus propias posibilidades de observar, interpretar y juzgar la realidad. La novela se ha tornado en realidad interior que vale para desentrañar la realidad cultural y social. Lo que Benet se pregunta respecto a los genios del espíritu que han generado vida con su palabra, puede preguntarse ahora: «¿Qué barreras pueden prevalecer contra un hombre que en lo sucesivo será capaz de inventar la realidad?» (LIE 160).

OTRAS NOVELAS

En varias otras novelas se ve la influencia de Faulkner de manera más o menos matizada. Entre las escritas durante los años sesenta, algunas la manifiestan muy directamente y un buen ejemplo es *El miedo y la esperanza* (1965), de Alfonso Martínez Garrido, concebida con un patrón de puntos de vista fragmentados que presentan parcelas de datos procedentes de monólogos de diversos personajes, con los que se reconstruyen los acontecimientos una vez terminada la novela, a la manera de *El ruido y la furia*. Antonio Ferres sigue este tipo de construcción en su novela de 1970 *En el segundo hemisferio,* en la que además se plantea el tema, muy original en la novela española, de la tensión producida por la convivencia multirracial. Por otra parte *Las ratas* (1962) de Miguel Delibes recuerda en el uso del tono *El villorrio,* ya que el recurso a comedia, farsa y drama en el enfoque del material, es patente en las dos novelas. Al mismo tiempo, el tema de la relación de los humanos con la naturaleza es muy afín a *Desciende, Moisés.*[149] Es difícil no establecer una relación entre otras creaciones de estos años y Faulkner; así se percibe tanto un eco de las lecciones del maestro, como un homenaje en el volumen de cuentos de Segundo Serrano Poncela *Un olor a crisantemos,* reminiscencia del título de la última sección de *The Unvanquished,* «An Odor of Verbena».

Por otra parte, una actitud de la narración, común durante estos años, está relacionada más bien con la dirección marcada por *Absalom, Absalom!* El método indagador de la verdad histórica a través de una biografía, es decir, el efecto de las circunstancias sociales y de la tradición en la creación del entorno de los personajes y en su manera de percibirlo se hace frecuente en los años sesenta. Es claro de todas formas que el influjo de las innovaciones faulknerianas, de gran fuerza, pudo llegar también de manera indirecta a través de una actitud que en tantos sentidos aparece como compartida. Es la novela *¡Absalón, Absalón!* la que, de manera consciente o inconsciente, ha servido de modelo a lo que Gonzalo Sobejano llama «escritura autobiográfica en forma dialogal»,[150] cuyas primeras manifestaciones fueron aparentes en *Volverás a Región, Cinco horas con Mario* (1967), *Señas de identidad* (1967), *Vísperas, festividad y octava de San Camilo del año de 1936* (1969); la misma actitud aparece en *Florido mayo* (1972), de Alfonso Grosso, o *El libro de las visiones y las apariciones* (1977), de José Luis Castillo Puche. La revisión del pasado desde las premisas de su condicionamiento sociológico y cultural es también patente en *Si te dicen que caí* (1980), de Juan Marsé. En

149. Roberta Johnson se ha ocupado de estas confluencias, tema de una ponencia suya presentada en el congreso provincial para el Medio-Oeste de la Asociación de Lenguas Modernas en la primavera de 1978, en Chicago.

150. Gonzalo SOBEJANO, «Ante la novela de los años setenta», *Insula,* n.os 396-397 (noviembre-diciembre, 1979), pp. 1 y 22.

todas estas novelas escritas durante el último período del franquismo se observa una actitud de examen de conciencia, en la que el personaje narrador indaga los efectos de la sociedad en su devenir individual y su responsabilidad personal, a la manera de Quentin y su atormentado y comprometido sentir con respecto al Sur. En la actitud de estos narradores se ve cierta resonancia, amarga y pesimista del *slogan* de tipo triunfalista del momento de eclosión turística «España es diferente». Los novelistas parecen comprobar en un tono muy distinto que, en efecto, el país no era como el resto del mundo culto.

A partir de mediados de los años setenta se continúa creando con un tipo de patrón narrativo de las mismas características; el narrador dialoga a veces con interlocutores, a veces con un yo desdoblado; el diálogo o la reminiscencia oral es vehículo de temas que dirigiéndose igualmente al pasado, o a la relación entre presente y pasado, recrean las circunstancias extrapersonales con más distanciamiento, a veces con sentido del humor; el narrador como persona individual parece más responsable de sus propias vivencias. En esta línea se encuentran *El cuarto de atrás* (1978), de Carmen Martín Gaite, *La muchacha de las bragas de oro* (1978), de Marsé, *Mamita mía, tirabuzones* (1981), de Salvador Maldonado, *El río de la luna* (1982), de José María Guelbenzu, u *Octubre, octubre* (1981), de José Luis Sampedro.

La incidencia de los elementos policíacos que tan poderosamente llamaron la atención en algunas novelas de Faulkner (recuérdese el juicio de Malraux que Marichalar repite en su presentación de *Santuario*, de que Faulkner representaba la intrusión de la novela policíaca en la tragedia griega) es otra de sus notables aportaciones. Posiblemente *Intruder in the Dust*, en la que estos elementos cobran tanto relieve, es la que haya dejado una marca más patente y que es muy obvia en el caso de *En el tiempo de los tallos verdes* (1969), de Ramiro Pinilla. En esa novela un niño y una vieja señorita llevan a cabo una curiosa investigación policial. Los elementos macabros y humorísticos de la novela faulkneriana se perciben también en las creaciones de los años sesenta y setenta de García Pavón, con su inspector Plinio. Mario Lacruz con *El inocente* manifiesta la atracción hacia el género. Juan Benet con *El aire de un crimen* participa en esta vertiente tan importante en Manuel Vázquez Montalbán y Eduardo Mendoza. Estos últimos ejemplos son más difíciles de emparentar con Faulkner, porque la influencia viene ya vertida y diversificada en abundantísimas manifestaciones de la novela contemporánea para la que Faulkner, en tantos y tan diversos órdenes, marcó nuevos derroteros.

Primeras ediciones de obras de William Faulkner

Estados Unidos	España	Argentina o México
Soldiers' Pay 1926	La paga de los soldados Traductor anónimo Caralt, 1954	Paga de soldado Trad. Francisco Curza. Schapire, 1953
Mosquitoes 1927	Mosquitos Trad. Francisco Manfredi Caralt, 1959	Mosquitos Trad. Jerónimo Córdoba Siglo Veinte, 1956
Sartoris 1929		Sartoris Trad. Francisco Curza. Schapire, 1953
The Sound and the Fury 1929	El ruido y la furia Trad. Fernando Lavalle Planeta, 1972	El sonido y la furia Trad. Floreal Mazia Futuro, 1947
As I Lay Dying 1930	Mientras agonizo Trad. A. del Hoyo y A. Caballero Aguilar, 1954	Mientras yo agonizo Trad. Max Dickman Santiago Rueda, 1942
These Thirteen 1931	«Todos los aviadores muertos» Anónimo Revista de Occidente, 1933 «Una rosa para Emilia» Labor, 1958	Victoria y otros relatos Trad. José Blaya Lozano Corinto, 1944 Estos trece Trad. Aurora Bernárdez Losada, 1956
Sanctuary 1931	Santuario Trad. Lino Novás Calvo Espasa-Calpe, 1934	

Estados Unidos	España	Argentina o México
Light in August 1932	*Luz de agosto* Trad. Enrique Sordo Argos-Vergara, 1980	*Luz de agosto* Trad. P. Lecuona Sur, 1942 *Luz de agosto* Goyanarte, 1971
Dr. Martino and Other Stories 1934	«Humo» Acervo, 1959	«Wash» Trad. A. M. Mateo Limusa-Wiley (México), 1964
Pylon 1935	*Pylon* Trad. Julio Fernández Yáñez Caralt, 1947	
Absalom, Absalom! 1936	*¡Absalón, Absalón!* Trad. F. Nelson Planeta, 1970 Alianza, 1971	*¡Absalón, Absalón!* Trad. Florencia Nelson Emecé, 1950
The Unvanquished 1938	*Los invictos* Trad. A. Vilá de Avilés Caralt, 1951	
The Wild Palms 1939	*Las palmeras salvajes* Trad. Jorge Luis Borges Edhasa, 1970	*Las palmeras salvajes* Trad. Jorge Luis Borges Sudamericana, 1940
The Hamlet 1940	*El villorrio* Trad. J. Napoletano Torre y Carbó Amiguet Caralt, 1953	*El villorrio* Trad. Raquel Ortiz Futuro, 1947
Go Down, Moses 1942	*Desciende, Moisés* Trad. Ana M. Foronda Caralt, 1955	

Estados Unidos	España	Argentina o México
Intruder in the Dust 1948		Intruso en el polvo Trad Aída Aisenson Losada, 1951
Knight's Gambit 1948	Gambito de caballo Trad. L. Moreno de Sáenz Alianza, 1971	Gambito de caballo Trad. L. Moreno de Sáenz Emecé, 1951,
Collected Stories 1950	«Dos soldados» Trad. Jaime Ferrán Revista Atlántico, 1960 El campo, el pueblo, el yermo Trad. J. M. Valverde Seix Barral, 1980	«Septiembre ardido» Trad. anónimo Revista Sur, 1939
Requiem for a Num 1951	Requiem por una monja Trad. H. Curell de Carbonell Vergara, 1967	Requiem por una monja Trad. Jorge Zalamea Emecé, 1952
A Fable 1954	Una fábula Trad. Antonio Ribera Éxito, 1955	Una fábula Trad. Antonio Ribera Cumbre (México), 1955
The Town 1957	En la ciudad Trad. Ramón Hernández Plaza y Janés, 1960	
New Orleans Sketches 1958	Historias de Nueva Orleans Trad. Francisco Elías Caralt, 1964	

Estados Unidos	España	Argentina o México
The Mansion 1959	La mansión Trad. Jorge Ferrer- Vidal Plaza y Janés, 1961	
The Reivers 1962	Los rateros Trad. Jorge Ferrer- Vidal Plaza y Janés, 1963	
The Wishing Tree 1966	El árbol de los de- seos Trad. Andrés Bosch Lumen, 1972	
Flags in the Dust 1973	Banderas sobre el polvo Trad. José Luis López Muñoz Seix Barral, 1978	

LA EDICIÓN DE FAULKNER EN ESPAÑA

Un recuento de las ediciones alcanzadas en España hasta 1957 arroja el total siguiente:

Títulos	Libro corriente		Reed.	Libro de bolsillo		Reed.	Colección antológica		Reed.	Total
Pylon	Caralt	1	1	Plaza y Janés	1		Aguilar Caralt	1 1	5	10
Mientras agonizo	Aguilar	1	1	Crisol		3	Caralt Aguilar Plaza y Janés	1 1 1	5	13
El villorrio	Caralt	1	2	Plaza y Janés	1		Caralt Aguilar Plaza y Janés	1 1 1	4	11
Los invictos	Caralt	1	1	Plaza y Janés	1		Aguilar Caralt	1 1	5	10
Desciende, Moisés	Caralt	1	1	Plaza (Reno)	1	1	Plaza y Janés Caralt	1 1	5	6
Santuario	Espasa-Calpe	1		Austral	3	3	Aguilar	1	2	7
Una fábula	Exito	1	2			2	Planeta Aguilar	1 1	2	9

La paga de los soldados	Caralt Círculo Lect.	1 1	3	Plaza y Janés	1	3	Caralt	1		10
Los rateros	Plaza y Janés Círculo Lect.	1 1	2	Plaza y Janés	1	2	Caralt	1		6
Mosquitos	Caralt	1	2	Plaza (Reno)	1	1	Caralt	1		5
¡Absalón, Absalón!	Planeta	1		Alianza-Edhasa	1	1	Aguilar	1	2	5
El sonido y la furia	Planeta	1				1	Aguilar Planeta	1 1	2	5
En la ciudad	Plaza y Janés	1		Plaza y Janés	1	2				4
La mansión	Plaza y Janés	1		Plaza y Janés	1	2				4
Escenas de Nueva Orleans	Caralt	1								1
Las palmeras salvajes	Cid	1		Edhasa	1					2
Gambito de caballo	Alianza-Edhasa	1								1
El árbol de los deseos	Lumen	1								1
Requiem por una monja	Vergara	1								1

ARTÍCULOS Y NOTAS SOBRE FAULKNER PUBLICADOS EN ESPAÑA (1933-1975)

ALAZÁN, «Teatro en Madrid», *La Estafeta Literaria*, n.º 112 (18 de enero de 1958), p. 10.

ALBORG, Juan Luis, «Proyección social y personalidad de la novela norteamericana», *La Estafeta Literaria*, n.º 188 (marzo, 1960), pp. 1-9-10 y 23.

ALDECOA, Ignacio, «Los novelistas jóvenes americanos», *Cuadernos Hispanoamericanos*, n.º 53 (mayo, 1954), pp. 235-236.

A. [ALFARO], J. M., «Ángel de las tinieblas», *El Sol*, 20 de abril de 1934, p. 7.

AINSA, Fernando, «En el santuario de William Faulkner», *Cuadernos Hispanoamericanos*, nº. 269 (noviembre, 1972), páginas 232-243.

AMO, Álvaro DEL, «Sierra Prohibida, breve meditación sobre un film sudista», *Nuestro Cine*, n.º 60 (1970), pp. 62-67.

ANÓN., «Santuario: novela por William Faulkner», *Vanguardia*, 24 de febrero de 1934, p. 18.

ANÓN., «Faulkner, Premio Nobel», *Correo Literario* (diciembre, 1950), p. 2.

ANÓN., «Cómo escriben cinco escritores famosos», *La Estafeta Literaria*, n.º 139 (julio, 1958), p. 13.

ANÓN., «Faulkner, el novelista americano más admirado por Camus», *La Estafeta Literaria*, n.º 161 (15 de enero de 1959), p. 5.

ANÓN., «2.000 preguntas a William Faulkner», *La Estafeta Literaria*, n.º 228 (1 de noviembre de 1961), pp. 1-6-7.

ANÓN., «Como un cuchillo, como una flor», *La Estafeta Literaria*, n.ºˢ 110-111 (10 de enero de 1958), p. 2.

ANÓN., «Faulkner, Premio Nobel», *Correo Literario* (15 de diciembre de 1950), p. 2.

ANÓN., «Faulkner», *Índice*, n.º 161 (julio, 1962).

ANÓN., «Faulkner y los escritores de la existencia», *Correo Literario*, n.º 28 (15 de julio de 1951), p. 2.

ANÓN., «Costumbres de William Faulkner», *La Estafeta Literaria*, n.º 189 (15 de marzo de 1960), p. 15.

ANÓN., «Un gran americano: Faulkner», *Índice*, n.° 149 (junio, 1961), p. 31.

ANÓN., «La última novela de Faulkner», *La Estafeta Literaria*, n.° 184 (enero, 1960), p. 5.

ANÓN., «No a la muerte», *Índice*, n.°ˢ 161-162 (julio-agosto, 1962).

ANÓN., «Reseñas: La paga de los soldados», *Ateneo* (1 de abril de 1955).

ANÓN., «Noticias literarias», *Ínsula*, n.° 35 (noviembre, 1948), p. 7.

ANÓN., «Una interpretación crítica», *Ínsula*, n.° 74 (febrero, 1952), p. 2.

ANÓN., «William Faulkner dice: no soy un literato sino un agricultor», *La Estafeta Literaria*, n.° 42 (1956), p. 3.

ARMIÑO, Mauro, «Diez poemas de Faulkner», *Poesía Española*, n.° 210 (junio, 1970), pp. 28-33.

BAQUERO GOYANES, Mariano, *Problemas de la novela contemporánea*. Madrid: Editora Nacional, 1951.

—, «La caracterización de los personajes en Dickens y Faulkner», *Ateneo* (15 de diciembre de 1954), pp. 78-79.

—, «Novela autobiográfica y monólogo interior», *Índice* (15 de enero de 1954), p. 10.

—, «Trayectoria de la novela actual», *Ínsula*, n.° 117 (15 de septiembre de 1955), p. 5.

—, «Situación de la novela actual», *La Estafeta Literaria*, n.° 223 (15 de agosto de 1961), pp. 1-6 y 23.

—, «Teatro y novela: *Réquiem para una mujer* de Faulkner», en *Proceso de la novela actual*. Madrid: Rialp, 1963, páginas 150-155.

—, «Cervantes, Balzac y la voz del narrador», *Atlántida*, n.° 6 (noviembre-diciembre, 1963), pp. 579-597.

—, «Estructura dialogada» y «Personas, modos y tiempos de la estructura novelesca», en *Estructuras de la novela actual*. Barcelona: Planeta, 1970.

BENET, Juan, «Prólogo», *Las palmeras salvajes*. Barcelona: Edhasa, 1970, pp. 7-16.

BLANCH, Antonio, «El problema negro en la novela norteamericana», *Razón y Fe*, n.°ˢ 848-849 (octubre, 1968), pp. 203-223.

CABALLERO, Agustín, «Prólogo», en *Obras Escogidas de William Faulkner*. Madrid: Aguilar, 1957.

CASTELLET, José María, «Un héroe de nuestro tiempo: Orestes», *Laye*, (octubre-noviembre, 1950).

—, «Notas sobre la situación actual del escritor en España», *Laye*, n.° 20 (agosto-octubre, 1952), pp. 10-17. (Este artículo también aparece en *Notas sobre la literatura española contemporánea*. Barcelona: Laye, 1955.)

—, «Las técnicas de la literatura sin autor», *Laye*, n.° 12 (marzo-abril, 1951), pp. 39-45.

—, «El tiempo del lector», *Laye*, n.º 23 (abril-junio, 1953), páginas 39-45.

—, «Cuatro características de la novela norteamericana», *Revista*, n.º 102 (25-31 de marzo de 1954), p. 6.

—, «La literatura que llega», *Correo Literario* (octubre, 1954).

—, «Una buena iniciación a Faulkner», *Correo Literario* (diciembre, 1954).

—, «Prólogo para lectores europeos», en *La novela moderna en Norteamérica, 1900-1950*, por Frederick J. Hoffman. Barcelona: Seix Barral, 1955, pp. 5-14.

—, «La novela norteamericana después de William Faulkner», *Coloquios íntimos de estudios norteamericanos*, Colección Estados Unidos, tomo II. Madrid: Casa Americana, 1954, pp. 64-72.

—, «La técnica objetiva de narración en la novela americana», *Ateneo* (15 de diciembre de 1954), pp. 79-80.

—, *La hora del lector*. Barcelona: Seix Barral, 1957.

CELA, Camilo José, «Faulkner», *Papeles de Son Armadans*, número LXXII (agosto, 1962), pp. 115-118.

CLARAMONT, R., «A Fable», *Índice*, n.º 79 (abril, 1955).

CONTE, Rafael, «En la ciudad», *Acento Cultural*, extraordinario, n.ᵒˢ 9-10 (julio-octubre, 1960), pp. 53-54.

DELGADO, Feliciano, «El mundo complejo de William Faulkner», *Razón y Fe*, n.º 742 (noviembre, 1959), pp. 323-334.

FERNÁNDEZ FIGUEROA, «Cáscaras de nuez», *Ateneo*, n.º 41 (1953).

—, «Faulkner, ¿claro o confuso?», *Índice*, n.º 67 (30 de septiembre de 1953).

FERNÁNDEZ SANTOS, Francisco y Ángel, «Teatro», *Índice*, n.º 110 (marzo, 1958), p. 17.

FERRÁN, Jaime, «Adiós a William Faulkner y a C. C. Cummings», *Papeles de Son Armadans*, n.ᵒˢ LXXIX (octubre, 1962), pp. 108-111.

FORONDA, Ana María, «Un momento, lector», en *¡Desciende, Moisés!* Madrid: Caralt, 1959.

G. [GARCÍA], L. [LUENGO], E., «Réquiem por una mujer», *Índice*, n.º 110 (marzo, 1958), p. 17.

GARAGORRI, Paulino, «Novela. William FAULKNER, *Las palmeras salvajes*», *Ínsula*, n.º 11 (15 de octubre de 1946), pp. 6-7.

—, «Cartas al Director», *Ínsula*, n.º 171 (febrero, 1961), p. 16.

GRANDE, Félix, «Por los barrios del mundo viene sonando un lento saxofón», *Blanco Spirituals*. Barcelona: El Bardo, 1969, p. 11.

GULLÓN, Ricardo, «El misterioso William Faulkner», *Cuadernos de Literatura*, II, n.º 5 (septiembre-octubre, 1947), páginas 250-270.

—, «William Faulkner, Premio Nobel», *Ínsula*, n.º 60 (diciembre, 1950), p. 3.

—, «La irrupción de la literatura norteamericana», *Ínsula*, n.º 69 (septiembre, 1951), pp. 1-6.

—, «Un retrato de William Faulkner», *Cuadernos Hispano-americanos*, n.º 20 (marzo-abril, 1951), pp. 325-326.

—, «Panorama de la literatura norteamericana», *Atlántico*, n.º 5 (1957).

HORNEDO, R. M. DE. «William FAULKNER. *Mientras agonizo*», *Razón y Fe*, n.º 688 (mayo, 1955), pp. 546-547.

HOYO, Arturo DEL, «William Faulkner», *Insula*, n.º 10 (1 de octubre de 1946).

—, «Nota preliminar», en *Mientras agonizo*. Madrid: Aguilar, pp. 11-16.

MANFREDI, Domingo, «Los novelistas norteamericanos», *Punta Europa*, n.º 40 (abril, 1959), pp. 34-37.

MARICHALAR, Antonio, «William Faulkner», *Revista de Occidente*, n.º 124 (octubre, 1933), pp. 78-86.

MEONCHI, Edmundo, «La novela yanqui en España», *Correo Literario* (15 de noviembre de 1953), p. 12.

MOLERO MANGLANO, Luis, «Faulkner en el Japón», *La Estafeta Literaria*, n.º 161 (15 de enero de 1959), p. 5.

MORENO DE PÁRAMO, Ismael, «Norteamérica no ocupa el centro de la novela», *Correo Literario* (15 de octubre de 1953), p. 12.

NIETO, Ramón, «William Faulkner y el Requiem», *La Estafeta Literaria*, n.º 112 (18 de enero de 1958), pp. 6-7.

—, «Nuevos derroteros de la imaginación creadora», *Arriba* (Madrid, 8 de agosto de 1957).

—, «William Faulkner o la desintegración», *La Hora* (19 de junio de 1968).

NOVÁS CALVO, Lino, «Dos escritores norteamericanos. Toros para los puritanos y el demonio de William Faulkner», *Revista de Occidente*, n.º 115 (enero de 1933), pp. 92-103.

ORTIZ, Julio, «El último libro de William Faulkner», *La Estafeta Literaria*, n.º 231 (15 de diciembre de 1961), p. 4.

OTERO, José María, «¿Qué es vida? El ruido y la furia», *La Estafeta Literaria*, n.º 184 (enero, 1960), p. 15.

OTERO PEREGRÍN, Carlos, «El veredicto final de William Faulkner», *Papeles de Son Armadans*, n.º XIV (mayo, 1957), páginas 229-233.

PACHECO, Manuel, «Oda a William Faulkner», *Papeles de Son Armadans*, n.º LXXVII (agosto, 1962), pp. 157-158.

PERAILE, Esteban y Lorenzo, «Una lectura de "Los invictos"», *Cuadernos Hispanoamericanos*, n.º 291 (septiembre, 1974), pp. 692-701.

PÉREZ DELGADO, Rafael, «William Faulkner habla de lo que no sabe», *Indice*, n.º 91 (agosto, 1956), p. 25.

PÉREZ GÁLLEGO, Cándido, «William Faulkner, *The Sound and the Fury* desde cuatro esquinas», en *El héroe solitario en la novela norteamericana*. Madrid: Editora Nacional, 1966, pp. 133-151.

Pérez Minik, Domingo, «La novela extranjera en España», *Insula*, n.º 287 (octubre, 1970), p. 5.

Perlado, José Julio, «La santidad y la muerte, obsesión de los novelistas contemporáneos», *La Estafeta Literaria*, n.º 179 (15 de octubre de 1959), p. 3.

Pineda, Rafael, «Entrevista con William Styron, el sucesor de William Faulkner», *Indice*, n.os 83-84 (mayo-junio, 1956), p. 28.

Pinilla, Ramiro, «Lo que debo a Thoreau y a Faulkner», *Atlántico*, n.º 17 (1961), pp. 71-76.

Pujals, Esteban, «Tradición y sentido en la novela norteamericana», en *Drama, pensamiento y poesía en la literatura inglesa*. Madrid: Rialp, 1965, pp. 530-582.

Quiñonero, Juan Pedro, «Faulkner, aquel viejo lobo», *La Estafeta Literaria*, n.º 385 (18 de diciembre de 1967), p. 13.

R. M., «Reseñas: *Mientras agonizo*», *Ateneo*, n.º IV (mayo, 1954), p. 30.

—, «La paga de los soldados», *Ateneo*, n.º V (abril, 1955), p. 30.

Rodríguez Alcalde, Leopoldo, «El mundo del absurdo», en *Hora actual de la novela en el mundo*. Madrid: Taurus, 1971, pp. 277-285.

Ruiz García, Enrique, «Vida, obra y pensamiento de William Faulkner», *La Estafeta Literaria*, n.º 189, pp. 1-14 y 15.

Ruiz Ruiz, José María, «El sentido de la vida y la muerte en *The Sound and the Fury* de William Faulkner», *Filología Moderna*, n.os 46-47 (noviembre, 1972; febrero, 1973), páginas 117-138.

Sánchez de Celis, Manuel, «Faulkner, ¿claro o confuso?, notas sobre la novela moderna», *Indice*, n.º 67 (30 de septiembre de 1953), pp. 7 y 8.

Saporta, Marcelo, «Un labrador-novelista», *Atlántico*, n.º 3 (1953), pp. 99-107.

Sastre, Luis, «Ya sólo es silencio y calma», *La Estafeta Literaria*, n.º 245 (15 de julio de 1962), p. 5.

Smith, Norman, «Una antología de Faulkner», *Revista*, n.º 110 (26 de mayo de 1954).

—, «Un nuevo Faulkner alegorista», *Revista*, n.º 129 (30 de septiembre de 1954).

Soriano, Elena, «La angustia en la novela moderna», *Indice*, n.º 64 (junio, 1953), pp. 7-8.

Souvirón, José María, «Caminos de la novela», *Cuadernos Hispanoamericanos*, n.º 192 (diciembre, 1965), pp. 425-440.

—, «The Town», *Blanco y Negro*, n.º 2.357 (6 de julio de 1957).

Tafur, José Luis, «Una fábula», *Estudios Americanos*, n.º XII (agosto-septiembre, 1956), pp. 153-159.

Tierno Galván, Enrique, «Literatura sin argumento», en *Acotaciones a la historia de la cultura occidental en la Edad Moderna*. Madrid: Tecnos, 1964, pp. 279-282.

TORRE, Guillermo DE, «Las influencias norteamericanas», en *Ultraísmo, existencialismo y objetivismo en la literatura*. Madrid: Punto Omega, 1968, pp. 191-194.

TORRES, Raúl, «Notas al último Faulkner», *Punta Europa*, n.º 91 (noviembre, 1963), pp. 33-35.

TUDELA, Mariano, «El apólogo, última novela de William Faulkner», *Cuadernos Hispanoamericanos*, n.º 61 (enero, 1955), pp. 117-119.

VARELA JÁCOME, Benito, «El universo novelístico de William Faulkner», en *Renovación de la novela en el siglo XX*. Barcelona: Destino, 1967, pp. 311-333.

VALVERDE, José María, «El último libro de Hemingway», *Índice*, n.º 65 (julio-agosto, 1953), pp. 3-4.

—, «El villorrio», *Revista*, n.º 88 (1954).

—, «La nueva objetividad en el arte (en Rilke, Faulkner, Picasso, Le Corbusier y L. Armstrong), *Arbor* (noviembre, 1954), pp. 233-255.

—, «La novela de 1954: *A Fable* (una leyenda) de William Faulkner», *Cuadernos Hispanoamericanos*, n.º 63 (marzo, 1955), pp. 435-440.

VALVERDE, José María y Martín DE RIQUER, «Faulkner», en *Historia de la literatura universal*. Barcelona: Noguet, 1959, pp. 551-557. Nota: este mismo artículo aparece en la edición del libro hecha por J. M. Valverde en 1968 en la editorial Planeta.

VÁZQUEZ ZAMORA, Rafael, «Réquiem por una mujer de Faulkner-Camus», *Ínsula*, n.º 134 (15 de enero de 1958), p. 15.

—, «El caballero del Sur que era un genio», *Destino*, n.º 1.301 (14 de julio de 1962), pp. 13-14.

—, «Bajo unos altos robles ha sido enterrado Faulkner...», *Destino*, n.º 1.302 (21 de julio de 1962), p. 30.

—, «Faulkner tampoco era abstemio», *Destino*, n.º 1.305 (11 de agosto de 1962), p. 32.

VILANOVA, Antonio, «William Faulkner, Premio Nobel 1949», *Destino*, n.º 693 (18 de noviembre de 1950), p. 14.

—, «La novela de William Faulkner», *Destino*, n.º 694 (25 de noviembre de 1950), pp. 16 y 17.

—, «William Faulkner y la epopeya del Sur», *Destino*, n.º 698 (23 de diciembre de 1950), pp. 31-32.

—, «Faulkner y la técnica de la novela», *Destino*, n.º 1.301 (14 de julio de 1962), p. 15.

VILLAR, Sergio, «*La Mansión* de Faulkner», *Papeles de Son Armadans*, n.º LXX (enero, 1962), pp. 117-120.

YNDURAIN, Francisco, «La novela norteamericana en los últimos treinta años, Ensayo de interpretación», *Arbor*, n.º 77 (mayo, 1952), pp. 67-89.

—, «La literatura norteamericana, notas de un lector», *Ínsula*, n.º 83 (15 de noviembre de 1952), pp. 3 y 4.

—, *La obra de William Faulkner*. Madrid: Editora Nacional, 1953.

—, «Novelas y novelistas norteamericanos. Un panorama dominado por dos grandes figuras: Faulkner y Hemingway», *Indice*, n.º 60 (febrero-marzo, 1953), pp. 1 y 2.

—, «Tendencias literarias de veinticinco años», en *Coloquios íntimos de Estudios Norteamericanos*. Madrid: Casa Americana, 1954, pp. 72-83.

ZARDOYA, Concha, «William Faulkner», en *Historia de la literatura norteamericana*. Barcelona: Labor, 1956, pp. 265-276.

UNA SELECCIÓN BIBLIOGRÁFICA DE WILLIAM FAULKNER

BACMAN, Melvin, *Faulkner: The Major Years. A Critical Study*. Bloomington: Indiana University Press, 1966.

BECK, Warren, *Man in Motion: Faulkner's Trilogy*. Madison: University of Wisconsin Press, 1961.

BLOTNER, Joseph, *Faulkner. A Biography*. Nueva York: Random House, 1974.

BORING, Phyllis, «Faulkner in Spain: The Case of Elena Quiroga». CLS, XIV (1977), pp. 168-176.

BROOKS, Cleanth, *William Faulkner: The Yoknapatawpha Country*. New Haven: Yale University Press, 1963.

—, William Faulkner: *Toward Yoknapatawpha and Beyond*. New Haven: Yale University Press, 1978.

COUGHLAN, Robert, *The Private World of William Faulkner*. Nueva York: Harper and Brothers, 1953.

GEISMAR, Maxwell, «William Faulkner: The Negro and the Female», en *Writers in Crisis*. Boston: Houghton Mifflin, 1942.

GUERARD, Albert J., *The Triumph of the Novel: Dickens, Dostoyevsky, Faulkner*. Nueva York: Oxford University Press, 1976.

GWYN, Frederick L. y Joseph BLOTNER, editores, *Faulkner in the University: Class Conference at the University of Virginia, 1957-1958*. Charlottesville: University of Virginia Press, 1959.

HOFFMAN, Frederick J. y Olga VICKERY, editores, *William Faulkner: Three Decades of Criticism*. Nueva York: Harcourt Brace and Word Inc., 1963.

HOWE, Irving, *William Faulkner: A Critical Study*. Nueva York: Randon House, 1962.

IRBY, James, *La influencia de Faulkner en cuatro narradores hispanoamericanos* (México, 1953/Ann Arbor: University of Michigan Microfilm, 1973).

JELLIFE, Robert A., editor, *Faulkner at Nagano*. Tokyo: Kenkyusha Lt., 1956.

KINNEY, Arthur F.: *Faulkner's Narrative Poetics, Style as Vision*. Amherts: University of Massachussetts Press, 1978.

LONGLEY, John L. Jr., *The Tragic Mask*. Chapel Hill: The University of North Carolina Press, 1963.

MERIWHETHER, James B., *The Literary Career of William Faulkner: A Bibliographical Study*. Princeton: Princeton University Library, 1961.

—, y Michael MILLGATE, editores, *Lion in the Garden: Interviews with William Faulkner, 1926-1962*.

MILLGATE, Michael, «The Achievement of William Faulkner», Nueva York: Random House, 1971.

MINTER, David, *William Faulkner: His Life and Work*. Baltimore: The John Hopkins University Press, 1980.

PILKINGTON, John, *The Heart of Yoknapatawpha*. Jackson: University Press of Mississippi, 1981.

REED, Joseph, W. Jr., *Faulkner's Narrative*. New Haven: Yale University Press, 1973.

RICHARDSON, H. Edward, *William Faulkner: The Journey to Self-Discovery*. Columbia: University of Missouri Press, 1969.

SLATOFF, Walter J., *Quest for Failure. A Study of William Faulkner*. Ithaca: Cornell University Press, 1960.

STONUM, Gary Lee, *Faulkner's Career. An Internal Literary History*. Ithaca: Cornell University Press, 1979.

THOMPSON, Lawrence, *William Faulkner: An Introduction and Interpretation*. Nueva York: Barnes and Noble, 1963.

VICKERY, Olga, *The Novels of William Faulkner*. ed. rev. Baton Rouge: Louisiana State University Press, 1964.

Waggoner, Hyatt, *William Faulkner: From Jefferson to the World*. Lexington: University of Kentucky Press, 1959.

WARREN, Robert Penn, editor, *Faulkner. A Collection of Critical Essays*. Nueva York: Prentice Hall, 1966.

TRABAJOS PANORAMICOS SOBRE LA NOVELA ESPAÑOLA DE POSGUERRA

ALBORG, Juan Luis, *Hora actual de la novela española*, Madrid: Taurus, 1958.

BUCKLEY, Ramón, *Problemas formales de la novela española contemporánea*. Barcelona: Península, 1968.

CARDONA, Rodolfo, editor, *Novelistas españoles de postguerra*. Madrid: Taurus, 1976.

CLOTAS, Salvador y Pere GIMFERRER, *Treinta años de literatura en España*. Barcelona: Kairós, 1971.

CORRALES EGEA, José: *La novela española actual. (Ensayo de ordenación.)* Madrid: Cuadernos para el Diálogo, 1971.

DOMINGO, José: *La novela española del siglo XX, vol. II, de la postguerra a nuestros días.* Barcelona: Labor, 1973.

FERRERAS, Juan Ignacio: *Tendencias de la novela española actual (1931-1969).* París: Ediciones Hispanoamericanas, 1970.

GARCÍA VIÑÓ, Manuel, *Novela española actual.* Madrid: Guadarrama, 1967.

—, *Papeles sobre la «Nueva Novela» española.* Pamplona: Ediciones Universidad de Navarra, 1975.

GIL CASADO, Pablo, *La novela social española (1942-1968).* Barcelona: Seix Barral, 1968.

GOYTISOLO, Juan, *El furgón de cola.* París: Ruedo Ibérico, 1967.

IGLESIAS LAGUNA, Antonio, *Treinta años de novela española (1938-1968).* Madrid: Editora Nacional, 1969.

MARTÍNEZ CACHERO, José María, *La novela española entre 1939 y 1969. Historia de una aventura.* Madrid: Castalia, 1973.

PÉREZ MINIK, Domingo, *Novelistas españoles de los siglos XIX y XX.* Madrid: Guadarrama, 1967.

SÁINZ DE ROBLES, Federico Carlos, *El espíritu y la letra. 100 años de literatura española.* Madrid: Aguilar, 1966.

SANZ VILLANUEVA, Santos, *Tendencias de la novela española actual,* Madrid: Cuadernos para el Diálogo, 1972.

SANTOS, Dámaso, *Generaciones juntas,* Madrid: Bullón, 1962.

SOBEJANO, Gonzalo, *Novela española de nuestro tiempo,* 2.ª edición, Madrid: Prensa Española, 1975.

SOLDEVILA DURANTE, Ignacio, *La novela desde 1936.* Madrid: Alhambra, 1980.

SPIRES, Robert, *La novela española de posguerra.* Madrid: Cupsa Editorial, 1978.

TORRENTE BALLESTER, Gonzalo, *Panorama de la literatura española contemporánea,* vol. II. Madrid: Guadarrama, 1961.

TOVAR, Antonio, *Novela española e hispanoamericana.* Madrid: Alfaguara, 1972.

VILANOVA, Antonio: «España. Literatura en lengua castellana», en *Las literaturas contemporáneas.* Barcelona: Vicens Vives, 1967.

BIBLIOGRAFIA CRITICA GENERAL SELECCIONADA

ARNHEIM, Rudolf, *Visual Thinking.* Berkeley: University of California Press, 1969.

BARRAL, Carlos, *Años de penitencia.* Madrid: Alianza Editorial, 1975.

BENET, Juan: *La inspiración y el estilo.* Madrid: Revista de Occidente, 1966.

BIDERMAN STEVEN, C.: *Heidegger and Wittgenstein. The Poetics of Silence.* University Press of America, 1981.

Booth, Wayne C., *A Rhetoric of Fiction*. Chicago: University of Chicago Press, 1965.

—, *A Rhetoric of Irony*. Chicago: University of Chicago Press, 1974.

Falk, Eugene, *The Poetics of Roman Ingarden*. Chapel Hill: University of North Carolina Press, 1981.

Feis, Herbert, *The Spanish Story. Franco and the Nations at War*. Nueva York: W. W. Norton, 1966.

Gadamer, Hans-Georg, *Philosophical Hermeneutics*, trad. de David E. Linge. Berkeley: University of California Press, 1976.

Goldman, Lucien, «Genetic-Structuralist Method in History of Literature», en *Marxism and Art*. Berel Lang y Forrest Williams, editores. Nueva York: David McKey, 1972.

Grande, Félix, *Occidente, ficciones y yo*. Madrid: Edicusa, 1968.

Hegel, G. W. G., *The Philosophy of Fine Arts*. F. P. B. Osmoston editor. Nueva York: Hacker Art Books, 1975.

Heidegger, Martin, *Ser y tiempo*. José Gaos, traductor. México: Fondo de Cultura Económica, 1966.

—, *On the Way to Language*. Peter D. Hertz, traductor. Nueva York: Harper and Row, 1971.

Humphrey, Robert, *Stream of Consciousness in the Modern Novel*. Berkeley: University of California Press, 1954.

Husserl, Edmund, *Ideas: General Introduction to Pure Phenomenology*. W. R. B. Gibson, traductor. Londres, 1931.

Kierkegaard, Soren, *The Concept of Irony*. Lee M. Capel, traductor. Nueva York: Harper and Row, 1965.

Leach, Edmund, *Claude Lévi-Strauss*. London: Penguin Books, 1976.

Lévi-Strauss, Claude, *Arte, lenguaje y etnología. Entrevistas con Georges Charbonnier*. México: Siglo XXI, 1971.

López Campillo, Evelyn, *La Revista de Occidente y la formación de minorías (1923-1936)*. Madrid: Taurus, 1972.

Lukács, Georg, *Realism in our Time. Literature and the Class Struggle*. George Steiner, traducción y prólogo. Nueva York: Harper and Row, 1964.

Martín Artajo, Alberto, *La política de aislamiento de España seguida por las Naciones Aliadas durante el quinquenio 1945-1950*. Madrid: Oficina de Información Diplomática, 1950.

Martín Santos, Luis, *Libertad, temporalidad y transferencia en el psicoanálisis existencial*. Barcelona: Seix Barral, 1964.

—, «Prólogo a Tiempo de destrucción», en *Apólogos*, Salvador Clotas, editor, Barcelona: Seix Barral, 1964.

Martínez Menchén, Antonio, *Del desengaño literario*. Madrid: Helios, 1970.

McKee, John, *Literary Irony and Literary Audience. Studies on the Victimization of the Reader in the Augustan Fiction*. Amsterdam: Rodopi N. V. 1974.

MORÁN, Fernando, *Novela y semidesarrollo.* Madrid: Taurus, 1971.

MORÓN ARROYO, Ciríaco, *El sistema de Ortega y Gasset.* Madrid: Alcalá, 1968.

ORTEGA Y GASSET, José, *Obras completas.* Madrid: Revista de Occidente, 1969.

REY, Alfonso, *Construcción y sentido en Tiempo de Silencio.* Madrid: José Porrúa Turanzas, 1980.

SARTRE, Jean Paul, *Qu'est-ce que la littérature?* París: Gallimard, 1966.

TODOROV, Tzvetan, *Poética.* Ricardo Pochtar, traductor. Buenos Aires: Losada, 1975.

* Los números en cursiva corresponden a los nombres y obras mencionados en las notas a pie de página.

329

SUMARIO